丧心病狂的瓜皮

看瓜渡美人

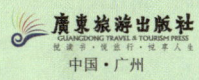

丧心病狂的瓜皮 著

廣東旅遊出版社
GUANGDONG TRAVEL & TOURISM PRESS
中国·广州

图书在版编目（CIP）数据

春风渡关山 / 丧心病狂的瓜皮著 . — 广州：广东旅游出版社，2025.3

ISBN 978-7-5570-3308-8

Ⅰ.①春… Ⅱ.①丧… Ⅲ.①长篇小说－中国－当代 Ⅳ.① I247.5

中国国家版本馆 CIP 数据核字（2024）第 084919 号

春风渡关山
CHUN FENG DU GUAN SHAN

出　版　人：刘志松
总　策　划：曾英姿
责任编辑：李　丽
责任校对：李瑞苑
责任技编：冼志良

广东旅游出版社出版发行
地址：广州市荔湾区沙面北街 71 号首、二层
邮编：510130
电话：020-87347732（总编室）　020-87348887（销售热线）
投稿邮箱：2026542779@qq.com
印刷：湖南天闻新华印务有限公司
　（地址：湖南望城湖南出版科技园　电话：0731-88387578）
开本：880 毫米 ×1230 毫米　1/32
字数：360 千字
印张：11
版次：2025 年 3 月第 1 版
印次：2025 年 3 月第 1 次印刷
定价：49.80 元

【版权所有　侵权必究】

本书如有错页倒装等质量问题，请直接与印刷厂联系换书。

去看遍大周的山河，

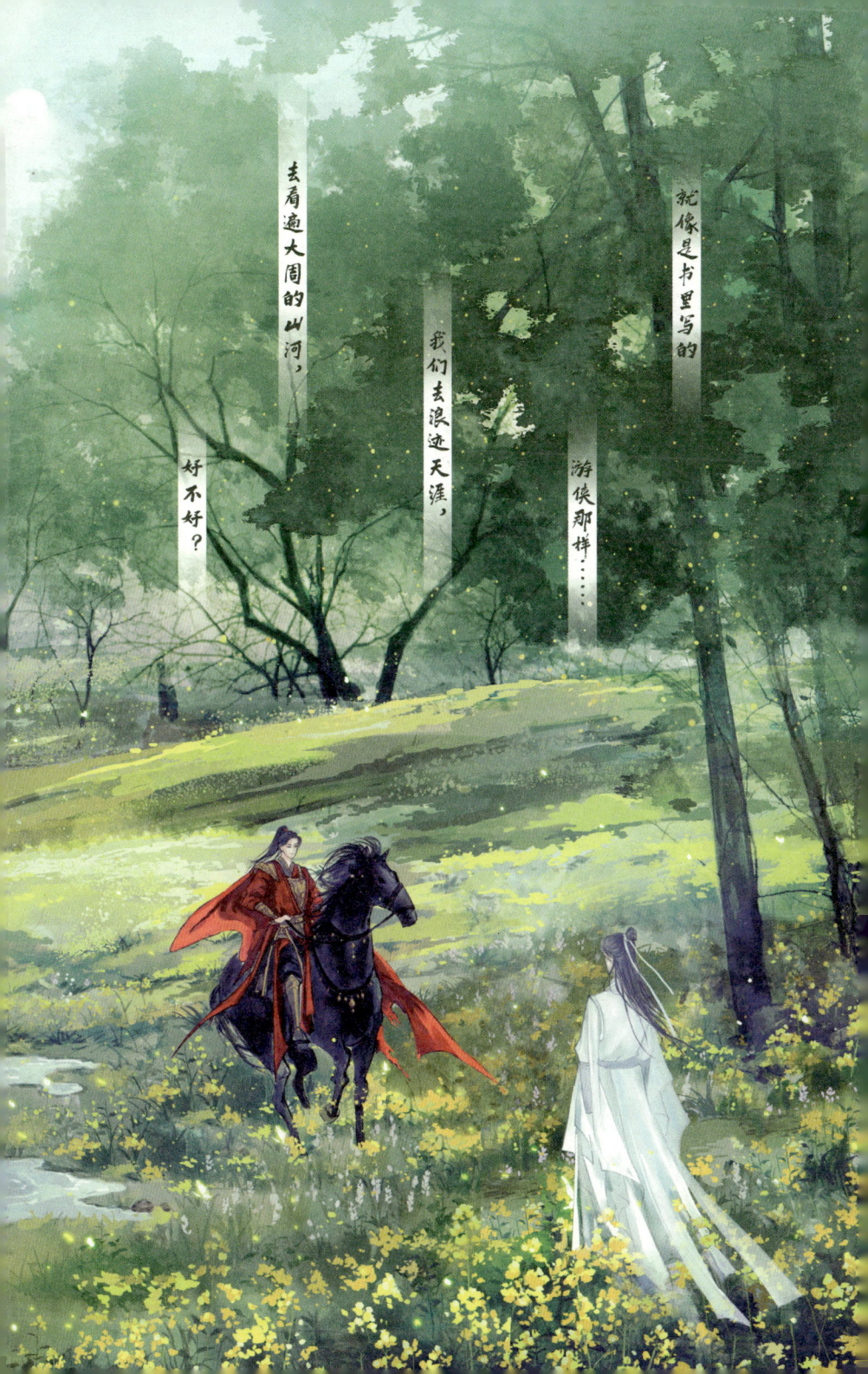

我们去浪迹天涯，

就像是书里写的

好不好？

游侠那样……

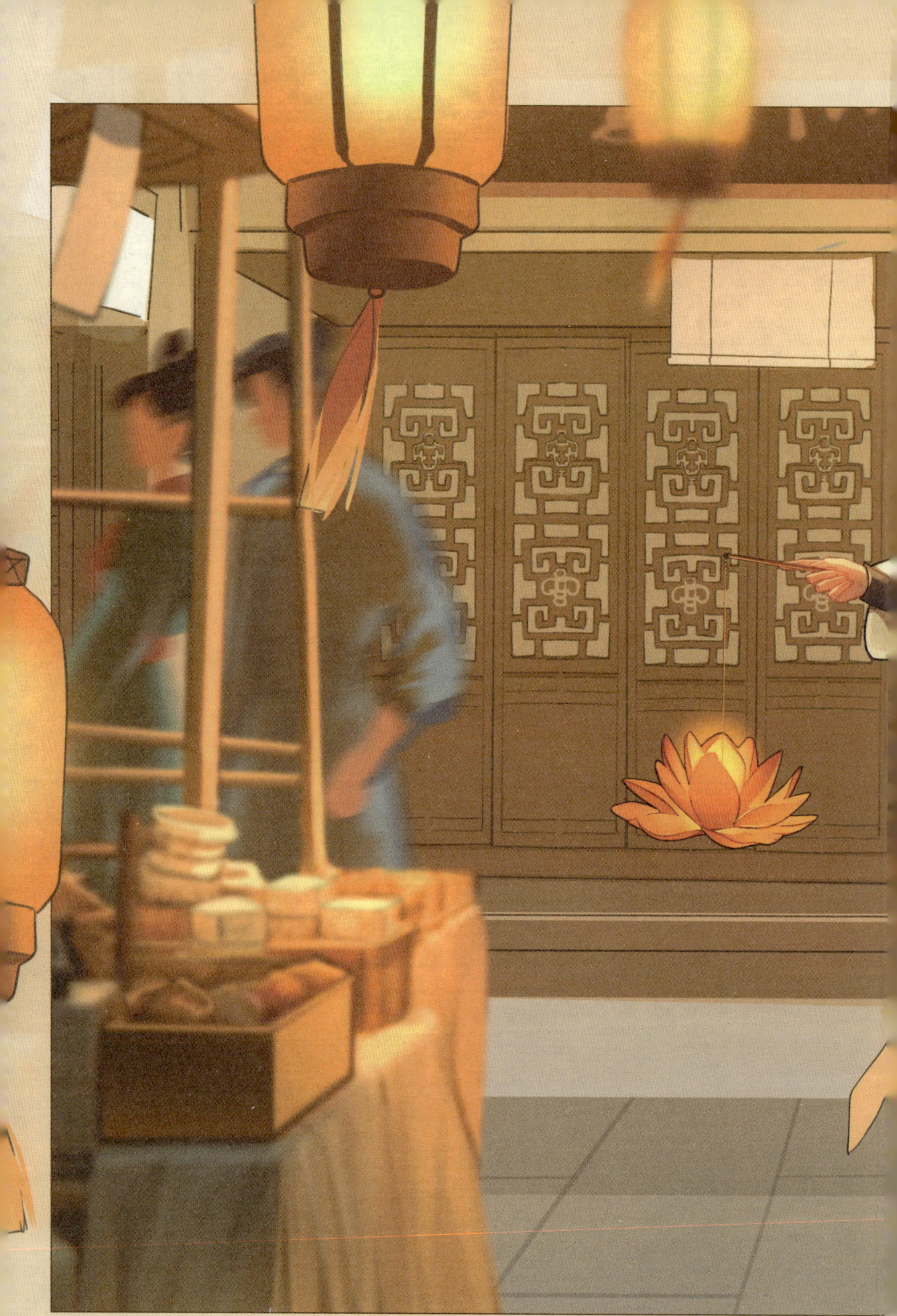

重阳节，咱们偷偷进城，谁也不告诉，也不去什么官府的佳宴，就咱们两个人，去放灯，逛夜市，想吃什么便吃什么，就像当年在姑苏一样，好不好？

第八回	第九回	第十回	第十一回	第十二回	第十三回	番外
176	205	237	268	293	314	340

目录

第一回 001
第二回 024
第三回 050
第四回 074
第五回 103
第六回 127
第七回 149

只要这样瞧着你，
我便觉得自己心里，
开出了一整个春天的匀匀桃花。

——病花的风变

第一回

成德二年，临近年关时，金陵下了好大一场雪，三天三夜竟没停歇。
瑞雪兆丰年，好意头。
大周国泰民安，威震四海八荒，周英帝连着两年在年关时大赦天下。
在普天同庆之时，金陵城内宁王府却是一片阴冷。
宁王府正心殿前，人黑压压一片跪在大雪纷飞之中，苍穹已泛了一抹鱼肚白。跪在最前方那人，身穿绛紫色滚金袍服，长长的黑发拢起束入玉冠，他手里高高捧着赤金色的圣旨，头深深地埋在雪地里。
宁亲王已保持谢恩的跪姿一夜了。他不起，下人自然也不能起。
宁亲王自幼入伍，身板刚健硬朗，倒是受得了这寒气，可府里好多人早已悄悄昏倒在大雪之中。即便如此，也无人敢应声。
宁王府一片死寂，直到天边升起第一抹旭日，宁亲王才慢慢地抬起头，他眼神深沉地望着北方那位至尊的方向，终于再次重重叩首了三次。
"为人臣者，一饮一啄，无不感沐皇恩，侍奉君上更为天地之纲常。圣上今日御赐金字，臣弟不胜欢欣——长跪一夜，宁王府上下共沐恩赏。"
宁亲王高声说完，终于将圣旨递给身旁的下人起了身。跪在他身后的锦书赶紧躬身上前，替宁王撩起长袍下摆，小心翼翼地掸着雪。
跪在另一边的五院公子程亦轩也慌忙站了起来，他自己一张俊俏的小脸本已冻得煞白，可仍是将自己手中的暖炉递到宁亲王手中。
宁亲王眉间仿佛凝结着一层霜雪。他接了暖炉，却没理那少年，而是看着宁王府上下，嗓音沙哑地道："皇上的旨意，你们可听清楚了？"

本已站起来的下人们又都战战兢兢地跪了下去。

这个话，实在是不好应的。

宁亲王转头看着程亦轩，淡淡问："那你呢，可听清楚了？"

程亦轩脸色发苦，实在无法，只得撩起袍子又要跪。

"啪"的一声脆响，宁亲王一巴掌打在程亦轩脸上，打得少年踉跄跌坐在雪地上，白净的脸上都浮起了红印子。

他冷冷地说："废物，皇上赐名关隽臣，宁王府上下共沐皇恩。不要再让本王说第二遍。"

宁亲王本叫关隽成。"成"字，就也。这是个好字，就连周英帝登基也挑了这个字作为年号。

这本不打紧，大周朝从未有过年号也需要避讳的规矩。可就在昨夜，宁亲王接旨——周英帝骤然之间为宁亲王赐名，将"成"字改成了"臣"字。

"臣"子事君，象形字，像的是个俯首卑躬之人的形。

宁亲王明白周英帝的意思，宁王府上下也都明白。

皇权之下，哪怕万死都要谢恩，更何况区区一个名字。

从今以后，他便叫关隽臣。

・・・・・・・・・・・・

"锦书，昨儿接旨前，你有事要禀？"关隽臣坐在了堂内，他手里拢着暖炉，眼睛半合，程亦轩站在一旁正端着温热的姜汤一勺勺喂给他。

锦书本在给关隽臣轻轻地捶着脚，听到这话脸不由僵了一下，他低下头，小声道："王管事昨儿夜里来报，说是十二院的晏公子和府里的侍卫过从甚密，这、这可是有违王府的规矩的……"

王府内部纪律严明，下人之间不得有私交，否则视同谋逆。

关隽臣猛地睁开双眼："说下去。"

锦书暗叫倒霉，他打小就跟着宁亲王，心里知道这位的性子本就不是好相与的，这阵子又实在被皇上打压得憋屈着，可偏偏这天杀的晏公子的事儿竟在这个时候抖搂了出来，他只盼着主子可千万别把这股气撒到自己头上。

锦书战战兢兢地不断磕着头："王爷莫气。此二人狗胆包天，竟敢无视王府的规矩，王管事已将他二人抓起来，只等王爷示下，便马上发落了。"

"发落，你们打算怎么发落？"

锦书恨不得咬了自己的舌头，他面色涨得通红，憋了半天终于咬牙切齿地道:"那、那当然是把这两个狗东西碎尸万段!"

关隽臣听了,竟然"噗嗤"一声笑了出来。他这样笑实在是好看极了的,如同春风渡江一般吹散了冰面,脸上甚至显出了两个甜甜的酒窝。

要说宁亲王这个人仪容之美,天下皆知。他不喜蓄须,再加上天生肤色胜雪,更显得一双漆黑的丹凤眼神韵入骨。整个人就如同是神仙在一张洁白的画笺上飘然挥洒水墨画出来的人物,不着一笔,尽得风流。

然而这般上乘长相,眉间却有一道竖纹。随着年岁渐长,这道竖纹越来越深,渐渐如同剑形一般烙在那儿。

这使他眉间仿佛凝着散不去的重重阴霾,不过天家血脉贵重,不得人亲近倒也是寻常事。

宁亲王阴狠少言,平日里别说笑了,便是温和些的神态都是少见的。

这个时候却忽然这样笑出声,那便只有一个意思,他实在是怒极了。

"十二院,十二院公子姓晏?叫什么?"

"禀王爷,叫晏春熙。"

关隽臣其实早不记得这个人了,他好风雅,宁王府设十八座鹤苑,常年住十八个近侍,有的擅丹青,有的琴艺绝佳,面貌也都清秀俊雅,府里人称十八院公子。

然而所谓十八这个数,就是关隽臣图个讲头,实际上十八位公子虽然常年有,但年纪大的要走,生了病染了疾的要走,人走马观花似的总在换。

所以关隽臣未必个个都识得,像这个晏春熙,他就根本不记得是什么时候入府的,也不记得长什么样子。

"好啊,甚好。"关隽臣霍地站了起来,"这个年,本王过得痛快!"

实在是好,皇上要降旨给他颜色看,连小小王府里,也有人要忙不迭地坏他的规矩,看样子如今全天下是个人都能看他宁亲王的笑话了。

碎尸万段,怎么解气?

他要趁这两个人活着的时候就将他们剐成肉片下火锅。

关隽臣将双手背在身后,在堂内反复踱步。

程亦轩和锦书哪敢讲话,都胆战心惊地跪在地上,大气也不敢出一声。

关隽臣将府内一百零八种刑具都想了个遍,可哪个也不够解气。

忽然之间,他站定在了原地,脸上竟然又隐隐浮现出了一丝笑意。

"你去告诉王管事,那个侍卫暂且关在牢里。至于晏春熙——叫牢里拿九节鞭每日里打二十鞭子,先给我打个几天。这两个人,谁也不许许我弄死，晏春熙若是被打得昏过去便灌参汤，快打得不成了再来禀我。"

关隽臣这吩咐其实是有点难办的。

九节鞭不比一般的鞭子，这东西阴狠，鞭尖那一截上带着一连串九个精巧的梅花型倒刺，没手艺的胡乱打，面上难看不说，而且还没打个几下子人就废了。

但是给宁亲王做活儿，没有不漂亮的道理。

宁王府大管事王谨之是个能干的，他知道整个宁王府都没这么厉害的师傅，当天便马不停蹄赶去了金陵巡抚衙门，征调了大牢内的刘姥姥。

刘姥姥是个男人。

"姥姥"是个称号，且不是个随便什么人都能叫的称号，只有大牢里最有经验、撬开过最多硬汉子的嘴的刑官，才称得上这"姥姥"二字。

刘姥姥听了关隽臣的吩咐，沉吟片刻后，道："参汤备上好的。即便如此，每日打满二十鞭，我也只保这人五日内不死。"

王谨之深以为然，他手一摆，恭声道："姥姥请。"

入夜了，王谨之站在屏风外等关隽臣。

五院灯火通明，隔着屏风也隐隐约约看得到内室的两个人影。

程亦轩跪坐在榻前，抚弄着手中的琴。

王谨之品不出琴艺，只觉得琴音清丽，如山泉般流淌而出。

然而就在高亢之时，只听里面传来"啪"的一声，随即便是关隽臣冷冷地道："这里又弹错了。"

王谨之面无表情站得笔直，只是右脚微不可察地动了一下。

片刻之后，关隽臣的声音传了出来："进来。"

王谨之进去便垂下了头，他人如其名，谨之慎之，也不去看程亦轩，只端端正正地看着面前的青砖："见过王爷，谨之来回禀。"

"今儿的二十鞭，打完了？"

"打完了。请金陵刘姥姥做的活儿。"

"请了刘姥姥，好啊……抬起头来，仔细说说。"关隽臣音调与往常有些不同，好似颇为慵懒，"你知道本王爱听。"

王谨之迟疑了一下，头却更低了些，道："谨之不敢。

"禀王爷，这晏春熙细皮嫩肉，实在是不经打。刘姥姥才刚动了两鞭子人就晕了过去，淋了两盆冷水才醒过来。谨遵王爷吩咐，刘姥姥将他用冷水淋醒了再继续打。如此反复十来次，仅是二十鞭都打了三四个时辰。"

"可说了什么？"

"求王爷赐他一死。"

"嗤"，关隽臣冷冷一笑，"那侍卫呢？"

"仍关在另一间囚室，已吓得瘫了。"

"你明儿分别叫他二人写供状，要详细。不识字便用说的，你记下来拿给我。"

"是。如此，谨之便告退了。"

"且慢。"关隽臣叫住王谨之，淡淡地道，"你不抬头，可是也觉得程公子不中用？若当真如此，本王也颇觉无趣，这般看来，这五院大可换个主子了。"

这一遭可实在突如其来，程亦轩更是一下子吓得声音都颤了起来："王、王爷，轩儿可是哪里伺候得不妥，求王爷示下，求王爷恕罪。"

"哪儿啊——是王管事见不得你。"关隽臣语气中有丝戏谑，一双丹凤眼却是冷冷的，"不如你问问他？"

王谨之仍然没有开口，他利落地撩起长袍跪在了地上，但头从始至终没有抬起来过，耳边听到一阵窸窸窣窣爬行的声音。

少年似乎已经哭了，哀求道："王管事，轩儿求您了。"

这个孩子什么都不懂，甚至不知自己该求些什么。他是鹤苑公子，那位晏公子也是一样的身份，关隽臣正因那事恼着呢，在这当儿，王谨之若是心存不忍替他求情了，那才真是五院要易主。

王谨之心里明镜一般，却仍低眉敛目，仿佛铁了心充耳不闻，只是答非所问地道："宁王府上上下下，衣食住行皆王爷所赐，王爷是主子，谨之是仆，程公子是仆，晏春熙是仆，我们这些人生时是王爷的人，死了在地府仍是王爷的人，生杀予夺皆交付于王爷一人之手。"

关隽臣似乎略微消了气，起身对着王谨之淡淡一句："你下去吧。"

宁亲王的火不在程亦轩身上，也不在王谨之身上

他要泻火、要敲打、要御下，上位者行事讳莫如深，若是全然听不懂他的意思便太愚笨，可若是听太懂又将惹祸上身。

王谨之太明白天威难测的道理——于关隽臣来说，那道圣旨是天威。于宁府上下来说，这位喜怒不定、阴沉狠辣的主子是天威。

他心疼程亦轩，甚至也心疼牢房里那个被打得死去活来、求饶求得嗓

子都哑了的少年，他们这些人，都一样，都是可怜人。

夜深了，关隽臣仍未就寝，而是在自己的书房翰文斋中大发雷霆。

说是大发雷霆，但也不是说这位主子就摔桌子砸花瓶大呼小叫了。

锦书总结过了，关隽臣发火分三步，第一步不用膳，第二步不就寝，这两步走完若是事还没解决，第二天早上便是出人命。

如今这都走到第二步了，怎能不叫人提心吊胆。

就在他在外面心里直打鼓的时候，房门突然被推开，关隽臣寒着一张脸走了出来。

"王爷，这天寒地冻的，您去哪儿？"锦书赶紧上前去。

"我去牢里。"

锦书大惊，但也不至于多问，赶紧去屋内拿了狐裘，又追了出来给关隽臣披上，另一只手提了灯笼小心翼翼地引着路。

宁王府的牢狱建在地下。毕竟是私狱，并不大，但是幽深阴冷，走进去便是一股血腥混着秽物的臭气扑面而来。

锦书与狱卒恭恭敬敬地引关隽臣到了牢房门口，关隽臣蹙了蹙眉，却摆了摆手，只是一个人走了进去。

宁亲王身份非凡，几时踏足过这样的地方。如今却为了这个该千刀万剐的晏春熙漏夜急急前来，实在是因为他看了晏春熙的供状，登时气得是怒火攻心，偏又不方便与人说出口，只得亲自来瞧瞧这姓晏的是何方神圣，竟敢这么不懂规矩，死到临头还敢写这等大逆之言。

牢房里倒是点了好几个暖炉，在这寒冬夜里也极是温暖，然而扑面而来一股浓重的血腥气，令人闻之作呕。

油灯只点了一盏，四下昏暗，关隽臣又往里走了两步，才总算见到了晏春熙的模样。

这是个一打眼就看得出正处于锦绣年华的少年，他好似比程亦轩稍大一些。他上半身不着衣物，双手被从屋顶悬下来的精铁镣铐死死铐住，因吊着身子，只能用脚尖可怜地点着地板，一头泼墨似的长发直披散到腰间，尚看不清样貌如何，仿佛是仍在昏睡。

关隽臣绕到少年背后，见那白玉般的背脊上被生生剜出了许多细细密密的梅花状小洞，还有很多伤口仍在淌血，形成了可怕的一幕。

关隽臣毫无怜惜之意，还好整以暇地数了数那梅花状伤口的数量。

"不要打我了,求求你、求求王爷,不、不要打了……"

少年睡得不踏实,整个身子忽然抽搐起来,也不知这两日是反复求饶了多少遍,在梦中竟也苦苦哀求着。

关隽臣一双冷冷的漆黑丹凤眼里毫无波澜,他抬手,用修长苍白的手指在一个仍在淌血的小梅花洞上狠狠地按了一下。

晏春熙一声惨叫,陡然间便是一身冷汗,整个人从睡梦中惊醒过来。

关隽臣这才借着昏暗的油灯看清晏春熙的面容。

老实说,人都打成这样了,又在牢里待了两三天,任凭什么人物都会看起来狼狈不堪。但关隽臣的眼光何其毒,只是这么淡淡一扫,便把晏春熙平日里的样貌也估摸清楚了。他眼里划过一丝复杂的神色,退后了两步,撩起长袍下摆坐在了晏春熙对面的长凳上。

"你可知道我是谁?"

"知、知道,"晏春熙抬起头,声音颤颤的,"是宁王爷……"

"本王看了你今日写的供状,你可还记得你写了什么?"关隽臣语气听起来不喜不怒,那双漆黑的丹凤眼就这么淡淡地看着晏春熙。

"春熙记得。"

"是谁教你写的这些?"关隽臣面色如寒夜般深沉,突然问道。

晏春熙本就已经被打得昏昏沉沉,哪里还猜得透面前这尊贵的华服男子的意思,他咬了咬嘴唇,小声道:"春熙自己写的,无人教。"

"你好大的胆子!"

关隽臣低声喝道,他即便这般时候,眼里也不太看得出动气,只有眉间那道剑纹越发显了出来:"你写本王去年十月初九赐了你一瓮上好的余桃酒,本是要去与你共饮,但最终没有去。你心下烦闷,才与那侍卫一同赏了月?"

"是、是……"

"那你倒说来听听,本王去年十月初九那一夜不在十二院,是去了哪里?"

"春熙听、听说,是在琼阳楼喝醉了……"

关隽臣冷冷地盯着晏春熙,霍地站起身,高声道:"拿盐水和笔墨。"

晏春熙听到盐水二字,脸一下子变得惨白,身子也瑟瑟发抖起来。

锦书他们本就候在外面,闻言马上把东西送了进来,又听关隽臣的吩咐把晏春熙从镣铐上解了下来,随即便识趣地退了出去。

晏春熙勉强用手撑住身子跪在冰冷的地上，杏眼满是恐惧地看着拿着一碗盐水站在他面前的关隽臣。

"写供状，便要写真话。你可明白？"

"春熙明白，春熙再也不敢了，求求王爷……"晏春熙实在是怕了，怕得牙齿都在打战，哪怕他根本不知道自己到底写了什么假话。

这两日他经受的痛楚，实在是言语不能形容，那是剜肉剥皮，是凌迟啊，若是此时再淋这么一碗盐水到伤口里，只怕能立刻生生痛死都算万幸。

"那你如今可知道怎么写了？"

晏春熙一听这话，大滴大滴的泪珠就落下来了。

他实在是不知道怎么写啊。

关隽臣看着跪在自己面前直打战的晏春熙，少年显然是怕得太厉害了，竟为了讨饶不知死活地向前爬了两步，死死地抱住他的锦靴，泪汪汪的杏眼无助地看着他。

他想了想，到底没忍心把盐水往那血迹斑斑的纤瘦背脊上浇下去，这倒也不是他心软，是他心里明白，单在写供状这件事上，晏春熙实在是有点无辜。他当然知道晏春熙写的都是真话，但是，去年十月初九那晚上的事，必须是假的。

其实他看到晏春熙的供状便想起来了，他的确是赐过余桃酒的。

余桃酒来自北疆，虽然是上好的酒，但性烈味醇，极易喝醉。他是赐了晏春熙，也的确是要与晏春熙共饮，只是那一夜，发生了别的事。

十月初九这个日子是其中关窍。那是襄王的忌日，然而如今却是再也不能叫襄王了。成德元年，襄王谋逆，一家上下都被周英帝下旨秋后处决，如今……该叫他逆犯关贞阳。

世人虽皆知关贞阳死于十月，却不知其真正忌日在十月初九，一切只因襄王未等到处决之日，便已经死在天牢。

关隽臣知道此事，因为那杯毒酒正是周英帝命他秘密带去天牢的。而他，是襄王唯一的嫡亲弟弟。这桩事他知道，周英帝知道，然而王谨之不知道，全府上下无人知晓，晏春熙自然也不知道。

醉酒本无大碍，在十月初九大醉却万万不是好事。坐镇龙庭的那位天子，是一位何其可怕神秘的帝王，哪怕关隽臣步步为营、小心猜度，都可能获罪满门，更何况周英帝对各位先帝之子的忌惮可谓有目共睹。

不过好在他其实也时常会小酌几杯，因此王府上下从不曾把那日的事情放在心上，也不曾有什么人多嘴，关隽臣不想多生事端，因此略过不提。之后，他又因为秋后封地收租等琐事繁忙，便完全把赐酒给晏春熙那日的事给忘了，事后也不曾想起过这个人。

可他万万没想到，竟然会因为晏春熙这等八竿子打不着的事，把十月初九那晚的酩酊大醉又给翻出来。

大周一直以来的规矩便是王侯私狱处死下人也要有供词备案，衙门可随时调案备查，以示法度。大张旗鼓地让晏春熙翻供，反倒可能惹人注意，他便只能夜里匆匆赶来，逼晏春熙承认撒谎，重写一份供词。然而其中缘由，哪能吐露半个字给晏春熙。

思量至此，关隽臣也实在心觉苦涩，想他堂堂亲王贵胄，少时入伍，勇冠三军，如今却也成了畏畏缩缩的惊弓之鸟。然而，即便如此，该来的又能免得了什么。

去年是明升暗贬，周英帝赐了他从一品亲王的衔，去了东南将军的权，前日更是降旨赐名为"臣"，他就一步步这样退下去，还能往哪里退？若真有一天他也退到了阴曹地府里，可还有何颜面面对襄王这位亲哥哥？

一念至此，关隽臣那一口恶气便也突然泄了。

他看着自己脚边的少年，抬手把盐水泼到了一边，然后反身依旧坐到长凳上，淡淡地说："你去，把笔墨拿来。"

晏春熙有种劫后余生的感觉，他拿了笔墨，挣扎着又跪到关隽臣旁边，把纸摊平在长凳另一边，握住笔之后，有些可怜地看向关隽臣。

"我教你写？"关隽臣低下头。

晏春熙连连点头。

"你只写明都是哪一日、做了些什么就是，其他的一律不必写。"

"是。"晏春熙应了一声，他身上有伤，握着笔还有些吃力，但仍然在油灯下认真写了起来。

"你读过书？"关隽臣看晏春熙握笔姿势端正，虽受伤难捱，可下笔仍然秀逸，便开口问道。

"晏家获罪前，春熙一直在书院里读书。"

"哪个晏家？因何获罪？"

"姑苏小茶商……家父晏秋生，罪名是贿赂姑苏知府白银三百两。"

"家里可还有人？"

晏春熙顿了顿，小声道："无人。皇上新政肃贪，晏门抄家、家父斩首，所有成年男丁流放三千里。春熙那时尚未成年，便未流放，只没为官奴……王爷，春熙已写好了，您请过目。"

周英帝新政，从整肃贪官污吏开始，然而其最终目的并非如此。

仅是成德元年，大周王朝获罪官员就有数千，株连商贾一万有余。其中巨商无数，金陵林家、盐商白家都在其列。

有的人贪了，满门抄斩；有的人没贪，却不得不死。

小小姑苏盐商，区区白银三百两，竟也遭这等灭顶之灾。

关隽臣深知，大周成德年间，国泰民安和雄浑国力的背后，却有着另一幅血腥可怕的图景。

晏春熙、晏家，也不过是这狰狞图景里最微不足道的一角罢了。

晏春熙垂着头，看不清表情，只是双手捧着写好的宣纸举了起来。

关隽臣却不接："你身份卑下，唯有本王府十八鹤苑不看贵贱，给你公子的名分，好吃好喝地供着你，你却枉顾王府的规矩。你读过书，难道不识知恩图报几个字？"

晏春熙手抖了起来。

"抬起头来，看着本王回话！你们除了赏月，还有何交往？"

晏春熙浑身发抖，一个字也说不出口。

他如今已是怕极了面前丰神俊朗，却又如修罗般可怕的宁亲王——这个人实在是比九节鞭加身还要让他恐惧。

关隽臣面无表情道："你不肯说？"

"不、不是，"晏春熙吓得连连摇头，"我们通过书信，后又一同饮过酒，闲话了些许，再没别的了。"

"你之前供状里写，是你邀约的？"

"是。"

关隽臣一声冷笑："你有心了，这时候还往自己身上揽，倒是不怕死。然而，死本就不可怕，但活罪你可受得住？"

晏春熙就这么看着关隽臣，像是想什么想得出了神，倒也不害怕了，只是喃喃道："春熙该死，是个什么都没有的人。晏家满门获罪，父亲斩首、兄长流放、女眷变卖，春熙从此在这世上也不过是孤魂野鬼一只罢了，入了王府之后，亦是无依无靠。本以为王爷赐了酒，或许能与我说上几句话，结果却苦等一夜。那侍卫大哥与我曾是老乡，倒惦记着我，给我带了些家乡的茶花糕。那茶花糕……当真是极甜的，春熙只记得自己小时候吃过。

然而人生何苦，春熙已经许久没尝过这等甜滋滋的味道了，这点甜味何等难得，死前能尝到，想必已值了罢。只求王爷，赐春熙一死，九节鞭之苦实在是……受不住了。"

关隽臣的手掌在宽大的袍袖下悄然握紧，他一双丹凤眼阴沉地眯了起来，忽然问道："你是说，你不过吃了块糕，却有这般多的心绪，以至于死也值了？"

"求王爷赐春熙一死。"晏春熙不答，只是决然地不断磕头。

关隽臣本欲立时毙了晏春熙，听了这话，却不知怎的，陡然间隐隐地怒到了心头里。

值了？怎么就值了？说什么人生何苦，如今晏春熙倒是想一死了之，却不问问他允准与否？这罪臣究竟知不知晓他的命是他的？

荒唐！关隽臣忽然想，决不能就这样遂了他的意。

就在这时，铁门忽然被轻轻叩了叩，只听王谨之在门外道："王爷，天快亮了，刘姥姥来做活儿了。"

跪着的晏春熙一听到刘姥姥的名字顿时吓得腿都软了。

其实他也不是不怕死，谁又能嫌活得长呢？只是这两天他实在是被打得心如死灰了，这九节鞭之刑狠毒异常，看似伤口不甚可怕，实际上一鞭就能将人疼晕过去。

晏春熙这两日是晕过去了又被冷水浇醒、掐人中掐醒，牢里还时时备着上好的参汤给他吊着命，这可真是求死无门。

这样的大刑，就连最皮糙肉厚的汉子也受不住多久，更何况是晏春熙。

姑苏晏家虽算不得什么了不得的巨商，然而家境殷实，又加上晏春熙是晏父最小的儿子，从小父慈母爱、锦衣玉食，活脱脱一个粉雕玉琢的小公子。哪怕后来晏家落了难，可晏春熙没过上几天苦日子就入了宁王府，哪里吃过什么皮肉之苦。

这回可叫他一下子入了阴曹地府，而刘姥姥就是那阎王，他岂能不怕。

刘姥姥进来之后，见竟是关隽臣坐在长凳上，便立刻跪下恭恭敬敬行了个大礼，道："小人刘柄，拜见王爷。王爷大驾亲来，今日这二十鞭之刑，不知是否还要打？"

"为何不打？"关隽臣淡淡地开口，见跪着的少年几乎惨白着脸瘫软在地，才慢条斯理地继续道，"只是今儿这二十鞭，不必劳刘姥姥出手了，本王要亲自来打。"

刘姥姥愣了一下:"那王爷可需小的给您把刑具和要用的准备好?"

"不必。"

关隽臣站了起来,对王谨之道:"刘姥姥差事办得漂亮,赏。"

"还有——把晏春熙带回院里,伤找人治好。"

他话音未落,人已经从牢房里走了出去,只留下了兀自站在原地的王谨之、刘姥姥,还有瘫坐在地上怔住了的晏春熙。

··········

晏春熙就这么糊里糊涂地被人从牢房里带回了他的十二院。

接下来的一个多月,每日里都有人拿了上好的药膏来为他治伤,衣食住行一如往昔,毫无苛待,倒好像这么一桩事没发生过一样。

其实糊涂的人也不只是晏春熙,王府里的人何尝不犯嘀咕,只是无人敢提罢了。

这可不是随便一个下人小偷小摸的事,人人都知道,十八鹤苑公子皆是王爷收入府中闲暇时用来听曲玩乐的侍者,平日里不准与旁人有所交集。谁犯了规矩,就是把王爷的面子扔地上踩了一脚。

这位宁亲王也不是什么好性子的人,这次竟然没要了晏春熙的命,就连那侍卫也只关在牢房里。

九节鞭之刑留下的伤颇为严重,所幸此时正值隆冬,伤口倒不曾发炎,慢慢被王府上好的伤药调理着,也已好了个七七八八,只是留下的伤痕却不知要何年何月才能慢慢褪色了。

晏春熙整日只能待在房里,也实在憋闷,又仍有些心惊胆战,不知王爷将会如何对待自己。

这日午后,晏春熙裹着厚厚的白毛兔裘,有些百无聊赖地歪着头趴在窗前,看着下人们忙忙碌碌地将大大的红灯笼挂在王府各处。

再过几日,便是除夕了。晏春熙在这世上孤孤单单,也再没什么人可以共团圆了。今年更是提心吊胆,王爷放了他,却一个多月一次也没来看过他,也不知这究竟是什么意思。

王谨之来的时候,心情也有些复杂。

这一个多月,晏春熙好像优哉游哉,府里其他人却是战战兢兢当差,生怕不小心触了宁亲王的霉头。

年关大忙,关隽臣不仅要关照封地和赋税的事,朝廷上也得留着心。这些日子,他五院那边都不常去,但晏春熙伤势如何是隔三岔五便会问一句的。前日他刚听照料伤势的大夫说晏春熙背上的伤已经大半痊愈,才隔了一日,便叫王谨之过来了。

可这并不能说是关隽臣的关怀,王谨之想到先前关隽臣命自己准备的东西,便觉心里发寒。

"晏公子,"王谨之在窗前站定了,沉声道,"多日不见,您身子可好?王爷差我过来,看看您想吃点什么,今晚请您点道菜。"

"想吃什么……"晏春熙刚怔怔地反问了一遍,马上便惊慌地站起身,"王爷让我点菜?"

"是,您点吧,今晚上王爷过来。"

菜可以点,但说的不是吃的事。王府规矩考究,王爷想要去哪儿,便会在入夜前派人叫哪院公子在例菜之外点个爱吃的菜。

晏春熙自然是知道这个规矩的,可是他怎么也没想到,王爷竟还会对他有这个吩咐。

关隽臣亥时初才带着锦书到了十二院。

他刚从凤仙楼与金陵几位官员喝了酒回来,白袍玉带,一头黑发皆束在金冠之中,露出了额顶好看的美人尖和精心修饰的鬓角。

关隽臣虽已年纪不轻,却偏生来一副天生雍容的翩然公子貌,仿佛怎么也不会老似的。他平日里面色沉凝,倒也显得威重森然,可今日想必是微醺的缘故,一双漆黑的丹凤眼在夜色中竟是顾盼生辉、神采无限。

关隽臣一进来,便潇洒地撩起长袍下摆,径自坐在大堂正座。

锦书捧着一个用红绸盖着的托盘,低垂着头站在他旁边。

"府里做的松鼠鳜鱼可还合你胃口?"关隽臣竟好似完全不记得之前的事一般,对着跪在地上的晏春熙道。

"鲜、鲜美无比,谢王爷。"晏春熙微微低下头。

"喜欢便好,你也不必跪,且站起来吧,有几件事本王要交代。"

"是,王爷。"晏春熙从未见过关隽臣这般和颜悦色的样子,他听了吩咐乖乖地站了起来,垂手而立,有些紧张地看着仍正襟而坐的关隽臣。

"锦书,叫人多抬几个暖炉进来。隆冬时节了,他刚养好伤,别再冻病了。再叫小厨房准备香菇干贝粥,温好了。"

晏春熙局促地抓了抓袖口,一双圆圆的杏眼巴巴地看着关隽臣,忽然小心翼翼地问:"王爷,莲、莲子银耳羹成吗?"

关隽臣也乐了，他一挥袍袖："爱吃甜的啊，成，就听你的。"

他面上温和，心下却是冷冷一笑，还挺会顺杆子爬，那又有什么不成的，反正天一亮他也不会再留此人性命。

关隽臣解开外面的白袍，只穿着绸衫坐到太师椅上，招了招手。

锦书见了，连忙把红绸摘下，然后将托盘躬身高举。

"既是之前说好了的，那这剩下的二十鞭，还是得打完。"

关隽臣一边说，一边慢条斯理地挽起袖口露出一截修长的手腕，然后从托盘中拿出一根赤金手柄的深褐色皮鞭。

晏春熙听了这话，身子顿时紧绷起来。他看着关隽臣的眼里不由露出了一丝惊慌害怕的神情。

锦书紧接着从托盘中拿起了一条沉甸甸的金色锁链，上前了一步，可关隽臣摆了摆手，道："且慢。这样东西用不用，听你的。若是不想用的话，你就自己忍着，二十鞭没打完之前不许躲——选吧。"

晏春熙看了看那沉重可怕的锁链，又抬头看了看关隽臣毫无松动的表情，委屈地小声说："我、我自己忍着……啊！"

他话音还未落便痛呼出声，因关隽臣已经一鞭子抽在了他的后背上。

"啊！"晏春熙登时痛得浑身发抖。

他知道这是惩罚，却没想到会这般痛。他虽看不到伤势，却觉得好似皮开肉绽了一般，人自然下意识便想要逃走。

他一抬头，却见关隽臣一双眼眸淡淡地看着他。晏春熙心里一颤，竟然克制住了心中那种冲动，一动不动地挺了下来。

这下倒叫关隽臣有些意外了。要知道关隽臣少时入伍，然而拿手的兵器不是刀剑也不是枪，而是一根游龙长鞭。他专精一道，腕力不仅强，而且准。既有一鞭打碎青砖的力道，也有三米内鞭尖拈落叶的巧劲。

如今他闲赋在府，无需上阵杀敌，但这般用起鞭子依旧得心应手，疼三分还是疼七分，伤是一天消还是三天消，于他而言闭着眼睛都能打得又稳又准。他这会儿下手不轻，没想到这少年竟忍住了没逃走。

"王爷，啊……饶了春熙吧……"鲜血洇湿了晏春熙的后背，他自己也不知该怎么求饶了，只感觉马上便要晕过去了。

"这是第几下了？"关隽臣忽然停了下来，淡淡地问。

晏春熙泪汪汪地抬头，整个人顿时僵住了。是十六还是十九，十六还是十九？他脑子里含糊地转着这两个数，怯怯地道："十、十九……"

"嗯？"关隽臣修长的眉毛扬了起来。

晏春熙心一下子慌了起来，怕自己答错了便要重新挨一顿鞭子。

关隽臣却微微笑了："既然你说十九，那便是十九吧。"

"别哭了"，他把鞭子扔到一边，只是用手掌扇了一下少年的脸蛋，那力道颇轻，倒像是抚了一下，"这是二十。"

晏春熙看着关隽臣，他眼里本还带着泪花，却忍不住"噗"地一声笑了出来："谢、谢王爷。"他还有些蒙蒙的，也不知道关隽臣为何忽然放过了他，破涕为笑时脸上的两个小梨涡越发显了出来。

其实关隽臣也不太明白自己为何忽然便想放过他。或许是觉得他忍着痛一动不敢动的模样颇为乖顺，又或许是觉得这少年傻乎乎的，有些可爱。

"那羹，还吃吗？"关隽臣微微抬起下巴示意了一下桌面上的小碗。

"吃……想吃的……"晏春熙有些怯怯的，又摸不清关隽臣那张冷淡面孔上的意思，听关隽臣叫他吃东西，似是还关心他，于是心下觉得有些欢喜，不由往前凑了两步，下意识地便道，"成哥哥，你是饶了我吗？"

谁知此言一下子便叫关隽臣脸色森寒，他厉声道："你这罪奴，竟敢乱叫本王的名讳，看来这些刑罚还没叫你学会这王府的规矩！"

晏春熙还没从方才的欣喜中缓过来，便听见关隽臣冷冷地斥责他，似是又要见罪。

他身子也不由冷了下来，颤声道："成哥哥，你、你是讨厌我了吗？"

关隽臣眉间笼罩着一层阴云，他何止是讨厌，他本已动了杀机——此时，王谨之已经准备好鹤顶红候在外面了。

关隽臣心里蹿起一股无名的烦闷，一时之间不愿细想鹤顶红的事情。

他看着面前怯怯的晏春熙，话锋一转："你胆子倒不小，皇上已下旨为本王赐名为'臣'，你知不知道再这么乱叫可是重罪？"

"成哥哥……"晏春熙嘴唇微微动了动，他脸上的神情却不慌张，好似回味起了什么悠远却隽永的记忆，眼里竟出神地泛起了一层柔软的波光，"你还记得我吗？十二年前，姑苏林府，你见过我的……"

十二年前，晏春熙约莫五岁……关隽臣愣了一下，忽然之间，他在脑海里拼凑出了一个小小的影子，试探道："你是唐唐？"

晏春熙登时笑得露出了甜甜的梨涡，他一下子抱住关隽臣的胳膊，雀跃道："我知道成哥哥不会忘了的。"

…………

关隽臣的确没有忘。

十二年前的隆冬，襄王关贞阳与林氏商号的小女儿林清月在长安大婚后，又回到了姑苏林府再设宴三日款待宾客。作为襄王的亲弟弟，那时还未更名的关隽成身有军务，未赶上长安大婚，便去贺了姑苏这一场。

林家乃江南巨商，在姑苏根基极深，人脉极广，如今又与皇室贵胄攀了亲，一时之间，出入林府的官吏商贾络绎不绝。

而关隽成那年领军东南告捷，是朝廷一时无两的大红人，想巴结他的人虽多，但他不喜交际，住在林府的偏院冬阁之后便深居简出，虽不带什么下人把守，倒也无人敢扰。

那晚明月皎皎，关隽成独自一人背手在院里赏红梅，忽地听到有人窸窸窣窣地踩着雪走进了院里。他不悦地转头一看，见是个矮矮小小的身影。

关隽成精通武艺、目力非凡，虽还有颇远一段距离，仍是一眼看清了来人的样貌。

那是个看起来不过五六岁的小男孩。一看就是富贵人家的小少爷，火红的华服锦袄裹得严严实实，想是因为穿得太暖和了，倒把他包得像是一个圆圆的小团子，在白皑皑的雪地上一站，颇为喜人。

"你……"小家伙好奇地远远看过来，奶声奶气地问道，"你就是爹爹娘亲说的那个冠军侯吗？"

若是旁人胆敢这般无礼，早就被关隽成治罪了，然而面对这小小孩童，他倒真有些无奈，只得应道："是我。"

大周朝太祖制，未满二十五岁军功昭著者，封冠军侯。"冠军侯"这三个字意味特殊，取勇冠三军之意。

关隽成为皇子，大功本该封王，但得先帝授命封冠军侯，其分量远胜普通藩王。

那一年，关隽成二十三岁，意气风发、锋芒毕露。

大周朝上下人人都想结识这位冠军侯，这小娃儿的父母自然也不例外，想是议论了些什么，倒叫他听到心里去了。

"哎！我就是来看看你什么模样！"果然，那小少爷一听，登时兴冲冲地要过来，可是还没走几步，就一个狗啃屎摔进了雪地里。

关隽成站在不远处看着，没忍住笑了一下。

小家伙抬起头，一张粉嘟嘟的小脸上都沾满了雪，他倒真是被娇惯得厉害，只这么轻轻摔了一下，就哭唧唧起来："你这人……怎么站那儿不动，也不知道来扶扶我？"

他倒挺金贵。

关隽成笑归笑，还是从腰间抽出鞭子，一甩手腕。

长鞭如游龙般夭矫，轻轻卷起那小少爷的身子，一收一带，稳稳将他放到了关隽成面前。

小家伙登时不哭了，只是惊奇地看着关隽成，还伸手怯怯地摸了摸关隽成的游龙鞭。

他浑身华贵逼人，一双俏皮的虎头靴上还镶了明珠，那张小脸更是粉雕玉琢，像是从嫦娥月宫里偷偷跑出来的小公子一般。

关隽成俯身下去，擦了擦他小脸上的雪花，板起脸道："雪这般厚，你又摔不痛，哭什么？"

"我才没哭。"那小家伙突然对关隽成伸出舌头扮了个鬼脸，"我是吓唬你玩的。"

关隽成沉下脸道："你是哪家的娃娃？这般调皮，我派人把你送回去。"

"别呀……"小少爷偏一点也不怕他，扯了扯他的袍角，"冠军侯，你长得忒高了，蹲下来陪我说会儿话，好不好？"

宫里的孩子可没有这般胆大包天的，关隽成一时不知该拿眼前这缠人的小家伙如何是好，最终还是单膝蹲了下来，这才堪堪与小家伙平视。

小少爷看过来，眼睛霎时一亮。

他小手捧住关隽成的脸，像是捧着什么珍宝似的，欢天喜地地道："冠军侯，你原来这般好看呀。"

关隽成耐下心来，任由小家伙这样胡闹，开口道："咱们且说两句话，然后我便送你回去。"

"好呀。"小少爷登时笑得露出了两个梨涡，他倒一点也不见外，立刻用胳膊娇娇地搂住了关隽成的脖颈，热乎乎的脸蛋也贴了上来。

"冠军侯，成亲的襄王是你哥哥吗？"

"是。"

"成亲是什么？"

"就是娶媳妇。"

"冠军侯，那你怎的不娶媳妇呀？"

关隽成一时无言，想了片刻才道："我不想。"

没想到那小少爷倒像突然懂了什么的，他用手抚摸着关隽成被玉冠束

017

好的黑发:"你别太难过。"

关隽成哭笑不得:"我有什么好难过的?"

"瞧你还嘴硬。"小少爷学着大人的模样叹了口气,语重心长道,"都没人要你呀。"

关隽成顿时被噎得说不出话来。

"你生气啦?"见关隽成不说话,小家伙竟伸出手温柔地拂去一片落在关隽成眉上的雪花,"不气不气,若当真没人要你的话,等我再长高一点就帮你想办法,好不好?"

关隽成叹了口气,温声哄道:"你既要帮我,总得告诉我你是哪家的?叫什么名字?"

"我叫唐唐。"他一边说,圆溜溜的大眼睛还一个劲地盯着关隽成看,"你可得记住,不是桂花糖的糖。我娘说,那个糖太甜了,男孩儿叫了不适当……冠军侯,你叫什么?"

"我叫关隽成。走吧,不早了。我派人送你回去。"关隽成站起身,虽然还不知道他姓什么,但叫下人去找找问问谁家孩子的小名叫唐唐便是。

唐唐有点委屈,但还是乖乖地握住了关隽成宽大的手掌,他抬起头,眼睛亮亮地问:"成哥哥,我还能来找你玩吧?"

关隽成一阵头疼,硬着头皮道:"能。"

关隽成这一答应,当真是一失足成千古恨。

姑苏大宴虽说是三天,但实际上宾客云集,足足热闹了七八天。

接下来一连几天这个叫唐唐的小少爷总来找他,初时还有侍卫拦一下,可他人小鬼大,竟板着脸说是冠军侯亲口答应了陪他玩。

关隽成一是不太想失信,二是竟然有些无法拒绝那小家伙的要求,他堂堂大周冠军侯,竟然硬生生陪了那小家伙几天,去姑苏城里看了灯,赏了梅,逛了西市,还带唐唐吃了馄饨。

这事叫襄王知道了,都惊奇不已。

唐唐的父母也曾毕恭毕敬来拜会,但关隽成实在无半分兴致认识他们,只是知晓这家人姓晏,面仍是没见的。

晏家人离开前,唐唐抱着关隽成哭得七荤八素,怎么都不愿意走,还想把自己脖颈上戴的长命锁塞给关隽成。

关隽成知道这东西是富贵人家求了给自家孩子辟邪祛灾的,因此自然不收。

唐唐左思右想，竟然把锦缎虎头靴上镶嵌的明珠扯了下来，交到了关隽成手里。

"成哥哥，这是信物。"他煞有其事，一双大眼睛泪盈盈地看着关隽成，"你可不要忘了我呀。"

关隽成收了明珠，不过那明珠早不知遗落到了哪里，再也找不见。

可临别前，那裹着锦袍的小小身影在漫天大雪里一步一回头的模样，如今十二年过去了，他都不曾忘记。

…………

"是你？"

关隽臣不由皱了皱眉头，他记忆里那个娇生惯养的小家伙竟已经长得这么大了，可那浅浅露出梨涡的甜软笑容，又好像这十二年来都没怎么变。

他摸了摸晏春熙的脑袋，问道："你怎么没有早说？"

"我入府六个月，好不容易那日盼到了余桃酒，你却仍未来。我连你面都见不上一次，想找人传话也无人搭理……"

"那你就敢坏了规矩？你是想找死？"

"我那日心里好生难受，以为今生再没机会见到成哥哥了。"晏春熙看着关隽臣的眼里泛起了一丝委屈，"也不是找死，不过我确实活得有些没兴味……"

"听你这意思，倒怪本王了？"

"不、不怪成哥哥。"晏春熙赶紧摇头，又小声加了句，"但也不能说半点没干系。"

关隽臣听了，登时一个巴掌抽了过去，打到一半却转了向，重重地……打在少年后腰上。

晏春熙一双圆圆的杏眼里泛起了委屈的水雾。

"那之后的事，怎么算？"

"我……"晏春熙心里也知道这回真真是他的错，只得可怜巴巴地扯了扯关隽臣的绸衫道，"成哥哥，从小到大我最怕孤单，家中出事之后成了罪奴，便更感到人情炎凉，心里苦闷，直到被收进王府。可我苦苦等了许久也见不到王爷，平日里在这偌大王府中又谁也不认识，更听说规矩森严，只得小心度日。这一日日苦熬下来，十月初九那夜我本以为有望，却……那侍卫又与我谈及家乡诸事，我、我好像这么久以来才感觉到一丝人世间的温情。"

"温情？"关隽臣冷哼了一声，"你懂个屁。"

不知为何，那"温情"二字让他情不自禁有些恼怒。

晏春熙之前从未听关隽臣吐出过任何脏字，顿时愣了一下，但他还是只能小声说："我什么都不懂。"

关隽臣看着有些懵懂的少年，忽然又感到了一如十二年前的无可奈何。

十二年过去了，可晏春熙在他眼里仿佛仍然是个小家伙。

他其实已经在心里饶了晏春熙这一回。

关隽臣摇了摇头，转头便唤了王谨之进来。

"去把牢里那个侍卫提过来，把供状也带来。"

王谨之见关隽臣不提鹤顶红的事，自然也不会多话，很快便将用镣铐锁着的侍卫给带了过来。

那侍卫姓萧，他虽未被拷打，但是在牢里提心吊胆地被关了几日，被带来跪在关隽臣面前磕头时，已是哆哆嗦嗦，连话都说不利索了。

关隽臣心里厌恶至极，面上却纹丝不动，只把画了押的供状扔到了侍卫面前，淡淡道："你不识字，但供状上都是你说的，你把上面的话都读来听听。"

晏春熙不知关隽臣何意，他心里发慌，也不敢去看萧侍卫。

"是、是……"萧侍卫颤抖着匍匐在地上，声音沙哑地道，"十、十月初九，小的在十二院当差，本无事，哪知晏公子走出来叫小的进去搬点东西。刚一进屋里，晏公子便拿出王爷赏的酒，盛情相邀小的一同饮酒赏月。小的自知此事有违府里规矩，本要拒绝，可晏公子苦苦相求，小的是见他实在可怜，这才……实在是一时糊涂，王爷、求王爷饶命啊……"

一旁的晏春熙脸色登时煞白，双手发抖，无措地看着趴在地上磕头的萧侍卫。他实在是没想到，人心，竟能坏到这个地步。

他忽然便明白，方才他提及"温情"二字，关隽臣为何那般不屑。

"他说的，你都听到了吗？"

"王爷，熙儿……"晏春熙把嘴唇都咬破了。

他之前虽受重刑，但仍不愿多连累萧侍卫，因此将供状写得于自己不利一些，如今却被反咬，实在是心寒至极。

"你记着他说的这番话，一字一句都记住了。"

关隽臣深深地看了一眼晏春熙，他面上不喜不怒，也不看地上的萧侍卫，只是转过头对一旁的王谨之道："这人不必杀，取他身上一东西，然后丢到金陵城里乞讨去。"

王谨之迟疑了一下,还是低下头问道:"敢问王爷,取什么?"

"说过不该说的,尝过不该尝的酒的那一样。"

关隽臣此话一出,跪在地上的萧侍卫如何能不害怕,顿时"砰砰砰"地拼命磕起头来,连额头都顷刻间磕得出了血,可还是马上就被王谨之拖了出去,一路挣扎着发出一声声撕心裂肺的求饶。

晏春熙吓得直接瘫软在地,他一双杏眼又惊又惧地看向关隽臣。

王谨之将萧侍卫拖出去后,关隽臣朝瑟瑟发抖的少年伸出手,晏春熙却只是摇头。

关隽臣也不勉强,他俯视着晏春熙,慢慢开口:"今夜,我教你两桩事。你听好了,我只说这一遍。

"一,以后凡事多想着点自己,别总替别人想——别人实在不劳你操心,不害你都已是客气了。"

"二,"关隽臣凝视着晏春熙一双茫然却澄澈的杏眼,继续道,"你记着,这宁王府下到一草一木,上到仆从杂役,全都是本王的东西,你们要守王府的规矩。他坏了规矩,本王没取他性命已是宽仁。不杀他,是叫你懂得害怕,坏了规矩的人便是这个下场。什么温情?这般蠢话再不必说,再做错一回,本王决不饶你。懂了吗?"

"成哥哥,"少年抬起头看着关隽臣时眼里隐约泛起了泪光,像是被刺痛了,"是要教会熙儿害怕你吗?"

"那你学不学得会?"关隽臣坐到晏春熙身边问。

"熙儿……"晏春熙身子还微微发着抖,沉默了一会儿才轻声道,"只怕学得慢。"

关隽臣心下好笑,也不想再吓唬他:"好,那便慢慢来。"

晏春熙张了张嘴:"成哥哥,那萧……"

他刚开了个口,见关隽臣面色不善,只得马上知趣地低下了头。

"往后也别再唤我这三个字,犯忌。"

晏春熙迟疑了一下,忽然又抬头问了一句:"只有我们二人时,也不行吗?"

关隽臣只觉得一阵无奈,看来自己方才的话有一半是白说了,这小家伙好像就是不十分怕他。

他眯了眯眼睛,只能不置可否地沉声道:"你也累了,睡吧。"

少年显然是又累又困，听关隽臣这么说，他眼神愈发迷茫了。

但即便如此，他仍然有点执拗地又问了一句："那成哥哥……明日还来看我吗？"

"无事便来。"关隽臣沉声道。

晏春熙是打心眼里把他当作当年那个冠军侯，关隽臣也不知这究竟是福还是祸，他毕竟……已经变了。

宁王府丹心阁是王谨之的住处，他着意挑了个西边的偏僻院落，平日里也不要人伺候，是以院子里冷冷清清的，积了半个冬的雪也不见扫走，乍一看，全然看不出是王府大管事的居所。

此时，一个身着玉白色锦袍的少年站在门廊前，轻轻叩了叩门。

"王管事，您在吗？"

"吱呀"一声，王谨之从屋里走了出来，见了来人不由有些惊讶："程公子？"

程亦轩微微仰起头，明晃晃的雪光中映着一张冻得微微泛红的脸蛋。他琴艺出众，又讨人喜欢，入了王府数月，一直很受宠，只是这几日有些不同。

"天儿真冷。"程亦轩举起白皙的双手，冲掌心小心翼翼地哈了口气，像只盼着取暖的小猫似的，看了一眼王谨之。

王谨之视而不见，淡淡地问："下雪的天程公子还出门，可是有事？"

"也没什么事。"程亦轩犹豫了一下，随即轻声道，"王管事，听说王爷这几日，常去……十二院？"

关隽臣这几日，就没有不在十二院用膳的时候。

"程公子，王爷的事，不是咱们该过问的。您还有别的事吗？"

程亦轩听了王谨之的回答倒也不意外，只是垂下了眼睛，可他随即又怯怯地从锦袍的袖口中取出了一个小青玉佩，递了过来："王管事，烦劳您了，明儿要除夕了，您过几日帮我给郑妈妈捎去，行吗？"

郑氏是金陵城中潇湘馆的老板娘，潇湘馆里常有达官贵族往来，里面卖艺的伶人都叫她一声妈妈。

程亦轩孤儿一个，便把这位将他卖入王府的人也当作父母般年年孝敬着，时常送些东西过去。

他没说什么，伸手接了青玉佩时，触到少年的手指，只觉得冰凉得厉害。

王谨之沉默地看了程亦轩一眼,还是转身回屋里拿了个皮套子裹着的小暖炉出来,塞到程亦轩手里:"天儿冷,别冻着了,快回去吧。"

　　程亦轩抱了暖炉子,脸上突然泛起了柔柔的笑容,他看着王谨之时,眼里那抹若有若无的凄楚突地明显了起来:"谢王管事。"

　　王谨之没再说话,就这么静静地看着细瘦的少年一步一步走出了丹心阁的院落。

第二回

年三十那日,宁王府各处早就挂好了喜庆的红灯笼,从早上起,天上便飘起了鹅毛大雪,府里一片红白相间,更是热闹喜庆。

大周朝亲王是从一品的官衔,身份贵重,连府邸的春联都是宫里周英帝亲赏下来的,不仅意头好,还出自大家之手。

重重院落间,来回穿梭的下人也都面露喜色。王府虽平日规矩森严,然而年节时分却颇大方。所有下人一律封二两银子过年,那些愿意年节期间也留府伺候的下人,则额外多赏半两。往日里众位公子没有机会多聚,除夕夜则会一起陪着宁亲王在正心殿共享晚宴。

今年宁亲王突然想吃火锅,是以黄昏时分府外就已经麻利地送来了现宰杀的牛羊,交由厨房准备。

然而翰文斋里,关隽臣却看着手中的密报,脸色阴沉。

"王爷,皇上撤了平南王的亲信闽浙总督侯永飞,这番动作难道当真是要削藩了?"王谨之想起刚才所见的密报,简直冷汗淋漓。

关隽臣微微合起双目,冷然道:"削藩去年便已开始了。成德元年,皇上将本王升为从一品亲王,名义上为亲王贵重,因此迁封地至金陵,转而将本王苦心经营的东南一带的封地转交给了关承坤,赐封号正二品平南王。看似改封,其实目的就是削藩。

"偏这哑巴亏只能咽下去,众人皆知本王、襄王和平南王自幼一起长大,早已被看作一党,本王的封地改封给平南王,倒也不像是皇上对三王党大肆出手。然而实际上,襄王死后,平南王与本王早生嫌隙,他又脾气火暴刚直、好大喜功，本王被皇上架在火上烤了这一年多，他是浑然不觉，如今皇上骤然对他的第一亲信出手，他想必已经蒙了。"

"王爷，此时我们是否该不闻不问？"

关隽臣摇了摇头："你去将府库里张丹林的《忠义帖》真迹取来，八百里加急送到平南王府。"

王谨之不由怔住了，张丹林乃是百年前的书法大家，一张《忠义帖》更是闻名天下，世间多有赝品，少有人知道这价值连城的真迹收在宁王府的府库。

为人臣者，"忠"字为先。

他明白，关隽臣此时将《忠义帖》送给平南王，其意味实在深远。

"只盼他能领会本王的意思，切莫冲动。"

关隽臣站起身，神色深沉地望了一眼外面已然黑下来的天："走吧，且过个好年，年后再探探朝廷那边，看皇上打算派谁接任闽浙总督这封疆大吏的位子。"

王谨之不再多言，他拿起华贵的白狐裘为关隽臣披上，两人一前一后走出了翰文斋，向正心殿的方向去了。

大雪下了一天，整个王府里皆是白茫茫一片，直叫人走在路上也觉得好生洁净。到了正心殿外时，有人迎上来通报说众位公子都在里面候着了。

关隽臣点了点头，正要往殿里走去时，一道身影突然跑了过来。

"王爷！你来得好慢。"少年抬起头微微笑着，杏眼被四周的火光映得晶亮，他像是已经站着等了许久，湖蓝色的锦袍都挟裹着一股寒气。

"你在外面傻等什么？也不怕冻着。"关隽臣皱着眉。

晏春熙比关隽臣矮了大半个头，他见关隽臣眉上落了两片雪花，便细心地从怀中掏出方巾递了过去，然后才看着关隽臣乐呵呵道："想等着王爷一起进去。"

"又没规矩。"关隽臣虽板着脸，但还是带着晏春熙往正心殿里去了。

除夕夜饭不分席，灯火通明的正心殿里摆好了红木雕龙大圆桌，桌边其余十七位鹤苑公子都已到了，见关隽臣进来纷纷起身要跪。

关隽臣摆了摆手，也不再理会晏春熙，径自坐到了主位："都不必多礼。"

晏春熙只排到十二院，因此在这桌上是坐不到关隽臣身边的。

他心里有点委屈，坐在远远的一角有些不知所措地打量着这桌上的诸位公子,其中大多数他都只知道个名字,未曾谋面。

"今日除夕夜宴,大家不必拘束,都多吃点——"

关隽臣招了招手,下人们便将早已准备好的锅子和鲜羊肉齐齐端了上来,除了关隽臣之外,其他公子都是两人一个锅子。

寒天雪夜里,热腾腾的锅子一生起火来,的确颇有过年的热闹氛围。

然而虽然关隽臣这么说了,可是各院公子依旧颇为拘谨,看着面前沸腾着的锅子,都在等关隽臣先下筷子。

坐在晏春熙身边的十三院公子宋飞羽一身浅碧色锦袍,领口还缝了一圈白白软软的兔毛,他对着晏春熙耳语道:"你便是晏公子?"

"是,还没见过宋公子呢。"

"嗐——"宋飞羽懒懒地笑了下,"今年见一次,明年却未必见得到了。"

晏春熙许久未和同龄人相处,不由好奇问道:"怎么这么说?"

"我运道不好,年后嘛……恐怕要被送出府了。"宋飞羽将嘴角朝五院公子程亦轩那边努了努嘴,"同样是潇湘馆的,艺不如人,也只能认了。"

晏春熙听他这么说,也看向了不远处那个白衣少年,程亦轩微微垂着头的模样看起来有些憔悴。

晏春熙不由看得微微怔住了,他喃喃道:"被送出府后……会怎样?"

"左不过就是被卖到别的府里去。"宋飞羽嘴角泛起了一个略带讥诮的笑容,好像已经看透世故,"咱们这样的人,也就这个命。好在我年纪小,嗓子还行,还唱得了戏,若是年纪大些的被扔了出去,那更是苦。"

那边关隽臣已经动了筷,诸位公子自然也就纷纷吃了起来。

偌大的正心殿此时只有碗筷相碰之声,正因如此,忽地几声勉强压抑住的轻咳便不由显得突兀起来。坐在关隽臣身边的大公子严茂竹微微转过身子掩住了口鼻,他似乎极力想要忍耐,却越咳越用力。

关隽臣放下了筷子,他虽没说什么,面色却很冷淡。

"王爷,茂儿这、这几日有点冻着了,对不住,扰着您了……"

严茂竹的眉眼看起来端正温润,他咳得脸都已泛了红,却先低头跟关隽臣告了罪。

"找人看过了吗?"

"看了,说是肺里有些上火。"

"茂儿过了年有二十二了吧?"关隽臣却话锋一转,温声问道。

"是……"

"年纪大了,也不必老是窝在王府里了。"关隽臣仿若没看到严茂竹骤然惨白的脸色,"年后,我叫王谨之多给你封点银子,别苦着你。"

严茂竹手指微微发抖,嗓音沙哑:"谢、谢王爷。"

话音未落,他已跪在了地上,头深深地埋了下去。

关隽臣伸出手将严茂竹扶了起来,微微皱了皱眉:"我已说了,今日不必多礼。"

这次严茂竹没有再谢恩,只是沉默着低下了头。

席间无人多说什么,诸位公子似乎早见惯了这场面,就连坐在关隽臣另一边的二公子也毫无反应。

晏春熙从这边远远看过去,只觉得严茂竹瘦得好厉害。

不知怎的,晏春熙握着筷子的手不由自主地抖了一下。

这顿除夕夜饭一吃完,便有下人捧了一盘金瓜子上来,恭敬地请示道:"王爷,敢问今年的消夜果赏哪院?"

这一盘金瓜子是十足十的真金,消夜果赏了哪院,就是关隽臣要在哪位公子那儿一块守岁过年。

"王爷……"席间一直没开过口的程亦轩忽然抬起头,轻声道,"王爷,您都好久没来看轩儿了。"

关隽臣却没应,他径自站了起来,看也不看程亦轩,直接对捧着金瓜子的下人道:"给十二院。"

直到晏春熙和关隽臣已经走了许久,程亦轩仍呆呆地坐在那儿。

其实程亦轩也不知道自己为何要去争这个,他哪怕在旁人眼中已风光许久,却总是怕关隽臣怕得厉害。

只是这偌大的王府,漆黑一片,王爷往哪儿走,哪个院里才像是有了点光亮。除了这点光亮,他什么也没有。

…………

"你今儿话很少。"关隽臣低头看着坐在棋盘对面的晏春熙,皱了皱眉,"本王与你一块守岁,你倒不高兴?"

晏春熙出奇地沉默,若是往日里这般相对而坐,即便是下棋,他也有许多的言语。

关隽臣总笑他,说没见过他这般话多的。今日晏春熙不大说话了,反而让关隽臣心里烦躁起来。

"高兴,怎么会不高兴。"少年仰起头,迟疑了一下才小声道,"成哥哥,我心里有话能跟你说吗?"

"你说。"

"你为什么要收十八个鹤苑公子?"晏春熙的脸蛋被烛火映得红扑扑的,他一双杏眼认真地看向关隽臣,"这些伶人进府只几年便又要被送走,许多都见不了王爷几面,着实可怜,何必呢?成哥哥,便、便少收几个,不好吗?你我本是旧识,我是愿意时时陪着你的。"

"晏春熙。"关隽臣还从未听过这般荒诞的话,面色一下子冷了下来,"本王给你脸了?我爱收谁便收谁,收一百八十个,这王府都养得起,要你一个下贱的官奴来指手画脚?严茂竹出府还能拿银子做个营生,你可知你若是被赶出去,就只能去做那最下等的罪奴了?"

少年的身子顿时不知所措地僵住了,晶莹的泪花在眼里打转。

他自知晏家获罪后,自己早已不是那个锦衣玉食的小少爷,可是被面前这个他敬仰的人这样毫不留情地辱骂时,只觉整个人都坠进了冰窖里——原来在关隽臣眼里,他竟是这般卑贱。

关隽臣本就被平南王的事烦得不行,一股邪火顿时被晏春熙拱了起来,他猛地撂下棋子,径自进了内室:"你若不会好好伺候,就给我滚出去跪着。"

晏春熙没再说话,咬紧嘴唇站了起来,跌跌撞撞地走出去跪到了外面。

关隽臣隔着屏风看到晏春熙跪在外面的侧影,寒冬腊月的,他身子单薄瘦弱,刚跪一会儿就已经微微颤抖起来。

关隽臣心里烦得要命,直接用掌力拍熄了烛火,在黑暗中,眼不见为净。

今儿是大年夜,关隽臣本是打算和晏春熙一起守到子时放了爆竹才入睡,这会儿闭上眼睛,他却实在精神得很,怎么都睡不着。

他也知道这么冷的天,这么跪着已然是很重的责罚,晏春熙必定撑不了多久,也就一个时辰便要晕过去了,可他没想到,这一个时辰于他而言竟也有点难熬。

约莫只过了一炷香的工夫,关隽臣就听到一阵匆匆的脚步声向屋里而来。他才起身,就感觉到一个冰凉的身子扑到了自己的身前,直愣愣地撞到了他的胸口。

"你好大的胆子。"关隽臣哼了一声,他自然知道这是谁。

"太、太冷了。"晏春熙开口说话时带了一丝鼻音,被冻得不停打战,"成哥哥,外面太冷了……熙儿不跪了行吗?"

"你不想跪,可是知道错了?"关隽臣冷冷地问。

"熙儿、熙儿知错了。"他这会儿倒是乖得厉害。

关隽臣早就不想让他跪了，听他这么说，虽然仍然冷着脸，但并未让他继续跪着。关隽臣看着他，过了许久终于道："坐吧。"

晏春熙这才小心翼翼地坐着，他像只骤然获救的小猫似的，心有余悸，瑟瑟发抖，有点畏手畏脚。

"伸手。"关隽臣道。

晏春熙怯怯地伸出手掌，他拿不准关隽臣的意思，想着或许是要责罚他，便把手心朝上。

关隽臣有些忍俊不禁，他将晏春熙被冻得冰凉的手拉了过来，却只是放到暖炉上方，吹着热气："暖暖手。"

"哎。"晏春熙有些怔愣。

"怎么？嘴巴也冻坏了？"关隽臣淡淡笑了一下。

"成哥哥，我浑身都冷，膝、膝盖也跪得好疼……"晏春熙声音很小。

"还真把你惯坏了，跪一柱香工夫就哭天喊地的。"关隽臣不高兴地冷哼一声，"知道疼，下次便不要再犯。"

"哎。"晏春熙又软软地应了一声，他们就这样一起默默烘着手。

"成哥哥，你别恼我。"晏春熙终于还是小声地开口了，"其实我只是……想多陪陪你，而且晚宴间听别的公子说年纪大了就要出府，我心里才慌得厉害。"

"你慌什么？"关隽臣挑了挑眉毛。

"成哥哥，"晏春熙忽然抬起头，认真地说，"几年后若我也年纪大了，你不准把我丢出王府，你当年……可是收了我的明珠的。"

他似是自己也觉得羞窘，呢喃道："你别笑，虎头鞋上的另一颗明珠，我一直好好收到了十五岁，直到那年我没为官奴，才被官府的差人给抢走了。若不是那时入的是宁王府，我早已没心力活到今日。

"那日在牢里见你，我又怕你，又想和你说话，还觉得自己太丢人。我想，你若是当真要我死，我一个字也不多话，也不叫你想起那个唐唐。但你没叫我死，我、我这才……

"成哥哥，十二年了……人生未易相逢，我无父母，无亲眷，你是我在世上唯一的念想了，你不能只拿五年来换。"

"净说些没边的话，"关隽臣抚摸着少年柔软的发丝，淡淡地说，"五岁时你又懂什么？这也能算到年头里？你这是勒索，懂吗？"

"长大后，我时时会想起那年大雪中，我仰头看着大周冠军侯，然后让他为我蹲下来时的心情。"

晏春熙抬起头，他杏眼里泛着澄澈的光芒，竟然让关隽臣也不由听得出了神："是什么心情？"

"天边寒月，落入我怀。"晏春熙抬头看向关隽臣，重复了一遍当年他说过的那句话，"冠军侯，原来你竟这般好看呀。"

关隽臣微微眯起了眼睛，漆墨的丹凤眼深沉得如同寒夜，冷声道："可我已老了。"

时间久了，所有的铁马冰河都遥远得像是前世的一场幻梦。他何止是天边寒月，他何止功勋昭著，他曾是大周所有人梦里的盖世王侯。

若不是晏春熙提起，他自己都已忘了那样的时光。

一切都已变了，做皇子有时是件可笑的事，前半生可以建功立业、极尽荣华，可一旦先帝的荣宠过盛，实际上他便已悄然犯下了滔天的过错，只等一朝天子易，全盘反噬。他老了，老在不再策马的那一刻。

晏春熙看着关隽臣的眼神像是看透了什么，呢喃着道："成哥哥没有老，只是想必时常发愁。眉间的纹路越来越深了，定是因为成哥哥总在皱眉。"

他说着，叹了口气："皱眉不好，成哥哥不痛快，我也不痛快。"

关隽臣偏开头，忽然生硬地道："夜深了，你早些歇息吧。"

"是。"晏春熙虽乖巧地应了，可还没忘之前的事，"成哥哥，那你可是应了，永远不叫我出府。"

本只是说五年后，突然就成了永远，这小家伙实在太会顺杆子爬。

关隽臣无暇跟他计较，王府难道还怕多个人吃饭不成？

他摸了摸晏春熙的脑袋，低声道："罢了，都依你。"

成德三年，初春时节。也不知是哪一日晨起，满园的桃花陡然之间纷纷绽开了花苞。红红白白，浅淡相宜，偶尔一阵微凉的春风吹过，甜腻的香气便洒满了整个宁王府。

一个隆冬后，虽仍春寒料峭，人们还是纷纷脱去了厚重的裘袍，乐得潇洒地吹吹冷风。

"今儿他点了什么菜？"关隽臣背着手站在窗前，饶有兴致地看着一枝明艳的桃花俏生生地斜探入房里。

"呃，那可多了。"王谨之想了一下，才答道，"碧螺虾仁、姑苏卤鸭，说是时令好，所以还要吃酱焖黄鳝。"

"把卤鸭给他去了，换道白玉菠菜——成天都不见他吃点素的。"关隽臣皱了皱眉，吩咐道。

王谨之点了点头，记了下来。

以前关隽臣从不过问这些小事，如今倒是屡见不鲜了。

王府里的规矩，点菜是王爷的恩遇，是以各院公子看中的都是背后那层含义，谁都是意思意思点道菜就过去了。可偏偏十二院的晏公子是真把点菜当点菜的，点一道还不够，一点就是点一桌。他很看重此事，姑苏人又喜甜，因此还时常想想饭后要吃点什么零嘴，一并点了。

以前宁王府里从没有过此等行事肆无忌惮的鹤苑公子。

可关隽臣惯着他，谁也无法说什么，倒是把王府的厨子给忙坏了。

"王爷几时过去十二院？时间久了晏公子又该过来催了。"王谨之脸上含着笑，轻声询问道。

"且等等吧。今日各处的探子该回来报了，先看看皇上和平南王都有什么动作。"

关隽臣淡淡看了一眼王谨之，脸上也露出了一丝笑意："你也来调侃本王。他若敢来催，立马给我赶出去。"

"您出马都未必赶得走晏公子，我们这些人更不必试了。"

关隽臣被这么逗了一下也不动怒，他近日里脾气的确是好了许多，只是无奈地摇头道："去，给我续杯茶。"

黄昏时分，宁王府的探子终于日夜兼程赶了回来。

他带回了一个极为不妙的消息——平南王再过一个月便会来金陵春猎，与他同行的，还有乌衣巷指挥使夏白眉。

乌衣巷暗卫监听天下，他们不必遵循大周律法，只遵皇命。巷内甚至内设凤狱，可以抓捕、审问、处决朝廷大员，无需三司会审。

这是一股只遵从皇命的可怕力量，当年襄王谋逆，便是一位唐指挥使查出来后上禀周英帝的。

乌衣巷指挥使个个武功超凡，夏白眉是其中最年轻的一个，深得周英帝器重。皇上竟派他跟到平南王身边，这实在是个令人心底发寒的消息。

而平南王更是够狠，无论如何也要把关隽臣拉下水——直接摆驾金陵春猎，让夏白眉也顺便查查这位因为勇冠三军曾获先帝御赐免死金剑的宁亲王。

他这是要看看，周英帝是不是真的有这个胃口，能一并吞下他们两个。

"王爷，平南王这时候还敢离开封地，他、他就不怕……"

王谨之虽然跟了关隽臣十多年，可是于权谋一事，仍时常自觉愚钝。

"你是不是想说，平南王只要待在封地里，就多一分保险？再不济还能起兵谋事？"

关隽臣面色森寒，他伸出手，径自折下了窗外的那枝桃花，回过身沉声道："谨之，谋反一事，再也毋要妄言。你只记着，大周无人能动武谋反。平南王不能，我也不能。

"天子御下亦有高下之分，狡者靠权术，慧者造时势。当今圣上之大势，在于三点。其一，正统太子，王权天授，谁谋逆，谁便是乱臣贼子，天所不能容。其二，英宗新政靠反贪肃清亲王势力，止兵马干戈，减赋税藏富于民，这三样事，无一不是大周万民心之所向。其三，襄王已死，反贪大案株连襄王党羽万千，如今三王党早已是一盘散沙。我改封金陵，平南王领了我的东南封地，属下将领可服他？闽浙总督侯永飞被拿下，他可还调得动兵？天时地利人和，一样没有，谋反难道不是痴人说梦？"

王谨之立马跪在地上，低声道："王爷，谨之、谨之实在无知。"

"此次金陵春猎，平南王便是要让夏白眉觉得我与他仍是一党，他也不算错——皇上最忌惮的必然是我。一旦皇上认定我与平南王结党，稳妥起见，一时之间倒真的不会出手。而若是夏白眉的注意力放在我身上，我出于自保，也似乎只能与平南王结党。届时若真走至绝境，举兵这一步死棋也总算有了一丝丝可能。平南王饮鸩止渴，想要拖我下水，我必不能如他所愿。谨之，你起来——"

关隽臣蹙起眉头，眉心那道剑纹更显出了几分煞气："你准备三件事。一，先将金陵的风流才子和各馆名伶都招来，届时只说是为春猎助兴，此事与风月越贴近，便与权谋越无关。二，春猎之时我要称病，你去给我找一剂合适的药来，要办得稳妥，夏白眉武功极高，人也精明，并不好骗。三，将恭亲王世子关山月火速请来。他与我莫逆之交，必不会推辞。"

"谨之即刻去办。"王谨之站起了身，他迟疑了一下，还是道，"今早上，听说五院程公子扭到了脚，王爷可要……"

"你有空时去瞧瞧便是了。"关隽臣毫无兴致，连眼皮也没抬一下，直接吩咐道。

"……是，王爷。"王谨之垂下了眼帘，神色却忽然之间有些复杂。

王谨之有一句话倒没说错，关隽臣这才忙得晚了一会儿，晏春熙就已经来了。他身着墨色鎏金缎袍，长发用白玉冠利落地拢了起来，毕竟是出身富贵之家的小公子，华贵的衣物不能夺他分毫风采，只更衬得他的脸蛋如同上好的羊脂玉一般莹润发光。

晏春熙左手提着好几层的红木食盒，右手还握着一枝刚开的粉白桃花，一迈进来就笑得杏眼都弯了起来："成哥哥，我实在饿得不行了。"

关隽臣抬头看了少年一眼，他本不喜旁人进翰文斋，只是拿晏春熙没办法，只得放下笔，淡淡道："布菜吧。"

"哎。"晏春熙乐呵呵地应了，将一旁的椅子搬来放到关隽臣身边，自己坐了下来。然而他实在不会布菜，毫无章法地把几道菜乱七八糟摆在案桌上，几道素菜倒是都放在了关隽臣面前。

关隽臣看了看晏春熙："白玉菠菜不喜欢吃？"

"喜欢啊。"晏春熙有些委屈地道，"成哥哥怎么叫厨房把那道卤鸭撤了？熙儿这几日总想吃呢，照姑苏那边的卤法，肥肥嫩嫩的，最是鲜甜了。"

"鸭子且不说，我看你倒是要肥肥嫩嫩了。"关隽臣冷冷地道，"成天只见你吃肉，若是吃胖了，我饶不了你。"

关隽臣也不瞧他，只将那道白玉菠菜和黄鳝换个位置，沉声道："听话，今儿把素菜吃光了，明日我叫厨房给你做卤鸭。"

晏春熙虽然不太情愿，可还是乖乖地把白玉菠菜都吃掉了。

叫锦书进来把碗筷都收走了之后，关隽臣重新回到案桌前。他先前画的那幅《金陵初春图》还剩几笔，这会儿总想着还差了什么。

"成哥哥，我瞧着……"晏春熙悄悄走到他身边，低头一同看着那幅画卷，小声说，"这河堤边少了几株花呢。初春时节，花儿在枝头被风微微吹动的模样，最是好看了。"

"你来填几笔。"关隽臣笑了笑，只觉得这少年心中所想颇有意趣，把手中的狼毫笔递了过去。

"熙儿……画得不好。"晏春熙握着笔倒有些羞赧。

"你随心画。"关隽臣抿了口茶，淡淡地道，"不打紧。"

"嗯。"少年这才低下头，专注地在河堤边填了好几株花，画功虽然稚嫩，却颇有初春时花朵微颤、含苞待放的情志。

"这是……"关隽臣低头端详着。

"茶花！"晏春熙脸红扑扑的，有些兴奋地指着画。

"茶花？"关隽臣微微蹙了蹙眉，他总记得茶花好似与什么不愉的事相关。

"嗯！"晏春熙解释道，"这是熙儿家乡的茶花，初春时便开了不少，茶花颇香，做成茶花糕更是清甜可口，熙儿小时候很爱吃的。"

他说得认真，却没留意到关隽臣的脸色忽地冷了下来。

"王爷，府中的点心都是金陵口味，熙儿有些吃不惯呢，哪日叫厨子试着做点茶花糕可好？"

"也是，那侍卫被本王打发了，倒无人给你带这爱吃的茶花糕了。"关隽臣面无表情地道。

晏春熙的神色一下子惶恐了起来，有些不知所措地道："王爷……"

"你若是不知道该怎么叫本王顺心，便滚出去，不必伺候了。"

晏春熙神色一黯，虽然被这般呵斥心里难过，可仍然跪在了地上，轻声道："王爷，熙儿知道错了，再也不提了。"

关隽臣低头看着少年，见他眼中神色颇为受伤，心中也不快。

想了想，他还是绷着脸推开了晏春熙，冷冷地道："过几日春猎，我很忙，你也不必再来找我。"

关隽臣说完便走了，留下晏春熙一人跪坐在地上，黯然地垂下了头。

·············

天暗下来之后，王谨之才慢慢地走到了五院。他背着手站在廊下，沉吟了许久，终于推门走了进去。

程亦轩扭伤了脚，他上午便已差人叫了大夫来看过了。可关隽臣叫他过来看看，他也是不能推辞的。

程亦轩之前备受关隽臣的赏识，这屋里名贵的物件摆了不少，关隽臣也派了三四个眉清目秀的小厮伺候他，然而程亦轩喜静，最终只留下了一个叫南玉的。此时王谨之一进来屋里，就见那小厮捧着一盆水往外走来。

"王管事，您来啦。"南玉抬头见是王谨之，赶紧躬身打了个招呼。

"王爷派我来瞧瞧程公子的伤。"

"王爷他……不来看看吗？"南玉的脸上不由显出了一丝失望。

"王爷自有事要忙，程公子可还好吗？"

"主子是可怜人啊，这几日本来就瘦了一圈，今儿脚又扭了，可给折腾得够呛。"南玉摇了摇头，道，"您且先进去看看，回头跟王爷那儿递个话也好啊，我出去换盆热水。"

王谨之走进了内室，见程亦轩正倚在床边，身上盖着一层薄薄的锦被。

他一头黑发已经放了下来，脸蛋苍白得几乎没什么血色。

程亦轩抬头见是王谨之，本空洞无神的眼里突然泛起了一丝光芒。

王谨之想，他许是期盼着自己口中能有什么王爷的信儿吧。

"王管事，您来了。"程亦轩很是恭敬地道。

"王爷听说程公子的脚扭了，着实放心不下，只是他如今忙春猎一事分不开身，所以才派我来看看。"

王谨之看着程亦轩那憔悴的模样，知他近来日子难熬，也不知怎的，终究还是不忍，倒把关隽臣说得颇为关心一般。

"那烦劳您替我谢过王爷了。"程亦轩只是无力地微微笑了一下，轻声道，"其实都怪我自个儿不小心，可千万别再叨扰了王爷。"

王谨之看着程亦轩垂下头时颤颤的睫毛，终于没忍住，问了一句："脚还疼吗？"

程亦轩咬了咬嘴唇，虽然没应，却拉起了锦被的一角。

王谨之见他露出来的细瘦脚踝此刻已高高肿起、泛红，连那儿的皮肤都被撑得薄薄的，扭成这样，自然是疼极了的。

"听大夫说了，静养数日应可无碍。程公子歇息吧。"王谨之话音还未落，便已转身走出了内室。

王谨之是看着程亦轩进府的，没爹没娘的穷人家孩子，看着总会有点凄苦。

这孩子是一等一的好性子，前几个月虽然风头正盛，可没见他跟人红过脸，也没听他对下人说过一句重话。他或许是从小没人疼惯了，总是一副小心翼翼的样子。

接下来的半月间，宁王府着实是上下忙成一片。

以平南王关承坤二品郡王的贵重身份，按大周朝礼制，光是仪仗亲卫就有三千人。虽最终会安顿在金陵城外的盛安猎宫，然而平南王是要来宁王府拜会关隽臣的，因此要准备的琐事实在不少。

锦书家中凑巧出了些事情，因此他在这几天间急急出府了。

关隽臣这边贴身服侍的人换了一个，自然是不顺心得很。

他一直没去晏春熙那儿,可其实心里一直颇惦念。

王谨之还问过关隽臣一句:"晏公子真惹恼了您?"

关隽臣却反问道:"你真当我在罚他?"

王谨之还愣着时,关隽臣继续道:"平南王和夏白眉几日间就到,此二人皆非善类,不照面最好。我不愿带晏春熙见他们,只是若本来一直叫他作陪,如今不带他总觉不适宜。倒不如就当作我罚他吧,届时我正好带程亦轩作陪。"

七日后,平南王的全副仪仗终于抵达金陵城外。

只见其中第二辆马车通体黑色,在一片金碧辉煌间犹为扎眼。马车停在金陵城门之下时,一名侍从恭恭敬敬地躬身撩开门帘,一双黑色鎏金边的大周军靴踏在了一名跪在地上的侍从背上,一步走下了马车。

马车中下来的那位贵人,一身鸦羽般漆黑的锦衣,一把金刚伞、一柄赤金长剑交叉负在背上。他颈如仙鹤,肩宽腿长,那双军靴每走一步都挟着千钧之力,却又悄无声息,仿若山中的老虎在捕猎前那缓慢优雅的踱步。

他袍袖下的左掌中握着一对金球,慢慢地揉捏着。

金陵城下,那人抬起头,露出了一张既端庄又带着一丝邪妄的面容。

颜如皎玉,眉如白雪。夏白眉,大周乌衣巷四大指挥使中唯一的宦官。

关隽臣是以从一品亲王的贵重身份坐镇金陵,因此哪怕是平南王和夏白眉,进城第一件事都必是前去宁王府拜谒。

平南王的全副仪仗不能进入金陵城,而是转道驻扎在了城外的盛安猎宫,因此只带了百人随从侍卫。

夏白眉倒是孑然一人,不过这也不奇怪,乌衣巷四大指挥使时常奉皇命秘密调查,行事隐秘,出宫不带随从好像也是寻常事。

"七皇兄!"正心殿前,平南王一身绛紫色华贵长袍,头顶赤金冠,大步流星地走了过来,在关隽臣面前躬身就要行大礼,"一进城便听闻皇兄身子不适,怎还出来接我们了?做弟弟的心血来潮,倒把皇兄给折腾病了,实在是心下难安啊。"

平南王关承坤身材高大,然而从不强身健体,这几年又越发纵情声色,因此走起路来已带着一股虚浮之意。他长得粗犷,倒也不失英武,这番话说起来乍一听爽直,细听却似有影射关隽臣故意抱病的意思。

关隽臣扶住他,没叫他把这个礼行下去,不动声色地笑着道:"十二弟跟我还多礼吗？我只是偶感风寒，无大碍。倒是你这一春猎，让夏大人也要出宫沿途保护，实在是有劳夏大人了。"

关隽臣本就肤色极白，此时因服了药，脸上更是无一丝血色，看起来倒的确是病容倦怠。

站在关承坤背后两个身位的夏白眉微微一个欠身："宁亲王见谅。"

乌衣巷指挥使规制上不过五品官吏，虽然手中权势极大，可面对亲王贵胄仍需大礼见驾。然而夏白眉此时背负赤金长剑，意为皇权特许、奉诏出宫，是绝不能跪拜的。他这一声歉意，也是为此了。

"平南王身份贵重，这一回来金陵春猎毕竟路途遥远。皇上心里挂念平南王，叫卑职一路保护，卑职又怎敢提辛苦二字。宁亲王实在言重。"

夏白眉先前中过毒致使喉咙破损，嗓音格外沙哑低沉，却也因此全然没有宦官尖利的音色，只是那一对远山般入鬓的白眉实在有种说不出的邪性："王爷您身子欠佳，实在不宜吹风，依卑职看，且入内再叙吧。"

"请。"关隽臣一挥袍袖，当先转身进了正心殿。

在殿内三人都坐定了之后，平南王先开口道："听闻皇兄也为春猎一事准备了许久，只是如今病着，怕是不能骑马狩猎了吧？"

"怕是不成了。实在是不凑巧至极，竟在这当儿受了风寒。"关隽臣说着，侧过头咳嗽了一声。

"春寒料峭，确是易生病的时节，王爷要保重贵体。"夏白眉倒附和了一句。

平南王眼里闪过一丝不引人注意的阴霾，他此一行，便是要将关隽臣将自己牢牢绑在一起，如今关隽臣刻意要避开他，他怎能甘心。

"皇兄，你这边病着，做弟弟的怎能安心去游乐狩猎，这几日自该留在王府里陪你。"

关隽臣笑了笑，不动声色地道："春猎也就那几天适当，我一点小病，实在不愿让你在我这儿耽误时日。再者说，恭亲王世子关山月明日也南下到了金陵，我与他年幼相交，他一个闲人相陪几日便是了。你我亲兄弟，不需这般跟我客气，好好玩去吧。"

平南王沉默了片刻，突然道："皇兄，年节间你派人送我张丹林的《忠义帖》，此帖太过贵重，我亦为你准备了一份礼——霜林，进来。"

他音量一提，只见一个少年从殿外走了进来，乖巧地跪在关隽臣面前。

"抬起头叫皇兄看看。"

那个叫霜林的少年似是有关外血统，一双眼睛湛蓝，鼻子高挺。

关隽臣只是点了点头道："瞅着是关外人。"

平南王笑了笑，似是极为开心："皇兄满意是最好。霜林乃关外伶人，是塞外贵族座上的常客，如今献给了我，我倒好借花献佛。不过听闻皇兄府里有十八位多才多艺的公子，不如也借弟弟几日，春猎结束后自当还给皇兄。"

关隽臣挑起嘴角，不以为意地哼了一声："倒在这儿等着我呢，那又有何关系，我挑一位听话的送你便是。"

"听闻先前王府里，有一位姓晏的公子做了天大的错事，皇兄却舍不得杀。我想着，这晏公子必是个妙人，不如皇兄就将他借我几日？"

平南王此言一出，关隽臣的丹凤眼里霎时划过了一抹寒光。他从这句话中嗅出了一股极危险的气息——平南王的仪仗不过刚到金陵城，若是无心听说，消息断不会这么快。有人一直在盯着宁王府的一切动向，并且将晏春熙的事吐露给了平南王。这个人只可能是乌衣巷夏白眉。

达官贵人之间，伶人送来送去本也常见，关隽臣先前也曾收过许多其他达官贵族送来的优伶，只是他自己身份贵重，能得他相赠的人实在不多。

平南王个性张扬跋扈，但绝非心思细腻之人。而刚刚他的那番作为，先是借相赠《忠义帖》的事献上霜林，待关隽臣接受之后才顺势提出要宁王府鹤苑公子陪伴几天的事，环环相扣、合情合理，叫人断难拒绝。

此番种种思虑，倒像是夏白眉的手笔。

关隽臣当然不愿将晏春熙相送，只是这背后若是有夏白眉在掺和，那他不得不防。

"晏春熙即便在我府中十八位公子中，也算不得上品，只怕你是瞧不上的。"关隽臣虽然心下疑虑重重，面上却依旧若无其事，"府里倒是有一位品貌皆出众的，想来你会喜欢。"

"平南王爷，您这可就不对了。"

夏白眉手中持着茶盏抿了一口，脸上露出了浅浅的笑容。

他虽是个宦官，可偏偏生得容貌出众，俊得好生端方大气，笑起来时简直明净照人，只听他嗓音低哑，慢条斯理地道："您选谁不好，非要选宁王爷的心头好。姑苏晏公子不仅相貌佳，其父更曾经与前兵部侍郎柳承宪是至交好友。宁王爷与晏公子父亲保不定有故人之交，是以晏公子犯下了那等大错，宁王爷连罚都舍不得多罚，当真是看重至极，如今怎会舍得把晏公子交予你呢？"

"夏大人说笑了，晏春熙全家因纳贿获罪，本王收个伶人，还不至于去查晏父与谁相交，恐怕夏大人是误会了。"

关隽臣一双漆黑的丹凤眼淡淡地看了夏白眉一眼，随即转头对王谨之招了招手："去，带晏公子和程公子过来。"

好一个故人之交，前兵部侍郎柳承宪可是襄王逆案中落马的当朝大员。

当今大周朝的乌衣巷，搞起株连来简直是刁钻恐怖，当年襄王逆案株连近万人，有好多人定案，凭的不是有谋逆之行，抑或是谋逆之言，而是有谋逆之心。

谋逆之心。凭这四个字可以断案，这便是大周朝，也是关隽臣连十月初九大醉都要胆战心惊的缘由。

关隽臣知道夏白眉在试探自己，却不知夏白眉通过什么手段拉拢了平南王一同试探自己。他在这当儿凶险异常，决不能让夏白眉和平南王看出自己对晏春熙有任何一丝超乎寻常的情分。他本也不该有。

…………

晏春熙半个月都被关隽臣冷着，虽然关隽臣对他仍不同于旁人，哪怕不来十二院，小厨房也依旧天天给他准备姑苏那边的精细菜色。

可晏春熙哪有心思吃东西，只觉日子难熬痛苦。他自觉归根到底是他不该犯事，所以也不觉得关隽臣有什么错，只是更责怪自己那日让关隽臣恼怒。

到了这天听王谨之说王爷想见他，晏春熙整个人顿时精神了起来。

他匆匆换了身素净的白衣，跟着王谨之走在路上时，心里更是将如何认错想了好几遍。

等到了正心殿前，他却发现程亦轩也在那边候着，不由怔愣了一下。可此时不容他多想，他只得与程亦轩两个人一同跟在王谨之身后。

进殿之前，王谨之忽然唤了程亦轩一声："程公子。"

程亦轩转过头，眼里有些疑惑。

王谨之却摇了摇头，垂下眼帘道："无事，两位公子进去吧。"

一进大殿，晏春熙便觉得气氛有些不对劲。

关隽臣坐在上首正座，两边坐着的男子晏春熙虽然不识得，却能从服饰上看出左手边的男子乃是正二品的郡王。另一边的男子一身黑衣，却有一双奇诡异常的白眉,正似笑非笑地握着一对金球。

"轩儿、熙儿,见过平南王和乌衣巷夏指挥使。"关隽臣淡淡地吩咐道。

晏春熙当即和程亦轩一起跪下见礼。

"熙儿,你过来,跪在我身边。"

晏春熙虽然有些不知所措,可是能待在关隽臣身边他自然更安心些。他当即快步走了过去,撩起长衫下摆跪在了关隽臣膝边。

关隽臣低下头,对上了晏春熙那双他已有半月没见的杏眼,那双眼里满是欢喜,亮得像是夜空里的星辰。

他实在无法多看,只冷冷地道:"把上身衣衫脱了。"

"王爷……"少年身子猛地一抖,仿佛没听清似的,睁大了双眼。

"脱。"关隽臣就只这一个字,双眼深深地凝视着晏春熙。

晏春熙抬头看着近在咫尺的关隽臣,泪珠在眼眶里直打转,却硬是没落下来。他是个聪明人,从听到乌衣巷指挥使的名字起,便知道这正心殿里必然发生着什么他尚不能知晓的事情。

他看着关隽臣俊美的面容,这是他揣在心里敬仰了十多年的人。

他相信他的成哥哥,全然的、毫无保留的。

"是……王爷。"晏春熙低下头,手指发抖地解开系带,然后闭上眼睛把衣衫往下扯到腰部,将自己的上半身暴露在正心殿所有人的面前。在明亮的灯火下,只见少年纤细的后背上密布着九节鞭下来的伤痕,新生的粉色皮肉微微凸起,这般看起来,的确是狰狞可怕。

晏春熙背对着平南王、夏白眉和程亦轩跪着,因此只有关隽臣才能看到两行泪水从少年紧闭着的眼中缓缓流了下来。

关隽臣知道他实在委屈,但还是面无表情地道:"夏指挥使执掌凤狱,该当看得出这是受了什么刑吧?"

"自然。"夏白眉微微笑起来,道,"九节鞭之刑,打了足有四十来鞭吧?倒也难为这小东西了。"

"如此,夏大人说我看重他,连罚也舍不得多罚他,可不见得吧?"

关隽臣扫了一眼夏白眉,不等他回答,就转头看向了平南王,沉声道:"十二弟,并非本王不舍得将他给你。只是这没出息的东西本就蠢笨入不得眼,实在是个次品。而我府里的轩儿琴艺上佳,人也懂事乖顺,不如你看看是否中意。"

跪在下面的程亦轩眼里划过了无尽的凄凉,随即又垂下了眼帘,他温顺地叩首，轻声道："轩儿听从王爷吩咐。"

"皇兄，若你是喜爱晏公子，那弟弟自然不敢夺兄所好。"平南王笑了笑，站起身来走到晏春熙身边，一把拧过晏春熙的下巴端详着少年的面孔，低声道，"可若是单为了我好，那还是能容当弟弟的自己选吧？"

关隽臣看着平南王，露出了一个笑容，连脸上的酒窝都浅浅地浮现出来，他温声道："自然是由得你选的。"

关隽臣已渐渐有些想明白了。关承坤被乌衣巷给盯上，已是狗急跳墙。他此行的目的本是想要把关隽臣和他捆绑成一党，试图震慑周英帝不对他出手。然而如果此路不通，他便是要把祸水东引，试图让乌衣巷将宁王府也扯进来，逼关隽臣不得不和他站在一块，他早已火烧眉毛到不在乎关隽臣是否会被惹恼的地步了。

然而关承坤也只能走这两步烂棋，他意图如此明显，关隽臣相信，自己若看得出，夏白眉也看得出。

夏白眉一直调查宁王府的情况，必然是故意将他对晏春熙的怀疑吐露给了关承坤，让关承坤相信只要对晏春熙步步紧逼，就能逼得关隽臣露出马脚。他连做了夏白眉的马前卒都毫不自知，竟还在沾沾自喜，实在愚蠢。

关隽臣已了然，他此时的对手，恰恰不是关承坤这个废物，而是坐在一边几乎很少说话的这位最年轻的乌衣巷指挥使。

他虽然暂且还不知道夏白眉为何对晏春熙起了这么大的兴趣，甚至查到了晏父与柳承宪交好之事，但他能够参透的是，晏春熙被收进府中，这本身并不是什么大事，夏白眉也必然明白晏春熙太小，晏父当年定罪又不是因为谋逆，这条线太虚，抓不住。

若是关隽臣根本不在乎，那么晏春熙对夏白眉就什么用也没有。可是如果他在这个时候舍不得晏春熙，这条线便顿时夯实得不得了。

在日后，进或可成包庇逆党余孽；退也能让乌衣巷抓住他的软肋。那后患将无穷无尽。他必须舍得，只要舍得，夏白眉就是走了一招废棋。

"既然有皇兄这句话，那我便安心了——我实在是觉得晏公子合眼缘些。"平南王已经坐回了位子，他一双眼睛紧紧地盯着关隽臣，生怕遗漏一丝一毫关隽臣紧张失措的表情，然而他到底还是失望了。

"既然如此，我便将熙儿送到你那儿。"关隽臣笑了笑，仿佛口中说的……不过是个随手送人的小玩意小物件。

晏春熙听到这句话，脸登时便没了血色，一下子瘫软在了地上。

……………
　　宁王府的桃花开得愈发艳了，可那极致的娇艳欲滴中总夹带着一种淡淡的哀愁。仿佛桃花在盛放的同时，已悄然准备好了，迎接自己在某个长风飒飒的夜晚静静凋谢的命运。

　　关隽臣终于踩着暮色的尾巴，到了十二院门口。

　　"晚上给他备了什么菜色？"他见王谨之候在外面，淡淡问了一句。

　　"都是晏公子爱吃的姑苏菜，"王谨之脸上露出了一丝难色，低声道，"可一样也没吃。"

　　"我知道了。"关隽臣挥了挥袍袖，没再多说什么，径自走了进去。

　　屋里只有晏春熙一个人，他身子瘦弱，就这么静静地跪在中堂。

　　关隽臣知道晏春熙是在等自己，他慢慢地走到晏春熙身的红木椅前，撩起长衫下摆坐了下去："你有话，便说吧。"

　　"我不去平南王那儿。"晏春熙一字一顿地道。

　　"此事不听你的。"关隽臣面无表情地道。

　　"我就是不去。"少年虽然跪在关隽臣面前，可抬起头时并没有哭，眼神倒像一只垂死挣扎的小兽一般倔强。

　　关隽臣有些诧异，晏春熙一直都是那么乖，那么甜，可此时那执拗的样子却又刚又直，与往日全然不同。

　　"我曾教你两件事，你可还记得？"关隽臣慢慢地道。

　　"我……记得……"晏春熙的眼神有些茫然。

　　"你若是记得，便不敢这么对本王说话。"关隽臣神色淡漠地道，"我曾与你说过，这宁王府上下，下至草木，上至宠侍，皆是本王的东西。本王的东西，想怎么摆弄，便怎么摆弄。"

　　晏春熙的嘴唇微微发抖，他看着关隽臣，喃喃道："成哥哥，在你眼里，我也只是一件东西吗？一件……想摆弄就摆弄，想丢弃就丢弃的……东西吗？"

　　关隽臣居高临下地看着他，沉声道："不错。"

　　晏春熙用力地摇了摇头，颤声道："成哥哥，可我真的不是一件东西啊。我敬重你，你不理我的这半个月，我日日夜夜都心慌害怕……成哥哥，我不是王府里的一棵草木，也不是一扇屏风。我有心，也会知道疼。求求你，不要把我就这样给别人。先前的事是我错了，我知道错了……成哥哥，你答允过的，你答允过不叫我出府的。"

他这样说着,把手放在自己胸口,似乎想叫关隽臣知道他的心脏正一下一下地跳动着,那么鲜活,那么急促。

关隽臣只觉像是被少年执拗的眼神给灼伤了。

"熙儿,听话——"关隽臣闭上了眼睛,眉心那道剑纹忽然显了出来,只听他低声道,"等你回来,我必待你更胜从前。"

关隽臣称身子尚虚,回了流芳阁后没用饭,也不入室休息,就坐在流芳阁院里的石桌边。桌上摆着斟好的杏花酒,他却一杯未饮。

这一晚,月色出奇地清白皎洁,冷冷地洒在关隽臣的白衫下摆。

他右手扶着额头,那双狭长的凤目合了起来,他沉默了良久,终于疲倦地低声开口:"谨之,去给我查查锦书。"

"是。"王谨之应道,他看向关隽臣的背影,有些忧虑地道,"王爷,您总归是服了药,还是早些歇息吧。晏公子……他聪敏过人,定会无事的。"

"谨之,我头很疼,人也乏得很。"关隽臣兀自闭着眼睛,慢条斯理地道,"可你知道我方才在想什么?我既想派人把我手里掌握的平南王的那些破事全部泄露给夏白眉,又想找人直接在金陵把夏白眉做掉。"

"王爷……"王谨之跪在地上,颤声道,"王爷,夏大人与皇上的关系,您是知道的,此事不成啊。"

"你也不必慌。"关隽臣嘴角撇了一下,露出了一个冷淡的浅笑,"想了这般多,可是我仍坐在这儿,除了吹吹夜风、赏赏月,我什么也不能做。"

他说到这儿,忽然放轻了声音问道:"我走了之后,他哭得厉害吗?"

王谨之知道关隽臣在说晏春熙,他低下头,没有回答。

关隽臣没再追问,只摆了摆手示意王谨之退下。他实在累了。

次日上午,夏白眉早早便来找关隽臣下棋。他虽然是暗中主导此事的人,可偏偏对晏春熙的事一字不提,关隽臣自然要与他小心周旋。

"宁亲王,这步仿佛有些欠妥。"

夏白眉修长的手指拈着一枚白子,微微笑了一下。

"皇上之棋道,当世罕逢敌手。夏大人是皇上调教出来的高徒,本王应付起来自然吃力。"关隽臣倒不以为意,安然地抿了口茶。

在多年以前,他曾与还是太子殿下的当今圣上对弈过多次,而他从未赢过。

治国亦如下棋，周英帝站在高远空旷之处，俯视着整个大周江山。对手往往是方才挣脱一个局，才发现已经置身于另一个更险恶的圈套。这么多年过来了，襄王满门被灭，平南王几乎崩盘，宁亲王身居高位却摇摇欲坠——当世棋手，谁还能敌得过周英帝？

"七皇兄！"

忽听堂外传来平南王的呼喊之声，随着他进来的，是被两个侍从搀扶着的晏春熙。

那少年脸色青白，一双原本圆圆亮亮的杏眼里此时毫无神采，进来之后便委顿地跪在了堂前，一声也不吭，分明是一副半死不活的样子了。

关隽臣的面色顿时一寒，但又很快收敛起来，沉声问："这是怎么了？他没伺候好平南王？"

"平南王这是做什么了，倒把宁王府一个年纪轻轻的小家伙弄成了这样？"夏白眉站起身执了一礼，他扫了一眼晏春熙，颇为关切地道。

"这我可实在是冤枉啊，皇兄。"平南王更是有些恼怒，皱起眉毛道，"我刚一进房里，就见晏公子已经咬了舌头晕死在地上了。"

"什么？"关隽臣一惊，他抬头盯了一眼跪在地上低着头的晏春熙，一时之间不由有些揪心。咬舌虽不易死，却委实痛极。他实在没想到这看起来柔柔弱弱的小家伙，竟然会干出这么惨烈的事。

"皇兄可要信我。"平南王颇为无奈，摇了摇头，"所幸咬得不重，未伤及性命，只是痛晕了过去。我连夜派了随行的大夫好好照料，大夫说了，只这一两个月说话有些小妨碍，其他的倒没什么。"

"看来晏家这位小公子，对王爷可当真赤诚一片啊。"夏白眉似笑非笑地看了一眼晏春熙，又将目光投向了关隽臣。

关隽臣垂下眼帘，若无其事地又落下一子，才淡淡地道："本王早说了，他性子不成器。既然不听话——"

"谨之，"关隽臣抿了口茶，"给我带下去，打。"

而晏春熙就跪在地上，他低着头，死死地盯着地上的青砖，既没哭，也没求饶。

…………

关隽臣在房里焦急地反复踱步，直等到了深夜，下人才来报，说恭亲王府世子关山月到了。

关山月此人行事比较离经叛道，竟然随从也没带，一个人就骑着匹马到了王府，还是从后门进来的。他一到流芳阁，就被关隽臣一把扯进了屋子。

"你怎么来得这般慢？"关隽臣跟关山月这位从小一起长大的好友相处时可一点也不客气，皱眉骂道，"你骑的难不成是个驴子吗？"

"你急什么？"关山月人长得有点女相，脾气却颇大，"夏白眉这阉人在这儿，我想避开他，特意等到夜里才入府，不成吗？"

"那陈芝麻烂谷子的破事，你要记这么久？"关隽臣挑起眉毛，毫不客气地嘲弄道。

关山月秀气的眉毛一挑，登时就要发火。

当年他还不过二十出头，性子浪荡，又是王府世子的富贵身份，是以时常流连在三大巷，有过糊涂痴迷于烟花地的时候。

他长得好看，出手也豪爽，本是最招人的那种恩客，却没想到竟有人对他只是敷衍应付着，反而一个劲地奉承着那时还不是乌衣巷指挥使的夏白眉。

年少的意气之争一起，登时就战火燎原。关山月是俗的雅的一起来，千金也砸了，诗画也作了，可人家偏不为所动。

比不过一个宦官，关山月那尊贵世子爷的薄脸皮都被打肿了，这个仇一记就记了六七年，直到今日也没忘。

关隽臣没工夫理关山月的火气，径自道："你就待在流芳阁，哪也别去，对外便说是和我秉烛夜话，我有事出去一趟。"

"唉，你……"关山月话还没说完，关隽臣就已经转身出门了。

他摸了摸下巴，意味深长地看着关隽臣急匆匆的背影。

关隽臣走得极快，王谨之也在一边加紧步子跟着，一边迅速地报道："王爷，统共打了五十板子，您放心——打的都是表面功夫，没伤到筋骨，就是看上去惨了点。但如此模样，晏公子铁定是半个月下不来床了，也无需担心平南王再要他作陪。我找大夫给看了，晏公子还能说话，只是舌头受伤，这一两个月会有些吐字不清。"

关隽臣不由顿住脚步，五十板子……无论怎么轻着打都要皮开肉绽了。

那小东西背上本就好多伤痕没好利索，如今又平白加了那么多，单这一天，又是咬舌又是挨打，实在是吃了太多的苦。

他微微沉默了一下，随即还是低声对王谨之道："你办得甚是妥当。"想了想，又加了一句，"去叫厨房做点莲子银耳羹送来，他爱喝。"

推门走进晏春熙屋里时,关隽臣忽然顿住了脚步。有种莫名的情绪从胸口慢慢流淌向四肢,他勉强辨认着这种感觉,依稀像是忐忑,又像是感怀。

他已好久未曾有过这般感觉了。像是冬眠的蛇在春天醒来,探头望向洞穴外漫天的桃花,虽然也觉得欢喜……却又有一丝慌张。

平日里没什么脾气的小家伙竟那么硬气,一声不响就咬了舌头。咬舌之痛,撕心裂肺啊,否则如何能生生将人痛得昏死过去,那小家伙竟能下这样的决心。

这般往死了折腾才能回来的晏春熙,关隽臣本该是好好安慰的,可为了防备夏白眉,他到底还是狠心叫人打了五十板子。

关隽臣深吸了口气,他知道,他实在是委屈了晏春熙。

可他会好好待他,就像之前说的那样,远胜从前地待他。

晏春熙屋里弥漫着一股刺鼻的药味,关隽臣进来后便挥了挥手让两个正在收拾的小厮退了出去,然后走过去坐在晏春熙的床边。

薄薄的锦被一直蒙到了晏春熙头顶,他整个人都缩在了被窝里,虽然明知道是关隽臣坐到了他身边,可好像并不打算探出头来。

"熙儿,让我看看。"关隽臣知道晏春熙定是不高兴,因此也不恼他不理人,只是轻轻地掀开被子。

锦被下,趴着的少年的后背上几乎没了半点完好的地方,被打得皮开肉绽。虽然已经敷好了药,可仍然不断有鲜血从白棉布中隐隐渗出来。

关隽臣明白,多亏了王谨之,才没把晏春熙半条命都给打没。虽然看着血肉模糊的,但终究是皮肉伤。晏春熙身姿端秀,本是个玉一样的人,可被这一前一后两顿狠打,登时像是把一块无瑕的玉璧给摔在了地上,这疤痕不知何年何月才能褪去。

晏春熙趴在枕头上,只用后脑勺对着关隽臣,他的身子轻轻颤抖着,可就是不肯转头。

"你就再不打算理我了?"关隽臣笑了笑,他伸出手将晏春熙散落的黑发拢到颈后,然后将少年的头转了过来。

他着力很小心,也是怕震到晏春熙的下巴,再叫他伤着的舌头又痛起来。好在晏春熙并不太拧着劲,侧过头时,一双圆圆的杏眼看了过来,想必是因为昨夜哭得太厉害,仍有些红肿。

关隽臣轻声问:"可是疼得厉害?"

他此言甫一出口,也自知实在多此一问。

幸好这时王谨之端了刚煮好的莲子银耳羹进来，关隽臣接过来之后用银勺舀了一口，又吹了几下，才喂到了晏春熙嘴边。

晏春熙虽然没说话，却小心翼翼地吃了一口，紧接着忍不住抬起眼睛，声音颤颤地开口道："疼……"

他舌头受了伤，此时哪怕说这一个字都有点含含糊糊的，听不太清楚。

他本喜甜，关隽臣记得他最喜欢吃小厨房做的莲子银耳羹了，每每点菜都要特意嘱咐小厨房点上。可如今他连喝一口羹，都疼得要哭出来了。

关隽臣沉默了一下，他知道，自己心底暗喜这少年终归待他与旁人不一样，可心里仍然有说不出的烦躁，忽然道："你怎这般傻。"

"为这等事你要咬舌？之前九节鞭把你打成那样你都不自尽，这会儿却厉害起来了？"

晏春熙本蔫蔫的，听了这句话，眼里的神色却突然倔强起来："我不、不是自尽……"他说话极是吃力，抬起头继续道，"我只是不想陪着旁人。"

单说这一句断断续续、含糊不清的话，他已经疼得脸色有点发白了，可他看着关隽臣，坚持着轻声道："先前你说我做错了，心里也一直嫌我，耿耿于怀，我、我实在不愿再叫你多厌我分毫；可……你这回，难道便不觉得生气了吗？"

关隽臣一时无言，他虽从不觉将鹤苑公子送人是多大一桩事，整个大周所有王公贵族，哪个人不曾干过这样的事？可面对晏春熙，他还是会心软，哪怕少年此时的质问已经甚是无理，他还是温声道："熙儿，我已说了，你此番委屈我知道，日后我会更加看重你。你舌头还有伤，实在不该说这么多话。再喝点东西填填肚子，好不好？"

"不，我要说。"晏春熙执拗地摇了摇头，神情忽然有些激动起来，"成哥哥，你对我不公。我与你年少相识，得见当年冠军侯的风姿，钦佩不已，后来虽经历家破人亡，却又遇到了你，'造化'二字——虽百转千回，可我信。"

"那日你原谅我之后，我已想好了从今往后一心追随王爷，你却将我视为一条狗，随手便可以送人？你若是对我无半分情义，我亦不稀罕你所谓日后的看重。"晏春熙这般激烈地说着，舌根的伤口又崩裂开来，竟隐约从嘴角流下了一丝鲜血，他忽然伸出手握住关隽臣的衣角，几乎是咬牙忍着疼道，"成哥哥，我不做物件，也不做狗，我只是……只是觉得你我情分不同，或许是能真诚相待的。"

关隽臣愣了一下，他很少听晏春熙说过这么刺耳和直接的话。

这少年仿佛总是笑着的，像是春日里最和煦的一阵风，那两个甜甜的梨涡时时挂在脸上，哪怕是关隽臣无端对他说了重话，他也可怜巴巴地听了，且等一会儿关隽臣火气消了，便来笑着讨饶。

关隽臣从不知他那乖顺的模样里隐藏着这么锐利的刺，这么犟的性子，这么非分的渴望。

关隽臣慢慢地搅动着碗里的羹，沉吟良久，终于平静地道："晏春熙，有些话，我本不舍得对你说。我是看重你，只是没想到我的赏识，竟然使你这般不知天高地厚——今日我便告诉你，你，只能是我的一条狗。

"你是个全家获罪的官奴，是全大周最低贱的身份。若你如今不是府里的人，你要么去做个修河道的苦役，靠你这细瘦的小身板挨个三五天便被鞭打而死，就地埋了；要么就是去做个最下三烂伶馆中的小厮，那时候，随便碰上谁你都得陪着笑，最终耗死在那儿，用破席子卷了扔出去，做个孤魂野鬼。"

关隽臣看着少年的脸色瞬间惨白，却丝毫没有停下来的意思，一字一顿地继续道："你我身份云泥之别，你以为做王府的一条狗委屈了你？我告诉你，出了这宁王府，你的命还不如王府的一条狗。你倒敢与本王谈情义，谁教你的？谁给你的胆子？晏春熙——我告诉你，你要的太多了。"

原来他竟是这么想的。

云与泥，贵重与卑贱，人与狗。天下没有比这更残忍的鸿沟。

"若是身份低的人，便是连狗都不如的话……"

良久，晏春熙才露出了一个凄惨的笑容，那双杏眼却没有任何退避地直视着关隽臣，他清澈的目光中藏着某种敏锐的洞察，轻声问："那成哥哥，你在皇上面前，也是这样一条狗吗？"

"你放肆！"关隽臣眉间的那道剑痕瞬间凌厉地皱了起来，脸上仿佛结了一层薄冰般森寒，那一瞬间手掌太过用力，竟然将整个碗都"咔嚓"一声捏碎了，瓷片嵌在他的掌心，鲜血缓慢地流到了锦袍下摆上。

他已经很久未尝过这么愤怒的滋味了，他只觉内心中的某个渺小懦弱的自己突然之间被晏春熙揪了出来，在太阳下暴晒着……他知道，终有这么一天的。

终有这么一天，面前这个少年会明白过来的，曾经高大的冠军侯已经跪在了地上，再也没站起来过。

他恼恨至极，甚至在那一瞬间起了杀心。

可看着晏春熙苍白的面容,还有嘴角那一丝鲜血,关隽臣最终撩起袍角站了起来。

他俯视着床上的少年,沉声道:"我念你身上有伤,又受了委屈,不与你计较。你养伤这段时日,自个儿好好想想罢。我再来看你时,你若还想不通,我也绝不会再纵你。"

晏春熙笑了一下,轻声道:"是,王爷。"

闭上眼睛的那瞬间,他忽然想起了十二年前的姑苏,那真是好大的一场雪啊……白茫茫的,好生洁净。

"我叫唐唐。你可得记住,不是桂花糖的糖。我娘说,那个糖就太甜了,男孩儿叫了不适当……冠军侯,你叫什么?"

"我叫关隽成。"

他再也不会叫面前这个人成哥哥了。

他什么都没有了。

他的成哥哥,他的天边寒月,统统消失在了这个料峭的春夜。

第三回

关山月才刚坐下不一会儿,热茶都还没喝上两口,就见关隽臣阴着一张脸回来了。

"呦?这是谁惹咱们宁亲王了?"关山月挑了挑眉,样子很是讨打。

"算了,不提也罢。"关隽臣袍袖一甩,坐下来道,"说正事。"

关山月本来歪歪斜斜的身子立马坐直,低声问道:"你这边可还好?"

"关承坤的把戏不足为惧,只是夏白眉不知为何盯上了我府里一个鹤苑公子,好似吐露了什么给关承坤,叫他冲到前头试探我,向我讨要。"

"给了吗?"

"自然是给了。此事细枝末节颇多,不如你且先说说长安动静如何?"

"我推测——皇上今年之内,必对平南王出手。"关山月一双狭长的凤眼里闪过凝重的神色,道,"侯永飞悄无声息地被押进了乌衣巷凤狱,此事隐秘,你的探子恐怕还不能这么快查出来,平南王那边就更不必说了。"

"什么?"关隽臣的脸上顿时浮现出了惊诧的神色,"侯永飞是堂堂前闽浙总督,未回吏部交接之前,他仍是朝廷二品大员啊。"

"你也知道,二品往上的官吏,哪怕是乌衣巷指挥使也要手持赤金皇极剑才能拿人。抓侯永飞,自然是皇上的意思。只要一进凤狱,那侯永飞便废了,平南王若有见不得光的机密在侯永飞那儿,也别想守得住了。而就在我出京前一天,乌衣巷唐指挥使已经离开长安往闽浙的方向去了。"

"那夏白眉……"关隽臣皱了皱眉毛,"若已到了如此紧要关头,怎的夏白眉还在盯着些微不足道的小事?"

"那阉人倒也未必就是冲着你来的。"关山月摇了摇头，忽然眯起眼睛，沉吟了一下才开口，"保不准，他是在做戏给平南王看。他只是故意找个由头怀疑你，好稳住平南王罢了。若真逼急了你，他也不敢，因此你才觉得他是在小事上打转费心，很是奇怪，却又不得不防。"

关隽臣蹙起眉头，眉心那道剑纹在思虑之时显得更深了些。

他知道关山月思绪缜密，此时这番分析甚是有理。

然而平南王虽然愚蠢又爱惹事，可此时的局面，他也委实不知道，平南王被拿下究竟是一件好事还是坏事。他虽然不愿与平南王结党，亦不可能与平南王这个莽撞之徒共进退，可又好似有唇亡齿寒之感。

关山月叹了口气，低声道："你我都明白，当今圣上兵权牢牢在握，于他而言动武反而是件易事，平南王根本不是对手。然而若是要动你，皇上便要来文的。你是大周朝百年来唯一受封的冠军侯，不仅在军中威望甚隆，在朝中和民间也都有镇国柱石之称，更何况有先帝御赐免死金剑在手。免死金剑是继位皇帝也要遵从的稀世之物，你有这金剑、有声望，只要不是真的举兵谋反，皇上为了他史书上的万世声名着想，便很难对你出手。"

关山月说到这儿放下茶盏，握住了关隽臣的手，沉声道："我晓得这当儿大周朝风雨欲来，你亦是心烦意乱，但你要稳住——只要你手中这两桩事物不动，皇上也动不得你。《忠义帖》之事你做得已是极好，莫要冲动。"

关隽臣看着自己掌心的伤口，沉默良久后，忽然淡淡道："你说得对，却又不对。这两桩事物，或许能保我一时，却也终将累得我此生都被皇上忌惮。我当真是一步进不得，一步也退不得。"

他说这句话时，不知怎的突然又想起了晏春熙，心头不由有些火起——这个胆大包天的小罪奴，竟敢骂他是狗。

可不知为何，他转念一想，又觉得有些黯然。在坐镇长安的那位圣上面前，他，还有关承坤，他们这些人若不是狗，可又还算得上是人吗？

两日后，平南王动身去了盛安猎宫，然而夏白眉却称金陵有些琐事要处理，所以要在宁王府多滞留几天。平南王自是欢天喜地，关隽臣却越发觉得关山月的推测有理，并不乱了阵脚。

夏白眉勤勉，哪怕在王府里也不会断了每日夜间的功课。这位最年轻的乌衣巷指挥使师承大内高手，据说一手虎鹤双形功练至化境，罕逢敌手。

关隽臣虽然知道夏白眉在外断然不会露了底细，可仍然起了去观摩的心思。关山月这会儿也不避开夏白眉了，兴致盎然地跟了过来。

关隽臣精修武道，可以说是先帝诸位皇子之中唯一的当世高手，年少时饱览大内收藏的珍奇功法，看过虎鹤双形功的图谱，却很少见人使出来。

夜里月色正皎洁，夏白眉在月下演练了足有一个时辰。

他身着乌衣巷的无饰黑衣，脚踏军靴，长发高高束起，露出了皓玉似的面容和一对白眉。那黑袍下时常揉捏着一对沉甸甸金球的双手极为修长，一根根指节分外明显。双掌做虎爪状时五指大张，指节钩起，一动一收。

老虎为大猫，一根脊椎也如猫般灵活，摸哪儿哪儿动。夏白眉显然深得虎形精髓，一拧身、一伏腰，好似老虎弓背甩尾。

他已将劲练到浑身上下每处关节，发力之时甚至隐隐夹带风雷虎啸之声，尽显山中霸王之威严。

虎鹤双形难就难在其一身硬功练的是个霸道，志趣却讲究一个雅。

然而夏白眉实在是得天独厚，他颈纤腿长，走路时高抬大腿，脚尖远探，下落着地时徐缓无声，如同仙鹤踱步般从容柔韧。他发力时如虎般刚劲威猛，神态却偏偏如此舒缓清雅，其仪态之美，仿若月下谪仙。

这般看去，谁又能相信这是个心狠手辣的宦官。

饶是关山月这等纨绔子弟此时都有些看愣了，直到夏白眉收了招过来见礼，他才低头掩饰般饮了口杏花酒，然后有些阴阳怪气地道："夏大人好俊的功夫啊。我听闻，就连长安三大巷八大馆里的人也都议论夏大人功夫好，巴不得能有福气见识一回呢。"

关隽臣也知道，关山月还真就是过不去这个坎了，因此只是笑了笑，也不搭话。

夏白眉也坐了下来，他练了整整一个时辰，额头上却一滴汗珠也未有，仍是那般体面。

他从容地用丝帕擦了擦手，然后才沙哑着嗓子缓声应道："世子，三大巷八大馆那些人不过人云亦云罢了，何必放在心上。不过功夫与为人处世其实乃是一回事，都讲究个刚柔并济，世子爷终究年轻……年轻就气盛，还需磨磨性子，您若是不嫌弃，我倒可传授一二。"

夏白眉今年未及三十，其实也不过大关山月两岁，却一副老成的样子要传授技艺。

关山月气得差点被酒呛到，他平日伶牙俐齿，却偏生因为先前的败绩，愈发不知如何反驳夏白眉，只能低头生闷气。

关隽臣看关山月斗嘴吃瘪也颇觉好笑,许是因为谈及这些闲事的关系,他不由有些出神。

这两日,也不知道晏春熙的伤势如何了。

他想着想着,忽然便有点压不住心思,起身对关山月和夏白眉道:"夜里风大了,本王便回去歇息了,两位自便。"

关隽臣到十二院的时候,晏春熙已经睡下了。

他想了想,还是叫人只把烛火点燃了两根,然后坐在了床榻边。

那少年睡得很熟,背上狰狞的伤还未好,所以只能趴着睡,他脸侧着,朝向外面,呼吸很是匀称。

关隽臣之前听王谨之说他因为伤势,这两日断断续续在发烧,便伸手摸了摸他的额头,果然仍是有些烫的。

关隽臣已好久没这么端详过晏春熙的面容了,先前冷了他半个月,之后又多事多灾的,两个人实在许久没在一起好好待过了。

这少年长得清秀,鼻子秀气,嘴唇不似一般男子那样薄,而是圆润饱满,因此看着性子就格外好,有种温软的气质。

关隽臣看着他,想起他咬舌所受的伤,心里一时不忍,便俯身凑得近了些。兴许是他的鼻息惊扰了晏春熙,这少年本就睡得不安稳,此时乍一下半睁开眼,仍有些迷迷糊糊。

像是梦到了什么极美好的事物一般,少年脸上还隐约挂着一丝笑意,他见着关隽臣,下意识地抬头,梦呓似的道:"王爷,我梦到咱们在下棋,我险胜一招,你说我下得好,要赏我棋谱呢。"

他想到那棋谱,很是开心,眼睛亮亮的。

关隽臣忍不住微微笑了一下,问道:"是什么棋谱?"

这话让晏春熙犯了难,梦里的事,怎记得真切呢?

就在他认真思索的时候,关隽臣想起先前两人一同下棋饮酒的时日,心里的歉疚又涌了上来,他轻声道:"熙儿,这几日你不在,我甚是挂念。"

这挂念,他实在无法否认。

晏春熙先前做的事、说的话,可称犯上忤逆,放在其他任何一位王公贵族府里,都逃不过一死的下场。

在这宁王府里,程亦轩本来最受看重,可他万万不敢如此,其他下人更是不敢,因为他们都守规矩。晏春熙不守规矩,咬舌这种事都能做出来,还敢当着关隽臣的面说出那么胆大妄为的话,可关隽臣偏偏就牵挂他一个。

许是因为关隽臣此时的话有些真切,晏春熙这才彻底醒过来。

他抬起头看到关隽臣的面容,本来温软的杏眼突然流露出了强烈的抗拒神色,他身子猛地向后退去,似是想要离关隽臣远一些。

关隽臣一时愣了,还未反应过来,便见晏春熙已经低下头,唤了一声:"王爷。"

关隽臣皱了皱眉,他实在未理解晏春熙的举动究竟是怕他,还是因为别的什么,因此只是温声道:"熙儿,你睡得好熟,我已来了半天了……你身上的伤可还好吗?"

"身上还未好……"晏春熙仍旧垂着头,也不看关隽臣,只是答道,"很疼,嘴巴也是,便不想说话了。"

关隽臣只觉他语气虽然乖顺,可分明避之不及,瞬间心头有点浮起怒意,沉声问:"如此说,我倒是不便和你说话了?"

"王爷想做什么说什么,自然都可以。"晏春熙就这么说道,他的神态既不惧怕,也不畏缩,甚至还颇为平静。

关隽臣一时被噎得说不出话来。

他纡尊降贵来看望他,却没想到一连吞了好几个软钉子。

虽然实在想发火,可他无法从刚才那种温柔的心境中挣脱开来。

面前的少年背上都是伤,终究……都是被他亲自下令打出来的伤。就当是他不够小心,碰疼了他吧。

关隽臣深吸了口气,终于还是压住了心口的火气,站起来面色平和地道:"熙儿,你跟我使性子可以,但也不要太过了。我知道,上次我的话说重了,叫你心里难受。你若是有什么想要的、想吃的,便告诉王谨之,我都赏给你。好好养伤吧,我过几日再来看你。"

他说完,也不再看晏春熙的反应,直接转身大步走出十二院。

在夜风里站了许久,关隽臣才终于甩了下袍袖,烦闷地吩咐下人:"来人,叫那个霜林来,让本王看看他的舞究竟跳得如何。"

关隽臣本想去程亦轩那儿坐坐,但又想到送来府里的霜林终究是平南王的人,一直不闻不问也不好。且霜林的身份他之前派人查过了,并没什么问题,便因此改了主意。

霜林特地换了外族的服饰,随着带来的班子的乐曲,赤着脚跳起了胡旋舞，的确舞技出众。

他舞了半晌，关隽臣虽是边饮酒边看着，却不发一言。

"王爷，"霜林跳得额头都起了一层薄汗，他停下来上前了两步，有些可怜地道，"可是嫌我跳得不好？"

"甚好。"关隽臣道。

"可王爷像是都没怎么看呢，王爷可是有心事？"

"嗯？"关隽臣抬起眼睛，淡淡地看了他一眼。

"林儿知错了。"霜林似乎被关隽臣不喜不怒的面色弄得有些慌张，忍不住欠起了身子，"不该多话。"

关隽臣见他模样甚是可怜，摇了摇头："无妨。"

他虽这般说，但还是忽然感到有些疲惫，低声道："跳得很好，我派人送你回去。你想要什么，与王管事知会一声。"

其实他只是觉得有些百无聊赖。

年纪越长，他便越能看透他们那样讨好的、急切的眼神。他已不会像年少时那样偏激地将其归为虚伪，那只不过是企图。

霜林，还有那些鹤苑公子，他们只是企盼着能够过上安逸舒服、锦衣玉食的日子。在这王府里，关隽臣是唯一能给予这种东西的人。

这过快活日子的权力，他想给谁便给谁，想收回便收回。他靠着这样的规矩，统御着这座庞大的亲王府邸，让每个人都臣服在他脚下摇尾乞食。

可他自己的权力呢？当朝从一品宁亲王——万人之上，极尽荣华，他曾经以为，这权力是他与生俱来的高贵身份与多年铁马金戈厮杀而来的功勋赋予他的。既是天授，亦是人力。

可渐渐的，他越来越明白一件事。他所谓的权力，也同样掌握在圣上的手里，圣上想给便给，想收即收——他与霜林，委实没半分区别。

....

在宁王府太月池的荷花含苞待放之时，春猎也结束了。

平南王的仪仗离开了金陵，向封地而去。

夏白眉似乎也无意再继续盯着平南王，一个人返回了长安。

关山月虽多留了几日，但很快又顺道去了南方游历。

成德三年的初夏，大周朝的一切似乎都风平浪静。

然而就如今夏那时常与滂沱雨水一同泛滥的闷雷声一般——

该来的，最终总会声势浩大地到来。

晏春熙身上的伤已经见好了，他可以下地走路、坐卧，但是若用力触碰后背伤处，仍有些隐痛。大夫说，舌头上的伤倒没什么，但还需时常说说话，才能好快些。

王谨之说晏春熙这遭下来，几乎不太说话，人也消瘦得极快。哪怕是厨房精心做了姑苏的卤鸭，他也只吃了几口，便撂了筷子。

关隽臣自上次悻悻而归后，虽然时时问及晏春熙的情况，但终究没再去见他。他是亲王之尊，即使挂念晏春熙，也绝不会时时过去讨好卖乖。若是再碰了钉子，他只怕收不住火。

但听王谨之这么说，他还是叫了晏春熙来翰文斋。

关隽臣已二十日没见晏春熙了，他果真瘦多了，跪在地上见礼时，洁白的绸衫罩着他单薄的身子，显得空荡荡的，叫人看着难受。

"你坐。"关隽臣抬头淡淡看了晏春熙一眼，其实他早吩咐人给一旁的梨木椅上铺了软垫，怕晏春熙身上的伤再硌着不舒服，但这些心思他实在不愿说出口，只递了一本《姑苏游记》过去，道，"我今日有些累了，想闭目歇一会儿，你且读给我听。"

少年愣了一下，接过了书册，又想站起来，却被关隽臣直接摆手阻止了："你就坐着读。"

"是。"晏春熙低下头，翻开了手中的那本《姑苏游记》。

兴许是因为瘦了，他本就巴掌大的脸越发憔悴了，嘴角旁的两个梨涡便更瞩目。只是他不笑，便少了往日那番飞扬动人的神采。

这游记乃是先帝时期的大才子年嘉伦所写，文采斐然，又因是初春时去南方踏春，所见所闻在他笔下都显得那般多情妩媚——

姑苏是晏春熙的家，那里的一景一物、一草一木他都熟悉，并深深地思念。他读着读着……便也不由渐渐入了情，只是舌伤还未全好，有时候不由有点磕磕绊绊，读到"青山如黛，桃红柳绿"之时，不由呛了一下。

"慢点读，别着急。"关隽臣站起身，将一盏茶放到了晏春熙手边。

他本只是想叫晏春熙有这个时机多说说话，对伤势有益处，只是听着听着，他竟也有些沉浸其中。

原来，晏春熙生在那么美的地方。

熙者，光也。晏春熙，多美的名字。他是姑苏春天里的一抹暖阳。

"熙儿，你喜欢姑苏吗？"

关隽臣坐到旁边时，晏春熙本有些想要避退，可或许是因为关隽臣问及了姑苏，他想了一下，再次开口时一双杏眼里也不由含了一丝浅浅的怀念："喜欢。姑苏，我生在姑苏，在姑苏长大，还在姑苏见到了……"

他说到这里顿了一下，长长的睫毛抖了下，还是接了下去："见到了冠军侯。"

关隽臣的内心有些说不出的高兴，他们已经很久没这么说过话了，更很久没听到晏春熙再说起"冠军侯"这三个字了。

他看着晏春熙的消瘦面容，本想靠近一些，却也知道此时还不宜惊到晏春熙，于是只坐定了慢慢地道："我生在长安，也喜欢长安。它白日里霸气、阳刚，满城人杰、遍地王侯。城中最宽的官道足够九车并行，宛如直通青天。可夜里，它又华灯高上，处处妩媚多情。西市里有酒肆梨园、莺歌燕舞，东街有天下最好吃的宋记糖糕。它尊贵，又市井，我在长安生活了十七年之久，至今仍会时时想念……熙儿去过长安吗？"

长安，是每个大周子民心中的王都，不入长安，便不知大周的富庶。

晏春熙听关隽臣嗓音低沉地给他讲述着天下第一城的无上风采，不由得抬起头来，眼神里无意间流露出了向往："我、我没去过。"

"你还小，总有时日可以去的。"关隽臣微微笑了笑，话说得极是迂回自然，"我去过姑苏。听说姑苏向来少下雪，可我去那年，雪特别大。天冷，人便想吃热食。我记着姑苏南城门口有家馄饨摊，甚是美味，叫什么来着？"

晏春熙的手指忽然克制不住地轻轻颤抖起来，一双圆圆的杏眼里泛起了水光，他像是陷入了往日的记忆中一般，喃喃道："叫杜氏馄饨。王爷走之后，我……常去，只是四年前，杜师傅回乡下了。"

十二年前，他缠着关隽臣带他去看姑苏城夜里的灯景。走着走着，他又冷又饿，非要吃馄饨，关隽臣便找到南城门口的杜氏馄饨摊坐了下来。

他点了猪肉馅的，关隽臣点了素菜馅的，他自己的那碗吃了几口便嫌腻，非要吃关隽臣。关隽臣无可奈何，最终都由了他。

他那时手还小，捧不住那么大的馄饨碗。

姑苏的夜雪一片片轻轻飘在他身上，馄饨却是热腾腾的。

那几日看灯的人极多，冠军侯锦袍玉冠，虽不穿侯服，可与众人挤坐在市井中脏兮兮的馄饨摊里仍可称奇景。他甚至身上没带铜钱，最终给了一片金叶子，倒把摊主吓得双腿发软。

两碗馄饨，一片金叶子啊。后来晏春熙长大了，常常不带仆从一个人去那儿吃馄饨，照旧点两碗，一碗猪肉馅的，一碗素菜馅的。

他坐在那儿，细细回味着多年前的那一幕。那几日的记忆，像是属于他一个人珍藏的秘密，哪怕那时他已经明白自己或许此生都不会再有和那位冠军侯相聚的时光，可还是忍不住一遍遍地回味。

他想着这些年的种种，脸上不由也泛起了一丝笑容，那两个浅浅的梨涡绽放开来，杏眼里先前的哀愁还未彻底逝去，泛着一层泪光。

关隽臣只觉心底涌起一股难以自抑的酸楚，对于这个少年，有时他也不知该如何对待。

他生长于皇家，虽从小锦衣玉食，却也习惯了高高在上，除了晏春熙，他何时有与人这样不计身份之差，平平淡淡地一同吃一碗最普通不过的馄饨的经历？因此他也记得那碗杜氏馄饨，想来并非有多美味，而是因为他和晏春熙一样，觉得那记忆十分美好。

他只知道，他不愿晏春熙这般哀愁——

"熙儿，你会画画，对吧？"关隽臣忽然灵光一现，低声道。

他刚问出口便知自己拙劣，因之前晏春熙明明为他画过茶花。

"会、会一些……只是画得不太好。"晏春熙有些不知所措，下意识抬头答道。

"那便够了。"关隽臣鲜少这般急切，他一把拉住晏春熙的手腕，便匆匆往翰文斋外跑。

关隽臣刚出翰文斋，才发现暴雨又袭来了。夏夜的燥热被大雨一扫而空，空气中弥漫着一种清新的味道，王府的万紫千红在大雨下扭动着身躯，这仿佛注定是个特别的夜晚。

王谨之持了一把纸伞刚赶过来，乍一看到关隽臣这般牵着晏春熙急行的样子，顿时整个人呆立在了原地。

关隽臣走到他身边，只低声说了一句："把伞给我。"

王谨之赶紧把纸伞递了过来，还未来得及说话，就见关隽臣已经一手拉着晏春熙，一手撑开纸伞在大雨滂沱中走远了。

翰文斋和流芳阁其实相距不远，只是大雨倾盆肆虐，一把纸伞终究无法遮两个人，雨滴打在油纸伞上，发出"噼噼啪啪"的激烈声响。

这样一场大雨，似是要将泥土里的土腥气都翻腾出来，偶尔一道闪电划破长空，便把人的脸照得雪亮。晏春熙看到关隽臣的锦袍背后被雨水打得湿透了，而他身上却一丁点都没淋到雨，便知纸伞全用来遮住自己了。

"王爷……"晏春熙轻轻唤了一声。

与他的不安相比，关隽臣则颇为急切，他似乎感觉不到自己淋湿了，就这样一路拉着晏春熙到了流芳阁。

他案桌上摆着一幅画了一半的画卷，晏春熙低头仔细看着，竟依稀瞧得有些眼熟，他转头过去，与关隽臣对视了片刻："这画的是……"

"姑苏。"关隽臣低声道，"怎的？认不出了吗？"

"不是……认得出。"晏春熙声音微微颤抖，既是因为想家，也是因为没想到关隽臣会画他的家乡。

"嗯，前些日子我给这幅画起了头，却发现许多姑苏景致都有些记忆模糊，如今还记得的，也都是和你相识那段时日的模样。我想着……不如我们一同画一幅可好？就叫……《盼春归图》，可好？"

他声音低沉，语气却颇为柔和。

晏春熙的眼圈一下红了，那一瞬间，他只是心想……或许，他该是不同的吧。关隽臣会记着和他在姑苏相识的情景，会把油纸伞向他这边倾斜、怕他淋湿，他或许不只是个东西吧。

他想到这儿，抬起头轻声道："成哥哥……"

关隽臣终于听到了那熟悉的三个字，心下大悦，他把画笔递到晏春熙手中。

少年与他四目相对后，道："成哥哥，你先前与我说，要我养伤时好好想想先前你说的话。"

关隽臣顿了一下，他自然记得有这事，先前那番不愉快，至今想起来仍是烦闷，可是此时他越发不愿意想那些煞风景的，想要一笔揭开，便笑了笑，轻声道："咱们且不提那些……先画画吧。"

关隽臣本想与晏春熙一同描绘当年所见的姑苏景物，可晏春熙竟然执拗了起来，他兀自抓着关隽臣的手不放，一双杏眼凝望着关隽臣，又问了一遍："成哥哥，你先前说我，说我只不过是王府的一条狗，我究竟……"

关隽臣实在厌烦先前那番争执，他不愿再对少年说那么狠的话，他哪能真的把他看得那般低？只是若这般说下去，也实在没完没了。晏春熙不是狗，也不是东西，那他难不成要做这个王府的主子不成？

他这般想着，心里也着实躁了起来，便有些用力地牵制着少年握着狼毫笔的手，将笔尖点在了画卷上。

晏春熙神色黯然，若王爷至今都不愿与他说一句真心话，那他们这般一同作画,又究竟有何意义呢?

可他仍是不肯死心的,漂亮的眼睛因为那一丝倔强睁得大大的,扭头看向关隽臣,有点呜咽地哀求道:"成哥哥……你告诉我,我究竟是不是……"

关隽臣低头,从后面看过去,少年的颈子上还留有一些未彻底淡去的鞭痕。他耐下了性子柔声道:"熙儿不是狗,听话,好不好?"

"熙儿不是狗",晏春熙听到这五个字的刹那,终于深深吸了口气,他看着关隽臣的双目,一丝也不敢游移,颤声道:"成哥哥,你、你再与我说得更明白些……"

他知道自己如此纠缠着实惹人厌,可他顾不得了,他紧张惶恐得几乎要流出眼泪来。

然而关隽臣这当儿心思已经远了,他握着晏春熙的手轻轻勾勒着姑苏的柳树,有些漫不经心地道:"我既说过看重你,便不会食言。严茂竹既然出府了,日后你便是大公子——鹤苑之首,谁也越不过你去。你想要什么,我也都赏你。好不好?"

"轰"的一声,外面一声惊雷猛地炸响。

鹤苑之首,大公子,严茂竹——被那人唤着茂儿却面无表情地在大年夜被送出府的严茂竹。这便是……宁亲王给他的无上尊荣了。

晏春熙茫然地低下头,看着狼毫笔下那幅未完成的《盼春归图》,只觉这道雷像是轰到了他的身上,轰碎了他的每一处骨肉。

关隽臣本在专心作画,可是不过多时,只听轻轻的"啪嗒"一声,竟看到那张珍贵的画纸上滴了几滴血。

他猛地把少年转过身来,只见晏春熙的唇瓣竟被咬得鲜血淋漓,只是看一眼就能感觉到那种揪心的痛楚。可这少年方才竟然一直在死死咬着嘴唇,不肯和他说一声。关隽臣的脸色顿时寒了下来。

晏春熙的身子仍有些瑟瑟发抖,他抬起头,用那双杏眼直直地看着关隽臣,却一点也没有退避的意思,他的神情那么倔强,像一只犯了犟劲的小驴子。

关隽臣只觉得一股狂躁的怒火一下子冲上了头顶,他脸色铁青,反手"啪"地一巴掌,重重地抽在了面前这少年的脸上。

这一掌实在是极重的,打得晏春熙整个人都跌在了案桌上,白皙的脸蛋上登时浮起了一个红色的掌印,连额角都有些磕破了。

晏春熙怎么敢，怎么敢如此忤逆？

关隽臣越想越怒，只觉得太阳穴都疼得跳动起来，语气森然道："我看你是命都不想要了，是不是？"

晏春熙没有回答，而是惨白着一张脸跌跌撞撞地退后两步，然后跪在了冰凉的地上。

少年浑身上下到处都是伤，有的是关隽臣派人打的，有的是自己掐的。嘴唇被咬得残破不堪，一滴血从他纤细的下巴滚落，滴在了衣衫上。他跪在那儿，遍体鳞伤的细瘦身板像是一阵风吹过便会跌倒在地。他明明已是那般残破的模样了，一双杏眼里却闪着一股决不妥协的执拗劲。

晏春熙就这么看着关隽臣，突然重重地将头叩在地上，伏在地上喃喃道："成哥哥，我心里有话，今夜……便都与你说了罢。我说完后，你若叫我死，我……我绝无二言。"

关隽臣低头看着跪下的晏春熙，那一瞬间他的脑中除了兀自燃烧着的怒火之外，渐渐浮起了一丝困惑。这个少年那么年轻、那么简单，关隽臣自觉能一眼便看透他——晏春熙喜甜，因为曾是富贵人家的小公子，人也有点娇生惯养，怕吃苦，也怕疼。

关隽臣派人准备姑苏的菜色给晏春熙，给他锦衣玉食，哪怕是冷着他的时候也一样不缺。平南王一事委屈了他，关隽臣便允诺让他做鹤苑的大公子，这一切的一切，关隽臣已自觉做到了生平极致。

可本像春日般和煦的少年反而变成了如今这破败样子，身上的伤终是可以好的，然而那双杏眼里的神色不再明亮温和，哪怕是在说着"死"字的时候，也近乎漠然。

关隽臣实在不解，好端端的桂花糖，怎么含着含着，却在舌根处变成了苦涩。

"你说罢。"关隽臣丹凤眼里划过一丝深沉的神色。

"谢王爷。"以头叩地的少年直起了身子，他跪在冰冷的地上，脸上依稀露出了一抹浅浅的笑意，轻声道，"王爷与我重逢已久，可其实一直未曾好好听我说过许多话。其实，我早就想跟你说的，只是……总没个时机。王爷大约不记得，但与王爷相处的点点滴滴，我都记在心里。前些日子你不来找我，我一个人时，便慢慢地回想，有时想得多了，倒有些怕，怕想多了反而记岔了什么……"

他这般慢慢地说着，神情酸楚中又带着一丝怀念，讲着讲着，眼圈便微微有些发红:"那天,王爷终于肯见我,我实在欢喜得要命,可我万万没想到,你只是要把我送到平南王府上。

"王爷,你或许觉得我年纪还小,不懂事,因此什么也不与我说,可我并没那么无知。除夕那日,你说自己老了。我瞧着你的面容,虽然与当年无甚差别,可若仔细去看,眼角已经有了丝丝皱纹。我心中明白,你这般年纪便熬成了这样,是因为着实太苦了。我心中难受极了,那时只是想,我盼着能一直陪伴王爷,叫你再没有这般孤苦伤神。"

他说到这里,关隽臣的指尖忽然微微发抖了一下,他如何能不动容于这样的话,可又无法克制住被窥破的恼怒。

他是最不愿如此的,他宁可晏春熙把他看成一个冰冷无情的王爷,也不愿晏春熙知道那个意气风发的冠军侯竟已经被冷酷的权力慢慢磨成了这般模样。他不愿让晏春熙看到这一切,哪怕是在平南王一事上,他明知道晏春熙委屈,也不愿意在事后解释哪怕只言片语。

可这少年是那么聪慧伶俐,在那双晶亮的杏眼的注视下,他竟然无所遁形。

关隽臣就在这样复杂纠结的心境中,听到少年慢慢地继续道:"那日乌衣巷的人来,我其实知道你有难处,我怨你,但我并不恨你,甚至没有对你少了分毫敬重。咬舌头挨板子,这些身上之苦,我都能吃得,哪怕再挨上十遍我也心甘情愿。

"叫我真真难受的是,哪怕我做了这些,你依旧把我看作一样东西、一个玩意儿,甚至要再告诉我一遍,我不过是王府的一条狗。"

关隽臣听到这里,终于忍不住欠身道:"我方才已说了,你不是狗。"

"是狗,还是鹤苑公子,其实都没什么分别,不是吗?在你尊贵的身份面前,我不过是个卑贱的罪奴,可是成哥哥——"

他终于又唤出了那声"成哥哥",跪着的少年抬着头,那双杏眼里忽然绽放出近乎刺眼夺目的倔强神采,他一字一顿地问:"天下任何人都可说我卑贱,你却不该如此。因为我身上唯一高贵的东西已经交托给了你——你说,我对你的这些心意,难道也是卑贱的吗?"

关隽臣一时之间竟怔住了。他坐着,面前的少年跪着,他明明是这般高高在上地俯视着他。可是那一刻,他忽然觉得自己很虚弱。

他根本答不出口。

关隽臣有些无力地用手扶住了额头,沉默良久,终于低声道:"熙儿,你究竟想要什么？"

晏春熙突地用膝盖往前蹭了一段距离，他几乎是孤注一掷地握住关隽臣的衣袖，那双杏眼毫不游移地看着关隽臣，因为激动而泛起了一层璀璨的波光，声音有些发颤地道："我五岁时，那双虎头靴上的明珠是我珍爱的至宝，可我将它给王爷时是真心的。

"我诚心诚意至此，只求一个结果。既然王爷有负于我，便应向我致歉；若王爷与我志趣相投，就请留我一人为知己。"

这番话关隽臣简直闻所未闻。何等惊世骇俗，何等胆大包天？他简直不敢相信自己的耳朵。

那瞬间，屋外又是一声炸雷响起，像是重击在关隽臣心口。

"你要我对你认错，还要我遣散鹤苑？"

一道闪电霹雳般划破长空，霎时间照亮了关隽臣的面孔。

他肤白若雪，丹凤眼漆黑，此时的神情却一片森然："我若不答允呢？"

晏春熙仰头看着关隽臣，他忽然异常沉默。少年本来还激动的神色慢慢地平静了下来，最后甚至看起来不喜也不悲。他扯了扯嘴角，露出了一个凄惨的笑容，梨涡浅浅地绽放开来，可再也没有丝毫生气。

"王爷不允，便放我出府吧。"他这样说着时，有颗晶莹的泪珠从他的右眼慢慢往下滑落。

他只落了一滴泪，像是血珠从快要痊愈的伤口里被硬生生挤出来一般，那是近乎窒息的悲伤和绝望。

他放开了关隽臣的衣袖，若无其事地跪直了身子，竟像是解脱了一般淡淡地道："就让我做个……彻彻底底的罪奴吧。"

关隽臣的丹凤眼一下子眯了起来，他上身前倾，面上虽然纹丝不动，可眼神已经吐露出了压抑着的危险气息："你威胁我？你可知你方才要的是什么东西？"

晏春熙要他认错，要他遣散鹤苑。

关隽臣这辈子都没听过比这更可笑的话。

麟庆年间他是皇子，成德年间他是"恭靖肃宁"当朝四亲王之一，哪怕他如今困窘，然而这一生之雍容显贵，也远非常人所能想象。

他喜好风雅，二十多年来，这府中的伶人不知换了几番，无论多么出彩的人物，他也不觉有多难得。如今他年逾三十，竟然有个小小的鹤苑公子胆敢要他认错。

天下可有比这更离奇的事情？

他是生于帝王家的人，所见之人皆是奴才，无人敢对他提出这样的要求。在他这个位置的人理应如此，若非如此，他甚至不知该如何自处。

所以他如何能答允晏春熙？他又凭什么要答允？

关隽臣越想越觉荒唐，语气也不由愈发严酷了起来，不待晏春熙回答便森然道："大周律明规，罪奴乃无籍之贱民，若不为王侯官吏府邸名册内所属，这大周便没有你的栖身之地，你这是拿命在威胁我，你可明白？"

"王爷若不允，这宁王府，我也无意再栖身下去。"

晏春熙面色平静如水，他抬起头，那一瞬间，那双眼睛里竟仿佛真的什么也不再留恋。他合上眼睛，像是等待着宿命的降临一般，轻轻地说："我这一生，苦虽然吃了一些，可终究是美好时日居多。世间韶光有期，我、我想必也没什么好可惜……"

关隽臣的背脊一下子紧绷起来，他从晏春熙的神情里察觉出了某种决然，这决然让他前所未有地不安起来。

他和晏春熙都清楚，以罪奴的身份出府，晏春熙便成了最低贱的奴籍，无人依靠，届时他不仅会死，还会死得凄惨无比。他本以为少年只是一时冲动，此时却突然意识到，晏春熙并不是在和他赌气，而是真的决意要离开。

在这个闷热的夏夜，关隽臣却霍地感到一股凉意袭到胸口，连掌心都在那一瞬间冒了冷汗。他低头看着跪在脚下的少年，情不自禁地回想着这少年曾经给予过他的一片赤诚之心，还有刚才那番话语带给他的动容。

他无法抑制自己去设想这个少年会在某一天的黄昏，浑身污浊地被胡乱卷在破竹席里，然后被人随意丢弃在肮脏巷子里的情景。

关隽臣忽然听到自己近乎恐慌的急促心跳声，他从未这样为一个下人忧心过。这种离奇的情绪于他而言实在太陌生，陌生到他还不愿细想，就已经在那一刻怒不可遏起来。

关隽臣猛地站起来："你以为出不出府还由得你来决定吗？本王准你出府了吗？"

他眉间那道剑纹显了出来，虽然已经怒到了极致，面色却越发平静，甚至还隐约露出了一丝阴冷的笑意，一字一顿地道："你可知道，你连个鹤苑公子都当得废物至极，还肖想做我的知己？我本只想慢慢教你，你既然如此不识抬举，我也实在不必这般顺着你了。你还颇有脾气，见不得鹤苑有别人是吗？给我爬起来，我叫你看看什么样的人叫我中意。"

他也不等回应，直接一把拉起跪在地上的晏春熙，粗暴地拽着晏春熙向五院的方向大步赶去。暴雨乍停，然而仍有些淅淅沥沥的雨滴落在他们身上，可关隽臣恍若未觉。

晏春熙不知关隽臣究竟何意，可也能隐约从关隽臣话中察觉到令他有些抗拒的东西，只是这时哪容他反抗，他只能跌跌撞撞地跟着关隽臣。

到了五院，伺候程亦轩的南玉见到许久未来的关隽臣本是欢天喜地的，却被关隽臣一个干脆的"滚"字吓得退得远远的。

关隽臣这一突然闯进屋，刚刚要入睡的程亦轩赶紧迎了上来，看到关隽臣和被拽在身后的晏春熙，俊俏的脸上顿时浮起了一丝惊讶和无措。

"你就跪在这儿——"关隽臣让晏春熙跪在了屏风外，他的眉间仿佛凝着一层霜雪，扯着嘴角露出了一个森寒的浅笑，转身背对着晏春熙扔下了几个字，"给我好好听着，好好学。"

关隽臣扯着程亦轩的手腕，一把把少年拽到了屏风内的古琴前。

这阵仗早已把程亦轩吓得面色发白，身子也随之发抖了起来，可他还是本能讨好地露出了怯怯的笑容，小声道："王爷，您想听什么？"

关隽臣理都不理他的询问，只道："弹。"

程亦轩不敢多问，怯生生地拨了拨琴弦，弹起了关隽臣素日爱听的《梅花三弄》。可他才刚起了个头，就听关隽臣冷冷地道："弹得不好，重弹。"

"是、是……"程亦轩手指都有些发抖了，他想重新弹，却因为恐惧而愈发不知所措，琴弦发出一声尖锐的异响，竟是绷断了。

他自知要见罪于关隽臣，忙撩起袍子跪在琴前。

关隽臣也不多话，其实他本也不是来听琴的，只见他径自取下了腰间的鞭子。

晏春熙跪在屏风外，过不多一会儿便听到程亦轩一声哀鸣。

只听关隽臣冷冷地问："我罚你，你不乐意？"

"轩儿……轩儿乐意。"里面的少年带着哭音哀声道，"轩儿的一切都是王爷的，轩儿弹得不好，无论王爷怎么责罚，轩儿都绝无怨言。"

晏春熙的面色瞬间惨白，他跪在那儿，双眼无神，整个人僵硬得像是宁王府邸门前的那尊石狮一般。

其实程亦轩并不愚笨，自然知道自己这番苦楚，想必是因为晏春熙和关隽臣起了争执。可他又算个什么东西，连委屈都嫌矫情了些，他求饶是

065

为了活,哭也是为了活,他哪有外面那位那样的胆子去不高兴呢。

关隽臣不发一言,还算满意程亦轩的回应。

他没再看程亦轩,而是收了鞭子,走到屏风外,低头看着兀自跪着的晏春熙,淡淡地问:"你可学会了?"

晏春熙直直地跪在地上,双目无神。

他不知道自己想了什么,或许他什么也没想,只是像死了一般。

过了良久,晏春熙终于轻声道:"王爷要我学的东西,我学不会。"

他话音未落,就被关隽臣一个巴掌直打得跌出去半米,趴在了地上。

关隽臣此时动手戾气已是极重,他看着少年的嘴角已被打得流下了一丝鲜血,漠然道:"跪回来,再说一遍。"

晏春熙无声无息地跪了回来,他这次抬起了头,死死地盯着关隽臣。

这一巴掌没把他打得害怕,那双漆黑的杏眼里竟仿佛腾地燃起了一簇倔强的火焰,他一字一顿地道:"我既是学不会,也是不肯学。我既然不懂事,王爷可以打我,也可以杀我,怎就是不肯把我送出府让我自生自灭?"

关隽臣内心某种不安和恐慌再次被这少年戳破,只觉得此时跪在地上还敢和他挑衅的晏春熙实在是恼人至极,他的眉眼间满是风雨欲来的阴霾,慢慢地道:"我不叫你出府,是不信这个邪。你既然不识抬举,咱们就看看,最后到底是谁服软。"

"王爷,你可知我在想什么吗?"晏春熙却没有丝毫退缩,几乎是以一种逼视的目光灼灼地凝视着关隽臣,"十二年前,你是冠军侯,我不过是商人之子,我在你面前难道就不卑贱?父母都叫我恪守礼数,不要去烦扰你,当年你却肯为了我蹲下来,让我瞧仔细你的脸。那时你虽然蹲着,在我心里却委实如天边寒月般高远。如今我虽跪着,你站着,可我再也不会如十二年前那般仰视你了——我今日方知,你已不是冠军侯。"

"王爷,我会对冠军侯服软,可对宁亲王您——"晏春熙扯起了残破的嘴角,竟然发出了一声讽刺似的冷笑,"您不妨试试看。"

关隽臣在袍袖下的双掌一下子攥紧成拳,那一瞬间的刺痛,几乎让他恨不得能把面前这少年撕碎了。

关隽臣怒喝道:"来人!"他有一万种法子让晏春熙生不如死。

王谨之先前听说关隽臣好大阵仗拽着晏春熙跑到五院便知道不妙,心里更是十分担心程亦轩。因此他已经早早赶到了院外,此时听到关隽臣的喊声,马上便冲了进来。

他一进屋看到关隽臣的神情，又看了看跪在地上的晏春熙，登时便紧张起来，低声道："王爷，您……您有何吩咐？"

"把他给我——"关隽臣指着晏春熙，顿了良久，他忽然闭上眼睛深吸了口气。

晏春熙先前被他狠狠打了一巴掌，想必是在地砖上跌倒时蹭到了背脊的伤口，如今再跪下来时便能看到白衫上已经隐约有了斑斑点点的血迹。

他千不该万不该，又看到了这一幕。

关隽臣再次睁开眼时，已背过身向门外走去，再也不看地上的晏春熙一眼："从今往后，晏春熙不再是十二院的公子，把他给我拖到正心殿门口跪着，不许他吃饭，只许他喝水，若是晕过去便拿冰水泼醒。他一日不认错，一日不许他吃东西。鹤苑十二院，给霜林。"

关隽臣背对着晏春熙和王谨之，他撩起了长袍下摆走出五院时，那双漆黑的丹凤眼里忽然划过了一丝前所未有的疲惫，低声吩咐道："程亦轩今日受了点伤，你且帮我看看吧。鹤苑大公子的位置，也给他。"

王谨之按关隽臣的意思派人把晏春熙带走，只着单薄白衫的少年很安静也很顺从，过去之后便直直跪在正心殿外，一句话也没有多说。

王谨之没让人为难这个浑身是伤的少年，并非全然是因为恻隐之心。王谨之自小跟随关隽臣，距今已有十多年，对关隽臣的脾气秉性早已熟知。

这位宁亲王在当今圣上登基后，越发阴沉少言，喜怒不露，先前根本不曾有哪个下人能让关隽臣这般发火，更别提发了这么大的火之后，还能保住一条命。王谨之如何能察觉不到关隽臣方才的暴戾心绪，他分明是硬生生把怒火给压下来的——罚跪、不许吃饭，只要认个错便好，对于关隽臣来说，这哪能算是什么惩罚。

打理好晏春熙的事情，王谨之才回到了五院。他站在门外时，漆黑的眼里划过了一丝隐秘的痛苦，踌躇良久终于还是推门走了进去。

屋里就程亦轩一个人。他整个人蜷缩在锦被里，只露出一张苍白的脸蛋，看到进来的是王谨之时，那双眼里先是露出了一丝隐隐的欣喜，可很快便想到了什么似的凄楚地垂下了眼帘，长长的睫毛也微微发颤。

王谨之看他这样的神情，心里也好生难受，面上却无论如何也不能表露出来，他站到床榻边，只是低声问道："程公子，你的伤可还好？王爷他……他还是挂念着你的。"

"我……我没什么。您千万别叫王爷费心。"程亦轩小声地开口道。

他一贯性子乖顺，这般应答倒也和往常一样。可说到这儿，程亦轩突然顿了一下。

他咬着嘴唇沉默了许久，等到再抬起头看王谨之的时候，眼里在灯火下已经泛起了莹莹的泪光。他似乎再也压抑不住委屈，哽咽着，无助地哀声道："我疼……我身上好疼。"

王谨之看着面前的少年红了的眼角，听他这么可怜地叫着疼，只觉得心里好生酸楚。

这个孩子在世上是没有任何人可以依靠的，他在这王府里小心翼翼地活着，全靠着关隽臣心境好时的那一点关照，如今连这点微不足道的东西都被毫不留情地扯碎了，他甚至连声疼都不敢告诉关隽臣。

王谨之鬼使神差地微微伸出了手，随即却感到一阵恐慌，刚到半路便想收回来。

可他的手忽然被程亦轩握住了，少年一边流着泪一边问道："我到底做错了什么……为什么？谨之哥哥。"

"你没错。"王谨之的身子僵硬，可仍然从怀里掏出一块丝绸帕子递了过去，他看着程亦轩用帕子擦拭着脸上的泪珠，下意识地伸了下手，随即却缩了回来。还是这王府规矩森严，容不得他这般放肆。

王谨之深吸了一口气，最终还是压抑住了，平静地收回了手，然后整个人往后退了一步，垂下眼帘低声道："程公子，王爷于我……有大恩。"

程亦轩怔怔地看着忽然之间离他好远的王谨之，像是渐渐明白了什么，眼里的光亮紧接着便一点点地灭了。

"王爷已说了，他赐你鹤苑大公子的位置。"王谨之几乎是闭上眼睛说出了这句话，他知道自己何其残忍。

程亦轩的眼里汪着泪水，可很快便低下头，呆呆地看着锦被上的云纹。

他慢慢地露出了一个黯然失神的浅笑，最后只是平静地道："王管事，轩儿都明白的……那就请您替轩儿谢过王爷罢。"

金陵城以北两千里外。

在漆黑的夜色之中，身着锦衣的修长男子只身一人骑着一匹健硕的照夜白来到了恢宏高阔的城门之下。他抬起头，沉默地望着城门口那用朱砂挥毫而就的霸气"长安"二字。

城门把守的卫兵握着火把遥遥往下望,也瞧不清男子的面容,只低头大喝道:"来者何人!"

男子反手"呛啷"一声抽出背后通体赤金的长剑,双手高举至头顶,沙哑着嗓音道:"皇极剑在此。"

卫兵神色陡变。乌衣巷指挥使手持赤金皇极剑,有如帝王亲临,连当朝一品大员都能直接拿下,这些没有品阶的小卫兵更是必须要跪拜见驾的。

城楼之上的卫兵接连跪下,在叩首之后,领头的卫兵才大喝道:"开城门——恭请指挥使大人入城!"

男子收了皇极剑,也不下马,只待城门大开之后便一骑绝尘,径自向皇宫的方向去了。

卫兵们纷纷看着长安月下那道身影渐渐离去,过了良久,领头的才低声道:"只怕是乌衣巷夏大人。"

他自然是没有猜错。深夜宫门下钥,能不通报便进宫的,当今大周实在没有第二人。

"呦,夏大人,您可算回来了。这几日天热,皇上心情不大爽快,当然也是我们这差事当得不好,看来还是您回来才能伺候得妥帖啊。"

乾元殿外,一身驼色蟒纹宦服的文剑南语气好似热络,实际上颇为带刺,那张白净无须的脸上也没什么表情。他双手皆隐在袍袖之中,五指枯瘦干瘪,却隐隐泛着一层功夫练到极致的赤色。

文剑南位居二品大内总管,照顾着皇上的一切起居琐事,且是大内高手榜中排在夏白眉之前好几位的鹰爪功绝顶高手,周英帝继位后更是亲赐蟒服以示对他的厚爱。他虽是宦官,可也着实是大周朝极具权势的大人物。

"文公公,皇上可就寝了?"夏白眉微微躬了躬身,颇为恭谨。

夏白眉虽然与周英帝关系匪浅,可是文剑南向来与他很是不睦,甚至每每还会甩个脸,像是完全不把他看在眼里。

夏白眉年轻时也曾气盛,还仗着周英帝的宠信与文剑南杠上了一次,可哪知周英帝全然未照拂他,反而狠狠杖责了他一百下。

这些年来,他年纪越长,越发明白过来,其实文剑南未必真的和他有什么过节,那些行径分明就是故意避嫌疏远。

夏白眉在乌衣巷为官,文剑南在宫内任职,他们这些权势极大的宦官,都是天子身边最近的人,也正因为如此,他们才必须不睦。周英帝心机深沉,最擅制衡，岂能容宫外的乌衣巷指挥使和大内总管过从甚密。

"哪儿能。"文剑南侧身做了个请的手势，似笑非笑地道，"皇上可还在乾元殿等着您呢。"

夏白眉点点头，他黑色的军靴踏着白玉阶，一步步地向上走去。

周英帝在东宫做太子时便出了名地刻苦，如今登基已有三年，始终勤勉理政，进后宫的日子屈指可数，三宫六院加上皇后统共不过七八位妃子，与先帝时期近百位嫔妃的婀娜盛景简直是天壤之别。他不入后宫，便几乎都宿在乾元殿的后殿，往往折批子批到深夜才歇息。

把门的小太监见是夏白眉，自然行过礼后便急急地进去通传，等周英帝发了话之后，里面伺候着的侍女太监也一齐退了出来。

夏白眉一个人轻轻推开乾元殿的殿门，只见里面第一层的大殿近乎一片黑暗，只有星星点点的烛火点在四周。他在黑暗中一步步向前走去，像往常那样，足足走了一十八步才到大殿的正中央。

他撩起长袍下摆，利落地跪下去之后，叩首在地，高声道："乌衣巷指挥使夏白眉，见过圣上。"

"起来吧。"一道浑厚低沉的嗓音仿佛是从极高极远的地方传了过来。

夏白眉这才恭敬地起身，抬起头，深深吸了口气。无论他已来过乾元殿多少次，每一次抬头时，他都仍会忍不住想要再次跪伏在地。

在他头顶两丈多高的半空中，九根虬龙形的赤金巨柱如同拱卫一般，支撑着一座圆形的汉白玉高台。高台之上是两颗世间罕见的夜明珠，四周有四根一人多高的火烛，烛火与夜明珠交相辉映，使高台之上那位圣上的身影，如同整座恢宏却黑暗的乾元殿中唯一的耀眼白昼。

周英帝不喜大兴土木，然而乾元殿却是他登基后明令修筑的。

底殿四边皆十八米，端端正正，圆形高台通体为汉白玉所筑，玉上精心雕琢着游龙戏祥云的图纹，头顶一大一小两颗夜明珠取日月之意。

白日九龙鼎香炉里烟雾袅袅，如同流云般缥缈不散；夜间底殿则不点太多烛火，更使得整座大殿中唯一的灼灼光明来自高台之上。

天圆地方，日月交替。

那座高台为中央龙庭，周英帝的龙位便如同皓日当空一般，高高悬挂在众生头顶。

如此宫殿，如此帝王，仰接苍穹日月，俯览四极八荒。

皇权之贵重,皇权之意志,在这座乾元殿中,可谓真正达到了极致。

"微臣接到圣上口谕,日夜兼程赶返长安,不敢有误。"

夏白眉站在黑暗之中,他像往常那样,千百遍地觉得自己哪怕站着,亦是在周英帝脚下匍匐着,他是何等渺小卑微。

"朕知道。"那道仿若来自穹宇的低沉声音再次响起,"眉儿,你上来。"

夏白眉一步步地登上了那座气势雄奇的汉白玉高台,他对这里当然并不陌生。可每一次,当他与这位大周天子一同俯瞰底殿的星星烛火时,他仍然对权力心生敬畏。

权力,绝对的权力,它可以赋予人如同神明一般的力量。

那些烛火如同夏夜中大周百姓的万家灯火,黎明苍生的命数与悲欢,在这位人间帝王面前摇曳得何等卑微瑟缩。

周英帝身着明黄色龙纹常服,端坐在白玉案桌之后,与他那几位样貌可称人中龙凤的弟弟相比,他的容貌实在不足称道。

然而他那张平庸的面容上,却有着一双寒潭般深不见底的漆黑双眸。

他的神情既不凌厉,也不傲慢,甚至在大多数时候都是温和的。

可迄今为止,没有人可以洞察他的思绪,亦没有人可以欺骗这双眼睛。

"来,"周英帝看了看站在他案桌前的夏白眉,"说说,朕的两位弟弟都在忙些什么?"

"侯永飞一被拿下,平南王登时狗急跳墙想去金陵拉宁亲王下水,然而他实在愚蠢,宁亲王的把柄他是一个也抓不住,自然被宁亲王给四两拨千斤了。微臣按照圣上的意思,多方旁敲侧击,然后给了平南王一个小筹码叫他去咬宁亲王,他自以为祸水东引,如今只怕还自觉高枕无忧。"

"平南王不听话,朕已派裴将军去将他拿下。他的事,你不必再费心了。"周英帝用一旁的白绸巾慢条斯理地擦着手。

他这是派兵去镇压拿下当朝二品郡王,此事之大实在不亚于当年襄王逆案,几日后必将震惊朝野,可周英帝的神情分明像是在唠家常一般闲逸自在:"再说说宁亲王。"

"宁亲王……他似乎有些小把柄。"夏白眉微微停顿了一下,"但,无谋逆之事。"

"无谋逆之事?"周英帝抬起头淡淡看了一眼夏白眉。

夏白眉心下一慌,登时便知自己定是答错了。

周英帝随即微微笑了一下,他放下绸巾,慢条斯理地道:"眉儿,你还是不懂何为谋逆。宁亲王早已谋逆了。你可知他是何时谋逆的吗？"

"微臣……不知。"

"自朕登基前，他与襄王交好而非与朕这位太子交好时，他便已是谋逆；自他少时加封冠军侯，功勋昭著远超朕这位太子时，他便已是谋逆；自他与襄王一同出自先帝珍妃一脉，而非朕的母后一脉时，他便也是谋逆。而他如今是否谋逆，全看朕想不想追究，何时追究而已。"

周英帝双眸森寒，口中的话一句比一句凌厉，可说完最后一句，他的嘴角微微扬起，又恢复了温和的样子，道："眉儿，'谋逆'两个字——你可以从书中学着如何去写，但千万别从书中领会它的意思。"

这番话是何等森寒入骨，夏白眉不由面色一凛，身子挺得直直的："微臣明白了。"

周英帝大他足足十岁，他少年时入宫，迄今已有十六年。

可在这位天子面前，他总像是个不懂事的学生。

周英帝教他读书，教他下棋，教他权谋，他今时今日的一切，都是周英帝赐予他的。

周英帝看着夏白眉，脸上的笑意越发柔和了下来，他轻声道："眉儿，朕可算把你盼回来了。"

夏白眉本一直垂着双眼，如同寻常臣子那般一板一眼地回应皇上的问话，听了这句却抬起头来，直直地看向周英帝。

周英帝脸上的笑意中竟忽然泛起了一丝苦意，他皱了皱眉，道："湘妃入宫一个多月，朕都未曾宠幸，湘妃毕竟出身不凡，此事实在不妥。只是朕身子寒凉，脚底夜里冷冰冰的，也是虚得紧。知你今夜便能入宫，朕才算松了口气。"

夏白眉听得"湘妃"二字，眼里的神采微微黯了一些，可随即他便反手将皇极剑和金刚伞都抽了出来放在一边，然后一步步走到案桌后，撩起黑色长袍的下摆，跪在了周英帝身前。

"皇上，眉儿帮您暖暖。"夏白眉沙哑着嗓音轻声道，他不再自称"微臣"，而是低头轻轻除了周英帝赤金色的靴子，然后将皇帝的双足放在怀中，一下一下地按摩着。

周英帝低头看着夏白眉。

此人平日里是大周乌衣巷的指挥使，一身乌衣，气势何等森然，哪怕是在宁亲王面前都谈笑自若，身板笔直，一双凤眼何等锐利。

但在周英帝面前，夏白眉仍然如此乖顺。

夏白眉看着他，道："皇上，您脚冷得厉害……"

周英帝也不答，这是他从少年时代就落下来的旧疾，身子虚寒，脚底冰冷，无论春夏秋冬都是如此，夜里更甚。有时他自个儿都觉得自己像条蛇一般，血液里没热乎气。

这毛病只有夏白眉最清楚，也只有夏白眉有法子帮他。他往日里总在掌中转着金球，两手功夫自是极巧，此时轻轻按揉着周英帝的双足，加上一些精深的内力，过了足足有一盏茶的工夫，周英帝才觉得身子缓过来了些，终于从足底有了一丝热乎气。

周英帝终于满足地点了点头，他等夏白眉为他穿好鞋袜，站了起来，才道："朕去后殿。"

"皇上……"夏白眉仰头看着周英帝，忽然伸手抓住了那明黄色的袍角，"您还回来吗？"

"不了。"周英帝抚摸着夏白眉的面孔，淡淡道，"去吧，去寻你的乐子去，只是记得，别再犯错。"

周英帝说到最后四个字时，意味深长地看了一眼夏白眉，随即径自转过身往后殿去了。

"眉儿绝不敢。"夏白眉的双眼望着周英帝的背影，神色黯然，他垂下头，在地上叩首，恭恭敬敬地道，"恭送皇上——"

第四回

金陵的天才刚蒙蒙亮,关隽臣便已起身了。

他一看便是睡得极差,眼下微微泛着青色,面色较往日更阴沉了些。

锦书已走了数个月,关隽臣虽叫王谨之派人去查,却一直杳无音信。

司月是新调来的侍从,远没有锦书让关隽臣用着顺意,早膳布菜布得稀里糊涂,分毫拿捏不住他的口味。

厨房也该死,连个灌汤包都做得齁咸,实在是废物。

关隽臣想发火,可因睡得不好头又疼起来,他扶住额头,不知怎的就想起了先前和晏春熙一起用晚膳的时候,晏春熙偷偷地把几盘素菜都堆到他面前。少年馋肉的小心思是压根藏不住,筷子上夹着黄鳝,还委委屈屈地和他闹着要吃卤鸭。那是晏春熙最后一次对他撒娇。

关隽臣脸上刚隐隐浮起的那丝笑意突然又消失了,他"啪"地放下筷子,烦闷地道:"王谨之人呢?"

"王、王管事一直在外面等您吩咐呢。"司月小心翼翼地道。

"叫他进来。"关隽臣干脆不吃了,让司月把菜都撤下去。

王谨之哪能不知道关隽臣心情极糟,不用关隽臣发问,他一进来便直接道:"晏公子跪了大半宿,早上便晕过去了。"

关隽臣半晌没说话,王谨之继续道:"我没用冰水泼。"

关隽臣抬起头,漆黑的丹凤眼里划过复杂的神色,隐约还带着一丝期盼,问道:"怎么,他认错了?"

王谨之有些尴尬:"晏公子没认错。"

"他既然没认错,怎么不把他泼醒?"关隽臣登时怒道,"王谨之,本王的吩咐你听得不清楚?"

"王爷,晏公子他……如今饿倒不是什么大事,只是晏公子毕竟身子文弱,只跪了半宿膝盖便青紫一片、肿起来了,再跪在青石砖上更是疼得厉害。这且不说,可要他这么连着跪几日,只怕腿要生出毛病,您看……"

关隽臣终究没失了理智,他听王谨之这么说,也知道这位大管事实在是领会了他的意思。无论如何,晏春熙这人他是绝对不想弄坏了的。

他深深地吸了口气,勉强压抑住怒火,沉声道:"那便依你的意思吧,先不跪了——等他醒了,你给我问问他,究竟认不认错?"

王谨顿时又僵住了,他迟疑了一下,还是躬身轻声道:"王爷,我刚来之前,晏公子已醒了。我那会儿问他,他……他说他无错。"

关隽臣猛地站了起来,随手拿起桌上的青玉茶盏"啪"地狠狠掷到门上摔得粉碎:"给我把他拖出去让他跪着——"

关隽臣实在是怒极,脸色铁青,一字一顿地道:"他文弱?我也曾以为他性子温软,讨人喜欢——都是骗本王的。你去看看他那样子,活脱脱一头犟驴!我看也别跪在正心殿外了,直接把他给我拖到磨房去拉磨。"

"王爷,这……"王谨之自然也知道这后半句话是听不得的。

"他不认错是吧。"关隽臣只觉太阳穴直跳,在屋内踱了几步,顿了半天才咬牙道,"成,就叫他跪在正心殿外,你叫人把蒸好的白米饭扔在地上,他若肯像狗一样趴着吃了,我便不用他认错了。"

王谨之稍一迟疑,关隽臣就又摔了一个瓷瓶,厉声道:"给我去办。"

王谨之也无法,只得躬身行了一礼,退了出去。

金陵的盛夏实在恼人,这个时节的天气总是在滂沱大雨和烈日酷暑中反复徘徊,从来也没个飒爽惬意的时候。

因昨儿夜里下过大雨,白日里便更是闷热难耐,下午刺目的太阳高高悬在空中,像是要把外面走路的人都晒化了一般。

关隽臣在翰文斋里看书,又叫人抬了好几盆冰进来,司月也一直给他扇着风,可他还是热得烦躁不已。王谨之虽日日派人去粘翰文斋外树上的蝉,可仍有零星几声蝉鸣传进来,叫他怎么也读不进去书。

关隽臣放下书望向窗外,微微有些出神。

正心殿外的青石砖上,晏春熙歪歪斜斜地跪着,时不时要用手扶一下滚烫的地面，才能勉强撑住身子不猛地摔下去。

他这会儿当真称得上是汗如雨下，光洁的额头上，大滴大滴的汗珠不断滚落，从后背到前襟的衣衫都被浸得湿湿的，连身下都出了浅浅一滩水。

晏春熙白皙的脸庞因久晒而通红发烫，嘴唇却偏偏毫无血色，模样是前所未有地虚弱。他痛苦地闭着眼睛，长长的睫毛上都挂着汗珠，身子摇晃时，汗珠时不时落在地上。

晏春熙实在是无法睁眼的，因在他面前的青石砖上，正是王谨之派人倒在地上的一碗热腾腾的白米饭。他只要一睁眼看了，便觉得胃里空虚的感觉如同万蚁噬心般摧残着他的神志。

他闭着眼睛，可脑子里仍是那白花花的米粒，怎么都挥之不去。

情急之下，晏春熙便逼着自己想别的——想膝盖的刺痛，甚至逼自己细细体味那仿佛针刺入骨的剧烈痛楚，逼到自己都开始害怕起来。

晏春熙也不知自己到底为什么要拿命和关隽臣较劲，他从来都不是什么硬骨头，被鞭打时他便求过饶，他们在一起时，他也没少和关隽臣服软撒娇，如今硬气起来，倒显得他莫名有些矫情。

但他就是这般奇怪，哪怕饥饿的腹部和刺痛的双腿都已经在哭着求他服软，可他这股犟劲上来了，就是咬着牙硬挺，偏不肯认错。

又跪了一个多时辰，日头渐渐有些向西边沉下之时，晏春熙终于双眼一黑，晕了过去。

这次王谨之手下的人可不敢再违逆关隽臣的意思，马上便两桶冰水狠狠泼了下来，里面的冰块也硬邦邦地砸在晏春熙身上。

晏春熙一个激灵，才解脱一刹那，就又被人粗暴地拖起来重新跪好。他浑身被冰水浸得湿透了，只觉又是冷，又是被晒得眼花，脑子也浑浑噩噩的。他忽然一个没忍住，趴在地上大口大口地干呕起来，直呕得他胆汁都吐了出来，然而猛烈地颤抖起来。

晏春熙跪着，头也无力地贴在烫烫的地面上，忽然觉得自己好傻。

其实他又倔给谁看呢？

他饿、他疼又如何，他哪怕是顷刻间死在这儿，成哥哥都是不心疼的。

....

关隽臣从翰文斋里出来，站在暮色下想了许久。

他想去正心殿前看看，可又怎么都觉得不甘，犹豫了许久才道："去五院——"

他说到一半觉得不对,摇了摇头道:"去程公子的大院那边用膳。"

他一整个下午都在想一件事——晏春熙究竟是哪儿了不得,让他这般忍了又忍,至今都不愿意把这个不听话的鹤苑公子给扔出王府。

想到日暮时分,他终于觉得自己好似想明白了。他喜欢和晏春熙在一起的那些时日,在少年身边时,他像一个日暮西山的人忽然被上苍抛回了最快意的岁月里,他无法割舍重新成为冠军侯的快慰。

如此,关隽臣想,他也算有了头绪。

以往他从不在乎下人的感受,只叫自己快活便是了。可这会儿他忽然改了主意,他想试试和程亦轩也像和晏春熙那般相处。

堂堂从一品亲王叫一个鹤苑公子给气得寝食难安,偏还半点法子也没有,他实在是受够了。

关隽臣和程亦轩一起用晚膳,见黄昏时分夕阳渐渐落下的暮色甚美,便叫人把桌子搬到了庭院里。满园的娇艳芳菲映入眼帘,再喝上一点冰好的桑落酒,本该是良辰美景、心绪畅快。可程亦轩本就不如晏春熙那么爱说话,两人便显得有些沉默。

关隽臣没什么胃口,没吃几口就放下了筷子。

他这一动,程亦轩也好似吓了一跳,赶紧放下了手里的碗筷。

关隽臣看了惊慌的少年一眼,耐下性子问了一句:"轩儿可喜欢什么花?"

"轩儿……"程亦轩看了看关隽臣的脸色,见好似没什么发火的迹象,才小声答道,"轩儿喜欢荷花。"

"如今盛夏,王府太月池里的荷花想必已开满了,那里平日甚是冷清,你既喜欢,可前去看过?"

"还没。"程亦轩小心翼翼地摇了摇头。

关隽臣看了程亦轩一眼,忽然起身淡淡地道:"你且慢慢吃完吧,不必急,本王去里屋等你。"

关隽臣自觉已颇为温和,可程亦轩又哪敢真的听他的话把饭吃完,很快就跟了进去。

见关隽臣负手站在窗前,程亦轩上前两步,怯生生地唤了一声:"王爷……"

关隽臣转过身,漫不经心地问了句:"伤处可还疼吗?"

"王爷，轩儿不疼。"程亦轩赶紧摇头，他像往日一样露出了一个乖巧的笑容，只是俊俏的脸蛋有些苍白。

关隽臣听他这么答，倒也满意，他抬了抬下巴，示意程亦轩坐在琴前。

"上次的琴弦断了，本王给你换了一把新琴，你用着可还习惯？"

他有意与程亦轩修复关系，语调甚是温和，那也的确是一把好琴，是王谨之特意从库中挑出来的。

"习惯，轩儿谢王爷赐的琴。"程亦轩仍然是紧绷的。

"那你弹给本王听听，"关隽臣道，"弹你喜欢的便好，莫要紧张。"

程亦轩知道，关隽臣肯这样温和地和他说话，为他换新琴，已是难得了。他也想好好回应，可之前的事实在叫他心有余悸，他哪怕再想松泛下来，这身子都僵硬得不行。

他就这般僵着，拨动了琴弦，就连琴声似乎也感知到了他的心绪，那般生涩，仿佛是第一次弹琴，弹的仍是那一首《梅花三弄》。

"你也喜欢这《梅花三弄》？"关隽臣忽地问道。

"……是。"程亦轩轻声道，"轩儿也喜欢。"

他虽是这么说着，心里却疼得厉害。

他不知自己究竟喜欢什么。

那一刻他忽然想到了他第一次见王谨之的场景。

王谨之来潇湘馆是为了给宁亲王的鹤苑挑人，那会儿他刚入馆不久，见到王谨之时心下慌张，弹得跑了调，馆中的师傅气得用鞭子打他，却叫王谨之给拦下了。

王谨之低头看了他几眼，直接道："就他了。"

临走前，他回身又加了句："这小家伙性子软，莫要再这么动辄责打。宁王府的人，弄坏了你潇湘馆可赔不起。"

那天王谨之穿一身青衣，眉目清隽，好生稳重高大。

程亦轩心里一直偷偷记着王谨之的模样，记着王谨之说的话。

他命不好，娘早早病死，被亲爹给卖到了潇湘馆，又过些时日，连爹的踪迹也没了。从未有人对他这般好过，只有王谨之。

他什么都不怨，只是恨自己。这口气吊在这儿，不上也不下，一声"谨之哥哥"挤了半年才唤出一声，可又有什么用处？他只是恨自己命贱，这草草一生，无欢愉，无恣意，活得还不如一只蚱蜢。

关隽臣倒没留意程亦轩的面色，他走到程亦轩背后，低声道："右手击弦点靠近岳山，音色则愈发明亮，靠左则略显低沉了。你可明白？"

他一边说，一边拨动着琴弦，如此这般，琴声如流水倾泻而出，清脆动听，较方才程亦轩独奏时的生涩好上太多了。

关隽臣出身宫廷，又喜好雅艺，因此琴棋书画都甚是精通，此番和程亦轩这般合奏，像是他先前对待晏春熙那样亲近了。他似是摸索着什么武学秘籍一般，期盼程亦轩能给他一些叫他欢喜的反应。

"轩儿喜欢《梅花三弄》，但弹得不好，幸而王爷琴艺精湛，轩儿受教。"

程亦轩这般温顺的话语叫关隽臣很是舒心，觉得他们也算是相投，或许时日久了，程亦轩也能如晏春熙那般陪伴他。

可是与程亦轩这般近的距离，他又分明能感觉到少年一直在微微颤抖。

他走到少年正面时，只见程亦轩面色惨白一片，分明是战战兢兢，如履薄冰。

"你当真喜欢这《梅花三弄》？"关隽臣问。

"当真……"程亦轩见关隽臣面色不悦，忙下意识讨好道。

"那你细细说来，你喜欢其中的什么？曲调？意境？"关隽臣盯着身前的少年，脸上虽然泛起了一丝浅笑，可眉间分明凝着一层森寒的阴霾。

"轩儿……"程亦轩哪答得上来。

关隽臣早就怒不可遏，他一字一顿地道："程亦轩，本王先前倒没看出来，原来你的戏作得竟是这般好啊？梅花高洁而不屈，气节如此，古人以曲颂之，而你这般虚与委蛇，又如何能喜欢？"

关隽臣说完，猛地一拳打在了墙上，他实在是怒到了极致。

这几日下来，关隽臣全部的戾气都像是此刻在胸口炸开来了。

他分明权势滔天，自觉也颇为风雅，可他府中之人，一个两个，总是这般无趣且充满伪饰，对他除了恐惧敬畏，再无他物。

程亦轩看到关隽臣那双深沉的丹凤眼里突然翻腾起来的晦暗疯狂的神色时，脸色愈发惨白。他凭借着一贯以来对危险的敏锐嗅觉，察觉到了某种恐怖的氛围。

关隽臣以为自己是生程亦轩的气，可程亦轩从来就没有能够惹他发怒的能耐。他脑中想到的分明是晏春熙——曾经那么仰慕他的少年，看着他时双眼会瞬间明亮起来的少年，现在就真的……那么讨厌他吗？

关隽臣用力摇了摇头，他实在不愿再想下去，转过身径自从小柜里抽出一根黑褐色赤金手柄的皮鞭握在手中，又站在琴边，冷冷地看着程亦轩。

"王爷……"程亦轩登时被吓得浑身发抖,他抬起头看着关隽臣,眼里满是乞求的神色,"王爷,轩儿真的没骗您,您饶了轩儿……"

"是吗?"关隽臣丝毫不理会程亦轩的恐惧,一鞭鞭地抽下去。

那一瞬,或许是发现这一切都无果时,程亦轩忽然不求饶了。

遍体鳞伤的少年像是泥塑的人一样,木然地跪在地上,只有他微微起伏的胸口昭示他仍活着的事实:"王爷,轩儿是骗了您——"

程亦轩再也不试着挣扎了,他眼里一片空洞,像是忽然之间陷入了彻底的绝望,因此反而平静了下来:"轩儿也不是故意的,更不想惹您生气,只是……轩儿真的不知道自己喜欢什么,又该喜欢什么。

"轩儿入府已有近一年,陪伴王爷也时日颇久。可轩儿从未有过哪怕一日不是战战兢兢,如履薄冰。轩儿的心中从没有欢喜过,又何谈喜欢什么曲,何谈什么气节?是轩儿不配弹这一首《梅花三弄》。"

程亦轩自己知道,此话一出,他今后恐怕再也休想得到关隽臣的关照,甚至连生死都将变得难测。可他竟然好平静,甚至就这么闭上了双眼。

或许于他这样一个人来说,活着,实在是件苦差事。

他真的累了,想必是再也吃不了这样的苦了。

关隽臣却忽然不动了。

他握着鞭子呆在那儿,丹凤眼里闪烁着的怒火渐渐地熄灭了。

过了良久,灯火之下,他的双眼里竟然浮起了一层幽深黑暗的痛苦之色。那令他心慌的念头终究还是成真了……

关隽臣忽然不再有兴致折磨程亦轩,走到外室吩咐道:"把晏春熙给我带到这儿来。"

然后,他便坐在椅子上,若有所思地望着窗外。又下雨了……

晏春熙是被两个下人给半架进来的。

他一双腿几乎已经不能伸直,双脚只得在地上被拖曳着,过门槛时重重地磕了一下。只是如今这点小磕碰,晏春熙已经分毫感觉不到了。

其实刚刚那会儿他马上便要昏过去了,可关隽臣既然召见,下人自然发了狠泼了两大桶冰水,强行把他给浇醒,随后草草给他换了件干爽的衣衫,可一头黑发仍湿漉漉地披在背后。

下人们把晏春熙带进屋里之后,便赶紧退了出去。

晏春熙既然站不住,便只能委顿地跪在地上,他头低垂着,身子也在瑟瑟发抖。

"抬起头来。"关隽臣一双漆黑的丹凤眼看着面前的少年。

晏春熙无力地微微抬起头,他嘴唇已经干裂出了一道道血口子,脸色惨白到近乎从皮肤底下泛出一层青色,往日里那双圆亮的杏眼此时布满了骇人的血丝,眼里一片空洞,整个人如同行尸走肉。

关隽臣竟一时之间有些不忍直视,微微错开了目光。

其实熬到了这般田地,晏春熙也已真的油尽灯枯。

这两日一夜地跪下来,除了几口水,他粒米未进,胃第一日还在"咕噜咕噜"地叫着,到了后来,便像是火烧火燎地疼。他眼前是热腾腾的米饭,闭了眼,那香喷喷的味道还往鼻子里窜。

他有无数次几乎就要毫无廉耻地趴下来,像野狗一样去吞咽地上的饭粒。他知道,关隽臣想看的无非就是那样的丑态。

先前种种,哪怕诸般伤处之疼,他最终都不能去恨关隽臣。可就在险些真的趴下身子去舔食的时候,他才第一次感到好恨。他实在好恨关隽臣,竟连最后这点不值钱的尊严都要从他手中夺走。

"你别跪了。"关隽臣虽然强自按捺,可声音竟然带了一丝颤抖。

"我——"晏春熙的嗓音沙哑得简直令人不忍卒听,他木然地看着关隽臣,喃喃道,"我站不起来了。"

他好生凄楚。其实自己那丁点骨气又能成什么事——这人,一跪得久了,哪怕心里有那么一口硬气,想挺直腰板站起来,可这双腿也不管用了。

关隽臣实在是稳不住了,他猛地站起来,俯身把少年细瘦发抖的身子扶起。

晏春熙抗拒地想要挣脱,可他现在又哪有任何力气,最终只能任由关隽臣扶着他坐到了椅子上。晏春熙虽然已无力挣扎,却强自狠狠吸了一口气,支撑起脖颈看着关隽臣的面容。

他这两日下来都没好生睡过一觉,早已是头疼欲裂,眼里也有些模糊了,可他仍然死死地盯着关隽臣,一字一顿地道:"你叫我来程公子这儿,可是又想让我学什么新鲜花样了?"

"熙儿……"关隽臣看着少年有些陌生的眼神,心口不由有些发慌。

他摇了摇头,几乎是叹息一般,低声道:"我只想看看你。"

"你想看看我?"晏春熙吐出来的每一个字都感觉像是耗尽了胸腔里的一切气力,"想看我人不人鬼不鬼的样子?"

他说到这里,一口气没倒过来,呛了一下,却喘息着继续道:"你可

081

满意了？"

"罚你，并非我的本意。"

关隽臣沉默了许久，还是忍下了被这样尖锐质问讽刺的不快，温声道："熙儿，我给了你选择，一直都给了，是你……"

他顿了一下，叹气道："是你实在太倔。我的确没想到……"

他一边说着一边伸出手，然后慢慢向下，握住晏春熙修长的手腕，执起来时却忽然发现，少年的十指竟然都被磨得血肉模糊。在灯火下，那刺目的血色登时让他惊得呆住了片刻。

"指头怎么了？"关隽臣愕然，"有人打你吗？"

"我自己磨的。"晏春熙抬起头，一双大眼睛里满是绝不服输的犟劲，他一字一顿地道，"你想让我像狗一样摇尾乞食，我偏不——我、我当真要忍不住了的时候……便用手磨青石砖地，我就是疼死，也不吃。"

"你！"关隽臣登时气得几乎发抖，他和晏春熙狠狠地对视着，满眼的怒火却渐渐地，一点点地消散了。

最后，他整个人的气势前所未有地颓然起来，喃喃道："晏春熙，你实在厉害。我平生很少服人，可对你，我当真——"

关隽臣几乎是投降了一般，他的脸上泛起了一丝无奈的神情，轻声道："你不肯服软，成，我知道了，我都依你。我这几夜片刻也没睡踏实过，这几日的事，全是我不好……咱们不闹了，就还像从前一样，好不好？"

跟晏春熙这次较量，才不过两日他就溃败下来，他已自觉极是没面子，可这会儿面子终究不是最要紧的事。

除却心疼，他竟然还隐隐约约有一丝钦佩——这个少年，不及二十的岁数，娇生惯养的性子，可真一较起劲来，着实叫他吃了一惊。

关隽臣虽未直言，可话里的意思，分明是他认了这过错。

他这辈子，从未这般软下身段过。

可他倒也不太难受。此时此刻，他只想让晏春熙回来，他需要那纯稚清澈的眼神，需要那春日般和煦甜软的笑容，他需要在晚膳的桌畔，看到晏春熙兴高采烈地吃着姑苏菜色的模样。

关隽臣这般想着，眼里越来越焕发出了几日来从未显现过的神采，他期盼地看着晏春熙。

晏春熙看着关隽臣，却像是看着一个陌生人一般。他沉默了良久，眼里渐渐地浮起了一层讥诮。

"王爷……你真觉得，咱们还能回到从前吗？"晏春熙的声音很冷漠。

关隽臣的心也一下子冷了下来。

关隽臣看着晏春熙，沉默许久，终于沉声问道："熙儿，你是何意？"

"王爷，从前……"晏春熙本想说得冷淡，虽然眼里没有半点泪水，可声音仍忍不住微微地哽咽起来，"再也回不去了。"

他深深地看着关隽臣，看着那风流俊朗的面容，那漆黑的丹凤眼，那傲慢地微微抬起的下巴——

这张脸，曾是他整个少年时代的梦想，在那懵懵懂懂的年纪，哪怕是对这张面孔不知天高地厚的畅想，都足以让他感到快慰。

如今，和这张脸那么近，他却突然之间感到前所未有地寒心。

"王爷，你想要的东西，我已……再也不能给你了。"

他曾抱着何等诚挚的心意去接近关隽臣，靠近了之后，却让他遍体鳞伤，甚至饱受屈辱。

"我想要什么？"关隽臣低头看着晏春熙苍白的面容，眼里忽然划过了一丝极力隐藏的痛苦之色，他追问道，"你告诉我，我想要什么？"

关隽臣头一次像是渴求着糖果的孩童一样迫切，他紧紧地盯着晏春熙，想要从这个比他小上十八岁的少年口中得到答案——这种迫切，让他破天荒地显得有些脆弱。

晏春熙摇了摇头。他像是告别一般，轻轻地用指头抚摸着、勾勒着关隽臣眉眼的轮廓，他指上的血珠有几滴留在了关隽臣的脸上。

这个人是多么好看啊，可偏偏是这样一个冷漠自私的人，一个把旁人都视作草芥的人，一个无情之人。

他还有什么好应答的呢？

关隽臣茫然地看着晏春熙，他的心底有些发慌，忍不住开口道："熙儿……"

"王爷，你放我出府……行吗？"晏春熙轻声地恳求。

他也没什么别的心愿，只是想逃。出府了便逃走罢，或许逃不了多远，可那也没什么。哪怕是死在回姑苏的路上，都像是能闻到家乡的花香，那该有多好，多美。

他早已不怕死，只是不想死在这个冷冰冰的宁王府里，死在关隽臣给他带来的无限绝望和悲伤中罢了。

"不行。"关隽臣马上斩钉截铁地道，他虽然坚决，可随即放柔了声音，哄道,"熙儿,外面危险,你听话。"

他说到这儿,仍觉得甚是不安,又道:"留在我身边,我绝不再伤你,别怕……"

晏春熙垂下头,久久地沉默。

关隽臣也着急了,有些焦躁地问道:"熙儿,你究竟想怎样?出府是绝对不行的,你难道不明白在外面做罪奴会朝不保夕?除了出府,我都听你的,你说话,好不好?"

晏春熙咬了咬嘴唇,双眼无神地看向一旁闪烁着的灯火。

过了许久,他才露出了一个凄惨无奈的浅笑,淡淡地道:"王爷既然这么说,便叫我做王府里最寻常的下人吧。"

关隽臣迟疑了一下,低声道:"熙儿,你未做过下人,不知道辛苦。"

"王爷,你瞧瞧我——可还有什么苦我吃不得吗?"晏春熙的眼里浮起了一丝讥讽。

关隽臣看着少年遍体鳞伤的身子,实在是被噎得无言以对,他虽然心里越发烦躁,却极力耐下性子,仍温言劝道:"伺候别人,与被人伺候……到底是不一样的。"

"王爷,"晏春熙摇了摇头,一字一顿地道,"鹤苑公子被下人伺候,可不仍是要伺候你吗?我什么苦都吃得,可我最不想做的事,便是再和以前一样伺候你。"

晏春熙这话,实在说得太狠。

哪怕关隽臣再想软下身段,都腾地一下子变了脸色。

他阴下脸的样子本该极为可怕,可晏春熙丝毫不惧,只淡淡地看着关隽臣。

两个人僵持了许久,关隽臣忽然站了起来。

他理了理锦袍的褶皱,慢慢地道:"你既这么想做下人,好——里面那个刚被我罚过,身上有点伤,你便从替他清理上药开始做吧。做完了,回流芳阁见我,你若走不动,寻人搀你。"

"是。"晏春熙漠然地应道,他自己虽然双腿直不起来,可好在仍可扶着桌子和墙面,便这样勉强向里屋一瘸一拐地一步步挪动着。

关隽臣看着少年的背影,忽然握紧了拳头,用力到因指甲嵌入掌心而刺痛起来。

他或许是愤怒,可比愤怒更多的,是难言的无力和痛苦。

他不知道自己和晏春熙究竟怎么就这样了，哪怕他再不想，只要两人一说上话，就会走到互相伤害这一步。

晏春熙说这些话时，他是何等地痛苦。

之前，他只以为自己可以肆意伤害晏春熙。

可直到今夜他才明白，原来，晏春熙亦是能狠狠伤到他的。

关隽臣既然这么吩咐，南玉自然只敢把伤药、丝绢和温水准备好后端进来，便马上又低着头退了出去。

内室之中，程亦轩本只是安静地仰面躺着，听到动静后，才转头看到晏春熙一瘸一拐地扶着墙壁慢慢地走到床边，然后蹙紧眉头，极为吃力地在床榻边跪了下来。

程亦轩慌张起来，他想撑起身子，可一下子扯到胸口的鞭伤，登时疼得脸色一白，声音颤颤地道："晏、晏公子，你别跪。"

"我……"晏春熙咬紧牙，他几乎是靠着一股拼命的狠劲才撑下来，这会儿身子都有点摇摇晃晃的了，他声音沙哑，勉强挤出来一句回答，"我、我腿伸不直，只有跪着，腿才不那么疼……"

灯火摇曳下，程亦轩和晏春熙对视了一下。

他们俩虽然都已经在宁王府待了许久，却几乎从未说过话，先前年夜饭时虽然照过面，可那时衣着光鲜、姿容出众。

未曾想到，此次共处一室之时，程亦轩身上满是鞭痕，有些打得太重的地方还有血珠渗出来，而晏春熙则已经被饿得面色灰白，腿也跪得站都站不直。

两个人竟然都是一副惨淡模样，谁也没好上半点。

晏春熙低下头，有些吃力地用一块帕子擦拭了一下自己指尖的血迹。虽然颇为疼痛，但如今也不算难忍。

他接着换了一块干净的绸巾沾湿了温水，虽然自己都快饿得晕过去了，可动作依然轻柔，开始缓慢地擦拭起程亦轩胸口淋漓的血迹。

血迹被擦去之后，随之露出来的鞭伤实在叫人看着揪心，幸好关隽臣最终收了手，若是当真不管不顾地责打下去，此番程亦轩都未必能活下来。

程亦轩安静地躺在床榻上，虽然伤口实在疼，但仍忍着没有开口说话，他纤长的睫毛在微微颤抖着，看起来格外脆弱。

晏春熙换了两块绸巾，见腰间有一处伤势颇为骇人，不由微微迟疑了一下，最终还是轻轻擦拭起来。

程亦轩的身子因为疼痛而紧绷起来,他双眼紧闭着,可睫毛已经被打湿了。

晏春熙虽然也隐隐约约觉得程亦轩平白无故吃了苦头,可他终究没想到,关隽臣竟然忍心将一个乖巧的少年给折磨成这样。

晏春熙虽然与程亦轩并无交情,可看到程亦轩这般模样,心里也不由一阵难过,而这难过中又夹杂着难以言喻的复杂心绪。

他实在厌极关隽臣这般冷漠无情,把旁人的性命都不当回事。

晏春熙拿着绸巾,怔愣了片刻,才继续为程亦轩清理伤处。

他虽然已极轻柔,可程亦轩的身子还是不由自主地微微发抖。

"对不住。"晏春熙连忙停了下来,有些抱歉地看向程亦轩,"我弄疼你了吗?"

"我……"

程亦轩睁开了眼睛,眼中顷刻间溢满了晶莹的泪水,胸口微微起伏着,压抑了许久的情绪在这一刻终于无法自控。

他哀哀地看向晏春熙,小声道:"晏公子,我当真对不住你。"

程亦轩像是下定了决心一般,用胳膊撑起身子看着晏春熙,继续喃喃道:"年前,你那事……是我有一日碰巧见着了,禀给了王管事。"

晏春熙手一抖,绸巾掉在了地上。他愣在了原地,惊愕地看向面前这个柔弱无害的少年,一时之间心里实在五味杂陈。

程亦轩脸上露出了一个凄楚的笑容,大滴大滴的泪珠顺着他的脸颊滚落下来,他哽咽着道:"不知你信不信,可我并非讨厌你,抑或是想害你……我只是……只是嫉妒你,嫉妒你有那样大的胆子……"

晏春熙心里一突,他只觉得程亦轩这话实在危险。

晏春熙不敢相信程亦轩会把这种能丢了性命的话都说给他听,他睁大眼睛,看着程亦轩,几乎说不出话来。

"我对不住你,害你吃了好多的苦……我今日这遭,全是报应。我知道的,全是报应……"

程亦轩喃喃地反复念道,他眼里的泪水渐渐流尽之后,那对黑色的瞳孔里浮起的,竟然是一抹彻底的空洞和无味。

他说到最后,忽然哀求似的看向了晏春熙,小声道:"晏公子,你能原谅我吗?"

晏春熙的身子微微绷紧,他的杏眼里划过了一丝茫然和困惑。

当初的九节鞭之刑虽然惨痛，如今想来却仿佛极为遥远，那种肉身之痛，又如何能与他此时的心死相比呢？

况且，他看着面前被责打得浑身都是伤的少年，那双恳求地看过来的满是哀伤的眼，他又怎么忍心再说什么呢？

晏春熙沉默了良久，最终只点了点头，轻声道："程公子，都过去了。我……我不怪你。"

程亦轩看着晏春熙，眼里仍含着泪水，露出了一个又凄苦又清甜的笑容。他忽然凑过来，轻轻握住了晏春熙的手。

他手指发冷，还微微发着抖，晏春熙也不知道这究竟是什么意味，只觉像是两个小动物在冬夜里无助地取暖。

"你真好，晏公子……"程亦轩的笑容渐渐地舒展开来，他像是突然对这个世上的一切事物都释然了一般，缓缓地闭上了眼睛，躺回床上的时候，还小声地又说了一句，"你真好。"

关隽臣刚到流芳阁，就看到了已经等候多时的王谨之。

"王爷，有两桩事——"

王谨之在深夜前来，不用多说，关隽臣也知道他定是收到了极为要紧的消息，他摆了摆手，直接道："进来说。"

王谨之跟在关隽臣身后，关上流芳阁的门之后，便面色凝重地道："王爷，刚拿到的信儿，平南王已被皇上拿下。"

关隽臣只觉心口传来"咚"的一声闷响，仿佛平地一声炸雷。

可紧接着，他便意识到那并不是错觉。

外面的小雨骤然变大，那"噼里啪啦"的暴雨声响和摇曳的灯火给室内营造出一种诡秘而紧张的气氛，雷声一声接着一声接连炸响，伴随着一道凄厉的闪电划破长空，霎时间将关隽臣和王谨之的面色映得苍白无比。

关隽臣的神色虽然未变，却不由伸出手扶住桌角慢慢地坐了下来，缓了一下才低声道："竟然这般快。"

"皇上派裴将军调度五千飞虎军守株待兔，平南王的仪仗刚到闽浙一带，还未返回封地就直接被拿下了。此番动作，可谓雷霆之势。"

"罪名是什么？"

"圈地养兵，私藏兵械。"王谨之顿了顿，沉声道，"意图谋反。"

"蠢货。"关隽臣疲惫地合上双眼。

他当然知道,其中的罪名,有些的的确确是平南王做下的事。

他的探子虽然无法查得事无巨细,可也能把握住大势,否则他不会送出《忠义帖》隐晦地敲打平南王。

他比任何人都要清楚,自前总督侯永飞被拿下之后,闽浙一带飞虎、苍鹰、金鹏三军早已被帝党牢牢把握,这种时候平南王在自己封地里做任何小动作,都等同于在周英帝眼皮子底下玩火。这是自寻死路,可平南王偏偏蠢到以为多几百几千个亲卫,就能给他多一重安心。

他自己找死不要紧,却要拖得整个大周顷刻间再次陷入两年前襄王逆案的那种愁云惨雾之中。

"皇上还有什么动作?"

"目前还未探到,不过……株连党羽,把案子做大,只怕也不无可能。"

"天子一怒,血流千里。"关隽臣冷冷一笑,"也不知会不会顺带把我这个亲王牵扯进去。"

"王爷,"王谨之闻言抬起头,忧虑地道,"第二桩事,和您有关。"

他顿了顿,声音放轻了些:"锦书……锦书的尸体找到了。"

关隽臣顿时脸色大变,直接道:"是否跟乌衣巷有关?"

"我们的探子一路追查,查到锦书死之前曾出没在江南一带,还曾与夏白眉碰过面……但他的死似乎并不是夏白眉亲自出的手。锦书被内家高手震碎了五脏六腑,像是乌衣巷许多高手都曾修习的崩山劲所致,脸也被人用匕首划得面目全非,尸身被丢弃在树林之中。若不是我们的探子知道他腰腹间的胎记,又赶在尸体腐烂前找到踪迹,只怕就什么也查不到了。"

"难怪,难怪——"关隽臣心思如电,马上便反应了过来,"难怪夏白眉一来就试探晏春熙。"

他当然早就对此有所怀疑,否则也不会早在夏白眉和平南王尚在的时候,就叫王谨之去查锦书。如今当真证实他的猜测,他也不由心里发寒。锦书打小就跟随他,迄今也有十年了,没想到竟也做出这等背叛之事。

与乌衣巷和夏白眉这种阴险狠辣之人有牵连,无异于与虎谋皮,落得这般凄惨的下场,实在叫人唏嘘。

"王爷,锦书可知道什么要紧事?和晏公子有何相干?"王谨之探寻地问道。

关隽臣沉默良久,终于低声道:"他知道我大发雷霆,深夜去叫晏春熙改供状的事。夏白眉手里必然有改过的供状,只是他没有之前的,想必还无法参透其中究竟,只隐约觉得晏春熙身上有事,他想要查个明白。"

"王爷,可是什么绝密机要吗?"王谨之并不知道十月初九为襄王忌日的事,自然也不会冒昧细问,只是其紧要与否,他还是要知晓的。

"若是先前,倒也不能说这般严重。可是平南王获罪,谋逆大案有可能株连极广,此事本不大不小,可在这当儿,我不得不忌惮。"

"王爷,恕谨之直言。"王谨之沉吟片刻,一字一顿地道,"情况如果当真凶险,为今之计……晏公子若是知道得太多,恐怕还是除掉为上。"

他此番谏言,其实没有任何不对。他虽然知道关隽臣看重晏春熙,可若关系重大,一个下人的性命,他不觉得关隽臣当真会舍不得。

关隽臣一双漆黑的丹凤眼霎时间眯了起来,瞳孔中闪过了一丝极为深沉复杂的神色。他不是优柔寡断之人,此种想法当然不是没有过。

年前他深夜前去地牢逼晏春熙翻供,晏春熙自然也很清楚,他是不想让"十月初九大醉"这几个字出现在供状之上。虽然晏春熙从未问过为什么,可这个少年终究是这世上唯一知道此中隐秘的人。

关隽臣的面色变了几变,却话锋一转,问道:"晏春熙怎的还未过来?我明明叫他来流芳阁见我。"

王谨之愣了一下,他倒不知道此事,因此也不知道如何回答。

可关隽臣已经紧张起来,他觉得有些不对劲,猛地起身走出房门。

站在长廊下一张望,关隽臣一眼便看见一个少年瘦弱的身影趴伏在庭院之中,被滂沱大雨狠狠地淋在身上也一动不动。他的心顷刻间揪紧了,忙快步冲了出去,甚至顾不得为自己打把伞。

关隽臣一把扶起昏倒在庭院之中浑身被雨水淋得湿透了的晏春熙,慌张地唤了一声。这少年一步步撑到了这里,终于还是没撑住彻底晕了过去。他的面色惨白,身子却滚烫,显然是已经发起了高烧。

大雨浇在了关隽臣的脸上、身上,登时把他也淋得狼狈至极。

他抱着晏春熙大步往流芳阁里赶,对跟出来的王谨之大声道:"快请大夫,再叫厨房煮些参汤。"

"王爷……"王谨之迟疑了一下,站在原地没动。

关隽臣转头看过去,这位大管事跟了他十多年,他当然明白王谨之的意思。

他吸了一口气,在这个当儿,关隽臣实在顾不得隐藏自己的心绪了,他闭上眼睛,任倾盆大雨浇打在他俊美的面容上,过了好一会儿,只听他嗓音沙哑地道："我舍不得杀他。"

王谨之深深地看了一眼关隽臣，再不多话，躬身行了一礼，径自转身去请大夫了。

关隽臣把晏春熙安置在流芳阁，只隔了这么几天，少年的身子就好似比先前消瘦了许多。也不知方才他究竟在大雨中被淋了多久。

关隽臣将晏春熙放在床榻上，拿了块干爽的布巾慢慢地将他身上的水珠都擦干，然后才拿起薄薄的锦被半盖住少年的身子。

司月端着温水小心翼翼地站在关隽臣背后。

查看晏春熙的双腿时，关隽臣手上的动作也不由顿住了。

在灯火下，只见那本应圆润漂亮的膝盖骨处已经高高肿起一寸有余，被撑得薄薄的皮肤泛着一层死气沉沉的青紫色，这两日一夜竟把他的腿生生跪成了这个样子，也难怪晏春熙连站都站不直了。

哪怕只用布巾轻轻碰一下那青紫肿胀的部位，还在昏迷之中的少年都仿佛仍能感觉到疼痛，从喉中发出一丝若有若无的呜咽。

关隽臣看着紧紧闭着双眼的晏春熙，一双漆黑的丹凤眼里不由闪过了一丝愧疚。

这时，王谨之带着大夫迅速地赶来了。

那大夫诊了诊脉，又拿起烛火照着仔细瞧了瞧晏春熙膝盖上的伤处，随即起身对关隽臣行了一礼道："王爷，晏公子这几日水米未进，又被大雨给淋了，才发了高烧。这是急热，无大碍。老朽随后便下去抓药，晏公子等会儿需趁热服了。晏公子如今腹中空虚，可先用点参汤，过会儿再喂些熬煮得稀烂的粥食，这两日不宜大鱼大肉，先吃清淡点温养一下，才不伤肠胃。"

"他的腿呢？"关隽臣低声问了一句。

"这膝盖瘀伤倒是有点重了，不过晏公子年轻，身子好得快，也不会落下病根。"大夫沉吟了一番，继续道，"这几日自然是不能走动了，勤擦点药酒，用热好的布巾裹着多揉搓，还能好得更利索、更彻底点，当然，这就得晏公子多耐着点疼了。"

关隽臣坐在床边沉默了许久，最终只是淡淡地道："你们都下去吧。"

大夫和司月听了，都躬身行礼退了下去。

只有王谨之还留在流芳阁里，上前一步把热好的参汤端到关隽臣手边。

关隽臣也不介意，把晏春熙的上身搀扶起来，用汤匙舀了一勺参汤，小心地吹了几口之后，才慢慢地喂进晏春熙已经微微干裂的嘴唇中。

他和王谨之谁都没有说话，只是这么一口一口地，把一小碗参汤都喂完了。少年本来苍白的脸蛋因为高烧而泛起了一抹红，这一碗参汤下肚，脸色终于活了一些。

他闭着眼睛，像只温顺的小猫。关隽臣看着少年，竟然微微有些出神了。整个流芳阁里，许久都只有屋外渐渐变小之后渐渐沥沥的雨声。

如豆般的烛火突然发出了"噼啪"之声，顷刻间又熄灭了两盏，室内登时昏暗了下来，关隽臣的面容也随之隐在了阴影中。

王谨之本想去点灯，这时关隽臣却开口了。

"你瞧他，睡着的时候多乖。"关隽臣的声音里含着一抹淡淡的笑意，他轻声道，"我先前实在没想过，他的性子竟比驴子还倔。"

"小家伙，"关隽臣的声音里依稀带着宠溺，可随即不由停顿了一下，之后终于长长叹了口气，"你不知道啊，这个小家伙，一发起狠来有多厉害。这么多天了，他就死死地跪在那儿，不吃饭，也不求饶……"

"王爷，您、您去正心殿前看过？"王谨之不由惊讶地问道，他一边问，一边想要去拿火烛。

"别点烛火了。"关隽臣淡淡地制止了他，他并没有回答王谨之的问话，而是温和地道，"其实屋里没了光亮，反倒叫人想说点心里话——谨之，你今年二十九了吧，你可还记得你十七岁时是什么模样吗？"

王谨之愣了一下，他哪能不记得呢？年少韶华，意气风发，成天都是一股子天不怕地不怕的劲头，谁能不记得那样的时光呢？

"我还记得，我十七岁那年第一次领军出征，那时的一十五位皇子之中，唯有我有此殊荣。父皇封我为镇殿将军，和神威将军宋耀卿一道西出关山，率领十万铁骑迎战西戎大军。那一战，足足僵持了三天三夜，才将西戎打回了关外。我至今仍记得，我是直到下马之后，才发现右肋骨下被长枪刺了一个洞，正往外汩汩冒血呢，这才觉着火辣辣地疼。"

关隽臣悠悠地说到此处，声音中竟带着快慰，笑了一声："那会儿真是年轻啊，草草包扎了伤口之后，也不当回事，当晚便和将士们大口吃肉大碗喝酒，好不痛快。那一枪，后来果真在我右肋下留下了一个疤……

"打那以后，伤啊、痛啊的，就一直伴随着我数年的戎马生涯。我就钉在关山那儿，一点一点往西打，足足打了三百多里，一直打到撒葛野大沙漠。打得西戎直到今日，都不敢进犯我大周以西边境哪怕一步。谨之你说，当年的我——可算当得起'冠军侯'这三个字吗？"

王谨之脸色肃穆，猛地跪在了地上，他一字一顿地道："王爷当年虽为皇子之身，却身先士卒、浴血奋战六年之久，军功昭著、勇冠三军——冠军侯封号，大周一朝绝无第二人当得。"

关隽臣看着昏睡着的晏春熙，喃喃道："是啊，冠军侯。二十三岁那年我获封冠军侯，大周天下再没比我更显赫的人物了。就是那一年，我去了一趟姑苏……这一去，没想到竟认识了这个小家伙。

"其实人这一生啊，当真难料。年少登顶，站得那么高了，便以为今后这路是越走越敞亮，可谁知再往前一迈步才发现，全然不是那么回事……

"我二十五岁那年，皇三子襄王关贞阳开始结党谋划夺嫡。二十六岁那年，母亲陈贵妃病逝。在那之后的六年间，有两位皇子遇刺而死，三位皇子被贬黜，直到我三十二岁——当今圣上登基大半年后，襄王谋逆大案被掀出，我失去了我唯一的嫡亲哥哥。"

王谨之无声地看着黑暗中关隽臣的身影，这位大周朝最显赫贵重的宁亲王在这个细雨绵绵的夏夜中，展现出了前所未有的疲惫姿态。他忽然间像是一个全天下最寻常庸碌的中年人般，将他的落魄和失志都娓娓道来。

"我渐渐发现，皇子的命，其实就像那烛火一般，燃得最旺时便容易志得意满，以为自己何等光华熠熠，可实际上，这只是因为注定将它吹熄的那阵风还未吹来罢了。

"如今我三十五了。谨之，我经历了太多的血腥和悲凉。半辈子了，我一直都在舍得。我被迫舍弃金戈铁马的自由和快乐，舍弃作为冠军侯的荣耀，舍弃我的哥哥。我就这么紧紧抱着一柄免死金剑，却比任何人都要软弱。可你知道吗——到了今日，就在刚刚，我竟然不舍得了。"

关隽臣的声音从极致的疲惫中峰回路转，变得很平、很稳，可又仿佛隐含着某种骇人的张力。他不知道这心境的转变究竟是不是因为这个少年，可他忍不住一遍遍回想着这个少年跪在正心殿前的倔强模样。他在夜里偷偷去看过，白日里也遥遥看过，可从未有哪怕片刻，叫他瞧见过晏春熙软弱流泪的模样。这少年哪怕跪着，都把身子挺得笔直，昏过去，又被泼醒，然后又那么板正地跪着。

关隽臣情不自禁地回想起他十七岁那年的戎马岁月，他也曾是这样的吗？他曾是的吧。

他看着少年的面容，那双漆黑的丹凤眼在黑暗中竟渐渐浮现出一股凌厉的傲气，他一字一顿地，又沉声重复了一遍："这次，我不舍得。"

王谨之离开前，关隽臣吩咐他也叫大夫去程亦轩那屋看一下。

程亦轩虽讲了些不那么中听的话，要搁往日，关隽臣非把他赶出府不可。可他如今心里琢磨的都是晏春熙的事，反倒对程亦轩心平气和下来，静下来想了想，还觉得程亦轩真有些无辜倒霉。

下了一夜的细雨到黎明时分才停了下来，带着一些雨后清新味道的微风徐徐吹拂着，叫人烦闷多日的心绪也瞬间一扫而空。

晏春熙到底是年轻，喂了汤药之后继续死死地睡了半宿，等到第二天清早关隽臣再进来摸他额头时，竟然已经退烧了。

少年的脸上已恢复了一丝血色，迷迷糊糊地翻了个身。

他这么动弹着，人还没醒，胃倒是叫了起来。

晏春熙一下子皱起了眉毛，睁开眼睛。这一看就是饿醒的。

"你可算醒了。"

关隽臣坐在床榻边，见晏春熙那双圆圆的杏眼看了过来，颇是高兴，他招了招手，唤司月过来道："把热好的粥端过来。"

晏春熙一看到关隽臣，眼里登时浮起了满满的抗拒的神色。他把身子向后猛地蜷起来，刻意缩得离关隽臣的手远远的。

关隽臣见少年还是这副倔样，正无奈时，所幸司月正巧过来，把一碗温热的粥递到了关隽臣手里。

晏春熙就是再硬气，这会儿闻到米粥的甜香味道，眼神也不由有些飘了，开始一个劲地往关隽臣手上看。

关隽臣这才觉得说话有了点底气，他舀起一勺米粥递到了晏春熙嘴边，温声道："昨夜我便一直叫厨房准备着，你什么时候醒，就什么时候有热粥喝。但你睡得熟，这不，到早上才醒过来，可饿坏了吧？"

晏春熙闻着就在面前的那白米被熬煮得透透的甜香味，差点没哭出来。

他饿了两三天，刚开始还能想想卤鸭、排骨、桂花糕这些爱吃的东西，到后来脑子都仿佛僵掉了，满脑子都是白米，热腾腾的大米饭，香喷喷的大米饭，单单就想这一样。

那会儿想着米，回味着以前嘴里嚼着大米的滋味，都觉得甘甜。

他这么想着，鼻子都已经酸得不行，可硬是忍住了张口的迫切冲动，反而戒备地看着关隽臣，小声说："我自己来。"

关隽臣手僵在半空，一时很是尴尬，他沉默了一下，不悦地转头对司月说："你先出去。"

"怎么？我喂的你还不吃了？"关隽臣没发火，只是淡淡问了一句。

他还真奇了——晏春熙饿了好几天，难道还能放着面前的热粥不喝？

"你答应过的，叫我只做个下人。"晏春熙咬紧牙开口，这刚一说话，肚子却是毫无骨气，"咕噜咕噜"一串响，马上叫关隽臣给听个正着。

晏春熙白皙的脸蛋一下子给臊得发红，杏眼里不由闪过了一丝羞窘，可看到关隽臣嘴角隐隐露出的笑，眼里的羞窘就烧成了满满的怒意，他梗起脖子，硬邦邦地说："既是寻常的下人，就不该劳王爷喂。"

关隽臣听他肚子都叫成这样了，心里止不住地一软，便不再僵持着耽误时间了，赶紧把粥碗递到晏春熙自己手里，嘱咐了一句："慢点喝。"

晏春熙哪还能听进去这个"慢"字，这会儿也顾不得关隽臣还坐在一边，抱着粥碗大口大口地喝着，狼狈得连米粒都粘到了高挺的鼻尖上，顷刻间就喝完了一碗。他握着空空的碗，忍不住看了关隽臣一眼——他当然没饱，可又不想低头求关隽臣再给他一碗。

关隽臣不为难他，走到桌边将准备好的粥又满满盛了一碗递了过来。

晏春熙赶紧接了过来，这下子可狠狠地把粥喝了个够，直到第八碗才终于慢了下来，开始用勺慢慢舀着。其实他有点饱了，但粥总是饱得不踏实，再加上先前三天饿得他心里直害怕，这会儿就这么抱着碗不松手，磨蹭着一口口地喝，才感觉到劫后余生，终于活过来了。

关隽臣见他不再要续粥，便半撩开少年身上的锦被，露出了一双匀称细瘦的小腿，和那对兀自青紫肿着的膝盖。

他心底暗暗叹了口气，伸手从一旁拿过准备好的药酒。

晏春熙被关隽臣的动作惊得身子一弹，刚刚放松下来的杏眼里马上浮起了防备的神色，可他还没开口，就见关隽臣已经板起了脸："不许动。"

关隽臣打开药酒盖子，一股刺鼻的味道登时冲了出来。

他皱着眉头，一边把药酒倒在右掌心，一边冷冷地对晏春熙道："谁说你不是个寻常的下人了？别把自己想得太金贵。你记着，王府不留没用的下人，你既然是服侍本王的，就得看上去齐齐整整的。旁人来揉这伤处，怕把你揉废了，我可见不得你以后一瘸一拐地丢人现眼。"

关隽臣看也不看晏春熙有些怔愣的神色，但手掌碰到那青紫的膝盖前，还是沉吟了一下，拿出一块柔软的丝帕递到晏春熙手里："不许哭天喊地叫我心烦，咬着这个——"他顿了顿，又加了一句，"别咬嘴唇。"

晏春熙本还在犹豫，可关隽臣的手掌甫一碰到他膝盖，都还未用力，他已疼得额头上霎时冒出了冷汗。

可刚刚关隽臣那么说了，他就更不想叫了，一时之间憋得脸蛋发白，差点把手中的碗都生生捏碎，双腿也不由自主地颤抖挣扎了起来。

关隽臣见了他的惨痛模样，忙伸手把粥碗拿到了一边，低头看着少年的伤处时，也真的有些不忍心。晏春熙断断续续跪了两三天，单看膝盖那泛出青紫的骇人颜色都知道瘀伤有多重，更别提还肿起了一寸多高，可以想见有多疼。但只要多揉个两三天，淤血也就慢慢化开了，到时候晏春熙便能早点下地走路，也不会落下什么病根。

关隽臣不是婆婆妈妈的人，他虽不忍，可仍然狠下心来一手牢牢抓着晏春熙的左腿，右掌暗运了一丝内劲在少年的膝盖上揉捏起来。

晏春熙本还想硬挺，可被关隽臣的手掌这么一揉，只觉得膝盖那儿的皮肤筋肉都肿胀纠缠在一起，像是突然之间有一万根针刺了进来，实在是撕心裂肺。他扭动着身子想要挣脱，却怎么也挣不开，不由得一声惨叫，一边发抖一边把丝帕塞在嘴中，双手死死攥紧了锦被，直直地看着关隽臣。

关隽臣见晏春熙满脸都是冷汗，那双杏眼此时仿佛蒙上了一层灰，看着他的眼神都带着深深的怨怼，心底突然之间有万般思绪纠结在一起。

他入伍之后最拿手的兵器是长鞭，可军中鲜少有人知道他早年拜的是大内高手榜第二的"开阳仙"钱源明为师，练得一手极为精纯的纯阳内功。

他从军中退下来之后，闲赋在王府里实在没什么心思练武，故这一两年来内功有些倒退。只是没想到今日再次使出内功，竟然是拿来给人揉腿，而他又不能指望晏春熙领他的情。

他往常处罚下人，罚跪实在算不了什么大事，也从未有哪一回觉得不对劲。今日他却第一次感到难言的愧疚，晏春熙又犯了多大的过错呢？不过是讲了几句少年人的傻话，他难道打心底里不喜欢这少年对自己的真挚和忠心吗？他不过是因为被冒犯了，失了点面子，就令人出去跪着。

小家伙不是一味倔强的笨蛋，两人的心毫无嫌隙的时候，他是不会傻到这么跪着的。

今年除夕关隽臣恼怒时，晏春熙不过出去跪了一炷香的工夫。

可此番，少年跪在正心殿外，两日一夜粒米未进，时不时还要被泼冰水，竟一声不吭。

这对漂亮的膝盖不是一时半刻就变成这个样子的,是在烈日下一直跪着,一炷香一炷香的工夫给慢慢摧残成这样的。

"跪"这个字,他当初说来何其轻巧,可晏春熙要为这轻巧的一句吩咐吃多少的苦,他根本未曾多想。他未想过这是活生生的、会关心他,也会因他的冷酷而受伤的人啊。可到了责罚的时候,打板子、罚跪,他这么吩咐时,他的心怎么就冷得像石头一样?

过往种种,他怎么就忘了,怎么就统统忘了?

…………

晏春熙死死地咬着丝帕,胸口痛苦地剧烈地起伏着,可仍然强忍着只从齿缝间偶尔溢出一声声压抑的呜咽。他的腿想要蹬动挣扎,可被关隽臣这么牢牢抓住,根本无从逃脱。

关隽臣虽然心疼,脸上却没什么表情,手上更是一点也不含糊。他五指大张,力透皮肉,一下下地揉捏着少年的膝盖。

其实以他的功夫来做这等事本就是大材小用,可若是旁人来,哪怕揉个百来下,都未必比得上他亲自揉个十几下来舒筋化瘀的效果。

因此晏春熙此番虽然极疼,却未经受太久,只一会儿工夫,关隽臣就松开了他的腿。

那药酒味极是呛人,关隽臣这一揉完,就赶紧拿过布巾来擦拭着双手。他擦到一半,见晏春熙还是没动静,便伸手把那蒙住少年半张脸的丝帕取了下来。丝帕下露出来的苍白面孔湿漉漉的,分不出是冷汗还是眼泪。

晏春熙的眼睛本是遮着的,因此乍一被掀开丝帕,还未来得及将情绪隐藏回去。那双圆圆的眼睛里满溢着恐惧和无助,嘴巴咬着丝帕时也在微微颤抖着,直到看到关隽臣的面孔时,晏春熙才掩饰一般倔强地偏过头,硬是将那脆弱的神情给压了下去。

关隽臣低头看着他,一双丹凤眼里神色有些幽深难测:"今儿是第一回揉,定然最是难挨。接下来三四日,我每日来给你揉这么一回,渐渐地把瘀血给化开了,便好多了。"

他的话说得很是温和,晏春熙却垂下眼帘,仿佛没听到一样。

关隽臣就这么看着晏春熙湿漉漉的睫毛搭在眼睑下,过了良久仍未等到应声,他终于叹了口气,沉声道:"熙儿,你该当知道,做下人就一条——听话,除此之外,再无别的可谈。你若日后服侍我,便不能给我这么一张冷脸瞧着,那不成样子,王府里也没这样的规矩——明白吗?"

晏春熙抬起头,沉默了一会儿才不情不愿地道:"明白。"

"那便好。"关隽臣站起身整了整衣袍,淡淡地道,"我还要去翰文斋处理点事,晚些再来看看你的腿。"

"王爷,"晏春熙见他要走,忽然开口道,"这流芳阁,不是我该……"

"你这一身的药酒,蹭得流芳阁里到处都是味儿,我怎会在这儿久坐。"

关隽臣知道晏春熙的意思,他皱了皱眉,直接打断了少年的话:"我自有地方去,这几日你腿脚不好,就待在这儿。"

晏春熙听了也有点发愣,只得眼睁睁地看着关隽臣走出了屋。

关隽臣到了翰文斋时,倒想起来问了司月一句王谨之去何处了,听司月说他带大夫去程亦轩院里了,便点了点头,未再吩咐。

如今情势紧张,他实在有许多事要忙。

大夫给程亦轩身上的伤又上了一遍药,嘱咐了几句之后,才退出去和王谨之禀报了一番。

程亦轩的伤口好些了,但仍没什么胃口,这两日只能吃些流食。

别的倒也还好,只是他身上有几处鞭伤委实打得颇重,因此会有个七八日行动不便,再加上夏日炎热,更要小心伤口莫要发了炎。

将大夫送出去之后,王谨之迟疑了许久,最终仍是没能忍心掉头就走,而是隔着门轻轻唤了声:"程公子——"

"王管事,您请进。"

王谨之手已放在那扇门上,神情却痛苦地纠结了起来。

他本已狠狠告诫自己决不可再乱了规矩。他年少失去双亲,是关隽臣救了他一命,带他一同入伍,之后又将王府大管事的位置交于他,如此大恩,他未有一日敢忘。十多年来,他于"忠"之一字做到了极致,哪怕是关隽臣顷刻间要他的性命,他也心甘情愿。可偏偏因为程亦轩……

当他听到程亦轩被打得几日都下不了床时,他的内心竟然前所未有地生出了一分对关隽臣的责怪。有了那等想法的时候,他自己都感到背后冒出了一层冷汗。

屋里的少年似乎以为王谨之不准备进来了,竟然旁若无人地哼起了歌。隔着一扇门,王谨之听不太真切,只觉得那调子虽然柔和婉转,可时而又轻灵地高高挑起,很是动听。

他从未听程亦轩哼过歌,一时之间不由有些讶异,随即想到少年明明被打得那般惨,却忽然有了哼歌的心情。他怎么想都觉得颇为古怪,不由有些担心起来,便再也顾不上纠结,推开门走了进去。

与他先前所想的灰暗情景截然不同,程亦轩的房内竟然一片明丽。

少年似乎是着意把帷幔都高高悬起,一扇雕花木窗大开,将满园的芳菲和炎炎夏日统统迎进了房里。

程亦轩倚靠在床头,转头看向王谨之时,眼睛霎时间亮亮地弯了起来。他问:"王管事,轩儿的歌,唱得好听吗?"

王谨之从未见过程亦轩这般样子,他如今虽然连床都下不来了,可脸上没有半分先前的凄楚之色,甚至显出前所未有的放松神态。

程亦轩见王谨之愣在原地不答,却没有半点不快,而是又乐呵呵地望向了窗外,像是说给自己听似的:"好久未唱啦,想必不好听吧。荆州的山歌,金陵人是不大爱听的……只是轩儿今日,实在想唱。"

"程公子是想家了吗?"王谨之终于开口道。

"嗯。"程亦轩看向王谨之,他像是在想着家乡的山清水秀,一双眼熠熠发光,喃喃道,"轩儿想家,想回家,回荆州……"

他出神地说着,白皙的面孔在耀眼的日光照射下,每一根细细的汗毛都清晰可见,说到一半时,他又提起嗓子哼了起来:"七月九,荷花开,星星坐在月亮上,哥哥掉进船里来……"

他哼着哼着,双眼满是向往地望向窗外,像是遥遥地望到了王府西边的太月池,又像是一路望到了那山水妩媚的荆州:"荷花开……王管事,王府里的荷花也开了有好些日子了吧。也不知道到我能下地的时候,还能不能见着满池的荷花……"

"程公子……"王谨之的声音有些发颤,不知为何,他忽然感到前所未有的恐慌,他嗓子发干,想要说些什么,声音却戛然而止。

"王管事——"屋外在这时传来了南玉的声音,"王爷在翰文斋等您,说有事要与您商议。"

"我知道了。"王谨之心下一凛然,勉强稳住纷乱的思绪,沉声应道。

"王管事,您快去罢,别叫王爷等着了。"

程亦轩转过头微微笑了下,他说到这儿顿了顿,随即将声音放得很轻很轻,几乎是呢喃着道:"其实今儿能见着你,轩儿当真是欢喜。无论如何,轩儿都感念王管事这些时日的照拂。"

在明晃晃的阳光下，往日总是柔顺胆怯的少年一双湿润的眼睛看着王谨之。他的脸蛋实在消瘦了许多。

王谨之扶着门，他的嘴唇发颤，张合好几次却都未能发出任何声响。

最后他只能仓皇地转过身，快步逃离了程亦轩的目光。

关隽臣没骗晏春熙，只揉了三四天，晏春熙便看得出膝盖上的瘀伤已经渐渐从青紫变成微微发青，皮肉也不再肿胀得骇人。而且，前两日虽疼得厉害，可接下来再揉时，竟然不再有那种针刺破皮肉的尖锐疼痛了。

到了第五日时，晏春熙甚至已经能在床上慢慢地将双腿来回屈伸，可有些奇怪的是，他像往常一样躺了一天，可除了司月进来送饭和汤药之外，关隽臣直到深夜都没来。

晏春熙看着床顶发呆，这几日以来，关隽臣除了每日都照看他膝盖之外，早中晚三顿膳食也都来这里吃，每天能见到好几面。

晏春熙虽然不大爱说话，脸上神情也一直淡淡的，可是已经习惯了关隽臣连续数天都会过来。

他心里烦乱，可无论如何也不愿开口去唤司月来问关隽臣的事，在床上翻了几个身之后，觉得膝盖好似也不怎么痛了，就双手撑起身子从床上坐了起来。晏春熙颤颤地把脚尖放到地上，扶着床边，缓慢地站了起来。

他数日未曾下床，虽然现在屈伸膝盖已经不大会痛，可下地还是感到很慌张，踩着地面时觉得一阵虚浮，唯独眼里有了些光彩。

前些日子被罚跪在正心殿前时，跪到后面，一双腿毫无知觉，晏春熙那时当真以为自己这双腿定是废了，心里简直死灰一片。如今试探着走了两步，虽然膝盖微微发酸，可他竟然还是能走路的。

他心里一时欣喜，竟忘了要扶着墙面慢点走，步子跨得有些大了，膝盖突然钻心地疼了起来，腿窝一软，他重重地跌了一跤。

晏春熙一屁股狠狠摔到地上，当真是疼坏了，鼻子都有些发酸。

可就在这时，一身黑袍的关隽臣竟然恰好推门走了进来，惊愕地看着狼狈地坐在地上仰头看他的晏春熙。

"你怎么自己下来了？"关隽臣马上快步走过来，神情有些气恼，"膝盖都还没好利索你就折腾起来，有事怎么不唤司月？"

晏春熙自知他这跌在地上的样子极是窘迫，因此更别扭地转过头不看关隽臣，可关隽臣先前已告诉他，若做下人便不能不吭声，所以他想了想还是有些不甘愿地道:"今日屈伸腿,膝盖已不大疼了,我以为……"

"你以为什么?"关隽臣扶着晏春熙坐到床上,听了少年这话,登时皱眉道,"你躺了几天,腿还虚软着呢,走路可不比躺在床上,一个不小心就要叫膝盖受力,到时候伤没好利索又磕到扭到,岂不是前功尽弃?"

晏春熙心里不是滋味,忍不住顶了一句:"我还能以为什么?你今日既然不来揉,我自然是以为膝盖已经全好了,所以才下地的。"

关隽臣心急地撩起晏春熙长衫的下摆,握住少年的腿窝在烛火下仔细查看了一下膝盖的伤处,见没什么大碍才放下心来。

他近日本就因为政局纷乱而心神不宁,可仍然每日都抽出时间来给少年揉捏膝盖不说,连膳食都陪少年一起用,还招来少年这一番刺人的话,实在是叫人不悦。他面色冷了下来,沉声道:"王府事务繁杂,我又不是大夫,难不成整日里只有给你推拿揉捏这一件事吗?"

他语气虽然不太重,可晏春熙听了还是立时垂下头,又不开口了。

关隽臣登时大觉头痛,两人如今相处起来实在令他苦恼。

是晏春熙自己要当下人的,他虽然不愿意,但也依了。这小家伙说是做下人,却越发难搞,动不动就不吱声了,脸色摆得倒还比以前更厉害了。

这王府里哪有这么了不得的下人。

两个人僵持了一会儿,还是关隽臣没办法先服了软:"我这几日……当真忙得不像话,就连夜里也都是宿在翰文斋的,今日是实在脱不开身,这才来迟了。我知道你在床上待得闷了,再揉两日,到时候我扶着你慢慢走,好不好?"

晏春熙不说好,也不说不好,沉默了一会儿后,忽然问了一句:"你这几夜都宿在翰文斋?"

"嗯。"关隽臣愣了一下,脸色却马上柔和了下来。

虽然晏春熙的话没头没尾的,可他何等敏锐,马上就明白少年在心底偷偷想着些什么。他脸上忍不住带了一丝笑意。

但他也没露出太多的神色,怕叫晏春熙察觉,只是一边像往日那样轻轻揉着少年的膝盖,一边低声道:"就在翰文斋。"

晏春熙一双圆圆的眼睛扫了他一眼,只低低"嗯"了一声,便把目光又放在了自己的腿上。

关隽臣觉得自己也当真是有点病了,晏春熙就这么一眼,一个"嗯",其实也说不上有什么特别的意思,但那隐隐约约流露出来的一点别扭的在意，都叫他心中快慰不少。

可两个人这么杠上一次之后，情形就有点掉过个来。

他总算是见识到这少年的脾气有多刚硬了。

来硬的，他是怕了晏春熙。

因此，晏春熙若肯与他重归于好，他当然求之不得；可若是晏春熙死心眼地想做个下人，他也当真无计可施。

关隽臣觉得自己这般心情实在是前所未有，隐隐约约也感到有些可怕。

他生为皇子，最熟知的便是君臣父子、尊卑贵贱之伦理纲常。臣子将性命交给君上，下人将权力交给上位者，这是他所知的纲常。

纲常如天地日月，是万物所遵循的规矩。

这一切，本是从孩童时代便伴随他长大的观念，也一直根深蒂固地生在他脑海中。

然而这观念到晏春熙这里竟然失了效，这少年明明身份远比他要卑贱低下，却忽然之间占据了两人之间较量的高地。

他当然不情愿处于这样的位置，想想本觉得颇为不快，可抬头看向晏春熙时，发现少年那双圆圆的眼睛也在打量他。少年一被他发现，便马上生硬地转过了头，不再看过来了。

想不通的那些事，关隽臣也不愿再想，只是探寻地轻声问："今日这么揉，是不是已经不大疼了？"

"嗯。"晏春熙还是就这么一个字。

关隽臣一时无言，忽然觉得自己这王爷当得实在和个推拿师傅没什么两样。

给晏春熙揉完腿之后关隽臣也乏了，他看着晏春熙一双眼睛望向窗外那有些出神向往的样子，忽然道："熙儿，夜里凉快，我扶你出去看看月亮，透透气？"

晏春熙怔了一下，他这会儿也正想着，不知窗外那一轮明月今日是何光景，关隽臣这么一说，便有点被窥破心思的慌张，于是只微微点了点头。

苍穹上一轮皎洁的圆月高高挂着，柔和的月光洒在关隽臣的面容上，他看上去分毫不像是已经迈入而立之年，一双总是深沉的丹凤眼在月下看上去很亮。

"今夜的月亮真大、真亮啊……"晏春熙望着夜空，喃喃道。

关隽臣听了微微一笑，却没注意到晏春熙眼神里那抹渐渐浓郁起来的悲伤。

他从未对关隽臣说过,其实他这几日总是浅眠。

躺在床上闭上眼睛后,他便梦到关隽臣冷冷地看着他,一字一顿地告诉他:"你不过是条狗。"

他反反复复从同一个噩梦中惊醒,骇得浑身发抖,冷汗淋漓。

或许未受过伤的,才会不吝于给予。

他一厢情愿地以为,他一心陪伴关隽臣、仰望关隽臣,也忠心于他,因此这心意在关隽臣那儿放着是安全的。

可他错了,他在那人眼里是卑微的,于是连这心意也要被轻贱,哪怕被扔到土里狠狠踩个几脚也是不可惜的。

人生来一副皮肉骨头,为的无非就是包着这颗心。

伤筋动骨尚且要一百天,他身上的伤已渐渐好了,可看不到的伤口淌血淌得没完没了。

时间久了,他自己偶尔也觉得身子里发出一种难闻的味道,像是血流尽了,伤口渐渐腐烂的味道。

但哪怕他已痛成这样,那人都还觉得只要哄一哄,他便会再乐颠颠地又凑过去,把这心意原封不动地捧着奉上。

关隽臣不明白,他已给不动了,他累了。

这样好的月色,亦不知自己还能看个几回。

他还年轻,八千里路云和月,他本应该还能走好远好远。

可如今,他只能待在宁王府里,做一个不死不活的下人,永远低贱地跪着,直到以那样的姿势长在土里,慢慢枯死。

月光那般皎洁,他再也看不到自己的出路在何处。

第五回

"今夜的月亮真大、真亮啊……"一个身形瘦弱的少年坐在太月池畔,轻轻发出了一声和晏春熙一模一样的感叹。

深夜的太月池格外安静,除了那少年再无他人。

静夜中,粼粼的碧波被笼罩在璀璨的月华之下,荷叶随着潺潺的流水轻轻摆动着,水中隐约有几尾赤色的锦鲤游动。

成德三年的夏天已经悄无声息地走到了尾声,而太月池里满池的荷花亭亭地探出水面,婀娜地在夜色中绽放着它花期最后的美丽。

水珠娇滴滴地落在白中带粉的荷花瓣上,使它们看上去依旧如同新生。

花似乎总是比人要耐活的,绽放与枯萎,像四季般不断流转,今年不再了,可总还有来年。

程亦轩坐在太月池边的青石高台上,痴痴地看着满池的荷花。他穿着一身月白色的长衫,将纤细白皙的双足放在水中。

一双湖蓝色的织锦靴脱下来之后,被他工工整整地放在身侧,连一对白色的罗袜都不染微尘,被叠得平平整整,放在靴中。

他是个万事都小心翼翼、守着规矩的人,刚除下靴子时甚至为自己冒失的举动感到一阵慌张,可随即想想,到了今日,其实也没什么好怕的了。

想是生在依山傍水的荆州的缘故,他一直喜欢水。

春夏时节,他时常艳羡地看着村里的男孩们赤着身子跳到河里,扑腾着水花,大声嬉闹着。只是他那会儿过分瘦弱,一脱衣服,白晃晃的皮肉下肋骨根根可见,看着都寒碜。再加上家里又穷,他总被人嘲笑戏弄。

他便不敢凑过去，像只小耗子似的，只缩在河边一边费力地帮家里人搓洗衣裳，一边巴巴地看着罢了。因而，他虽然是荆州人，却是个不太通水性的。

在无人的寂夜之中，悄悄把脚放在太月池里荡着水花，看着他最喜爱的开满了太月池的荷花，程亦轩仿佛突然之间回到了千里之外的家乡。这会儿，无人笑他，也无人打他、欺负他。他终于是安全的了。

他轻轻呼了口气，忽然又想到王谨之。王谨之是多么好的一个人啊，这世上唯一给过他片刻温暖的人，唯一把他当个人看的人。

"谨之哥哥……"程亦轩喃喃地念着，消瘦的脸上渐渐浮现出了一丝笑容。

这几日，他总在想山清水秀的荆州。小时候他听娘说，客死异乡的人便会成为孤魂野鬼，他心里着实害怕。金陵那么大，离荆州遥遥千里，而他连这一座宁王府都迈不出去，更谈何魂归故里。

可想到王谨之，他渐渐地又不怕了。其实他早已没有什么家，荆州没有他的父母亲眷，好在这宁王府里还有他感念的人——

躺在这里，他不怕孤单。

一轮圆月下，白衣的少年哼着歌。他短短的一生，如同浮光掠影般在脑海中划过。他脸上的笑容渐渐地舒展开来，却再无只言片语。

接着，程亦轩从青石台上高高一跃，跳进了满池的荷花之中。

跌入水中之前的一刹那，他隐隐约约听到有人在唤他的名字。

可他顷刻间就被凉凉的池水包围，水流慢慢地灌入他的喉咙、胸口。

他温顺地闭上了眼睛，与其说是离开这个世间，更像是一种回归。

…………

"程公子！"

王谨之的呼喊声几乎撕裂了太月池畔的平静，他从未想过自己的声音也能惊恐破裂到这个地步。他骇得整个胸腔都在发抖，他简直不敢想，若自己来不及，若自己来不及……

他满后背都被冷汗浸湿，可因为武艺远不如关隽臣，此时他虽是大步向太月池飞奔，却感觉自己每一步都是那么缓慢，不过两百来米的距离，却好像千里一般遥不可及。

这几日间，他一直挂念着程亦轩。那日少年笑着唱歌的模样在他心里挥之不去，他总觉得程亦轩的神情有些说不上来的异样，让他寝食难安。

他隔三岔五便去程亦轩的鹤苑大院附近走走，哪怕不进去，只站在外面看看，也觉得稍微安心一些。

今日不知是怎么了，听大夫说程亦轩的伤势已经大好，可以下床了，他忽然就起了心思。可没想到他进了院里，就听南玉说程公子一个人去太月池看荷花，不让人跟着。

王谨之听了，背脊马上便紧绷了起来，他想起程亦轩出神地哼唱着"七月九，荷花开"时的模样，心中已经有了一丝不妙的预感。

他一路上紧赶慢赶，快到太月池畔时，本已能遥遥看到那一抹月白的瘦弱身影，可没想到下一刹那看到的就是那少年跃入池中的决绝背影。

程亦轩那么年轻，唱歌时的模样那么鲜活好看，他怎么能忍心就这么离开人世？

王谨之的鼻子发酸，最后几步他已经腿软得站不稳，几乎是连滚带爬地跟跄着扑到了池边，然后立马跳进了太月池中。

王谨之一跃进池中就状若疯狂地挥舞双手拨开碍事的莲叶，然后猛地一头扎入水中，他水性极佳，在水中也毫不犹豫地睁开双眼。

夜色中的池水一片混沌，时而有星星点点的月色洒进来，王谨之在水中游曳着，他眼前是一片黑暗，什么都没有。太月池大得让他几乎绝望。

"程公子、程公子……"王谨之浮起来换了口气，惨然地喊了两声，随即又深深地潜了下去。

感觉脸上有热热的东西流淌了下来，辨不清是泪水还是吓出来的汗水。王谨之心中只是想——只怕程亦轩要没了。

灭顶的恐惧如同太月池的池水一般将他淹没，但若说这是他作为王府管事的职务所在，又不尽然。区区一个鹤苑公子寻死，倒真无法叫他王大管事这般惊惧，他只知道那一瞬间，脑中想起的是这少年平时温软的笑脸，还有可怜巴巴地对着他喊疼时的模样。

他们最后一次见面时，程亦轩说"感念他的照拂之情"，但究竟为何要这般照拂他，其实王谨之也不明白。他只是想，兴许他早些和程亦轩说个清楚，叫这少年知道可以依靠他，便不会是这个结果。

就在这时，他的手挥动着，突然碰到了一件湿湿的长衫。

王谨之浑身一个激灵，转头一看，他的心一下子激烈地跳了起来，他看到了那件月白色的长衫——在幽暗的池水中，那件衣衫像是一道皎洁而柔美的月光。月光里裹着程亦轩。

王谨之一把抱住程亦轩冰凉的身子,少年那么安静、那么温顺。

王谨之双腿用力蹬着,终于猛地将头探出了水面。他甩了甩湿透了的头发,夹着程亦轩的腰身向池边游去,然后把少年的身子高高托起来,放到了青石台上,接着自己才爬了上去。

程亦轩躺在青石台上,因为呛了太多水,他紧闭着双眼,脸色在月光下苍白得几乎透明。王谨之慌张地探了探他的鼻息,感觉到仍有微弱的热气出来,这才松了一口气,右手运起内劲在少年的腹部一下一下地按压着。

直按了十多下,程亦轩的身子才突然动了起来,"哇"地一下,大口大口地呕出了呛进去的水。他一边呕,一边又时不时剧烈地咳嗽着,折腾得一张惨白的脸都泛起了一丝红色。

王谨之轻轻地拍着少年细瘦的背脊,他一直没有说话,许是因为大喜大悲,他心口跳动得太过厉害,一时之间竟然不知该说些什么。

他只是想,程亦轩还活着,真好。

这世上,再也没有比这更美好的事。

程亦轩究竟是溺水的时间颇短,这么顺了顺气,已经缓过来了许多。等到终于不再呕出池水的时候,他转过头,看见浑身湿透的王谨之狼狈的面容,眼里不由泛起了一丝怔愣的神色。

"谨之哥哥……当真是你吗?"他喃喃道,有那么一瞬,他几乎以为自己是已经死了,这才看到了本不可能来的那个人。

王谨之的手抚摸着他的背脊,那么关切地凝视着他,可不就像是梦里一般吗?

"程公子……"王谨之低沉的声音微微颤抖着,他的眼角有些发红,他实在后怕,想到如若有个万一,他就怕得背脊发寒,几乎是有些发怒地道,"你怎能、你怎能如此?你就没想过,你若是当真出事了,我……"

他说到这里戛然而止,实在是不知该如何继续。

"谨之哥哥。"程亦轩冰凉的手指将王谨之发丝上的水草轻轻地取了下来,"你……你会舍不得我吗?"

少年的双手不由自主地扯住了王谨之的衣襟,他湿漉漉的面孔上,那双眼里满是企盼。

程亦轩问了这一句后,忽然打了个喷嚏,夏夜露重,他浑身都湿透了,自然是着凉了。

王谨之的胸口一阵发抖,他怎能舍得呢?

可不知为何，那句回答偏偏怎么都说不出口。

在这一刻，他仿佛突然之间又成了那个可憎的王府大管事，无形的规矩将他死死地摁在那个方寸之地。

他沉默着，看着程亦轩的神色变得有些黯然，他几乎是从胸腔中一字一字地挤出了一句话："程公子，夜深了，我送你回去。"

程亦轩哀哀地垂下了眼帘，他细密的睫毛被打湿之后，更显漆黑浓密。他无助地任王谨之轻轻把他扶起来。

他低垂着头，心中也不知是酸楚还是无奈，此时的王谨之是要让他一步步回到那个恐怖的牢笼之中。

他的手紧紧地攥着王谨之的衣襟，看着月光下王谨之深邃的轮廓和湿透的发丝。他不怨王谨之，真的不怨。

王谨之是孤儿，摸爬滚打十多年，人如其名地谨言慎行，才终于成了王府一人之下万人之上的大管事，深得王爷信任。这般地位，何等难得。

他虽然于许多事上都不懂，可他晓得王谨之辛苦不易。他本是个不配有自己心意的人，被卖给了宁亲王时，就不该存什么妄想。

他明明已经胆小了一辈子，怯怯地应对着这世间所有人给他的一切责难和欺辱——他从未为自己活过。

可他如今也算是死过一遭的人了，他真的再也不想像从前那样活着，做只任人摆弄的蚱蜢。

王谨之每一步都走得很慢，出了太月池园。

他站在青石板上，看着一左一右的岔路，忽然停住了脚步。

他低下头，和程亦轩无声地对视着。

他走的每一步，都像是王谨之和王管事这两个名字之间无声无息的厮杀，只是走了这几十步，他已感到筋疲力尽。

"谨之哥哥，往左边……是鹤苑大院。"

少年忽然抬起头，神色前所未有地执拗起来。

王谨之从未见过一向柔软温顺的程亦轩露出这样坚决的表情。他驻足在原地，只觉手臂僵得厉害。

程亦轩直直地望入王谨之的双眼，那勇敢的眼神清澈得像是湖水。

"第一次见你时，我弹的是一首《仙翁操》，此曲最是简单，许多稚儿初学都会弹，实在算不得什么，你却夸我弹得好。轩儿想……想再给你弹一首《仙翁操》，只给你听，行吗？"

107

"轩儿……"王谨之低下头,叹息一般唤出了这两个字。

少年听他这样唤,脸上执拗的神情尽数褪去。

成德三年的夏,在那一夜终于尽了。

....

今年第一阵秋风略带萧索地刮过金陵城上空时,晏春熙膝盖上的伤终于好了,走路也已无碍。

他没有多耽搁哪怕一天,能下床的那日起便再也不肯住在流芳阁了。

关隽臣没多说什么,只吩咐人把晏春熙的住处安顿在流芳阁西边不远的一处别院。那儿僻静少人,还有个不大不小的院子,不像其他下人那般要挤在一起。

入秋时分,晏春熙开始以下人的身份跟在关隽臣身边。

他不再是鹤苑公子时候的打扮,往日里头上的玉冠取下,一头柔顺的黑发只用布巾扎起来,锦袍华服也换成了简朴粗糙的布衣。

伤愈之后,晏春熙消瘦了许多,身形却如同拔高的青竹一般越发秀逸。他浑身不着饰物,素色的袖口伸出一对纤长手腕垂在身侧,站在那儿一言不发。

清晨的阳光洒在少年干净的脸蛋上,那淡淡的疏离神色竟让关隽臣越发在意。

关隽臣坐在翰文斋的案桌前,有些不自然地移开视线,又握起笔,只简洁地吩咐道:"研墨。"

"是。"晏春熙应了一声,向前两步站在案桌的一侧,挽起袖口执起一块墨锭,在砚台上慢慢地朝一个方向打着圈研磨着。

关隽臣本是有事务要处理的,可晏春熙往他身边这么一站,他倒忽然有些心绪不宁,再也无法凝神书写批示。

他想到今年的春日时分,晏春熙这样站在他身边,挽起袖口用狼毫笔为他画了几株娇俏的茶花,那时两人说说笑笑,甚是美好。

关隽臣想得有些失神,他抬起头看着站在他近处的晏春熙,忍不住问了一句:"站这么久,膝盖疼不疼?"

他表面上不动声色,可声音低沉地询问着的时候,脑中甚是盼望少年能给他一些反应。

"不疼。"少年的回应很冷淡。

他低垂着头,目光就那么直直地敛在砚台上,一眼也不往关隽臣那儿多看,仿佛那四四方方的小小砚台便是他关注的一切,连多余的一字一句都不愿意说。

关隽臣有些无名火起,他蹙起眉:"你怎么当的差事,连盏茶都不晓得要备上?"

他板着脸,可语气倒也不凶,一双丹凤眼凝视着晏春熙。

"王爷息怒。"晏春熙一点也没有吓到的样子,他低着头,慢吞吞地放下墨锭,躬身行了一礼便往外走去,"我这就去泡茶。"

"回来。"关隽臣"啪"地撂下笔,实在是被晏春熙这软硬不吃的样子给噎着了,脸色阴沉地道,"我此时已不想喝了。"

晏春熙倒是逆来顺受,听关隽臣这般说,一个字也不多问,就又走了回来继续研磨。

关隽臣气得五脏六腑都有点隐隐作痛。他明明坐拥整座王府,但他心里想的,只有那抹姑苏春天里的暖阳。这世间唯一有能力将那抹暖阳还给他的,却是面前这个神情冷漠的少年。

他身为当朝亲王的权势地位,在此刻竟然是那么无力苍白。

关隽臣没舍得叫晏春熙伤刚好就一直站着,因此过了一会儿便吩咐少年回偏院待着,到晚膳时分再过来伺候。

他自己这边一埋头就忙到了黄昏时分,连午膳都没用,只随便吃了两碟点心便糊弄过去了。

裴将军带飞虎军押解着平南王已出闽浙地界八百多里,再行进半个月便要抵达长安。

探子今日来报,自打平南王被拿下后,周英帝对此事只下了一道诏书,待裴将军一入京就直接将人犯押入天牢,由乌衣巷四大指挥使全权调查平南王谋逆大案,三司协审。

关隽臣一看到三司协审便感到不妙,大周朝历来重大要案有三司会审之惯例,各司借此互相监察制衡,各方人马也总有斡旋的余地。

而这次却是前所未有的乌衣巷主审,三司协审,这般安排,委实叫人背上发寒。

乌衣巷是皇帝手中的利剑,当这柄利剑无人可以制衡之时,朝野便会血流成河。然而周英帝登基后,乌衣巷的权力就已经悄无声息地壮大起来,襄王一案时,便已初见端倪。

这次平南王一案，倘若乌衣巷再次一手遮天，如襄王逆案时那般株连成风，对于关隽臣来说，便是到了最凶险的时刻。他仿佛置于一张大网之中，感到周英帝在渐渐收紧网口，他虽然也在做着各种准备，却总有种无论如何挣扎都仿若徒劳的感觉。此般水深火热，实在难以言表。

他性子向来阴沉少言，因此心中苦闷很少说出口，可是憋得久了，也实在觉得力有不逮。

晏春熙提着晚膳来翰文斋时，第一眼看到的便是关隽臣一手握着笔，一手扶着额头沉思的样子。日暮的余晖洒在关隽臣黑色的衣袍上，他看起来前所未有地疲惫。

晏春熙沉默地走过去，将饭菜一碟碟地拿出来，瞥了一眼动也没动的关隽臣。

关隽臣闭着眼睛，眉间那道剑纹拧得深深的，手中狼毫笔的笔锋重重点在纸上，久久未动。

晏春熙凝神一看，见关隽臣写的是个"忠"字。那一手行草写得极是漂亮，龙行蛇走。只是中字的一竖直直插入心的正中央，令人感到扑面而来的血腥之气。

关隽臣的笔锋停在"心"字最后一点，素白上一点浓墨浸透了纸张，无尽森然。

晏春熙看着纸上那"忠"字，不由微微怔住了。

就在这时，王谨之叩了叩门，走了进来。

关隽臣睁开了一双漆黑的丹凤眼："有事？"

王谨之躬身行了一礼，迟疑了一下才开口道："王爷，程公子那边身子不适，叫大夫给看了，说是这些日子恐怕要静养……"

关隽臣眼里毫无波动，不耐烦地道："知道了。你看着办便是了，这等小事无需多禀。"

王谨之的脸上闪过一丝复杂的神色，可随即马上低下头应道："是。"

王谨之退出去之后，关隽臣才怏怏地拿起筷子，正准备吃点东西。

可是一抬眼见晏春熙站在案桌旁，那一双杏眼看着他时竟隐隐含着讥诮，他不由皱了皱眉，问道："你这般看着我干什么？"

晏春熙转过头不再看关隽臣，只应道："没什么。"

关隽臣心里也有点火气，他危险地眯起眼睛，沉声道："有话便说，别遮遮掩掩的讨人嫌，你不是胆子挺大的吗？"

晏春熙被这么一激,眼里也霎时间迸出了点怒意,他忽然抬起头直视着关隽臣:"我看着你,是在想——你就真的一点人情味也没有吗?"

少年的语气硬邦邦的,丝毫不在意关隽臣霎时间变得铁青的脸色,一字一顿地问道:"程公子身子不适,难道不是先前被你弄伤的?他究竟犯了什么过错,要被你那般毒打?程公子无端受了这遭罪不说,如今在你眼里竟是微不足道,连禀都不需要禀的小事。你、你于心何忍——"

"你给我闭嘴!"

关隽臣听得急火攻心,他"啪"地放下碗筷打断了晏春熙,怒道:"你倒还知道心疼起程亦轩?他是无错,可人也不傻,还知道要跟王谨之告发你,这件事你可想到了?"

"我老早就告诉过你,凡事多想着自己,旁人的事无需你操心,不来害你都已是万幸了。你倒好,就是一个蠢东西,谁的事都要挂在心上,偏我对你说的话就从来听不进去。"

关隽臣气恼至极,面前这个犟驴实在可恨。他写供状时就想袒护侍卫结果被别人反咬一口,都到这当儿了还挂念着不相干的程亦轩,旁人他都袒护得,却偏偏对关隽臣一个人百般苛责。哪怕关隽臣已是这样放软身段,他都没给过半点好脸色。

关隽臣想着这些事,怒到了极致,心绪一转,竟渐渐有点委屈难受起来。

而晏春熙听关隽臣提到程亦轩告发的事情,登时心里又是一下空落落的。他何尝不觉得人心可怕,但对于那些人,还有那些人如何待他,他终究是不在意的。

这世间谁也不能像关隽臣那样,把他伤得千疮百孔。他嘴里说的是程亦轩,可心里想的何曾不是自己的境遇呢?

晏春熙脸上的神情有些低落,平静地道:"程亦轩告发又如何?凡事多想着自己,把一颗真心给揣起来,谁也不给。程公子不过是把你的话听进去了罢了。"

晏春熙说到这里,微微挑起眉毛,直视着关隽臣,脸上忽然浮起了浓浓的嘲弄,问道:"敢问王爷,你只想着自己,这府里就人人都只想着自己,这般下去,你就不怕有一日你老了,抑或是落魄了——你会落得个孤家寡人的下场吗?"

"晏春熙,你放肆!"关隽臣已经不知道有多少年没动过这么大的气了,他浑身发抖,猛地站起来,右手已经高高地扬了起来。

111

晏春熙撩起长衫跪在关隽臣面前,他咬紧嘴唇,微微颤抖着闭上眼睛。可他久久没等到那一巴掌落下来,他有些茫然,再次睁开眼睛时,竟看到关隽臣收回了手,缓缓地又坐了回去。

"熙儿,你长高了。"关隽臣突然说了一句没头没脑的话。

他摇了摇头,嗓音低沉又沙哑:"虽说长高了,但你实在太年轻,许多事我无法叫你顷刻间明白。到了我这个年纪的人总是吝啬的。对程亦轩,我除了衣食用度当真没什么其他的可以给,他若不愿意可以即刻出府,我也丝毫不会觉得可惜。我就只有对一个人好的能力,你难道当真不明白,我把这仅有的一点好都给了谁吗?"

晏春熙愣怔地抬起头看着关隽臣,那双往日里总是充满威仪的丹凤眼看着他时,里面是浓浓的疲惫。

"熙儿,你也为我想想可好?有些话,旁人说倒也罢了,可若是你说,一句句的,每一句都是在拿刀子戳我的心……我、我当真有些吃不消。"

关隽臣坐在椅子里,苍茫的暮色打在他身上,使他的身影第一次看上去有点佝偻起来。

不可一世的宁亲王在这一刻显得前所未有地消沉,他缩在阴影里沉默了许久,之后终于伸出手,轻轻地摸了摸晏春熙的头:"起来吧,膝盖刚好,别跪着。"

晏春熙嘴唇抖了一下,最终只是沉默着低下了头,向关隽臣露出了一截有些纤长的颈子,显出些倔强。

关隽臣叹了口气,握着晏春熙的手臂把少年强行拉了起来。

"总得让我吃顿饭吧。"他的嗓音有些沙哑。

晏春熙"啊"了一声,不由尴尬地僵住了片刻。他这才想起来他连饭菜都没给关隽臣摆好,只随便放在桌上,就说了好些惹人生气的话。若是照实来讲,他这个下人当得着实不像话。

晏春熙有些慌张地将一碟碟精致的菜肴摆了起来,他其实是不懂如何布菜伺候的,直接将一堆素菜乱七八糟地堆在关隽臣面前,这习惯倒还跟以前一样。

关隽臣嘴角微微泛起了一丝笑,他从食盒里拿出另一副碗筷放在一边,淡淡地说:"你也坐下,陪我吃点。"

晏春熙迟疑了一下,还是默默地搬了个小凳坐在一侧。

他端起碗筷时才仔细地看了看桌上的菜色,见几碟荤菜都是姑苏那边的口味，其中竟还有一碟是卤鸭，一瞬间握着筷子的手不由轻轻抖了一下。

关隼臣问他难道不知道那仅有的一点好给了谁，可他怎么敢知道，怎么敢去想？他用浑身的伤才明白过来的，是那个人狠下心来时的模样啊。

关隼臣见晏春熙不动，便伸筷给少年碗里夹了一块鸭肉，慢条斯理地道："入秋了，这些鸭放养在水泽里游了一个夏季，浑身的肉都游得细嫩又健硕，正是最好吃的时候。若再等等，到了冬日里，鸭子开始为了御寒囤积肉脂，那时就会嫌太过肥腻了。"

晏春熙低头慢慢地咀嚼着鲜嫩的鸭肉，他喜欢吃卤鸭，却极少想过这些事情。听着关隼臣这样娓娓地讲着，心里忽然感到一阵酸楚。

以前他也常常抬起头，眼睛亮亮地听关隼臣这般和他说话。关隼臣虽然看似阴沉，对他却是耐心的。在一个个夜晚，他慢慢地给他讲着塞外的残阳似血，讲皇宫中神秘的大内高手，讲天下第一城长安的气势，讲江南城中妩媚的景色，讲塞北粗野的羊肉锅子。

晏春熙十几岁便成了罪奴，尚不曾行过万里路。大周的雄奇天下，那些身不能至的壮丽山河，只能在关隼臣的口中向他徐徐展开。

关隼臣于他而言，是无所不知、无所不能的。

关隼臣低沉而平稳的声线、沉静的面容，甚至是眼尾不经意间的一抹隐藏着岁月痕迹的纹路，每一分每一毫，都让他情不自禁陷入崇拜之中。

看着那双盛着丰富阅历的深沉眼眸时，他总是像想象一个遥远的传说一样，畅想着关隼臣的生平。

那些神秘和无法猜透的过往，在他的脑中铺展开一幅出神入化的光辉图卷。在那幅图卷中，关隼臣的身影永远是十二年前高大的冠军侯——肆意飞扬地策马扬鞭在大周山河间。

可就在刚才，他看着关隼臣疲惫的模样，在惨淡的暮色中，若有若无的沧桑神色悄悄爬上了关隼臣的眉梢眼角。他感到面前这个英挺的男人正在以他肉眼可以看到的速度变老。老并不是满面的皱纹和佝偻的身影，而是忽然之间的锐气尽失。

他仿佛看到一座他以为可以永远仰视的巍峨大山在面前生生崩塌。

他感到恐慌。

他本已经在用尽他全部的意志去恨关隼臣，可就在刚刚，他的心里忽然浮起了一个可怕的念头——他或许从未真正了解过面前的这个男人。

在他未出生的那十八年，他不曾知晓关隼臣的过往；在他与关隼臣饮酒下棋的时光里，他也不曾了解过关隽臣除此之外的处境。

若他从未真正读懂过关隽臣，那他口中曾说的相知相识，说过的他心疼成哥哥，岂不太自以为是？晏春熙握着瓷碗，突然之间感到胸口发闷。

就在这个时候，司月忽然在翰文斋外叩了叩门，轻声禀道："王爷，二管事回来了，正在外面等您。"

关隽臣听了"二管事"这三个字，眼里霎时间划过一丝凝重，他放下碗筷，对晏春熙轻声道："你去歇着吧，还想吃什么就去厨房叫。"

晏春熙本该与司月换着守夜，只是关隽臣想着晏春熙伤刚好，不想扰了他夜里睡觉，这几日都让司月来守。

晏春熙心里思绪纷乱，站起来之后便有些失魂落魄地往外走去，出门的那瞬间差点与一个高大的黑衣男子撞在一起。他从未见过王府的二管事，自然也没什么印象，草草行了一礼便离开了。

一个人走在王府偌大的院落里时，晏春熙忽然觉得越走越疲惫。他实在是太累了。去恨是一件简单的事，他浑身的精气神本都凝聚在此。可当这最简单的信念都开始动摇时，他感到前所未有的迷茫和不知所措。

这一股和关隽臣对抗的劲一散去，他忽然之间对日复一日的冗长日子再也提不起一丝精神。

他一个人在永夜里，仿佛怎么走都走不出这无尽黑暗。他跌跌撞撞地走着，心里却那么彷徨失落，想要就这样躺在路上，再也不起来。

翰文斋内，高大的黑衣男子刚风尘仆仆地走进来，关隽臣便一伸手，道："坐。你回来得颇快，一路上必是辛苦了。"

这位极少出现的王府二管事白溯寒显然与关隽臣关系匪浅，他也不客气，直接撩起长衫下摆坐在侧位，对关隽臣抱拳行了一礼："诸事紧急，自当日夜兼程。"

"你一桩一桩与我说。"

"王爷要的断雪潮我已带来，此毒出自关外，百年前被寒弥老人带入中原，销声匿迹几十年，若非我师弟与寒弥老人的孙子关系那般亲近，决计无法拿到。王爷放心，断雪潮的解药，皇宫大内断没有。敢问王爷，此毒是要用在谁身上？"黑衣男子手一甩，一个青玉小瓶疾电般射到关隽臣面前，被关隽臣径自伸手轻巧地接下。

"不到万不得已，便不用。"关隽臣并未回答用在哪里，而是直接道，

"溯寒，长安有什么动静？"

"圣上下诏命乌衣巷主审平南王逆案，朝野之中已隐隐有议论之声，我们在三司的人目前仍可用，届时若当真不过三司，直接在乌衣巷审案时便牵扯到王爷身上，势必将举朝动荡。"

"好。"关隽臣低头握着狼毫笔在案桌上快速地写着什么，随即微微眯起眼睛，看着笔下那龙飞凤舞的"恭靖肃宁"四个大字，沉声问道，"最后一桩事如何？"

"圣上下诏当日，恭亲王便换布衣出了长安，往南边的庐山去了。"

"你说什么？"关隽臣闻言猛地抬头，一双丹凤眼顷刻锐利如电。

"王爷……恭亲王年逾六十，圣上早已允他不涉政事、颐养天年，他在这当儿骑了头青驴，只带了六合掌高手周齐星随行，意思已然明了。我暗自查访，得知恭亲王临行前给世子爷关山月留了行字——"

"写了什么？"

"采菊东篱下，悠然见南山。"

关隽臣手中狼毫笔一抖，一滴浓墨浸在宣纸上那个"恭"字上，霎时间浸出了一块乌黑。

皇叔……他脑中忽然闪过那位老者的身影，早在他位及冠军侯的那一年，这位上一辈最吊儿郎当的七皇叔便曾笑眯眯地对他说过一句话——

"成儿啊，做皇子，思进自然是要的，可是——"

他说到这当儿，意味深长地顿了顿，接下来的那半句话，当年的关隽臣一知半解，可如今，他终于刻骨铭心地懂了——

"可是十年后，你便不能再进。你记着，要退，不要进。思退——这才是做皇子毕生最重要的功夫。"

思退，思退。恭亲王一生看似风流浪荡，实则大智若愚。

在权力的最中心沉浮四十多年，最终片叶不沾身，潇洒向南行。

思退这门功夫，他练得炉火纯青。

可他这一退，便是把身后的人留在了最危险的境地之中。

当朝"恭靖肃宁"四亲王，城府最深、盘踞最久的恭亲王选择在平南王逆案的旋涡一触即发时离开长安。而肃亲王是铁杆的帝党，靖亲王胆小怕事，已缄默多年。这股滔天巨浪，如今终于只剩下关隽臣独自面对。

他并非没在这个"退"字上下过功夫，他手握免死金剑，本该是天下最可退的人。但他不能退，是因为不能将身后的人置于危险之中。

关隽臣的目光森冷地望向窗外的一轮凄寒秋月，嘴角的笑容却微微泛起了苦意。他进退维艰，几乎夜夜都难以入眠，这些无奈，他从未说过。

晏春熙还以为他是多么地上天入地无所不能，想叫他护着王府里的每一个人，希望他顷刻间便可以为了所谓的真情真性抛却一切。

他若做不到时，晏春熙便会对他失望。

可他又能如何呢？这样的大周天下，风雨顷刻将至。哪怕只为那一个傻孩子遮风挡雨，已叫他筋疲力尽。

但他不后悔。他护着的，不仅是少年跪在雨中三天粒米未进的天真倔强，更是十九年前，他作为皇子西出关山亲征时的天真倔强。

少年人，无天真，不浪漫。他终究是欣赏那个傻孩子。

今年的秋意来得比以往都要快，不过才入秋几日，王府中诸人便已经觉得秋风凛冽，纷纷换上了厚实的衣衫。

关隽臣自白溯寒回来后便忙得厉害，几乎顾不上跟晏春熙说上什么话。只是偶尔在翰文斋叫少年给他整理案桌，研研墨，打理些简单的琐事。

晏春熙再也没像之前那样和关隽臣板着脸冷冷地说话，看上去甚至也颇为乖顺听话，乍一看倒有点像以前的样子了。

可奇怪的是，他平日里做事越来越冒失，时常犯些莫名其妙的错，不是忘了关隽臣吩咐的事情，就是茶水热到烫嘴，倒像换了种法子跟关隽臣闹别扭似的。

关隽臣心下无奈，只当晏春熙年纪小，能忍的便忍了。可这夜给关隽臣研墨时，晏春熙也不知是怎么了，一抬手竟把整个砚台都打翻了，漆黑的墨汁把关隽臣写到深夜才写了一半的批示给毁得一塌糊涂。

关隽臣捏紧笔杆，不由重重拧起了眉毛。

他本就在忧心朝堂上的事情，见晏春熙这边竟又出了纰漏，登时觉得少年这个时候还在找他的麻烦，实在太过可恨。

他心里火起，不由"啪"地放下笔，对着晏春熙怒道："你给我跪下。"

穿着白衫的少年垂下头，身子不由一抖，随即乖乖地屈膝跪在了地上。

"你自己说，下人的差事是不是你自己要的？"关隽臣厉声问道。

晏春熙沉默了一下才应道："……是。"

"你自己要的差事，我依了你，你却一个劲儿地给我捣乱。晏春熙，你可别不识好歹——仗着我看重你，便闹脾气闹得没完没了，我没那么多耐心由着你的性子胡来。你抬头，看着我——这差事到底能不能做，你给我说个准话。你若不能，我自有人伺候，你给我回鹤苑当你的晏公子。"

关隽臣说到后面，倒也不纯粹是愠怒。他心里本就一直觉得，少年说要做什么下人，大抵就是与他闹脾气，总不会长久。因此，此时这番话下来，他其实是希望晏春熙赶紧知难而退，不由有点期盼晏春熙的回答。

少年终于抬起头看向关隽臣，他嘴唇微微发抖，一时之间没有说话。

关隽臣不由忽然愣了一下。他这几天太忙，几乎没怎么仔细看过晏春熙，此时突然之间在灯火下四目相对，却惊愕地发现，尽管根本没有什么繁重的事务，可不过几日下来，少年竟莫名其妙地憔悴下去了。

晏春熙本是风华正茂的年纪，哪怕是先前受了伤，也早该养回来了。

可此时那张白皙的脸上几乎没什么血色，脸颊可怜巴巴地消瘦了下去，一对圆圆的杏眼再没以前的神采，甚至有点失魂落魄的样子，眼下还泛着一片青色。

"我能做好的……"晏春熙轻轻地开口，他抬起头时，那张脸上的神情虽仍倔强，眼里却隐隐含着一丝委屈，他磕巴了一下，忍不住又小声为自己解释了一句，"我、我没闹脾气，真的……"

关隽臣又气又无奈，气的是晏春熙竟然还是倔得不行，非要坚持做这个下人，两个人好像僵在这个死局里前进也不是、后退也不是。

无奈的是，一见晏春熙那样看着他，那样小声地解释了一句，他登时什么火气都没了，甚至还有点暗暗责怪自己又把话说重了。

可这话已经扔出去了，关隽臣一时之间也有些下不来台，他尴尬地咳了一声，沉默了一下才开口道："你既说不是，我自然信，起来吧。"

见晏春熙扶着桌边站起来，关隽臣拿起笔问了一声："你没好好吃饭？"

他实在挂心此事，但又不愿问得大惊小怪，于是语气反倒淡淡的："前几日膝盖伤着躺在床上时，我见你还吃得不少，怎么这几日突然瘦成这样了？"

"我……"晏春熙低着头收拾着桌上的狼藉，想了半天，眼里有些茫然地开口，"吃了，只是吃得少了些。"

关隽臣在心里叹了口气，摆了摆手，沉声道："你先回去，多吃点东西，好好歇息。"

"谢王爷。"晏春熙也不多说什么，他低下头，慢慢地退出了翰文斋。

关隽臣看着少年格外消瘦的背影，苦恼地揉了揉眉心，随后才拿起案桌上的笔。他又怎么会看不出来，晏春熙这几天分明是既没吃好也没睡好，才会一下子憔悴成这样。他不知道晏春熙这是怎么了，可手头这份批示仍是今夜必须要写完的，晏春熙的事，他只能等等再想。

一直到了深夜，关隽臣才写完批示，等他与白溯寒密谈一番后再从翰文斋中出来时，已经夜入三更。他本着实疲惫，可快到流芳阁时忽然止住了脚步，迟疑了一下，对身后的司月道："你先回去。"

碍于身份，虽然晏春熙的住处被他安排在附近，可这还是关隽臣第一次往那儿去。

他绕到流芳阁背后，走了条偏僻的小路，夜里这会儿极安静，只有秋风飒沓地吹过树叶时发出的沙沙响动。

推开院门时，映入他眼帘的是一个小小的院落。明月清辉下，那小院冷清得根本看不出有住人的迹象，只见地上乱七八糟堆满了枯黄的落叶，却没有清扫过的迹象。简陋的小屋门大开着，门廊上摆着一个破旧的木盆，里面满满地浸泡着好几件衣衫，像是刚洗到一半的样子。

关隽臣自然知道下人许多事是亲力亲为，可他实在想不出那个小家伙是怎么蹲在那儿费劲地搓洗衣服的。他心里乱了起来，大步想往屋里走去，却忽然听到有细细弱弱的声音唤他。

"王爷……"

关隽臣一低头，才看到晏春熙这个时候竟然不在屋里熟睡，而是挨着院落中间的那口古井坐在地上。

月光下，少年穿着薄薄的单衣，抱着膝盖蜷成小小的一团。

关隽臣的心一下子悬了起来，他三步并作两步赶到了井边，这时候连往日里的雍容仪态也顾不得了，几乎是狼狈地蹲了下来。

"熙儿，怎么了？"关隽臣紧紧扶住晏春熙单薄的肩膀，院中那口幽深得望不见底的古井叫他心中浮起了一种可怕的感觉，他不敢细想，只连珠炮似的急切问道，"身子不舒服？哪儿难受了？叫我看看……"

晏春熙在夜风中微微发抖，少年的脸小小的，在凄冷的月下看上去，几乎瘦得两颊都没了肉。

"王爷，"他看着关隽臣，颤颤地唤了声，那双眼睛里浮起了满满的恐惧，他伸出手，像是拽着救命稻草一般紧紧地拽着关隽臣的衣袖，"我做了噩梦……我梦到晏家满门被斩，我父亲、我母亲……他们的血流得到处都是。我去求你,我跪着求你,一直求你,可你只是板着脸,好凶地叫我滚,你说我是个下贱的罪奴,还、还把我推到刀口下……我梦到刀,雪亮的刀光落下来了,王爷,我怕得不敢入睡。"

"熙儿……"关隽臣用手轻轻拍着少年的背脊,"假的、都是假的,是做梦,乖……不怕,不怕啊……"

"不是假的,你会的……"少年猛地摇头,大口大口地喘息着,他执拗地说,"你会。我每天都梦到,每天都梦到你把我丢在刀下,转身就走,你会的,你会抛下我的……"

"我——"关隽臣听着晏春熙一声声哀戚地重复着"你会的",他张口想要申辩,声音却生硬地卡在喉咙里。

他当真该死啊,他说什么晏春熙不懂事,可他活到了这个年纪,从未好好想过,他对晏春熙做的那些事究竟意味着什么。

这个少年还未成年就失去了所有的亲人,那么小的年纪,究竟是靠什么撑下来勉强活着的,他从未好好想过。少年像只孤苦伶仃的小猫似的,以为在他这里得到了救赎和庇护,好不容易才重拾了一点兴味,欢天喜地的,仿佛自己找到了人世间的光明。

抱着那样的信任的人,却被他狠下心来交给别人,被他面无表情地下令责打,被他骂成一条狗。少年该有多么绝望,他甚至不敢去想。是他,是他生生掐灭了那抹春日的暖阳啊。

"熙儿,你信我。"关隽臣的嗓音瞬间沙哑了起来,"你信我,我不会了,再也不会了,信我,好不好?"

"我每天都梦到……不敢睡,也吃不下饭,整日里挨着,当真不知道要挨到什么时候……"少年缓慢地摇了摇头,在月光下,那双杏眼空洞地深陷在脸上,那么憔悴,他自言自语般喃喃道,"先前那会儿,与你生气、成天想着跟你拧着劲来,其实倒还好些……我总还有件事做。可这几日那股劲下去了,反而、反而可怕,我心里知道要好生做个下人……可又觉得没兴味,提不起精神吃饭,提不起精神做事,像是死了一般。我每天夜里惊醒了,便出来看着这口井……这井黑得吓人,我看着看着,总觉得像是要把我吸进去似的。我怕自己活不下去,我还不想……不想那样,但无人可以说,我在这世上,谁也没有……"

少年说着说着,身子筛糠一般抖得越发厉害,他似乎是痛苦到无法自控,大口大口地吸着气,喉咙里都发出了"嘶嘶"的气声:"我恨自己啊……

我好生没用,什么都不能做,像个废物。你都已经那般对我了,可我还是想、想与你说这些,好多话想对你说,想、想叫你救我,我明知道你不肯的,你不在乎的……"

"好孩子,我肯……你要什么,我都肯、都肯,我在乎……"关隽臣声音发颤,他笨拙地抚摸着少年的肩膀,他实在是骇得手足无措,想到这小家伙心里这些惊涛骇浪,他竟全然不知。

"憋闷……"少年的眼里满是一头幼兽走投无路般的绝望,肩膀都因为过分颤抖而微微痉挛了起来,他挣扎着用手指塞住嘴巴,狠狠地咬着,竟生生把手指咬出了血,含糊地道,"我想哭,可一直忍着,从你罚我跪时就忍着,不想、不想叫你看到我没用的样子,不想你笑话我。我忍了好多天,如今、如今竟怎么都哭不出来,王爷,我憋、憋得喘不过气……"

晏春熙艰难地喘息着,从胸腔中发出了一阵阵急促的气音。

他一双大眼睛无助地看着关隽臣,虽然已经那般说了,但分明没有半分泪意。月光洒了下来,少年明晃晃的一对瞳仁干涩得像口枯井。

"成哥哥,你救救我。"他哀哀道,"救救我……"

这一刻,关隽臣清楚地知道,自己彻彻底底地向晏春熙投降。

从此以后,没有什么宁亲王,也没有什么罪奴。

在他们两个之间,再也没有什么身份贵贱。

…………

关隽臣不再多说,他揽着晏春熙的肩膀,往院外走去。

晏春熙没有挣扎,只是一个劲地发着抖。

"难受,胸口闷……"少年的声音小小的,一口一口吸着气时,胸腔里仿佛在往外溢着苦涩。

"你都把自己憋坏了,哭出来,不要忍着。"关隽臣低下头轻声道,他们踏着皎洁的月光回到了流芳阁。

本待在中堂的司月见了,一时之间有些错愕,还没来得及开口,就听这位宁王爷简洁地说了一声:"你先回去,以后夜里不必来当差了。"

司月虽然觉得这般吩咐实在稀奇,可还是马上就低头退了出去。

关隽臣把晏春熙放到床榻上,刚想起身去换下衣物,却马上被少年攥住了衣角。

晏春熙抬起头,无助地看向了他,往日里那双灵动晶亮的杏眼,此时无神得像是一个死气沉沉的木偶,哪怕已经悲伤到了极致,却依旧没有半滴泪珠。他很执拗，虽然不开口，可就是拽着不放。

关隽臣俯身叹了一口气。

"我算是被你制住了。"关隽臣的声音沙哑。

"我生为皇子，活了半辈子，从没向任何人明面上服过软。之后我已位及亲王，竟然听你叫我对你认错。我那时实在恼火得要命，觉得你当真胆大包天，可如今……"关隽臣声音顿住，他苦笑了一下，随即轻轻摸了一下晏春熙的头。

他一贯深沉的眼神一点点地软了下去。

"如今我听你的——熙儿，今夜我堂堂正正对你认错。

"先前种种，都是我的错。将你送到平南王那儿，是我的错；派人打你、罚你跪，亦是我的错；说你是玩意儿、是一条狗，更是错之千里。过往之事统统是我的错，你心里的痛，你受的委屈，都是因为我狂妄自大。如今我追悔莫及，真的。

"再过几日，便是我生辰了，三十六年前我生在皇宫深秋的寂夜。这许多年间，过着满是刀剑风霜的日子，我也当真吃了许多苦，哪怕直至今日都未曾松懈过片刻——

"熙儿，人在冷夜里走得久了，连闻到春天里的芬芳都会觉得疼痛害怕……我花了好长时间才明白过来，你一直都是对的，你不是狗、不是玩意儿，你是寒天夜雪后的春风，是这世上最懂我的人，是我唯一的知己……"

少年呆呆地看着关隽臣，他一边听，一边努力想要压抑着那来自胸腔的急促呼吸，胸口却越来越剧烈地起伏着。

他的眼圈红了起来，忽然之间，他"哇"的一声号啕大哭。

关隽臣从未见晏春熙这样哭过，苍白的脸都因为太用力而涨红了起来，少年哽咽着，泪珠连带着鼻涕一起流下来，那般狼狈。

心里要有多苦，才会哭成这个模样。

连关隽臣在那一瞬间，眼角都不由有些泛红了。

晏春熙用力地捂住自己的脸躲避着关隽臣的视线，可泪珠依旧从指缝间流淌出来了。

他这样哭，实在是太过丢脸，可他怎么都忍不住了，像是江水终于决堤而出，像是狂欢一般的暴雨倾盆，他既觉得羞耻，又觉得松了一口气。

他已憋了一个月，足足一个月。

从不想在那个人面前服软的那一刻起，他便把所有的眼泪都憋回了心里，憋得几乎每日都被噎得要呕吐。吃不下饭、噩梦连连，他濒临崩溃。

他甚至不敢想，若是今夜关隽臣没有来找他，此时此刻，他究竟是生还是死。

晏春熙不知道自己究竟是坚强还是软弱，很多事情，他在此时还想不明白。

可是被逼到绝境的那一刻，他终是靠着强烈的求生欲望，靠着冬天里寻找温暖的小动物一般的盲目直觉——向关隽臣倾诉。

兴许是因为太久没这样哭过，到后来，晏春熙已经没有眼泪了，可身子还是一抽一抽的，停不下来，过了好半天才恢复平静。

烛火不知何时熄灭了，在一片隐秘的幽暗之中，关隽臣安慰般拍了拍他的手背。

这样的相处，从今年春天桃花盛放的时节之后就再也没有过了，如今回想起来，那时的岁月是多么美好啊。

关隽臣低下头，轻轻地道："好孩子，都过去了，一切都过去了……原谅我，好不好？"

在晏春熙面前时，他仿佛与往日里那个阴沉冷漠的他截然不同。

"我……我不想做鹤苑公子……"晏春熙因为哭得嗓子发干，讲话时声音很小。

"称呼不重要。"关隽臣低低一笑，"我知道你想要什么——就按你先前说的，都听你的。"

"不，我不要这些……"晏春熙却忽然用力地摇了摇头，他挣扎着抬起头，一双眼睛哭得隐约有些红肿，可奇怪的是，先前绝望的眼神中渐渐凝聚起了一丝执拗的神色，"如今我已不想要那些了。王爷……我、我想做点事情。"

关隽臣愣了一下，一时之间有些茫然。

他低声问道："什么？做点事情？"

"嗯。"晏春熙看着关隽臣，"王爷，我不想做个被豢养的鹤苑公子，也、也不太想一直做伺候人的下人。我想……想学东西，想知道你在忙什么，想知道朝堂的境况，想明白王府和封地的事务……想像王管事那样、那样了解你。"

在夜色中，他的神情本还带着一丝茫然，眼神却越说越明澈。

他顿了顿，认真地道："我未获罪前是读过书的，那些批文、卷宗，我亦看得懂。若是有什么事做得不好，你便狠狠责骂我，我定会好好学，行吗？"

"行。"关隽臣答应得很干脆，随即却迟疑了一下，忽然有些踌躇地问，"熙儿，你还不能原谅我，是吗？"

晏春熙听了，微微垂下眼睛，他沉默良久后终于轻声道："王爷，我……我没法就这样与你回到从前，也没法再和你那样毫无嫌隙。"

那当真是几句好生残忍的话。关隽臣漆黑的丹凤眼里微微划过了一丝无奈和痛苦。他没有说话，就这么安静地听着。

"上次你与我说……你说我年轻，许多事不懂。我这几日总是想，我到底是不懂什么，我当真是太无知了吗？可是你伤害的我那些过往，又的的确确是真的啊，我至今心里都还在疼啊。我越想越乱……时而觉得你说得对，时而又觉得不对，想得越久脑子越乱。

"可是今日，就在刚刚，我忽然之间想通了，其实这一切的答案——终究要我自己去找，我不能永远问你要一个回应，那样我的心里总是会害怕。我想堂堂正正地、重新去了解你，那些我不懂的事，我统统想弄懂……王爷，你教我，教我做事，教我长大，好不好？"

晏春熙轻声说着，语气很平静。他似乎从那极端的脆弱和无助中彻底恢复了过来，在夜色中，他的杏眼里又逐渐流露出无比坚定的神情。

关隽臣的眼里渐渐浮起了一丝难言的温柔，那温柔中甚至还带着点骄傲。他的小家伙是多么了不起啊，他仿佛已能够在这个夜晚，看到这个少年逐渐长成挺拔青年的样子。

他摸了摸晏春熙的头，道："小家伙，你不肯原谅我，却肯相信我，是不是？"

晏春熙看着他，眼神里微微浮现出一丝水光。

他迟疑了一下，点了点头，似乎是想到了什么，声音也不由自主地微微发颤："其实今夜、今夜看着那口井时，那井口……那么深，那么黑，望下去时，我便有些头脑发昏，心里竟然真的浮起过想跳下去的念头。可是那一刻，我自己也吓出了一身冷汗，我、我不甘心啊。

"我害怕，但不是怕别的，是怕自己真的一时撑不住便闭眼跳了下去。我怕极了，那时我便想，我想……我才不要死，我绝不肯。我要活，我要找你。你会救我的，我心里硬是笃定这一点。王爷，你恐怕觉得奇怪，可我当真相信你，连自己也无法相信的时候，我都始终是相信你的……真的，你是我在这世上最依赖的人。"

"熙儿……"关隽臣的声音微微发抖,低低地唤道,"你怎能……你怎么就这么聪明?"

他克制不住那种澎湃的心情。

小家伙不仅无比有骨气,够坚强,还有着比世间任何人都通透的头脑。哪怕是走到了绝路,他也能在最后关头敏锐地找到求生的道路,绝不逞强,绝不死撑。

若非他看重的是这样不凡的少年,他们之间,只怕早已走到了穷途末路、阴阳两隔。这样的晏春熙,叫他怎能不看重啊。

兴许是关隽臣突然之间的激动叫晏春熙也有些动容,他小声开口道:"成哥哥,我再在你身边躲一会儿,就一会儿……明儿再长大,好不好?"

"嗯。"关隽臣低低应了一声。

"那次你咬伤自己的舌头,疼吗?"关隽臣忽地问道。

其实说来可笑,他极少想过这件事。

他想起晏春熙曾为了他把舌头咬出血,生生痛得晕过去,之后连续好几天连喝粥都没法好好吞咽。

可那时,他竟连一声"疼吗"都不曾真正问过。

"我……"这句迟来的关心让晏春熙的身子都微微战栗起来,他似乎是想到了什么,漆黑的睫毛颤抖着,过了许久才终于小声应道,"我那时,疼的……"

关隽臣心里有些钝痛,在这个寂静的秋夜里,他忽然兴起了想要好好问一下那时的事的心情:"怎这般傻?"

晏春熙沉默了良久,久到关隽臣本以为他不会答了的时候,少年才声音干涩地慢慢开口了:"王爷,或许、或许先前在你眼中,我、我便只是拿来取乐的下人罢了,送了便送了,有什么打紧。可实际上……我未获罪前是晏家的小少爷,我父母亦是把我当普天下的男儿一样养大的。"

"后来入府,我虽坏了规矩,心里却总是觉得,我做错的事并非坏了规矩,而是叫王爷心里受伤了。这才是我最不愿的,也最不该的。"

他说到这儿的时候,有些难堪地微微抽动了一下肩膀。

关隽臣则轻轻地拍了拍少年的后背,示意他在听。

他和晏春熙其实很少这样细细地聊起那些事情,那时他怒不可遏,除却因为头一次丢了这么大的面子,还因为皇上为他易名而勉强压抑住的阴郁。他狠狠把晏春熙打得半死不活，还险些赐下鹤顶红，现在想起来都后背直冒冷汗。

如今再听到那桩事时，面子上的事倒在其次，他心里隐隐有些闷痛。同时，他竟然也突然想要去了解，想知道少年当时在想些什么。

晏春熙顿了顿，思索了一下才继续道："被你打得差点去了半条命，那时我亦自知有错。可那会儿，你毕竟像是水中月一般遥不可及，直到后来与你相处多了……我才有了翻天覆地的变化。"

"什么变化？"关隽臣不由开口问道。

"我……其实我也说不真切，可只有在你那儿……我才觉得，我不用害怕和防备什么。"晏春熙说着，终于抬起头，一双眼睛泛起微光，他出神地看向关隽臣，又好像是在看向某个回忆中的时刻，"只有你……"

他的回忆似乎是到了某一处便戛然而止，脸上突然流露出了一丝痛苦的神色，喃喃道："你、你是王爷，你定不知晓那样的感觉。可、可我是知道的，流离失所，被人卖来卖去，像牲口一样，做什么、不做什么都得看旁人的心情，由不得自己。那感觉，就像是刺猬被翻过来，不得不对人露出肚皮的软肉那样……那份情义，只是对你……

"其实，被你送走时，我亦不是马上便想到了咬舌，可是被关在那儿等着平南王的时候，我便觉得不行了，我再过不了那样任人欺凌的日子。"

晏春熙说到这里，脸上有些凄惨地笑了笑："你是不是觉得我可笑？也不知道成日折腾个什么劲儿。直到今日，我仍忍不住会想，你那时是不是觉得我不过是个最不值钱的罪奴，因此可以随便送人？"

"我不是……"关隽臣一时之间也不由磕巴了一下。

许多事，他当真很难解释。

他的某种惯有的想法，让他那时把晏春熙看作一个物件，送了也没什么，日后再拿回来便是。

关隽臣无法否认自己曾有过的卑劣想法。

可是在晏春熙的内心，从不曾把他自己看作一个物件。

是以，少年的忠贞和执念……他竟然直到今日才真正懂得。

"其实，我也当真不想无尽地纠缠在过往，不想怨恨，可我做不到……"

晏春熙微微垂下头，他痛苦地咬了咬嘴唇，低声道："我无法再像从前那样信任你，无法再、再把肚皮上的软肉露出来。我仍时不时会突然害怕你，怕你会伤害我，所以我不敢。我还是想……想等我再长大些，再坚强些,更了解你的时候,或许才能和你和好如初……"

晏春熙没再说下去,关隽臣也没有催促。

就在这个秋夜里,他们才第一次与彼此那么近。

"我不逼你。"关隽臣说道,"我等你。"

第六回

入秋以来,白溯寒回府,宁王府里的气氛便有些微妙起来。

白溯寒原是武林中人,后被关隽臣招徕,在这王府之中,他与关隽臣虽是主仆,可又不太拘于礼数,先前时常一块在演武场上切磋演练。只是他近来总在外为关隽臣办事,所以不常回金陵府邸。

他向来自觉做事精干,又武艺高绝,人便不免有点傲气,对屈居看似没什么过人之处的王谨之之下一事,始终暗暗介怀。

如今白溯寒身负要务,时时入翰文斋与关隽臣密谈,倒好像把王谨之给挤得没了位置。下人们察言观色,便只管白溯寒叫"白管事",乍一听,倒与王管事没什么差别。

这一日白溯寒如往常那般到翰文斋去,与关隽臣商议要务。他刚一进去,便看到有些咋舌的一幕——在关隽臣宽大的案桌旁,竟又不伦不类地多设了一把梨木椅子。椅子上坐着一个素衣少年,正低头凝神写着什么。

而关隽臣就若无其事地坐在少年身边,自顾自地看着他的卷宗。

要说那案桌也着实宽敞,别说多一个少年,就是多上三四个也不成问题。可关隽臣乃是亲王之尊,谁也不敢这般与他并肩坐着。而瞧那少年的衣着,又分明和普通下人没太大分别。

白溯寒刚刚回府没几天,关隽臣又并未把晏春熙的事都告诉他,他一时之间不由诧异地怔住了。可他还没来得及开口,那边门便又被叩了叩,走进来的是一身青衣的王谨之。

"你们坐。"关隽臣抬起头说了一声,又低头抿了一口茶水,之后微微蹙了蹙眉，转过头对身边那少年温声道，"今儿你这茶叶放多了，看，这才过不多时，茶水就苦了，难喝。"

白溯寒这边刚坐在侧首，与王谨之遥遥对视了一眼。

白溯寒本以为少年要诚惶诚恐地站起来谢罪，可没想到那素衣少年竟只抬头瞧了一眼关隽臣，若无其事地说："那我待会儿再给你重新泡。"

白溯寒听得大惊，这少年本就做错了事，竟然还敢让关隽臣等。

可令他更惊讶的是关隽臣竟也没怪罪，只脾气颇好地对少年笑了笑。

然后，关隽臣才转过头，对白溯寒淡淡地道："趁谨之也在，你要禀的事就直接说罢。"

"王爷……"白溯寒皱起眉毛，他锐利的目光瞥向了一旁的少年，沉声道，"事关重大，下人杂役在这儿，溯寒不便直言。"

他性子高傲，与关隽臣向来直来直往，从不藏着掖着，这会儿心中颇觉不悦，于是毫不客气地开口了。

那少年脸上有些无措，站起身似是想要告退，却被关隽臣一把拉住了。

关隽臣脸上的神情纹丝不动，他放下茶盏，漆黑的丹凤眼里却划过了一丝不容置疑的霸道，盯着白溯寒一字一顿地道："你和谨之都记着——往后府中诸事，无论多么重大隐秘，都不用避着他。他若是想知道什么，一律直言不讳，不可隐瞒分毫。明白了吗？"

白溯寒登时愣住了。

可他一旁的王谨之没半点惊讶，微微躬了躬身，淡淡地应了："谨之明白晏公子的身份。晏公子若有事相问，谨之自当一一应回答。"

关隽臣对王谨之的反应似是很满意，随即冷冷地向白溯寒看了过来，那眼神颇为不悦："溯寒，你还不禀吗？"

"是。"白溯寒也只得低声应道。

正要开口禀报时，他却有些瞠目结舌。

只见关隽臣修长的指头握住一旁的墨锭，一边慢慢地在砚台上研磨着，一边转头笑着对那晏公子说："他说什么，你便记什么——我给你研墨。"

"嗯。"少年没有推辞，只是挺起背脊，握着笔认真地看向他。

白溯寒瞬间觉得后背有些发紧，他可从未见过关隽臣这般对待任何人。他本觉得自己早该凌驾于王谨之之上，可是想起方才自己的反应，与王谨之那般圆滑的回应对比，顿时觉得，论揣测上意，自己还真是和王谨之差得远了。

"禀王爷。"白溯寒谈及正事时，倒也不再想那些不相干的，一张脸顷刻间肃然起来，"京里昨夜传来的信儿，乌衣巷夏指挥使数日前身负皇极剑出了长安。夏白眉功力深厚，我们的探子不敢强行跟着追查，因此出长安之后，夏白眉究竟前往何处，我们尚不能知晓。王爷以为他此行……"

关隽臣兀自慢慢地研着墨，可是微微抬头间，眼里突然闪过一道寒芒："你无需问我，心里也该知道——乌衣巷指挥使平日里权势已是极大，只有要拿下朝廷二品以上大员时才需皇极剑在身，以示皇权特许、天子意志。平南王即将被押解入京，夏大人又是皇上最宠信的乌衣巷指挥使，这当儿他不留在长安筹备审案，而是背负皇极剑出城，所为绝非小事。"

晏春熙右手执笔，在宣纸上迅疾地书写起来，写着写着，额头不由微微冒出了几滴冷汗。

他先前对于此种朝廷政事鲜少涉猎，可大周乌衣巷的鼎鼎大名他是听说过的。更何况，夏白眉曾经来过宁王府，他当时也是照过面的。

夏白眉那一对邪妄的白眉、沙哑的嗓音、深沉诡秘的笑容，都让他在无形中感到森寒入骨。如今这个名字再次出现在关隽臣口中，他只觉得笔下的每个字都仿佛带着一股浓浓的杀气，朝他扑面而来。

"王爷，您应当也知道，夏白眉此行若来金陵……"白溯寒看着关隽臣，沉默了片刻，终于沉声道，"八成，便是奉诏要拿下您。"

整个翰文斋里登时一片死寂。王谨之肩膀一抖，随即抿紧了嘴唇，一言不发。就连关隽臣研墨的动作在那一刻也不由顿住了。

这时，只听突兀地"啪"的一声。晏春熙右手一软，一时之间竟握不住笔。笔管打在宣纸上，笔毫上的浓墨顷刻间洇湿了半张宣纸，那漆黑的色泽带着一种不祥的征兆。

白溯寒的目光投过去，只见那少年顷刻间脸色煞白，转头看着关隽臣时，嘴唇都在微微发抖，像是有千百句话想要说出口。

"把笔拿起来。"关隽臣转过头看着少年。

他虽语气严厉，却放下了手中的墨锭，将脏污了的宣纸拿起来放到一边，随即又为少年铺上一叠素白的宣纸，低声说："接着写。"

吩咐完之后，关隽臣的神情毫无波动，他淡淡地对白溯寒道："本就已经为最坏的打算做了准备，不必大惊小怪的。再者，我乃从一品亲王，先皇免死金剑在手，也未必就到了那般糟的境地。派人盯着金陵城周遭的驻军，只要没有异动，单单一个夏白眉，不至于这般草木皆兵。"

"是。"白溯寒低头应道。

"谨之你呢,也有事要禀?"

"回王爷,再过几日便是重阳节,按照往年的规矩,曹知府邀您与金陵大小官吏共赴佳宴,赏灯品酒。"

"不去。若没有别的事,你们都且退下吧。"

重阳节向来是件大事,除了踏秋赏菊之外,入夜,家家户户会提着大大小小的各色花灯到河边,将心中所愿写在小小的白纸上,放入灯笼中,用灯芯点燃心愿,燃成灰,再将花灯放入水中,目送它遥遥漂走。大周朝的百姓都相信,随着水流潺潺而下的美好的祈愿,必将在来年实现。

往年,关隽臣也都给了知府面子,前往城中一同赏灯,可今年,他实在对那般乏味的应酬兴致缺缺。

晏春熙一直没说话,直到王谨之和白溯寒都退了出去,整个翰文斋只剩下他和关隽臣之后,他才抬起头看向关隽臣。

"不成体统,"关隽臣微微板起脸,可神色一点也不凶,"再这般一惊一乍的,以后怎教你在这儿听我们议事?"

少年的脸蛋依旧煞白,一双圆圆的眼睛里的担忧被强自压下,憋得眼角都有些发红,他微微张了张口,却没说出话来。

关隽臣有些怜爱地用手指捏了一下晏春熙的脸蛋。

他忘了自己刚捏着墨锭,如今这一碰,叫少年白皙的脸蛋上多出了几条浓黑的墨痕,像是凭空长了几条粗黑的胡须。

关隽臣忍俊不禁,板着的面孔上也不由露出了一丝开怀的笑意。

他似乎完全没有被方才的事情影响到,忽然凑到晏春熙耳边,低声道:"重阳节,咱们偷偷进城,谁也不告诉,也不去什么官府的佳宴。就咱们两个人,去放灯,逛夜市,想吃什么便吃什么——就像当年在姑苏一样,好不好?"

晏春熙摇了摇头,绷着一张带着几道粗黑墨痕的小脸问道:"我、我想知道……刚刚白管事说的那件事是不是真的。"

"什么事?"关隽臣若无其事地挑了挑眉毛。

"就……夏指挥使或许会对你不利的那件事……"晏春熙忧虑地道。

他不愿直言"拿下"这两个字,因而只用"不利"来带过,但越发显出忌惮和惶恐。

关隽臣其实并非不把身家性命当回事,连这么重大的消息都无动于衷。

只是在比他小上十八岁的晏春熙面前,他不愿意表露出分毫的慌乱,总觉得那于气概不符。

可是见晏春熙那样认真地看着他,又担心得不知所措的模样,他实在觉得太过可爱,忍不住微微笑了笑,道:"你到我身边来,我便告诉你。"

晏春熙一下子抿紧了嘴唇,随即低下了头,显然是不开心了。

关隽臣也不强求,他又喝了一口那真的很难喝的茶,叹了口气,老老实实地回答道:"是,夏指挥使或许会对我不利。"

"为、为什么……"晏春熙一下子抬起头,他不由露出了无助又惶恐的神色,"皇上为何要对你……"

只是说出"皇上"这两个时,晏春熙感到胸口一阵发抖。

他不傻,他当然知道乌衣巷指挥使代表的是天子的意志,可那是天子啊——大周万万百姓所俯首的真龙天子,代表着天地间至高无上的权力。他一直将关隽臣看作巍峨的高山,可他今日才第一次为关隽臣感到恐惧——他的高山如今要面对的,是如天地般浩瀚磅礴的力量啊。

这股力量,可以顷刻间将任何人碾成齑粉。

关隽臣一时之间不知该如何开口。许多事情,他虽然心里有数,但总觉得无法对尚且天真的少年一一解释。

他沉吟许久,终于放下了茶盏,看向晏春熙道:"熙儿觉得,皇上坐在龙位上时,最在意的是什么?"

"应是——万万大周百姓的福祉。"晏春熙喃喃道,"民以君为心,君以民为本。不是如此吗?"

"你当真这般相信吗?"

关隽臣的语气不温不火,可凝视着晏春熙时,那双漆黑的丹凤眼还是让少年感到背脊一阵紧绷,他依稀想起了当年教书先生严厉的面容,小声道:"若不是如此,那……"

"其实你隐约知道不是如此,只是你不敢说。其实不只是你,整个大周都无人敢提起这话。只是今日你既问了,你我之间……自是一切可谈。"

关隽臣一字一顿地道:"皇上最在意的,不是黎民百姓,从来都不是。

"当今圣上继位后,先是大力扶持三司之外的乌衣巷,肃清先前不曾攀附于他的官员,后以迅雷不及掩耳之势拿下襄王,在朝中大兴株连之风。圣上为了达到目的,哪怕将无数官员和商贾以莫须有的罪名拿下处死,都在所不惜。你说,如此帝王,当真是把大周百姓的福祉看得最重吗?"

晏春熙额头突然冒出几滴冷汗，手指也不由微微颤抖起来。

关隽臣这么说出来之后，他马上便想到，晏家当时满门获罪，原因是贿赂姑苏知府白银三百两。那时在姑苏，事情闹得很大，紧接着便是当时的姑苏知府因受贿被判了个斩立决，而襄王妃出自姑苏林氏巨商，又曾和姑苏知府有密切往来。这一切串联在一起，仿佛昭示着某种阴森的真相。

许多事，他少年时只模模糊糊有疑虑，可直到如今，才隐约感到了一种让他背脊发寒的恐惧。

关隽臣平静地道："熙儿，皇上在意的，从来不是黎民百姓，而是那高高在上的龙椅。他在意的是执掌万民的帝位，是江山万代永续的绝对权力。为此，哪怕牺牲再多的百姓、再多的官员，他都在所不惜。这件事，圣贤书中不会写，教书先生不会教，可你要记着，这才是帝王的真正所想。"

虽然这翰文斋里依旧安静，可晏春熙分明听到自己胸口如同轰雷一般的剧烈心跳之声。

关隽臣问道："那你可知道，皇上最在意的，为何是帝位和权力吗？"

晏春熙木然地摇了摇头。对于皇上，他所有的敬仰和仰视，都来自书简。

皇上犹如真龙降世，理应受命于天，体察民情。那些圣贤之言他总是懂得极快，背得极牢，虽然也时常觉得晦涩古板，但从未像如今这般，有种毛骨悚然之感。他的面前仿佛突然被推开了一扇门，而门外，是一片什么都看不清的黑暗。

"你可还记得，我们先前的芥蒂……"关隽臣讲到这里，苦笑了一下才低声继续道，"都是因为谈及我把你当成物件而不是一个活生生的人的事。我先前着实不好，一味地觉得你年幼不懂事，又胆大包天，也觉得你所说所想超出我脑中根深蒂固的想法太多，因此便更觉得恼怒。只是后来，你不惜死跪在正心殿外时，我才忽然重新去想了想那时的事。"

关隽臣说到这里，忽然伸出手，用手指擦拭了一下少年额头上的汗珠。他的嗓音有些沙哑，一双丹凤眼里却隐隐闪动着深沉的神色："如今，或许也是时候与你说说我心中真正所想了。"

晏春熙一双杏眼眨也不眨地看着关隽臣。

兴许是因为两人之间年龄和经历的差距，晏春熙一直隐隐感觉关隽臣的心里隐藏着许多他无法窥见的深沉和隐秘，周遭还筑了一圈高墙，始终将他冷冷地隔在外面。直到如今，或许才终于叫他等到了这一天，能够听到关隽臣心里的真切想法。他感到心口怦怦直跳，那莫名的紧张感连他自己都不明白是为何。

"熙儿,你生在姑苏盐商家中。你聪明,又读过书,想必相当熟悉三纲为何吧?"

"自然是知道的。"晏春熙愣了一下,随即不假思索地道,"君为臣纲,父为子纲,夫为妻纲,是为三纲。"

"不错。"关隽臣沉默片刻,似乎是在思虑该如何措辞。

"或许你不曾仔细想过三纲的意思。可实际上,'纲常'二字,时时刻刻覆盖着你我乃至大周万万子民,三纲看似所指不同,可本质讲的是一件事。当你生在晏家,你需得听从父亲的话,父亲实际上便是家中的君。当你长大为男子,你需得听从更多人的话。

"你还年轻,你总以为你不过是你自己,是晏春熙,是开天辟地、独一无二的一个人。可实际上不是这么一回事,不仅你不是,我也不是……"

关隽臣说到这里,丹凤眼里隐约闪过了一丝痛苦的神色,他迟疑了许久,终于低声道:"你从来不是单独的一个人,你要么是为人子,要么是为人臣,你不过是环环相扣中的一个环。当你是仆从下人的时候,你的上一环是我——当朝宁亲王,我的话便是你的纲常。同理而言,皇上的意志我便必须要服从。谁也不是什么独立在世间的人,我们都只不过是大周朝庞大的贵贱等级中的一环,而皇上,就是其中最顶端的一环。"

晏春熙和关隽臣深深地对视着,少年澄澈的杏眼陡然间变得空洞了,随即有一丝惶惑和无助浮了起来。

许多事他本就不曾想得这么清楚,直到今日,关隽臣将这混沌的天撕开了一角,让他得以一窥这灰蒙蒙的、等级森严的大周朝。只是那一点点的真相,便足以让他感到心口发寒。直至今日,他才知道,他莽莽撞撞想要打破的,究竟是多么根深蒂固的东西。

"我们就像是在造一座高楼,我若是摇晃,皇上便会坐得不安稳。而在我下一层的你若想挣扎,我也会感到不安。所以,那时你那般顶撞我,我才会恼怒万分。或许你始终觉得我当初那般对你,委实冷酷至极,可于我而言,我那会儿当真是自觉步步后退,为了你已退让太多太多。我并非对你无情,尽管看重你,你却不能不听从我,这本是大周朝天经地义的纲常。

"可哪知,竟出了你这么个驴子一般的小东西,一个劲儿往墙上撞,把自己撞得头破血流都不肯回头……"

关隽臣深深叹了口气,说到这里时,眼里隐约划过了一丝深沉的思绪,他嗓音有些沙哑，低低地道："你那时心灰意冷说要出府，可我又怎能放你出去？这些道理，我不教你，旁人更不会教你。你这样的小傻瓜，又成了这环环相扣中最卑贱的罪奴，若是出了府，旁人只会一遍遍叫你跪到土里去，你又怎能受得了？"

晏春熙张了张口，咬紧牙忍住泪意，扭过头去不看关隽臣。

他忍不住微微颤抖着道："可是、可是旁人哪怕再轻贱我，我都不在乎……只有你把我看作一个玩意儿时，我心里才真正难过啊……在我心里，我就是不觉得我身份下贱，就是不觉得我逾越规矩，哪怕你今日这般说了，我亦是这般想的。我在你面前，绝不是什么环环相扣中的一个环……"

少年语速越来越快，甚至因为着急有些磕巴起来，可一双杏眼里充满了倔强的光芒，还因为有些不安于关隽臣的反应，紧张地咬住嘴唇："我、我是铁定了心不肯改变想法的，你、你若是仍然介怀，我……"

"不变。"关隽臣把少年拉近，眼神里无奈中又带着一丝淡淡的欣慰，他低声重复了一遍，"熙儿这般最好，不要变。"

"嗯。"晏春熙的应声带着些鼻音。他听到关隽臣的话，身子不由剧烈地颤抖起来，陡然间闭紧了眼睛。

"那你……"少年的话语中显然带着慌乱，他并没有睁开眼看向关隽臣，只是颤颤地问，"皇上要对你不利，是不是、是不是因为你也像我那般反抗了，让他感到不安？"

关隽臣脸上的笑容有些苦涩，小家伙自然是极为敏锐的，一下子就问到了要害，这恰恰是他最无奈之处。

他疲倦地叹了口气，眉头也不由微微锁起，声音低沉地道："熙儿，于'忠'之一字上，我当真问心无愧。我戎马半生，功勋昭著，未曾负过皇上，未曾负过大周万民，更无愧于先帝所赐的冠军侯之名。"

"如今到了这般境地，也恰恰是因为我刚刚与你所说的'君为臣纲'，皇上的意思便是规矩和法度——君要臣死，臣不得不死。皇上若疑心，哪怕我顷刻间跃入滔滔黄河之中，也永远无法自证清白。"

"这不对，王爷。"晏春熙猛地睁开了眼睛，少年的身子微微紧绷，那双圆圆的杏眼倔强地看向关隽臣，"父为子纲，君为臣纲，那君王呢？什么又是君王的纲常？"

关隽臣抬起头，不由微微愣了一下。这委实是一个太过突兀的问题，他一时之间竟然也不知该如何作答，可思虑过后，心底隐隐感到一阵战栗。

少年口中所说的实在是个太过危险的想法，可还没等他开口，晏春熙已经执拗地继续说下去了："若说纲常是天下间的规矩和道理，那么君王的行事自然也该有纲常来规范。"

少年慢慢地说着，似乎越来越理得清思绪了，他认真地看着关隽臣，一字一顿，声音越来越清晰地道："君王是人间至尊，可纲常不该约束万民，而独独越过帝王。先贤以尧、舜、禹为仁君典范，恰恰是因为，君王更要以'仁'字为心中首要。"

"熙儿，你……"关隽臣的手指微微发抖，他看着面前这少年，只觉得心口怦怦地跳得越来越快。

"成哥哥，正所谓'君使臣以礼，臣事君以忠'。倘若当今皇上肆意猜疑贤臣，滥杀无辜，他可称得上仁？可称得上心存礼义？若他不仁，他可称得上是坏了纲常，乱自上作？"

晏春熙的眼中渐渐泛起格外澄澈明净的光芒，关隽臣陡然间发现这少年已经悄然之间长大了。

少年渐渐褪去了稚嫩，挺直的鼻梁和远山般修长的眉毛在蜕变后显出了一丝脱俗的俊秀。他一身素净的白衣，可那双清澈的眼中绽放出坚毅果敢的神色时，好看得简直光华四射，让人目不转睛。

关隽臣多么清楚地知道，少年这番话已经是真正的大逆不道，可那字字句句仿若一把利剑，刺破了被阴霾笼罩的苍穹。

他感到难以言喻的畅快，可同时又不能不惊惶。

"熙儿……你太聪慧了。"关隽臣声音有些沙哑，摇了摇头，他怎么能不看重这样一个不凡又聪明的小家伙呢？

可越是这样，他心底就越感到害怕。他在恐惧着或许有一天会失去，他从未这样软弱惧怕过未知的前路。他本来是强硬而坚韧的人，可如今他有了一个致命的弱点。

在这一刻，他刻骨铭心地意识到，晏春熙终将是他的牵挂。

关隽臣喃喃道："小傻瓜，你心中一片赤诚，实在是难得。可其中许多事你还是想得太过简单了。你可曾想过，哪怕皇上……皇上他当真不仁不义……这天下，又有谁能来向他问罪？"

晏春熙眼里空洞了一刹那，随即却伸手握住关隽臣的手，他抬起头，忽然道："若是如此，那、那我们能不能离开？"

"离开……"

"嗯。"晏春熙点了点头，想了想，小声道，"我们、我们不做这高楼里的一环了，我们离开——就像是书里写的游侠那样……我们去浪迹天涯，去看遍大周的山河，好不好？"

关隽臣看着少年有些憧憬期冀的目光，不由愣了一下。

那瞬间他忽然想到恭亲王临行前为关山月留下的诗："采菊东篱下，悠然见南山"。

思退、思退，皇叔叮嘱过他的这两个字顷刻间涌上心头。

这是他第一次在心底真切地兴起了思退这个念头。

若他褪去一身功勋荣华，再不做这个身份贵重的宁亲王，和晏春熙一人一骑，走过江南细雨，看遍关山残阳，哪怕是布衣过此一生，又有什么不快活？

重阳节仿佛眨眼间就到了，偌大的金陵城在好几日前就已张灯结彩。

秋日里的佳节总是叫人愉悦的，人们在辛劳了数个月之后终于迎来丰收，自然要趁着这时尽情欢庆。

这几日秋风飒爽，今年关隽臣封地里的收成颇好，虽然长安那边风云诡谲，可宁王府里上下大多茫然不知，自然仍是一片喜色。

关隽臣早就回绝了官府的邀约，王谨之本以为关隽臣要留在王府过节，却没想到前一天关隽臣忽然告诉他，自己要和晏春熙去金陵城内过节。

"那府里的各位公子……"王谨之看着关隽臣正在和晏春熙一起挑出去时较为不显眼的衣服，试探着问了一句，"前些日子霜林还跟我问起您，这会儿重阳佳节，您夜里也不回来吗？"

晏春熙本兴致勃勃的，听到王谨之提到其他院的公子时，虽然没说话，身子却突地僵了一下，一双杏眼看向了关隽臣。

关隽臣登时有些尴尬地咳了一声，不悦地微微眯起眼睛。往日里王谨之向来能体察他的心思，可是这会儿这问话未免太不识趣了。

关隽臣故意不看晏春熙，板起脸问了句："霜林？"

他倒也不是假装，实在是一时之间记不起这是谁，可随即便想起来是平南王送来的那个异域的蓝眼少年。

他摇了摇头，不高兴地道："我想去哪儿难道还要叫人允准不成？我和晏春熙去城里过重阳，夜里回来得晚。叫他们都各过各的，你清楚了？"

虽然关隽臣脸色很不好看，可王谨之一点也没有因为惹恼他而感到沮丧。王谨之躬身行了一礼，脸上甚至有点笑意，应道："清楚了。"

关隽臣不愿意在这个日子发脾气，哼了一声，继续道："难得过节，府里的下人若是无事的，也可打发出去让他们过节，这些琐事你自己看着办便是了。若是无大事，别来烦扰我。"

"是。"王谨之应了一声，很快便退了出去。

关隽臣见王谨之出了房门，摆出来的架子才终于卸了下来。

他低下头，有些讨好地对晏春熙道："熙儿，夜里想吃些什么？这会儿正是蟹最肥的时候，金陵城中醉仙楼的蟹做得最是美味，醉仙楼百年老店，窖里还有远近闻名的甜秋酿，咱们不如去尝尝？"

晏春熙看了一眼关隽臣，随即垂下头，只是轻轻应了声"好"。

关隽臣心中登时有种松了口气的感觉。

甜秋酿名贵，喝过的人并不多，晏春熙自然也不熟悉。关隽臣却是知道的，此酒尝下去初时颇甜，虽然温和不伤身，可几杯下去，酒意上来，醇厚醉人。

重阳节的傍晚时分，宁亲王悄没声地出府了，除了王谨之和白溯寒等亲近的几人之外，府里其他人毫不知情。关隽臣和晏春熙一人一匹白马，踏着浓浓的暮色，一起往金陵城中央方向而去。

晏春熙并非不会骑马，只是他这两年来颠沛流离，入王府之后再没怎么出过府，乍一上马，还真有点歪歪斜斜、不太适应。

关隽臣则不同，他曾经征战沙场数年，驭马之术更是驾轻就熟，可是他见晏春熙那有些紧张的模样，也起了点坏心思，竟然故意一鞭打在了晏春熙那匹马的臀上。

那马登时向前蹿了出去，惊得晏春熙赶紧抓紧了缰绳，气恼地转头看向关隽臣："你、你别来吓我——"

关隽臣见少年骇得有些脸色发白，倒"哈哈"一声开怀大笑，左手一提缰绳，已经纵马跃了出去，衣角在猎猎的狂风中肆意地翩跹。

晏春熙望着关隽臣的背影，不由愣了一下。

关隽臣今日自然没有再穿繁琐的亲王袍服，一身简练的黑衫，乌黑的长发不着玉冠，只用月白色的绸带高高束起，虽然不若往常雍容华贵，可仿佛也褪下了平日里的一丝阴沉。

或许关隽臣自己也不知晓，他已经许久不曾这样爽快地大笑过了。他发丝拢起，露出高高的美人尖，双眉扬起时，竟仿佛是只有二十来岁的昂扬青年，不知有多么地意气风发。

就连本有些慌张的晏春熙都在那一瞬间看得怔住了，他虽记着握紧了缰绳不要跌下马去，心里却不禁感叹，王爷当真是人中龙凤。

快马之下，金陵城转瞬即到。这会儿夕阳将落，在渐渐染上夜色的苍穹之下，金陵城华灯初上，金桂的香气弥漫在青石街道上，就连守城的士兵也一改往日的严肃面容，放行时甚至还挥了挥手。

一进城，便是一副车水马龙的景象，关隽臣和晏春熙翻身下了马，随即陷在摩肩接踵的人群之中，只能慢慢随着人潮前行。

若是往日，这般的拥挤或许会叫人烦躁，可今时今日，来来往往的人们都带着满面笑容，灯火交映在他们的脸上，那种真切的欢乐叫人心中涌现出一种难言的悸动。

街道两侧，卖什么的小摊贩都有，有用糖浆捏的糖人，有糕饼，有丝竹班子在弹唱，还有玩杂耍的。那盛景，实在是晏春熙生平罕见，他不由睁大了眼睛，目不暇接地看着这一切。

在人潮之中，经常有顽皮的孩童手里拿着父母为他们做好的灯笼，拨开人群肆意地奔跑着。

忽然，晏春熙感到腰部被撞了一下，低头一看，却是一个眼睛大大的、手里挽着花篮的小姑娘，她抬起头甜甜地一笑，开口道："小哥哥，你真好看！买一个花环吗？都是我今天摘的鲜花编的，只要十枚铜钱！"

晏春熙还是第一次被叫"小哥哥"，脸稍稍有些发烫，还没等他说话，一旁的关隽臣就已经放了一锭银子在小姑娘的花篮里。

"就这个红色的吧，银子不必找了。"关隽臣俯身，轻轻摸了摸小姑娘的头，然后从花篮里挑了一个红艳艳的花环。

卖花的小姑娘看着那锭银子，怔愣了片刻，随即抬起头，眼睛亮亮的，说："谢谢小哥哥，谢谢大哥哥。"

她说完之后，挽着花篮兴高采烈地钻入了人群之中。

晏春熙转头，见关隽臣看着他，那双往日里森冷的漆黑丹凤眼在满街的华灯下，闪动着光芒。

人潮熙熙攘攘，没有人注意到在这市井之中，有一位大周王朝的亲王与他挚友相视微笑。

"我想要灯笼。"晏春熙小声道。

"好，咱们边走边挑，挑个最漂亮的、最大的。"

"我还想吃馄饨、吃糖葫芦！"

"好，都吃，一样样吃。"

"我还……"

晏春熙的话还没说完，却被关隽臣转过头揉了一下脑袋。

他一下子不再说话了，忽然觉得眼睛有些发酸。

他已经不记得自己曾几何时这样快乐过，快乐到眼眶都发酸，只能微微抿紧嘴唇才忍住了想要流泪的冲动。

他在这个夜晚，无法克制地爱上了金陵这座城池，爱上了重阳节的热闹喧嚣，爱上了这大周最平凡却又最不凡的市井街巷。

他爱极这人间，爱极了与关隽臣走在人间的每一步。

活在这一刻，是多么美好啊。

············

关隽臣和晏春熙到了醉仙楼的雅间时，宁王府中却显得甚是安静。

王谨之依照着关隽臣先前的吩咐，将府中的下人能放的都放了出去过节，还分发了几两银子，其中便有程亦轩院里服侍着的南玉。

南玉年纪不大，还是小孩心性，拿了银子自然是乐得进城看灯了，还先跟程亦轩请示了一下，想在城中过夜不回府了。程亦轩自然是答应，他本就是没什么脾气的人。

入夜之后，整个王府颇是安宁，可程亦轩早就守在了鹤苑大院的后门。到了亥时，门外突然传来了布谷鸟的叫声，两长一短，重复了三次。

程亦轩靠在门边，听到最后一声时，便马上打开了院门。

站在外面的那人刚迈进院子里，他就咕哝着道："谨之哥哥……你终于来了！"

王谨之平日里严肃的面容上露出了一抹温和的笑意，他把手里包好的食盒提起来，低声道："我带了羊肉面和花糕，还带了菊花酒，都是重阳节的吃食，可好？"

月光皎洁，少年眼里满是欣喜，连连点头："好、好，都是我爱吃的。"

在规矩森严的宁王府之中要瞒过所有人难如登天，自那日程亦轩落水之后，两人便再也没了私下一同说说话的机会。

初时王谨之还会偶尔为这逾矩之事感到歉疚，甚至面对关隽臣时有些不自在，可随着时日渐久，那份歉疚很快便被磨灭了。

两人径自回到室中,在明明灭灭的烛火间,对饮一杯菊花酒。虽是风寒露重的秋夜,却如同置身春天般温暖。

....

哪怕是在这当儿的重阳时分,醉仙楼作为金陵城第一楼,仍没半点繁乱的迹象。

一楼的大堂中央请了丝竹班子奏着雅乐,堂中虽然满座,却多是些文人墨客、世家公子,在这名流云集的当儿,自然无半点嘈杂的举动。

到了二楼,显然更是安静了,一个个隔开的雅间以梅、兰、竹、菊、霜、雪、风、寒八个字分别命名。

关隽臣早就定了陈设最雅致、赏灯视野最好的梅阁,几个衣着整齐的小厮不远不近地守在梅阁外面,只要关隽臣稍一提声,便能立时听到。

上菜的单子是关隽臣亲自定的,按照晏春熙的口味,姑苏的卤肥鸭自然必不可少,黄鳝、红烧肉等荤菜也没少点。

"哎,还真像你说的那般,前些日子的鸭最好吃,这会儿再吃,便有些太肥腻了。但、但这儿的师傅功力当真厉害,做得还是这般香……"晏春熙一边吃一边道,他虽然先前和关隽臣关系着实差到了极点,可关隽臣说过的话,他还是不知怎的就记在了心里。

少年前些日子本瘦得厉害,可这会儿神采飞扬起来,还是那般好看。

"小家伙,"关隽臣伸出手将晏春熙散落在脸颊边的发丝别到耳后,温声道,"许久没见你这么好好吃东西了。"

晏春熙抬起头,脸蛋红扑扑的,看向关隽臣,还没等他说话,醉仙楼的小厮就叩了叩门,随即端着个蒸笼走了进来。

那米黄色的蒸笼好生大,小厮动作有些夸张地掀开笼顶,里面整整齐齐摆着六只极肥的大闸蟹,蟹螯上裹着紫苏,红彤彤地摆成三排。

"王爷,掌柜的给您挑了最肥的六只母蟹,您瞧瞧。"

小厮的声音极是轻快,他伸手将一只蟹翻起,只见灯火下,蟹腹部的甲壳都已经被满满的金黄色蟹膏给顶得翘了起来,看得晏春熙目不转睛。

小厮也不再耽搁,从另一名小厮的托盘上捧起一盘精致的金钳金剪,还有洒着花瓣的净手水盆,以及一个青玉酒壶,慢慢地摆放到了桌上,笑着道:"还有咱们醉仙楼的招牌——上好的甜秋酿,两位慢用,小的们在外面候着。"

晏春熙的心思全放在桌子上那一笼大闸蟹上了,他虽然眼馋,可不太会料理这东西,不由巴巴地看向了关隽臣。

"我来?"关隽臣声音低沉地问。

"嗯。" 晏春熙虽这么轻轻应着,可一双眼睛压根没工夫看关隽臣,只盯着笼里的金黄色的膏蟹。

关隽臣又好气又想笑,无奈地挽起袖口,伸手拿起一只最肥美的膏蟹,熟练地撬开腹部的壳,然后将盛着蟹膏的壳整个递给晏春熙。晏春熙也不和他客气,接了过来便张嘴要吃,可是马上又被刚蒸好的热腾腾的蟹膏烫得吐了下舌头。关隽臣看着少年那小猫似的模样,想他究竟还是年轻人脾气,馋得厉害,眼里不由闪过了一丝笑意,但还是收敛了起来。

"急什么,还不都是你的。"他一边说着一边拿起青玉酒壶,为晏春熙和自己面前的玉杯都斟满了酒。

甜秋酿是醉仙楼压箱底的招牌了,琥珀色的酒液刚从酒中倾泻而出,便有一股馥郁的甜香弥漫在梅阁之中。酒味缠缠绵绵的,只隐藏着一丝在浓厚的花果清香之中,叫人闻起来有种难以割舍、飘飘欲仙的感觉。

哪怕晏春熙平日里不爱饮酒,也不由得有些迷醉在这样的香甜之中。

"熙儿,来。"关隽臣先举起了杯子。

他身份贵重,平素极少这般主动敬酒。只是今日不同以往,在摇曳的灯火之中,在这家家喜乐的欢庆时节,他面前的少年颈间一个红艳艳的花环,抬起头一双杏眼看着他时,亮得像是此时此刻长空中的星辰一般。

关隽臣的心境是前所未有地激动,他想了许久,终于轻声道:"我敬——人生未易相逢。"

两人都不由得想起了十二年前的事。

晏春熙的眼里瞬间不由自主地泛起了一丝酸楚的水光,他悄悄地低头吸了一下鼻子,这才举起面前的玉杯,仰头将酒一饮而尽,直到脸上都因为饮得过猛而泛起了红意,才看着关隽臣道:"王爷你、你还记得……"

成哥哥,十二年了……人生未易相逢,我无父母,无亲眷,你是我在世上唯一的念想了。

"我记得。"关隽臣的声音微微沙哑。

是的,他记得。晏春熙曾经与他说过的那些话,他都记得。

人间一遭,缘分不易,他何其有幸,才和晏春熙有这般的相逢——

关隽臣再次将两人的玉杯斟满,晏春熙也很快就饮尽了。

两个人这段时日来许久未曾说过这般入心的话语,在这样的氛围下,胸口有好多话想说，却都有点不知如何说出来，酒自然也喝得更快。

甜秋酿入口甜蜜，乍一尝似乎不像是酒，可那一丝一缕的醇厚酒意很快便从身体中翻腾而起，远比其他的酒酿劲更大。

晏春熙本就不胜酒力，再加上甜秋酿又带着隐秘的暗劲，这才三四杯下肚，就有些头晕目眩。

"熙儿，"关隽臣自然也看得出来，他道，"咱们回府吧。"

"回、回哪儿……"晏春熙脸上露出了一丝迷惑的神色，"你不是、不是要带我过节吗？"

"当然。"关隽臣道，"咱们回府过节。"

少年眼神里泛起了一丝委屈："我连蟹都没吃几只呢……"

关隽臣笑了笑，他袍袖一挥，直接把梅阁的两扇窗推开，明月的清辉一下子洒在他束起的墨发上，泛起波澜一般的华光。

关隽臣就这样拉着晏春熙从窗口一跃而下。

夜风将他二人的衣袂轻柔挽起，晏春熙看着关隽臣，或许因为酒醉，他更觉得两人如神仙般恣意。

兴许是那甜秋酿在身子里作祟，他像是突然回到了十二年前的姑苏。

虽只是从二楼跳到院落之中，但晏春熙感觉在半空中的这一刻是如此绵长。他在夜风拂面中微微仰起头，见苍穹上那一轮明月如此圆满，也像是十二年前的那样啊……

晏春熙不知为何感到心里有点酸楚，他小声地道："可我也还没放花灯……我、我已想好了要写什么愿望，我……"

他本以为这样的喃喃耳语关隽臣并不会听见，却忽然听见关隽臣低声问："熙儿，你许了什么愿？"

"说与你听，岂非不灵了。"晏春熙慌忙摇了摇头。

关隽臣微微一笑，他在月光下这样笑起来，当真是极好看的。

他那眉眼温柔地舒展开来，连眉间的剑纹都散去了往日的煞气。

十二年前寒冬夜雪，高大的冠军侯一身锦衣，背负双手站在红梅树下。

那一幕虽然曾多年萦绕在晏春熙梦中，但如今仿佛越来越遥远。

如今他不信神明，关隽臣也不再是什么天边寒月。

他们只不过是红尘之中……再普通不过的一对知己。

他们一骑绝尘，将重阳佳节的月光都甩在了马蹄声背后。

关隽臣带着晏春熙策马返回王府，由侧门而入，但未下马，而是径自一路骑到了流芳阁。

晏春熙本就少喝酒，再加上甜秋酿后劲极大，这会儿更是晕晕乎乎，他隐约知道自己身在何方，可眼里好似连周围的景物都看得模模糊糊。

关隽臣本唤了下人来帮他更衣，可少年醉得糊涂了，只一个劲地拽着他的袖子，吵着要下棋。

关隽臣也就依了他，想想也是，他好久未曾与晏春熙像从前一样下棋了，这会儿少年既然想玩，陪他便是了。

只是这棋艺乃是要静心细思的，晏春熙这般酒醉，有时候干脆就是乱下一气，却又顽皮地按着关隽臣不许他落子。

就这般无奈地陪着下了几盘，关隽臣见少年兴致颇好，想趁着今日与他把那幅《盼春归图》画好。

关隽臣刚起身从柜中拿出画卷，放到案桌上时，晏春熙虽然已经醉得有些糊涂了，但看到当日那幅叫两人突然决裂的画时，眼里还是闪过了一丝黯然。

"成哥哥，我、我有些困了……"少年抬起头小声道，"想睡了。"

他这般显然是托词，明明方才下棋时还在耍赖，这会儿却突然说自个儿困了。

关隽臣的面色微微阴沉了下来，眸色也不由因为怒意显得深了些，他一字一顿地道："晏春熙，你戏耍于我？"

他其实也不想这般生气。他自觉已关照晏春熙到了极致，这般放下身段去百般斡旋，他二人今日明明相处得十分融洽，喝酒、吃蟹，晏春熙又陪他胡乱下了几盘棋，明明看起来已经重归于好，可突然又这般明显地敷衍他，他身份尊贵，怎能不怒？

"成哥哥，我不是……"晏春熙见关隽臣的脸色冷了下来，心里也有点发颤。他怎会想在这会儿让关隽臣不痛快呢？可他实在是心有余悸。

关隽臣等了半晌，仍等不到晏春熙的下文，想想也实在无味，转身就要走。

晏春熙慌张地转过头，无助地看着马上就要离开的关隽臣，忍不住伸手抓住了他的袖角："成哥哥……你、你去哪儿？"

少年的眼神甚是可怜，语气也颤颤的，在灯火下眼里一片湿润，像是一只被抛弃的小动物。

关隽臣心里不由软了一下，但随即又因为这片刻的心软而越发生自己的气，直接甩开了晏春熙的手。

他其实也不知道自己想去哪儿，可是见晏春熙这么问他，一下子就察觉到少年此时在意什么，马上冷冷地道："我去程亦轩那儿看看。这偌大的王府——我还不至于没地方去。"

鹤苑大院因南玉已出了府，没半个下人伺候着，整个院落静悄悄的。然而内室却燃着明亮的烛火，照得人心头发暖。

"轩儿，前几日我托人从荆州带来的小点心，你可是吃完了？不如我再去弄点？"

"没呢，总有点舍不得，一日里只吃一点点，倒还有好多呢。"

"那有什么舍不得的。"王谨之眼里泛起了一丝疼惜。

"轩儿，其实今儿我本是想给你这个。"王谨之看着程亦轩，拿出一枚青玉坠，叹了口气道，"虽不是太值钱的东西，但此物已跟随我多年，只怕王爷还有王府里也有不少人知晓，因此如今尚有些不便。但我寻思你一向小心，便还是先给了你，叫你安心些也是好的。"

程亦轩眼里泛起了一丝湿意，他伸出手接过那枚玉坠，轻轻摩挲着。

王谨之见少年不说话，忽然又从衣袍里摸索出了点东西，轻声道："你瞧瞧，这是什么？"

摇曳的灯火下，程亦轩仔细看了一下，王谨之掌心竟然是一大一小两个用狗尾巴草编的小兔子，那毛茸茸的长耳朵颇有神韵。

"大的是我，小的是你。"王谨之用狗尾巴草那毛茸茸的尖儿搔了搔程亦轩的脸蛋，然后才将两只草兔子递到程亦轩手里。

程亦轩忍不住一下子笑出了声，痒得微微摇头，眼睛都乐得眯了起来。

狗尾巴草遍地都是，不算多么稀奇，程亦轩也不是七八岁的小孩了，哪会真的被这种小东西哄到。

只是王谨之平日里是多么沉稳严谨的人，程亦轩只是想到他仔细地折下狗尾巴草，一点点地编出两只兔子来的模样，便觉得又好笑又可爱。

"不好，我要大的兔子。"程亦轩故意偏过头，说，"我要一个最大的兔子。"

王谨之也微微笑了，温声道："那轩儿去外面院里折几根狗尾巴草，我教你编一个最大的，好不好？"

"那你等我。"程亦轩兴冲冲地拿着两个草兔子跑了出去。

只是程亦轩才刚迈出房门,便看到了月下那一道高大的身影。

他一抬头看到那人的面容,脸色瞬间变得煞白,连手里的狗尾巴草也慌得掉在了地上。

"王、王爷……"他跪在地上,声音颤巍巍地道。

关隽臣低头看着跪在地上瑟瑟发抖的程亦轩,脸色微微阴沉下来。

"你怎么这般怕我?"他低下头问道。

关隽臣这问话着实有些模棱两可,程亦轩此时也不知关隽臣究竟在这里站了多久,又是否有听到别的动静。

他本就那般畏惧关隽臣,浑身上下都因为害怕而止不住地发着抖,甫一开口就磕磕巴巴起来:"王、王爷,轩儿……轩儿只是没想到您会这会儿前来。"

关隽臣眯了眯眼睛,一听程亦轩这话,顿时又想到刚刚的事,脸色更是不悦。

他倒根本不觉得是他自己甩了脸色要走,反而觉得是晏春熙生生把他赶了出来,这会儿听程亦轩这么说,登时又触了他的霉头,他冷冷地哼了一声:"怎的,我来不得?"

程亦轩跪在地上,虽然骇得厉害,可也隐约感觉关隽臣似乎并未察觉到异样。然而,这并非就意味着他和王谨之没了危险。

少年沉默了一会儿,终于抬起头,声音颤颤地道:"王、王爷……轩儿身子还未全好……怕、怕是弹不好琴,怕惹您生气,求、求您……"

若是往日里,关隽臣脸色都已经如此,他哪敢说出半点推拒的话。

他一向十分胆小,如今却是一颗心都系在屋子里的王谨之身上,因此哪怕现在触怒关隽臣可能会赔上性命,他也决计不能叫关隽臣进屋。

只是他的意愿从未被关隽臣重视过,哪怕这样咬着牙说出口,他心里也一阵打战,这声哀求出口都带上了一丝哭腔。

关隽臣一时之间也不由怔了一下。

他在晏春熙那儿被拒绝之后,多少有点恼羞成怒,迈出流芳阁时,心下也有点茫然。深夜出来,他其实还真的不知道该去哪里,再加上内心堵着一口气,无意间便往程亦轩这边走了过来。

可才刚走到程亦轩院子里,他便马上止了步。他忍不住想,他这样一走,那个小家伙会不会就此生他的气了,会不会又不理他了。

145

一念至此，他再也站不住，本想转身走了，但也就是这时，程亦轩突然打开了房门跑进了院子。

程亦轩本是兴致勃勃的，可一看到他，倒像受了惊的兔子似的，且这会儿竟然还敢对他说出推拒的话。

关隽臣本该勃然大怒，可古怪的是，他竟然好像不太生气了。

那一瞬间，他忽然想到了刚刚在流芳阁里，少年也流露出了害怕和抗拒的神情，他莫非真的这般可怕吗？

"你就这么怕我？"关隽臣慢慢地蹲了下来，直视着跪在地上的程亦轩，声音低沉地又问道，"可是因为我先前打你，所以你才这般怕我？"

程亦轩登时有些慌张起来，他入府许久，从未见过关隽臣在他面前蹲下来。此人身份尊贵，何等高高在上，此刻在夜色中，那双尊贵的丹凤眼里神色有些深沉，眉头微微皱了皱，似乎是在思索着什么。

这位宁王爷今夜似乎与往日里隐约有些不同。

可是他的问话，程亦轩又怎敢照实回答。

程亦轩嗫嚅着还未应声的时候，只见关隽臣深深地看着他，问了一句："你觉得，晏春熙是不是……也很怕本王？"

程亦轩也看着关隽臣，额头不由因为紧张而冒出了几滴汗珠。他其实并不是个脑子十分灵光的人，也实在不太明白该如何回答这种问题。可是在那一刻，或许是想要保护王谨之和自己的心情压倒了一切，他竟突然灵光一闪，有些把握住了某种说不清道不明的关窍。

"王爷，"程亦轩的声音还有些发抖，却认真地道，"晏公子不怕您。"

"晏公子……他在乎您，"他努力地思量着措辞，终于慢慢地继续道，"他知道您也一般地看重他，他不怕您。"

关隽臣一双狭长的丹凤眼凝视着程亦轩，过了半晌，他眼里终于慢慢泛起了一丝笑意，那抹笑容从他眼里渐渐漾到了嘴角。

在月光下，他的轮廓实在生动，薄薄的嘴唇，高挺的鼻子，还有嘴边那隐约露出的酒窝。

程亦轩从未见过关隽臣露出这般和煦的笑容，也未想到这位阴沉倨傲的王爷竟有这样温柔的时候，一时之间不由怔住了。

"这是什么？"关隽臣似乎想开了什么，漫不经心地捡起程亦轩方才掉在地上的两只狗尾巴草兔子，低头随便看了看，随即便颇为不屑地眯了下眼睛，又转手递给了程亦轩，"真是小孩子家的玩意儿……"

程亦轩吓了一跳,手里都有些冒汗,但还是赶紧接过了那两只草兔子。

他抬起头,仍有些不知所措。

"既是身子不适,就多歇息。"关隽臣只是站起身,用双手撩起袍角轻轻抖了一下尘土,他看了一眼程亦轩,淡淡地道,"我瞧你这些时日下来,气色倒还不错,人也胖了些,应是调理得还算得当。有什么想吃的,你自己与王管事说罢。本王先回流芳阁了。"

他留下这么一句话,袍袖一挥,转身便往院外走去了。

程亦轩这么跪在地上遥遥地看着关隽臣的身影彻底消失在院外,这时才整个跌坐在地上。

方才那么一会儿工夫,他的冷汗已经浸湿了背后的衣衫。

许是方才太过紧张,直到关隽臣已经离开院子,程亦轩才感到一阵切实的恐惧。

他这条命倒也罢了,死不足惜,可若是、若是连累了王谨之……

程亦轩越想越后怕,一时之间双腿发软,竟没有力气站起身来。

程亦轩大口地喘息着,直到勉强站起身来转过去时,忽然看到不知何时从房里出来的人,颤抖着开口道:"谨之哥哥……"

少年的脸色煞白,眼里不由泛起了泪意,他忍不住哽咽着垂泪道:"谨之哥哥,刚刚……你怎的不趁机走啊?府中规矩森严,万一王爷进了屋,你……若你被我连累,我、我……"

他没把那句话说完。

那样好的王谨之——是他哪怕拼了命也想要保全的人啊。

王谨之却只是摇了摇头,低声道:"我不能走。"

方才那片刻,于他而言,亦让他尝到了平生从未有过的恐惧。

他与关隽臣和程亦轩只有一道门之隔,听着程亦轩与关隽臣对答之时,一字一句间,仿佛随时会万劫不复。

他自然可以走,却又万万不能走。

他明白程亦轩的意思是想要拖住关隽臣,叫他从后院偷偷溜走。

可是王谨之思虑何等周密,且不说这是否会惊动本不以为意的关隽臣,若他当真走了,留下程亦轩一人,届时出了什么事他更是无法照拂了。

所以他怎会离开呢?方才贴着房门仔细听着动静时,他每一刻都极力克制着想要冲出去的冲动。

跪在院外的少年,往日里明明那般胆怯,到了这时候却比谁都勇敢。

方才那番对答，少年分明是只想着叫他安然离开，不顾自己可能会落得何等惨烈的结局。

　　一念至此，王谨之便感到胸口酸楚。是他太愚笨迂腐了，若他一直执着于所谓的忠义，那程亦轩要为了他的迂腐付出多么大的代价？

　　这样的事情，再也不能发生了，一次也不行。

　　一贯沉稳从容的王府大管事此时连双眼都通红起来，他沙哑着嗓音，急促地道："轩儿，好孩子……只待过几日，我将手头和外面的事情准备一下就带你走。咱们离开王府，再也不回来了，好不好？"

　　程亦轩看着王谨之，过了良久，少年无法自抑地发出了一声小鸽子似的咕哝声，呜咽着道："好……我、我都听你的。"

　　重阳节那一夜，月光正好。

　　皎洁的月华温柔地洒在他们身上，却不知为何有种淡淡的哀愁。

　　后来王谨之时常会想，为何要多等那几日呢？

　　要知道，人世间，许多事本就不能等的。

　　那一夜，他们本该离去。

第七回

关隽臣从大院往流芳阁走,走到一半时便觉得头有些昏昏沉沉起来,他用手摸了下额头,果然烫得厉害。

关隽臣不由微微皱了皱眉,他虽然近来有所懈怠,可终究是精于武道之人,身体上的小毛病近几年都不曾有过。

只是今夜于他而言实在有点难挨,那甜秋酿他自己亦是喝了不少,心中有气,之后只穿了件单袍就出了流芳阁,又在这秋风瑟瑟的夜晚在王府里走来走去。

这一冷一热间一折腾,倒让他染上了风寒之症。

久久未病之人突然有恙,发作得就颇为厉害。

关隽臣才又走了两步,就觉得脚步虚浮得厉害,头也越发疼了起来。

他微微运了运内力,这才压住难受的感觉,往流芳阁里快步走去。

推开房门之时,关隽臣眯了下眼睛,见房里只点了两根蜡烛,颇为昏暗,晏春熙单薄的身影孤零零地伏在一旁的榻上。

少年听到他推门进来的动静,似是迟疑了一下,然后才起身迈步走过来,站到关隽臣面前。

少年的脸蛋在寥寥的烛火下显得有点憔悴,他抬起头,眼神里隐隐有种倔强,他凝视着关隽臣,问:"你、你方才真的是去……去程公子那儿了吗?"

"只是去看看。"关隽臣咳嗽了一下,低声解释道。

晏春熙看着关隽臣,那双圆圆的杏眼里浮起了一丝惶惑,他沉默了一下，之后才半信半疑地小声问:"真……真的吗?"

关隽臣真是有点撑不住了,他头疼得厉害,本就有点难以思虑,不由又犯起了以往尊贵王爷的臭脾气。

他沉下脸,声音有些沙哑地道:"我与程亦轩说了几句话便回来了。这一遭平白吃了一肚子的冷风,倒折腾出风寒了。你若不信,那便罢了,我如今头疼得紧,要歇息了。"

他说着也不理晏春熙,径自转身去床榻上躺了下来,然后闭上了双眼。

晏春熙好一会儿没说话,过了许久,关隽臣才隐约感觉到一只微凉的手轻轻摸了下他的额头,少年似乎被那温度惊了一下,轻轻"嘶"了一声。

"成哥哥……"少年小声道,"你额头好烫,我去给你叫王府的大夫来看看,好不好?"

"别叫。"关隽臣闭着眼蹙了蹙眉,直接拒绝道。

他此时不仅头疼,浑身也有些酸痛起来,只想躺着好好睡一觉,什么大夫,统统不想见。

晏春熙又沉默了一会儿,似乎轻轻叹了一口气,随即关隽臣便感到少年凉凉的手掌一下一下轻轻地按揉着他的额头,倒是感觉颇为舒服。

"我多用湿帕子擦手,这样帮你揉揉,凉快一些,兴许也舒服些。"晏春熙有些迟疑地抿了下嘴唇,心虚地小声道,"成哥哥,你还生我的气吗?"

关隽臣睁开了眼,一时之间不由语塞,其实先前那点气恼如今已烟消云散,他只是多少有些抹不开面罢了。

"我没生你的气。"他到底还是这么说道。

"你不愿看到那幅《盼春归图》……可还是因为无法将肚皮上那点软肉露出来?"关隽臣仍记得少年说过的话,因此趁势问了出来,"如今……你还是会害怕我,是不是?"

虽然先前曾有许多不堪的过往,可过了这么些时日,他自认对晏春熙十分温和,两人在金陵城的重阳夜市明明也那般和睦,可少年仿佛仍无法摆脱往日的梦魇,这着实叫他有些不知所措。

晏春熙咬住嘴唇,一双杏眼里浮起了痛苦的神色,迟疑了许久才喃喃道:"成哥哥……以前的事,我其实一直都想忘记,可心里总像是……有道坎。

"这些时日下来,我、我多少知晓你有你的难处。我本不想矫情,我也晓得，人要往前看，不该一直对过去的事情念念不忘……可哪怕对自己说了那么多，方才，我还是忍不住……

"那《盼春归图》，是我和成哥哥初识的记忆，成哥哥愿意记着，我……我当初一见了便满是欢喜，可也是那时，我与成哥哥生了那般大的嫌隙，险些就无法转圜……"

晏春熙说到这里似乎又回想起了那时的场景，眼圈一下子便红了起来，他于是痛苦地闭上了双眼，声音微弱地开口道："成哥哥，我对你的敬仰没有变过，可是你明不明白，原谅——真的好辛苦、好辛苦……"

关隽臣的胸口泛起一阵尖锐的痛楚。

他叫人毒打晏春熙，把少年当物件一样送出去，还自以为是地以为这一切能被抹除。是啊，去伤害是一件多么简单的事，只要狠下心来便能做到。

他居然以为轻轻松松地和晏春熙说声是他错了，便能高枕无忧地等待少年如往常一般对他。可他竟然此时才明白，他是将最艰难最痛苦的一件事留给了晏春熙去面对。

晏春熙坐在榻旁，把脸埋在臂弯里，身子微微颤抖着，始终不肯把脸露出来。

关隽臣知晓少年此时定然是心里想起了那些不快的过往，又不愿意显露出太脆弱的一面叫他看到，于是也不勉强，只是像哄着做了噩梦的孩童一般轻轻拍着晏春熙的背脊。

过了半晌，他终于嗓音有些沙哑地道："我明白、我明白的。那就不原谅，不要轻易原谅我……"

关隽臣说到这里，也不由苦笑着叹了口气，说："就这么让我等着，熙儿想让我等多久，我就等多久，好不好？"

晏春熙听他这般说，终于微微抬起头，眼里还有一丝未褪去的酸楚和惶惑，他看着关隽臣，小声地问道："成哥哥，你……会一直等着我吗？"

"嗯。"关隽臣看着晏春熙，低低地应了一声。

少年一双圆圆的杏眼里终于燃起了一丝明晃晃的亮光，他脸上那不安的神色渐渐和缓了下来，又怯怯地多问了一遍："真的？"

"真的。"关隽臣叹了口气，低声道，"等我好了，咱们再一起下棋，当日你耍赖才赢了我几盘，我可是不服的。"

晏春熙听他这般说，忍不住"噗"地笑了起来，他近些日子鲜少这样笑，一对浅浅的小梨涡露了出来。

少年笑了一下，可随即便用洁白的牙齿咬了一下嘴唇。

他慌忙又用手摸了摸关隽臣的额头，触手之处只觉得烫人，眼里登时浮起了一丝忧虑，还没等他开口，关隽臣就已经沉声道："没事，我的身子我清楚，明日再叫大夫来看便是了，不过几日便好了，别忧心。"

"成哥哥，我、我陪着你，你快睡吧……"

关隽臣这一觉倒的确是睡了个昏天黑地，可次日醒来之时，没想到他迎来的不是王府的大夫，而是奉诏前来的乌衣巷指挥使夏白眉。

兴许就是那一夜，大周成德三年的秋天悄然迈向了尽头。

"王爷、王爷……"

关隽臣是被一阵急切的唤声吵醒的。他才刚睁开眼，便瞬间感到头如同撕裂般痛了起来，连鼻息都热得像是整个人烧了起来似的。

"可是有事？"

关隽臣见王谨之微微躬身站在床榻边，他虽然此时脸色极差，可也知道王谨之绝不是莽撞之人，因此顿时便知定是有紧要事。

"王爷，乌衣巷夏指挥使清晨奉诏前来——他已在正心殿前等着宣旨了。"

"皇上有旨意？"关隽臣的脸上一下子浮起了一层寒霜。

他当然知道夏白眉亲自前来宣旨意味着什么。他早有所预料，只是没想到这一天来得竟这般快。

"待我更衣。"

他刚下床，王谨之便神情凝重地开口道："王爷，夏指挥使说，他有圣上口谕……今日除了宣旨一事，他还要见到晏公子。"

"什么？"关隽臣猛地站了起来，眉间那道剑纹顿时拧了起来。

他知道夏白眉定是冲着他来的，平南王谋逆大案悬在那儿，数月来都未曾审理。

这不是因为周英帝不打算动手，而是因为在周英帝这盘大棋之中，他关隽臣才是周英帝真正步步紧逼，想要彻底吃下的那条大鱼。

他有所准备、有所调度，绝不会束手就擒。

可是夏白眉这一招，一下子便击中了他最虚弱的那一根软肋——

晏春熙。

关隽臣一双丹凤眼阴沉地眯了起来，他用手指轻轻按了按一跳一跳、剧痛无比的太阳穴，声音沙哑地道："把白溯寒叫来。"

他说到这里，微微顿了顿，脸上带了一丝冷峻，一字一顿地道："然后叫人为本王和晏公子更衣，夏指挥使亲临宣旨，礼制上不能马虎。"

"是。"王谨之自然早有准备，他转身出门，紧接着便带了捧着亲王袍服的司月回来。

司月小心翼翼地伺候着关隽臣更衣，关隽臣则默默地凝视着铜镜。

镜中的他一身绛紫色滚金亲王袍服，腰间系玉带，黑色的长发则拢起高高束入赤金冠之中，端的是华贵无匹。

好一个盖世王侯。

他的眼帘微微垂下，敛住了阴冷的眼神。

…………

晏春熙还在睡梦中便被司月唤了起来，他有些纳闷，可司月也说不上是什么缘由，只是面色凝重、急匆匆地帮晏春熙更衣。

晏春熙出身优渥，也对礼制有所了解。他一见身上穿的袍服规制与往日都有所不同，便感觉到今日定是有大事发生。

他顾不得别的，刚一穿戴好便赶紧走出内室。

只见关隽臣双手背在身后，站在窗前，沉默地望着窗外有些肃杀的秋色，而王谨之和白溯寒都低着头躬身站在他身后，整个中堂里，仿佛无形之中阴云密布。

"成哥哥……"

晏春熙一见关隽臣身上的亲王袍服，脸霎时间便有些白了。

宁王府坐镇金陵，乃是从一品亲王的府邸，能让一位当朝亲王大清早换上全套亲王袍服的，只可能有一个缘由——

宫里遣人宣旨。

关隽臣转头看了晏春熙一眼，却没应声。

他黑发高束，鬓角也整齐地修好，露出了光洁的额头，面无表情的样子显得格外疏离，仿佛陡然间便成了那位高高在上的宁亲王，与昨夜温声细语的他像是截然不同的两个人。

关隽臣不应声，白溯寒和王谨之自然也不会开口。

晏春熙不由顿住了话语，他微微张了张嘴，觉得极是尴尬，那声"成哥哥"也显得格外唐突，于是想问的话也突然之间问不出口了。

关隽臣转过头，只是微微张开双臂，王谨之顿时会意，马上拿着一袭墨色狐裘披到了他身上。

关隽臣又望了望外面的天色，淡淡地道："今日陡然间冷得厉害，想必……是快要入冬了。"

他这般说着，从王谨之手里接过另一袭狐裘，然后慢慢走到仍不知所措的晏春熙面前，将狐裘展开，披到了少年身上。

晏春熙抬起头，有些茫然地和关隽臣对视了一下。

关隽臣那双漆黑的丹凤眼如同深潭一般，几乎叫他看不清关隽臣究竟在想些什么，可是那瞬间，他心里忽然慌得厉害。

"成哥哥……"他又小声唤了声。

"你别冻着。"关隽臣低下头，轻轻地将狐裘的系带在少年的颈间仔细打好结，他又深深地看了一眼晏春熙之后才转过身，声音低沉地道，"走，去正心殿前，接旨。"

庄严肃穆的正心殿前，香案已被迅速摆好。

凛冽的秋风中，宁王府的下人们分为两列跪在青石道的两侧，纷纷低下头恭谨地看着地面。

只有晏春熙跪在左手边的首位，小心翼翼地抬起眼帘，看着站在前方的关隽臣和夏白眉。这是他第二次见到这位大周最年轻的乌衣巷指挥使。

夏白眉一身黑色的乌衣巷袍服，背负赤金皇极剑，此次还按全副规制头戴官帽，面覆一层薄薄乌纱，将他的眉目神情都堪堪掩住，只剩下森然冰冷的气势。

他虽然只身前来，可身负圣旨，地位之贵重有如帝王亲临。

"卑职身负圣上亲笔诏书，请宁亲王接旨。"

夏白眉从怀中拿出赤金色的圣旨。他似乎隐约感知到此刻与平日宣旨不同的凝重氛围，虽然拿出圣旨，却并未宣读，而是先抬起头凝视着他面前的关隽臣。关隽臣也凝视着夏白眉，可是隔着那层乌纱，只能隐约看见一对诡异非常的修长白眉。

两人在这一刻的僵持虽然短暂，却足以让周遭所有人都感到一丝诧异。

终于，关隽臣面无表情地撩起绛紫色的袍服下摆，然后慢慢地跪在了正心殿冰冷的地上。

晏春熙在后面看着这一幕，不知怎的，心里忽然溢出了酸楚。

他的成哥哥，他的冠军侯啊……曾经叱咤风云、勇冠三军的盖世英雄，却要这般委曲求全地跪下来，跪在周英帝面前，跪在这大周世世代代沉重而森冷的礼制尊卑面前。

夏白眉沙哑低沉的声音在萧瑟的秋风中缓缓响起："宁亲王关隽臣，功勋昭著、机权果达，乃大周万世之能臣。当今朝野，奸佞横行，朕危忧积心，神魂仓皇，当此之际，则令宁亲王即日入京，以应大局之需。钦此。"

身子不由微微颤抖起来，这一天终究还是来了。

周英帝下诏宣关隽臣入京，天下绝没有比这更危险的旨意了。

晏春熙看着关隽臣跪在他身前的身影，紧紧咬住了嘴唇，他知道这道旨意一接，一入京，关隽臣便如同身在刀俎之下。

关隽臣的头深深埋在双臂之间，看着眼前夏白眉的那双黑色鎏金军靴。那一瞬间，他忽然想到今年年初，也是在正心殿前，那是个大雪纷飞的隆冬之日——

"为人臣者，一饮一啄，无不感沐皇恩，侍奉君上更为天地之纲常。圣上今日御赐金字，臣弟不胜欢欣——长跪一夜，宁王府上下共沐恩赏。"

他长跪一夜，以谢天恩。

字字句句，他如今还记得。

人啊，活在这世上，什么都是圣上恩赐的。

他的名，他的命——这一生，总由不得自己。

他一点点地平举双手，将掌心朝天，平静而缓慢地开口道："臣——接旨。"

夏白眉将赤金色的圣旨递到关隽臣掌中时，不知怎的，正心殿前忽然平地刮起一阵凛冽的秋风，将枯黄的树叶和关隽臣的袍服后摆高高地吹拂起来。

夏白眉隔着乌纱注视着关隽臣在狂风中慢慢地站起身，他乌黑的发丝整整齐齐地拢在金冠之中，虽然仪容依旧，可是眼角浅浅的纹路带着一种破败后的苍凉和疲惫。

面前这位大周赫赫有名的宁亲王，十多年前，他的威名曾经响彻边陲，他带领的铁骑曾将大周的敌人牢牢震慑于关山之外。

此等风流人物，或许本该在史书上留下浓墨重彩的一笔。

可百年之后，后世之人可还会知晓大周王朝曾有过这样一位天纵英才的冠军侯？

那瞬间，夏白眉竟忽然有些走神。他想起在宫中陪伴仍是太子的周英帝时,那一年,关隽成关山大捷的消息报到长安,先帝龙颜大悦,当晚便写下诏书将关隽成封为大周绝无仅有的冠军侯。

周英帝在东宫彻夜未眠,他将先帝的诏书一遍遍地抄写着,写完一遍,就扔进火盆里烧掉,然后再写。他双眼通红,死死地凝视着案桌上的"冠军侯"三字,像是要将什么东西铭记到血肉之中。

或许,从那一夜起,今日之事,便已注定要到来了。

夏白眉无声地在心中叹息,随即敛起心神,再次开口道:"宁亲王,卑职还有一道口谕要传。"

关隽臣幽深的眼神叫人看不出他在想些什么,他问道:"口谕?"

"是。"夏白眉声音沙哑,他站定身子,面对着关隽臣,一字一顿地沉声道,"圣上口谕——命卑职将宁王府罪奴晏春熙带回凤阁。"

跪在后面的晏春熙脸色霎时间煞白一片,冷汗几乎是瞬间便浸湿了后背的衣衫,勉强靠双手撑住才未跌坐在地。

绝望如同浓重的夜幕一般吞没了他,他其实绝非懦弱之人,可直到这一刻,他才真正知道何为恐惧。在九五之尊面前,在森寒的乌衣巷面前,他竟然这般渺小和卑微,简直如同蚱蜢一般,随时可以被一脚踩死。这种悚然和无力,令他如同跌进深渊。

而关隽臣抬起一双狭长的丹凤眼,淡淡地扫了夏白眉一眼:"凤阁?"

"是。"

虽然天下人都将乌衣巷中那处最幽森恐怖的地方称为凤狱,可乌衣巷中人始终文雅地将之称为凤阁。仿佛那里的一百零八般酷刑,还有成卷成卷沾着血的供状皆不存在,仿佛那只不过是个文人风雅之所。

关隽臣双手拢在袍袖之中,脸上隐隐带了一丝讥诮:"乌衣巷凤阁远非寻常牢狱,只有达官贵族才有幸入内。我宁王府一小小罪奴,是犯了何等大罪,竟也有此等殊荣?"

"宁亲王——"夏白眉的语气毫无波动,他沉稳地道,"您是知晓的,乌衣巷行事,素来只遵皇命,不必应答任何朝中官员的询问,也请您莫要为难卑职。再者,凤阁也并非什么刀山火海,若没什么事,自然就让晏公子走了,您也不必太为晏公子忧心。"

"哦?如此吗?"关隽臣眉头轻轻挑起,他似乎是沉吟了一下,随即便淡淡地道,"那你便拿人吧。"

他此言一出,连夏白眉都微微愣了一下。

而跪在后面的晏春熙登时如同虚脱一般，身子也摇摇欲坠起来。

他抬起头，哀哀地看着关隽臣笔挺冰冷的背影，秋风微微卷起关隽臣的衣袂，仿佛是无声的应答。

他就这么巴巴地等着，等了许久，都没等到那个人回过身，哪怕只是看他一眼。

其实，若是他还有机会的话，他真的很想告诉关隽臣——

这一次，他不怨。

上一次，他不懂，所以怨恨得厉害。

可是这一次他懂了，从他看见关隽臣跪下接旨的那一刻，他便懂了。

他不怪关隽臣，不怨他，也不想他为了自己而难过。

他只是真的很想再看他一眼，告诉他——

若是人真的有来世，他只想做一棵安静的桃树。

他想要生在关隽臣的院落，将枝头绽放得最饱满的那朵桃花悄悄探到关隽臣的书房桌前，然后在春风缱绻的日子里，等着那人亲手将他折下……

晏春熙露出了一个酸楚的浅笑，他终于垂下头，认命一般合起双眼，跪伏在地。

"那你便拿人吧。"

夏白眉听闻关隽臣此言，虽然当下怔了一下，但也不觉得出人意料。宁亲王纵然身份尊贵，可臣子终究是臣子，在大周天子的威压之下，没有人能够不就此俯首。

"谢王爷。"夏白眉微一躬身，话音刚落，左脚便堪堪向前迈了一步。

而站在他面前的关隽臣面容依旧淡漠，仿佛此刻发生什么事都不能让他动容。

就在夏白眉要从关隽臣身侧走过之时，瑟瑟的秋风微微吹拂起他的袍角，泛黄的秋叶在他军靴下发出微乎其微的声响。

突然，夏白眉顿住了。就在那电光石火之间，他忽然感到一阵前所未有的不安从四面八方向他袭来。

他年纪轻轻就位列大周乌衣巷指挥使之一，一生何止千百次步入险境且都全身而退，这一次却让他几乎瞬间浑身上下都战栗了起来。

不对……情况极为危险！

夏白眉一身虎鹤双形功已经练入化境，虎为大猫，而猫性敏感，他自然深得其精髓。这才刚感到不对，霎时间他整个脊背便如猫般警惕地弓起，足尖一蹬便要向后疾退。

可此时已太迟了——

只见关隽臣袍袖猛地一挥，身上的墨色狐裘在顷刻间已经如乌云罩雪一般将夏白眉整个人都罩住。

夏白眉倒吸一口气，他万万也没想到，关隽臣竟敢对他出手。

要知道，他不仅是当朝乌衣巷指挥使，更要紧的是，他此刻还背负着赤金皇极剑——皇极剑在身，有如天子亲临，可关隽臣竟敢对他出手，这已经与谋反无异啊！

"宁亲王，您……"夏白眉利落地拧身，一对邪魅的长眉凌厉地挑起，高声喝道。

可是还没等他把话说完，只见那团浓墨般暗无天日的乌云之中，一道匹练般的刺眼金光夹带着呼啸的劲风直奔他面门而来——

"夏白眉，你大胆！竟敢假传圣上口谕，给我就地拿下！"

关隽臣神色森然，一鞭竟逼得夏白眉不得不停住话语。

三尺长鞭，牦牛皮，金鞭尖。

夏白眉瞳孔不由猛地收缩了一下，他在霎时间便已认出了关隽臣的成名兵刃——千军破甲！

千军破甲，威震关山。

当年西戎大军诸位将领不惧其他兵刃，唯独怕关隽臣这一手可游走如灵蛇，也可重若千钧的长鞭。

据说当年冠军侯一鞭之力，曾将西戎首座大将军呼延重峰隔着护心镜连人带马活活震死，如此悍然战绩，足以让西戎人谈而色变。

关隽臣自从封王后再未领兵，天下也几乎再无人见识过千军破甲的威力，多年以来，夏白眉还是第一个与关隽臣交手的人。

夏白眉一声高喝，腰身一拧，身子几乎凭空而起。

他右手五指大张如虎爪之形，竟硬生生徒手握住了关隽臣的鞭尖！

一招之间，夏白眉右手虎口猛地崩裂开来，刺眼的鲜血顺着他的手腕淌到正心殿的青石砖上。薄薄的乌纱之下，夏白眉脸色惨白，赤金军靴下的青石砖竟被他生生踩碎了两块。

他深深地吸了口气，一双端正俊美的凤眼里忽然划过了一丝难言的幽深神色——大周冠军侯，原来这般厉害。

然而当下情形已严峻到决不许夏白眉再有片刻分心，他才堪堪站定，便感觉到身后袭来一阵刺骨寒冷的劲风。

夏白眉当然知晓关隽臣府中的二管事白溯寒,这位当年也是年少成名,是武林中赫赫有名的一流高手,他这一手寒冰掌断然不能硬接。

夏白眉神色一凝,身子已经如同仙鹤般飘逸地高高跃起,可他才刚跃起,关隽臣手中的千军破甲已经夹带着点点金光直冲他面门而来。

夏白眉深吸一口气,在那电光石火之间身子一个倒翻,疾退出去。

可白溯寒事先早已料到,夏白眉甫一挪动,他的身法也顷刻间随着夏白眉的步伐逼近,一对寒冰掌横于胸前,将夏白眉的退路死死封住。

高手之间过招,一招退,则步步退。

单论武功,夏白眉身为皇宫大内排名前十的高手,绝不逊于关隽臣或是白溯寒任何一人,可如今他仓皇迎战,又是关隽臣和白溯寒联手发难,他一时之间陷于如此被动境地,倒也并非意外。

夏白眉在顷刻间便已知晓此时他再无选择,想拿下晏春熙已是妄谈,他如今唯一能做的只有退。

他心思如电,下定决心,一个利落的旋身,黑袍便如苍鹰双翼般飘了起来。

可就在这时,夏白眉凝视着一身亲王袍服的关隽臣,他神色如同覆着厚厚的霜雪般凝重,一手千军破甲的鞭法如同疾风暴雨一般翻飞着,显然是已经打定了主意,无论如何都要将夏白眉留下。

那一瞬间,夏白眉的心中忽然有些乱。他几次试探,虽然隐隐感觉晏春熙与关隽臣必然有着非同寻常的联系,可终究不曾有什么确凿事实。

如今,他才算真正试了出来——

这位当朝宁亲王,年少封侯,不可一世。比这更难得的是,就是这样一位锋芒毕露的冠军侯,在壮年后便被周英帝一再打压,他却时时刻刻都能沉住这口气。

周英帝为他赐名为"臣",他长跪一夜,毕恭毕敬地接了;平南王躁动不安有所动作时,他亦淡然处之,轻飘飘地将《忠义帖》送了过去,哪怕周英帝都大为意外。

如此人物,极擅隐忍,其心机之重、城府之深可以想见。

宁亲王明明已忍了一辈子,哪怕是凶险万分的入京旨意都接了。

却偏偏,偏偏在这一刻出手了。

为的是个微不足道的小人物——一个平平无奇的晏公子。

谁又能想到？

夏白眉心中思虑到这些，突然愣了一下。

究竟是什么样的力量，能够让这样一位阴沉隐忍，明知四周危机重重的王爷当机立断地抗旨？

那个答案，夏白眉隐隐约约能够触碰到，却又不愿意真正地去思索。

一直以来，他都以为关隽臣和周英帝是一样的人——他们都是权力中央的男人，注定是大周天下最不能够心存仁慈的男人。

可如今他忍不住想，或许……是他错了。

就在夏白眉心中微微颤动的那一刻，他右手的脉门突然之间一紧。

他一惊，猛地抬头，看到关隽臣森然的面孔近在咫尺。

…………

哪怕是事后再回想起来，关隽臣仍旧很清晰地记得，他扣住夏白眉右手脉门的瞬间，总觉得有些奇怪。

多年以来，在探查夏白眉的底细这桩事上他不曾松懈，亦如夏白眉对他一般。

关隽臣深信，在诸位大周王侯贵胄之间，他或许是最了解这位乌衣巷指挥使的人。

夏白眉其人心思缜密、手段狠辣，深得圣上倚重，在心智上，关隽臣从不敢小视夏白眉。

更重要的是，在武功上，关隽臣其实也对夏白眉极为忌惮。

夏白眉是不折不扣的顶尖高手，当今天下，除了皇宫大内那几位老怪物一般的存在，他的一手虎鹤双形功几乎可以说能横行于大周。

夏白眉的厉害，从这些年来他为周英帝办事几乎独来独往，无论是探查还是杀人都不曾失手，便可见一斑。

关隽臣自问一身功夫，虽说当年也曾打下盖世名头，可这些年来确有懈怠，若是真正与夏白眉单独较量起来，恐怕还差了点。

哪怕是再加上白溯寒在后拦截，关隽臣都没有万全的把握能将夏白眉留住。

可他别无选择，他必须要把夏白眉留住。

关隽臣向来是个做事前便会思虑再三的人，对夏白眉动手的事，他先前已在脑中想过很多次。

他自然知道这绝对是下下之策，可如今他已被逼到了这般境地。

他不出手则已，但凡出手，定要把夏白眉留在他手里。

因为一旦叫夏白眉逃走，面对暴怒的周英帝，他将陷入毫无筹码的绝对劣势之中。

在那一刻，关隽臣其实已经在心中做好了准备，哪怕硬挨一记夏白眉的重掌，也要将夏白眉给擒住。

他左手堪堪搭上夏白眉右手手腕的刹那，右手持着千军破甲也蓄势待发，而白溯寒也刚刚赶到夏白眉的背后。

他和白溯寒，其实都未曾想过会一招奏效。

换言之，按他们当时的判断，以夏白眉的功夫，绝不会轻易栽在这儿。

可夏白眉偏偏就没逃脱。

关隽臣搭住夏白眉的脉门时，最初本明确地感到一股雄浑的内劲充斥在夏白眉的手腕处，几乎就要将他的五指震脱。

可是在那电光石火间，关隽臣隐隐约约感觉到夏白眉迟疑了。

以夏白眉的功夫、心智，他绝不该迟疑的，千不该万不该——可他偏偏迟疑了。

高手过招如白驹过隙，关隽臣虽然心中有疑惑，却绝不会放任机会流逝，他五指猛地一运劲，死死扣住了夏白眉的脉门。

而这时白溯寒也已赶到，他一掌抵在夏白眉的后心处，随即右手化掌为指，含着内力连点数指，将夏白眉的周身大穴尽数封住。

直到这一刻，两人才算松了口气。

关隽臣松了手，面色却依旧带着一丝剑锋般的森冷，身子微乎其微地摇晃了一下。

他从昨夜起就在发烧，刚才又一直站在寒风中，可因为事态紧急，实在无暇顾及，如今才感觉到一阵头晕目眩，也就无暇再思考方才交手时的奇怪之处了。

他凝视着不发一言的夏白眉，脸上忽然浮现出浓浓的阴沉之色。

面前这个阉人是最早窥破了晏春熙于他而言非同一般的人，更是周英帝最得力的爪牙，他实在厌极了。

关隽臣冷哼一声，抬起一脚狠狠踢在夏白眉的小腹上，右手的千军破甲如同金龙一般夹带着劲风袭向夏白眉的面门，"唰"地打下了夏白眉脸上覆着的那层薄薄乌纱。

关隽臣盛怒之下的一脚何等大力，又踢在下腹这等柔软脆弱之处，把夏白眉踹得闷哼一声，整个人如虾子一般蜷曲起来。

他颤抖着慢慢抬起头，除去乌纱之后，那张瑰玉一般的脸蛋缓缓露了出来。夏白眉那双狭长的凤眼看向关隽臣，他面色苍白，光洁的脸上留下了一道深深的血色鞭痕。

"宁亲王……"他微微张开嘴唇之时，鲜血才从嘴角流淌而下，竟是已疼得将舌头咬破了些许。

他的眼里有着极为复杂的神色，在某个瞬间柔弱得像是哀求，随即又深沉得像是在思考着什么，他喃喃道："我的命，对您还有用，对不对？"

关隽臣俯视着他，随即微微弯起嘴角，冷冷地笑了一下："有没有用……那就要看当今圣上的意思了。"

夏白眉听了这话，脸上竟依稀露出了一丝解脱的神色，他轻轻地呼出一口气。随即，他便这样伏在地上，再也没有开口。

"把他带到地牢，功力用药封住，派人看得紧一点。"

关隽臣面无表情地看着白溯寒派人把夏白眉拖了下去。

跪着的人无一敢开口说话，寂静的正心殿前偶有秋风夹带着枯黄的树叶翻过宁王府朱红色的院墙遥遥而去，只留下空空的枝干仿若因萧索而瑟瑟颤抖着。

关隽臣抬头看去，大周的天色灰蒙蒙的，暗色的云雾一层层地覆住了人间，像是一张阴沉的面容。

抗旨不遵，如同谋逆。

对身负赤金皇极剑的夏白眉公然出手，无异于冒犯天子。

条条状状，都是死罪。

逆犯关贞阳，成德元年问斩，襄王府上下男女老少数百口一同处决，无一活口。

平南王成德二年谋逆，入秋被押送长安。

如今案还未审，家中男丁已尽数入狱，朝野上下诚惶诚恐。

大周律，谋逆死罪。

关隽臣忽然回想起当年他关山大捷，即将班师回朝的那一日。

他扬鞭策马，意气风发地回头一瞥时，却只见关山那抹残阳似血……

黄沙翻涌下，隐隐有森森白骨，长风凛冽，吹过时便听人骨发出若有若无的哀号之声。

年少的他，亦是悚然一惊。

那时的他，不曾想过有今日。

深秋的凉意并非突然之间挟裹住他，而是慢慢地、慢慢地侵蚀入骨髓，到心头时，却又突地尖锐起来，如同匕首穿心般森寒。

关隽臣站在那儿，脸上浮现出一丝疲倦的苦笑，忽然一个摇晃，几乎要跌坐在地上。可就在这一刻，他的身子忽然被扶住了。

"成哥哥……"

关隽臣转过头，只见晏春熙一张脸苍白，嘴唇微微开启，却一个劲地打战，什么都说不出来。

晏春熙抬起头看着关隽臣，闪烁的泪光盈在他的双眼之中，他硬是忍着一滴未落。

他们就这样对视着、对视着，两人竟好像都出神了一般。

良久，关隽臣嗓音有些沙哑地道："别怕。"

晏春熙用力吸了一下鼻子，他终于再也忍不住，呜咽着道："成哥哥，别护着我了……你千万别、别护着我了……我再不怪你了，再不怪你了。你别护着我了啊……成哥哥……"

少年像是魔障了一般，重复着。

关隽臣眼里的疲倦渐渐褪了下去，取而代之的是淡淡的温柔神色。

他只是低下头，在少年耳边轻声重复了一遍："熙儿，别怕。"

他用手抚摸着晏春熙的黑发，脸上悄然凝结起了一丝坚毅。

"谨之，即刻准备入京事宜，明日午后动身，不得有误。"

关隽臣背对着王谨之，声音非常平稳："为我准备好冠军侯侯服，再将先帝御赐的免死金剑悬于马车之首。

"我就以冠军侯的全副仪仗，领旨入京——"

关隽臣高烧不退，实在是撑不住了，只来得及吩咐这一句，便回流芳阁倒头睡下了。

晏春熙搬了张凳子坐在床边，就这么安静地、有些出神地看着关隽臣。

关隽臣熟睡时的模样与平日里隐隐有些不同，他的眉目舒展开来，那双阴沉的丹凤眼合起来时，便显得不再那么难以接近。

他挺拔的鼻梁直让人想起大周南方灵秀的山脉，那优美的下巴即使是在睡梦中，仍有些傲慢地微微抬起。

晏春熙眼里浮起了一丝惶惶神色。

163

兴许是因为他们的地位差距毕竟那般悬殊，在往常和关隽臣相处的那些日子里，他很少有机会像现在这样，仔细地看着关隽臣，像是端详一件稀世的珍宝。

高高在上的宁亲王从来不是一个可以观赏的对象，他如同一头卧在山中的老虎，哪怕拥有再华贵的皮毛，也不容任何人窥视。

可他是那么好看啊，眉眼五官，每一处线条都似是上苍着意用工笔细细勾勒过。

关隽臣整个人都像是在月下微微发着光。

晏春熙轻轻吸了口气，情不自禁地微微弯下腰，想要摸一下关隽臣的眉头。

可就在这一刻，关隽臣竟然慢慢睁开了眼。

两人的面孔近在咫尺，又在那样窘迫的时刻四目相对。

"你想做什么？"

关隽臣的嗓音因为风寒还沙哑着，脸上却露出似笑非笑的表情。

"我……"晏春熙磕巴了一下，他没回答，却径自低头，默默将关隽臣的被角又掖得严实了一些。

关隽臣不由得愣了一下，他吸了口气，可还没来得及说什么，晏春熙就用湿毛巾轻轻擦拭起了他的额头。

少年一双大大的杏眼看着他，眼里晶亮晶亮的。

"成哥哥，刚刚、刚刚，我说你别再护着我了……"

晏春熙不知怎的，紧张得有点磕巴了起来，小声地道："我那么说时，的确是、是认真的，可我心底又着实欢喜。

"你、你护着我，我心里高兴得厉害，哪怕我知道你为了我，当真是要九死一生了，可我还是……忍不住地高兴，我这般，是不是太不懂事……"

关隽臣听少年磕磕巴巴地这样说着，心里觉得有些好笑，却又着实有种温暖在胸口涌动着，他没开口，只是听着。

"我亦知道自己半点用处也没有，连累了你，本该……本该觉得对不住你的，可我方才想了许多许多……

"我想……"

晏春熙的心口跳得厉害，他当然明白关隽臣方才抗旨意味着什么，他心里好生不安，但怎么也抑制不住那股雀跃的心情。

他紧紧地握住关隽臣的手，声音颤颤地继续道："无论发生什么事，成哥哥都会护着我，一直都会的，对不对？"

他甚至没有等待关隽臣的应答，因为他心中已经有了答案。

关隽臣有些惊愕地微微睁大了眼睛，少年兴许是太过急切，将他的手都攥得生疼，他下意识挣动了一下，晏春熙却握得更紧了。

关隽臣病中本还有些昏昏沉沉，这下倒着实清醒了过来。

他这一生，从未被任何人这样强硬地对待过。

"嘶……"关隽臣疼得微微一吸气，眉头也不由蹙了起来。

晏春熙从未想过自己会有这样逾矩的时候，这样欺负着还在发烧的关隽臣，委实有些不好意思。

可他也从未有一刻这样清楚地意识到——他和关隽臣再也不似从前了。他再也不是什么罪奴，他面前的人再也不是什么雍容尊贵的亲王。

在这一刻，他们真真正正再也没有那些地位之差。大周的规矩尊卑，在他们面前已经荡然无存。

············

入夜时分，宁王府两大管事、关隽臣和晏春熙都齐齐聚在翰文斋之中。

虽然如今形势已是山雨欲来风满楼，可是翰文斋之中仍然十分安静。

紫铜蟠龙香炉里燃着熏香，轻烟自龙口中袅袅上升，令他们脸上的神情都如同蒙上了一层轻纱，更显深沉。

"进京的事准备得如何了？"

关隽臣坐在案桌后，身上盖着一袭狐裘。

他一手搭在太阳穴上缓慢地揉着，苍白的脸上仍带着倦容，淡淡地开口道："我乏得厉害，捡紧要的说与我听。"

关隽臣虽仍未退烧，但府中诸事刻不容缓，因此只是匆匆在午后睡了一觉，便耐着头痛召了王谨之和白溯寒议事。

晏春熙就坐在关隽臣身旁，见关隽臣一对远山般修长的眉毛微微蹙起时，心里不由一疼。

"王爷，您将以冠军侯仪仗入京之事，我已飞鸽传书给所有仍与您关系密切的王侯大臣，您进京之前，此事必定轰动长安城。您将先帝御赐的免死金剑悬于车驾之前，震慑之意已不必说，您的分量举足轻重，圣上必将掂量一番。只是，夏白眉终究是乌衣巷指挥使，虽然官阶不高，但仍是身负赤金皇极剑之人，究竟该如何处置？您莫非真的要与圣上翻脸吗？"

白溯寒神色凝重，饶是他这般见过大风大浪之人，面对如此大的变动，话语之中也不由隐隐带着一丝慌乱。

"翻脸?"关隽臣看了一眼白溯寒,"谁说我与圣上翻脸了?就因为我拿下了夏白眉?"

白溯寒不由愣住了,讷讷地道:"王爷,您、您毕竟……抗了旨啊。"

"我抗旨——"关隽臣拿起茶盏慢吞吞地喝了一口茶水后,眼皮微乎其微地抬了一下,忽然似笑非笑地道,"谁知道?"

他此言一出,实在是太过惊世骇俗,整个翰文斋里霎时寂静一片。

白溯寒的神情一下子僵住了,连晏春熙也不由惊诧地抬起头,一时之间完全无法领会关隽臣的深意。

"第一道旨意,乃皇上亲笔诏书宣王爷入京,王爷已接了。而第二道旨意——"方才一直沉默着的王谨之在这时忽然开口了,他说到这里,微微抬起头看了一眼关隽臣,才深深吸了口气,一字一顿地道,"是口谕。"

"你们记住,从来就没有第二道旨意。"关隽臣放下茶盏后,将双手放入暖和的狐裘下。

他的脸色如同古井一般波澜不惊,慢慢地道:"我拿下夏白眉,是因为他区区五品指挥使胆敢对当朝从一品亲王不敬。只要仪仗一入长安,本王当即把夏白眉放了,请皇上处置,绝不叫皇上为难。"

白溯寒一时之间也有些焦虑,他皱了皱眉,忽然道:"可王爷,就、就这么把夏白眉放了?这未免太……"

"你以为,我叫你带回来的断雪潮是作何用途?"关隽臣眯起眼睛,"口谕不过一句话,如果圣上想要断雪潮的解药,想给夏大人留条命在,那么本王就不曾抗旨,翻脸——从何谈起?"

他说到这儿,将目光投向窗外浓墨般的夜色,嘴角甚至微微翘起,露出一个冷冷的讥诮笑容:"与天子过招,暗地里是一回事,明面上——为人臣子者,咱们总得给天子保住面子。"

晏春熙仍在关隽臣身边坐着,听到这儿却不由愣住了。

他从来都是敬仰关隽臣的。可是直到此刻,他才第一次真正感到关隽臣的心机智谋实在深不可测。他甚至毫不知晓,关隽臣究竟是在何时将这一盘棋每一招如何布局都想得这般缜密的。除却权谋,更可怕的是,关隽臣对君臣之道、人情练达,都已体悟至炉火纯青。

晏春熙这时忽然想起了夏白眉之前宣的周英帝的亲笔诏书——

"宁亲王关隽臣,功勋昭著、机权果达,乃大周万世之能臣。当今朝野，奸佞横行，朕危忧积心，神魂仓皇，当此之际，则令宁亲王即日入京，以应大局之需。钦此。"

哪怕是这等境况下，他仍字字记了下来，实在是因为这份诏书虽然简练，却写得犀利。

功勋昭著、机权果达，乃大周万世之能臣。

哪怕是周英帝，也不得不给关隽臣这等美评啊！

兴许也只有这样的人物，才有这等盖世气魄——

以天地为棋盘，敢与天子对弈一局！

"王爷，哪怕您已想好了今后几步该如何走，可您此举也着实惹怒了皇上——这之后该如何，您心中是否有所定夺啊？"

白溯寒微微皱着眉毛，他手中握着青玉茶盏，盏中的龙井已经渐渐凉了，他却一口也没喝。

关隽臣背着手站在窗前望向外头，深秋的夜幕漆黑，连一轮明月都隐在乌云背后，只有一抹晦暝幽白的月光悄悄洒在翰文斋的院落里。

"你可是有什么头绪？"

过了良久，关隽臣才淡淡地应了一声，他身上覆着厚实的狐裘，仍感觉一阵阵冷意袭来。

白溯寒站起身，他森冷的眸子里闪过一丝厉芒，沉声道："王爷，您身负先帝御赐免死金剑，在朝中并非没有势力，在民间亦有隆隆声望。圣上可以一声不吭地拿下平南王，却绝无可能对您如此下手。您此次以冠军侯仪仗入京，更是再次提醒朝廷和天下，您曾经为大周立下了难以磨灭的赫赫功劳。

"圣上绝不敢在这当儿对您下杀手，否则他便是不孝不悌、蔑视先帝威仪，更是对大周盖世功臣有愧。任何一位帝王都绝不愿意在后世留下这样的名声，更何况当今天子志为万世明君，百年之后入宗庙、拜庙号。大周按例，'祖'有功，'宗'有德，圣上若想要'英宗'之称，怎敢德行有所大亏？

"王爷既能将圣上逼至这一步，不如借此大好时机再进一步凝聚朝中党羽，重振王爷先前遣散的势力，如若能将当朝四亲王拉过来一两位，方能长久震慑住圣上对您的心思啊——今时今日，王爷您不能再退了，您只能进啊——"

白溯寒虽然语气激切，可关隽臣转过身时，脸上有些冷淡之色。

他没有回应白溯寒的一番话语，而是径自转过头看向晏春熙，忽然发问道："熙儿，你怎么看？"

晏春熙不由怔愣了一下，有些不知所措。

他虽然一直待在翰文斋，哪怕白溯寒和王谨之过来议事也不必避讳，可这到底和开口参议大为不同。更何况如今白溯寒和关隽臣所讨论的事与身家性命息息相关，他先前从未想过他能在这种时刻开口说话。

可关隽臣既然问了，他迟疑了一下，终于鼓起勇气抬起头，嗓音涩涩地开口了："我、我和白管事的想法不同……白管事说，成哥哥在这当儿应该更进一步，可我心里实在想，恰恰相反——成哥哥不该再进了。"

少年显然十分紧张，他咬了咬嘴唇，一双眼睛看向关隽臣，声音轻颤地慢慢说道："成哥哥不仅不该进，反倒应该退——彻底退出危险的朝廷，彻底退出权力的纷争。"

白溯寒一对剑眉登时皱了起来，眼中不由泛起了一丝锐利的冷芒。

一个在关隽臣闲暇时用于取乐的下人能知道什么？关隽臣竟然为这么个少年悍然抗旨，又在这种时候仍要听他的意见，实在太过荒唐可笑。

可关隽臣没觉得，他转过身，慢慢地走回案桌旁坐了下来。

"你怎么想的，仔细说与我听听。"他似是感到手有些冷，用双手轻轻拢住了温热的茶盏之后，这才眼神温和地看向晏春熙。

晏春熙轻轻吸了口气，继续道："成哥哥，圣上心性多疑，你先前从未有异心尚被猜疑至此，更遑论此次不仅暗中抗旨，明面上还以冠军侯仪仗入京。圣上或许一时之间有所顾忌无法下手，可心中岂不会越发忌惮你？若是时日已久，成哥哥还在朝中周旋，便会成为圣上的眼中钉、心中刺，这难道不是与虎谋皮？

"成哥哥在朝二十余年，比我更知晓此间有多么险恶，平南王、襄王哪个不是大周世袭王侯，哪个不曾身居高位，可是如今呢？有一日高楼起，便有一日高楼塌，成哥哥……离权力越近，便越会登高跌重啊。我、我心中所想极是简单……我想成哥哥安全。

"我想成哥哥安全……更想成哥哥快活。成哥哥一生本已是尊贵万分，哪怕再进一步，又能进到哪里去？

"权势滔天、万人之上从未叫成哥哥真正快活，可我能。"

少年说到这儿，似乎也顾不得屋中还有王谨之和白溯寒，他眼中闪动着火苗一般炙热的神采，深深地凝望着关隽臣，慢慢道："我这般说，或许听来实在自不量力，可我、可我不管旁人如何想，因为昨夜过后……我已知晓，成哥哥，你……你定当与我同心。"

晏春熙这一番话说下来，整个翰文斋里寂静无声。

白溯寒脸上的神情凝固住，他一时之间竟感到不知所措，不由将目光投向一旁一直坐着的王谨之，想听听王谨之的看法。然而，这位王府的大管事面色沉静，只是出神地看着窗外，竟丝毫也不感到意外似的。

白溯寒霎时之间感到一阵无力袭来，他有些惶惑地看向关隽臣，等待着这位宁亲王最后的决策。

关隽臣双手握着茶盏靠在宽大的椅子中，看着晏春熙，缓缓地开口了："先前，我本在想一件事——此次入京究竟是否该带你同行。"

晏春熙听他这么说，脸上露出了一丝急切，本想开口，却被关隽臣摆了摆手阻止了。

"长安之凶险，实在无需我赘述，在天子脚下，只要周英帝想要你的命，我哪怕拼尽万一，都未必能护你周全。我不愿带你去，可是不带你去，又该如何是好？长安凶险，金陵又何尝不凶险？可若派人将你送走，你身无功夫，又为罪奴，实在太过容易追踪，更遑论乌衣巷党羽密探遍及天下，我绝无把握保全你。我时时想着此事，又苦于没有万全之策……

"熙儿，无论将你放在何处，我都无法安下心来。"

关隽臣的声音低沉沙哑，语速很慢，他叹了口气，低声道："该当如何，去还是不去，只怕……要你自己决断了。"

晏春熙抬起头，他眼中隐隐泛起了一丝泪光，就这般看着关隽臣。

过了良久，他终于喃喃道："谢、谢成哥哥成全……"

天上地下，水里火里，他都愿往。

这个"谢"字，其实或许本无需说，可他还是说了。

他当然明白，关隽臣此言一出，便已是明白了他的心意，从了他的心愿。

关隽臣放下茶盏站起身，看了一眼王谨之，平静地道："仪仗事宜便交给你了，除了熙儿之外，随行只带程亦轩和那个叫霜林的便好了。明日出发，不得有误。"

一贯沉稳干练的王谨之此时竟好像愣了一下，他的神情带着一丝迟疑，轻声开口道："王爷，此行还要带旁的人吗？"

关隽臣似乎觉得王谨之此时还在问这些细枝末节有些古怪，微微蹙了蹙眉："往日入京如何，这次入京还如何。充充样子罢了。"

169

王谨之垂下头,将有些苦涩的眼神敛起,只低低应了声:"是。"

关隽臣不再多说,与少年大步向外走去。

白溯寒和王谨之站了起来躬身相送。

白溯寒望着关隽臣和晏春熙的身影走向院外,在猎猎的深秋夜风之中,他隐约听到关隽臣洒脱低沉的嗓音遥遥从风声中飘来——

"我本有心啸山林——"

只见关隽臣手臂一扬,将黑色的狐裘也罩在了少年的身上,两人笑着迎着飒爽的夜风走出了院落。

白溯寒望着关隽臣的背影。

那一瞬间,他竟似隐约望见一只猛虎轻盈逍遥地纵身一跃,钻进了层峦叠嶂的山林之中,再也不回头。

关隽臣一行人从金陵城出发,浩浩荡荡的冠军侯仪仗绵延了近一里,当先的车辇通体乌黑,一柄三尺金剑高高悬于车顶,如同皓日当空般闪动着灿烂的光华。

这阵仗看得金陵中人纷纷咋舌,寻常人或许无法分辨亲王仪仗和冠军侯仪仗,可金陵城中和四周潜伏的各方势力顷刻之间察觉到了宁亲王以冠军侯仪仗进京这一举动的深意。

信鸽和密件如同雪花一般飞向了北方的长安城,在悄无声息之间,一场或许可能翻天覆地的巨变正慢慢包围着这座大周皇都。

从金陵至长安路途颇远,大周的天气亦是一日比一日凉了起来。

关隽臣的车辇极是宽敞,软榻上铺着厚厚的兽皮,厢中更是被暖炉烘得温暖如春,晏春熙日日和关隽臣待在辇中,丝毫没有旅途的困顿不适。

只是关隽臣的风寒一直拖着,断断续续的,始终没好利索,虽不再发高烧,可咳嗽不断,人也时常困倦,时不时就在打盹。

关隽臣熟睡时看起来那么年轻好看,那双总是无比深沉的丹凤眼合了起来,只有英挺的眉如同春山一般舒展开来,像是他在睡梦中回到了如桃花源般美好的地方。

"成哥哥,快到长安了。"

晏春熙叹了口气,眼神忽然惶惑起来,小声道:"你还记得你跟我说过的长安吗?你说,长安城白日里霸气、阳刚,满城人杰、遍地王侯。城中最宽的官道足够九车并行,宛如直通青天。可夜里,它又华灯高上,处处妩媚多情……你生长在长安，如今可算是回家吗？成哥哥，这些年，你想家吗？"

不知关隽臣是否听到了，他忽然翻转了一下身子，随即才慢慢地睁开了双眼。

"我吵醒你了吗？"晏春熙有些紧张地低下头看着关隽臣。

关隽臣摇了摇头，他的眼神有些蒙眬，似乎还在出神地想着什么，过了片刻才嗓音沙哑地道："熙儿，我方才做了个梦。"

"什么梦？"

"其实也不是梦，是我六岁那年的事。"关隽臣浅浅地笑了一下。

"那年父皇让我们几位皇子默写《大学》，父皇严厉，我那时爱玩，又记不住那等枯燥东西，只写了一半，后面的就再默不出了，当时心下着实害怕。皇兄倒是早就写完了，可见我只写了一点，不忍心见我挨罚，留下来偷偷给我写了张小抄，岂料还没拿给我，就被父皇抓了个正着……

"父皇当下便勃然大怒，罚我们两个都在太子学门前跪上两个时辰。烈日炎炎，皇兄身子骨本就弱，竟晕了过去。我那时心里想，皇兄可当真是世间最好的哥哥，日后我若是有什么好吃的、好玩的，定是要分他一半的……说来奇怪，这许多年来我都不记着这回事了，可方才，我在梦里竟又想起来了，真真的，就像是又发生了一遍一样。"

晏春熙很少听关隽臣提及他在皇宫里的事，想到关隽臣竟也有这等顽劣的时候，不由微微一笑，轻声问道："皇兄……是襄王吗？"

关隽臣一双丹凤眼忽然看了过来，他的神情有些古怪，片刻之后才似笑非笑地开口了："不是襄王。

"是周英帝。"

晏春熙的神情一下子怔住了。

而关隽臣已经坐直了身子，他用手指轻轻撩起锦帘向外看去，亮光一下子洒在了他高挺的鼻梁上。

"下雪了——"他低声道。

在关隽臣的仪仗徐徐抵达长安城外数十里处时，一道来自城中的飞鸽传书也到了白溯寒的手中。

"王爷，"白溯寒在车辇外低声请示道，"刚拿到的消息，圣上为迎您入京大开城门，派了三百周星卫沿途护送。今夜长安不设宵禁，百姓们也都欣喜万分地打算夹道迎接呢。圣上还宣旨要在宫内设宴款待您,倒好像是多年前迎您凯旋一般的景象。"

"知道了。"关隽臣脸上并无讶异之色,以周英帝的才智,应变自然是极快的。

既然知道他是以冠军侯仪仗入京,周英帝就顺势拿出迎接大周股肱之臣的阵仗。哪怕他们君臣之间的情势已是水火不容,至少明面上看起来,长安还是一派歌舞升平的景象,宁亲王回京——皆大欢喜。

"你去将夏白眉带过来,我出去透透气。"关隽臣淡淡地吩咐道,他说完便将身上的狐裘拢紧了些,撩起帘子迈了出去。

晏春熙自然也跟在关隽臣身后,他走出车辇之时,不由深深吸了口气。

银铅般的絮雪在暗沉的云层下肆意翻飞,官道旁零星矗立着几棵松树,大地一片苍茫的白色。

阵阵刺骨寒风呼啸着吹过,兴许是这雪色太过肃穆,竟又让人觉得这天地间好似异常安静。

晏春熙生在南方,这还是他第一次亲见大周北方的雪景。

长安的雪是那么浩大,他虽然还未见到长安的城池,却已经在这遥遥数十里之外,真切地感觉到了这座大周皇都的庄严和磅礴的气势。

"真美……姑苏从未下过这般大的雪。"

关隽臣站在晏春熙身畔,只见少年的脸蛋在一片清透雪色间映得熠熠生辉,嘴唇微微张开,眼神里流露出了惊叹的神色。

关隽臣笑了笑,他伸手拂去一片落在少年脸上的雪花,正想开口时,却见白溯寒已经带着夏白眉从晏春熙身后走了过来。

"王爷,人已带来了。"白溯寒躬了躬身,随即便后退了半步,不再作声。

夏白眉却没有行礼,他一身颇显单薄的黑衫,就这么沉默着站立在寒风中。这位年轻的乌衣巷指挥使这些时日似乎很是吃了些苦头,面孔甚是苍白,神色间也隐隐流露出了一丝羸弱。

他脸上留下了一道浅浅的疤痕,但哪怕是如此狼狈的情状,他的面容依旧端秀俊俏,一对修长白眉与皑皑白雪交相辉映,更衬得他面如皎月,色若春晓。

夏白眉对于周英帝极为重要且特别,关隽臣多年前便已知晓,那时心下着实愕然。

太监在宫中乃是卑贱之人,称不上男人,更不是女人,挨过一刀的残缺东西，无法成家，终其一生也都是伺候皇室的奴才。可谁又能想到，这么一个卑微的太监，竟是这大周天下唯一能让天子有所顾忌的人物。

关隽臣亦万万没想到的是，如今他竟然真切地感到庆幸——这世间有个夏白眉，周英帝终归不算无坚不摧。

关隽臣接过白溯寒递过来的青玉小瓶，然后将手掌平伸到夏白眉面前，淡淡地道："夏大人，一入长安，我这儿就不便留你了，届时自然放你离去。这断雪潮一旦服下，刺骨噬心之痛当夜便会发作，之后每七日发作一次，一次比一次更严重，七七四十九天后，若还不服下解药，则骨化而死。夏大人是聪明人，想必不需我多费口舌了吧？"

晏春熙站在旁边，他还是第一次听闻这么骇人的毒药，一时之间脸色也有些发白地看向了夏白眉。

夏白眉看着关隽臣的掌心，过了良久，终于接过青玉小瓶，干脆地将断雪潮一饮而尽。服下毒药之后，他苍白的脸上隐约泛起了一丝红润。

夏白眉微微抬起头看着关隽臣，忽然剧烈地咳嗽了起来，可嘴角竟随之泛起了一丝讥讽的笑意，他沙哑着嗓音道："王爷，这么大的赌注押在我身上，您未免太看得起我了。"

关隽臣眉头轻挑，他探过身，几乎是贴在夏白眉面前，一双丹凤眼冷冷地凝视着夏白眉，一字一顿地道："夏大人服侍皇兄十二年了，我自然信你——怎么，你倒信不过自个儿吗？"

夏白眉与关隽臣对视了良久，才慢慢垂下眼帘。

关隽臣不再理他，只是与晏春熙转身向车辇走去。

而晏春熙走了两步，又不由自主地回头看了看。不知怎的，他竟突然觉得夏白眉一个人孤零零地站在雪中的样子，有点迷茫又有点可怜。

关隽臣的仪仗缓缓抵达长安城下之时，果然如白溯寒所说那样，有三百身着轻银甲的周星卫在城门前恭迎。

周英帝此举倒也称得上给了关隽臣极大的面子。

周星卫虽然本身隶属御林军，可他们都是经过武试定品，再由皇帝亲自殿选后挑出来的精锐近卫，比御林军中其他部都要受人尊崇许多。

"参见宁亲王，属下言禹卿奉命，带三百周星卫迎宁亲王进京——"

当先的银甲黑袍将军一见关隽臣走下车辇，便立刻从马背上翻身下来，单膝跪地，只听一片铠甲摩擦之声，站在他身后的三百周星卫也纷纷动作整齐地跪下。

言将军的双眼显然是扫到了关隽臣车辇前那柄锐利的金剑,但他马上目不斜视地看向地面,可说是礼数周全、毕恭毕敬了。

"言将军不必多礼。"

关隽臣的神情很冷淡,他不欲多言,只右手轻轻抬了抬,待白溯寒将面色苍白的夏白眉带上来之后,才开口道:"此人假传圣旨,在我面前更是多有无礼,然而乌衣巷只遵皇命,本王不便处置,就将他交给言将军了。"

言禹卿抬头一见是夏白眉,脸色顿时一僵,但他随即敛起眼神,依旧恭敬地道:"请宁亲王放心,卑职自会将夏、夏大人的事禀给圣上,再行处置。"

言禹卿话一落,便使了个眼色,他身旁的两名周星卫立刻上前,扶住夏白眉向后退去。

这位言将军身在御林军,自然知道夏白眉的身份,因此哪怕关隽臣已这么说了,他仍是尊称了一声夏大人。

"那也烦请言将军回禀一声,本王今夜便入宫觐见圣上。"

关隽臣微微眯起双眼,凝视着夏白眉的身影隐没在一众周星卫之间,神色有些深沉。

断雪潮一旦服下,蚀骨之痛当夜便会发作,之后每七天都会反复一次。

关隽臣知道今夜夏白眉回宫后,周英帝便会立时见到夏白眉饱受折磨的模样,因此他今夜入宫说不定还能一窥周英帝的想法,倒也值得。

"自然。如此便恭请宁亲王入京了——"言禹卿执了一礼,应道。

关隽臣懒得再多话,他伸手微微整理了一下长衫下摆,便转身回了车辇之中。

晏春熙方才一直待在车辇里,直到关隽臣坐了回来,仪仗又开始缓缓动起来,才终于忍不住轻轻撩起一旁的锦帘,向外望去。

只见漫天白雪之下,苍青色的玄武岩铸成的巍峨城池矗立在他眼前,护城河上已经结起了一层薄冰,在冬日下闪动着光芒。

巨大的朱红色城门在他面前缓缓地打开,两个黑色的古篆大字悬于数十尺高的城门之上——长安。

他再微微回过头,只见三百银甲周星卫仍旧安静地跪在霜雪之中,一动不动地恭迎他们的仪仗缓缓驶入长安城之中。

晏春熙不由轻轻吸了口气——

长安。

这座天子脚下的大周皇都。

他们终是来到了这里。

第八回

　　冠军侯的仪仗缓缓穿过长安城的街道，寻常冬天里这个时候外面恐怕早已四下无人，可是今儿冠军侯进城，街边便如同赶集一般站满了想要一睹大周这位盖世王侯真面目的百姓。他们纷纷伸着脖子，窃窃私语地观看着被周星卫牢牢拱卫着的车队，当先的黑色车辇上方那柄灿金色的剑在寒风中显得格外刺眼。

　　关隽臣面无表情地合起双眼，双手皆拢在袍袖里。

　　他虽似是在闭目养神，可脸上似乎隐隐凝着一层寒霜。

　　一入长安城，关隽臣便变得很沉默，连晏春熙也没能和他说上几句话。

　　晏春熙不想去烦关隽臣，就悄悄地撩起锦帘的一角看向外面——

　　这便是关隽臣口中足够九车并行的官道了吧……黄昏的残阳照射在青石板上，碎碎的霜雪落上去，很快便被护卫用军靴践踏成泥。

　　百姓们站在两侧，许是因为道路太过宽敞，晏春熙几乎瞧不清他们的神情。他小心翼翼地吸了口气，这是长安啊……

　　他不禁又转过头，看向一旁沉默的关隽臣。

　　这时，车辇徐徐停了下来，外面传来禀告声："王爷，您的府邸到了。"

　　关隽臣睁开双眼，一言不发地撩起锦袍下摆，一步迈下了车辇。

　　晏春熙跟在他后面，下车之后便见一座庞大恢宏的府邸立在面前，两尊石狮之间是朱红色的大门，"宁王府"三个大字悬于头顶。

　　在下人们忙着将关隽臣的物件都安顿在府邸之中时，关隽臣也匆匆地进入内宅，似是有事要处理。

晏春熙有些茫然无措,便一个人站在前庭的廊下发呆。这时,他忽然见到程亦轩穿着一身白袍从后面的车辇里走了下来,站在前庭之中。

那少年似乎有些耐不住寒风,一个劲地发抖,但偏就站在那儿没走。他在等什么呢?晏春熙禁不住有些纳闷。

又等了好久,直到晏春熙都有点忍不住要离开时,才忽然见到程亦轩动了动。只见少年遥遥望向大门的方向,眼里似乎突地闪过了一抹亮光。晏春熙顺着他的目光看过去,才发现是王谨之。

王谨之显然是刚安顿好外面的物件才迈进了门里,正抖落着长衫下摆的雪花,并没看到程亦轩。而程亦轩哆嗦着站在雪里等了这么久,终于见到了王谨之后,却并没上去说话。少年只是低了低头,浅浅笑了一下,随即转身匆匆地往内院走了。

晏春熙眼里有些惶惑,他隐约感到方才那一幕暗藏着许多说不清道不明的东西。而程亦轩这么转身一走,他这才突然看到——原来在另一边,程亦轩远处的廊下,竟还有个人影在悄悄地瞧着这一切。

夜幕在不知不觉间降临,纷飞的雪花之中,晏春熙瞧不出那人是谁,可凭他的直觉——那人已站在那儿看了很久。

许是因为长安的雪太过森寒,晏春熙竟不自觉地打了个冷战。

不知怎的,他觉得长安——府里府外的一切,都令他感到很不安。

晏春熙不由紧了紧衣衫,转身往里走去。

晏春熙问了问下人,才找到了这座宁王府的书房。

推门进去,见到坐在案桌前握着毛笔正凝眉思索着的关隽臣之后,晏春熙才隐约感觉到松了口气。他这时也顾不得打扰不打扰的事了,就这么带着一身寒风,快步走过去。

关隽臣愣了一下,不由将手中的笔放了下来。

晏春熙顺势挨近他,坐在了他身旁,关隽臣紧锁的眉头微微放松,然后伸出手轻轻拍了拍晏春熙凉凉的手背。

他叹了口气,拿起一旁泡着姜片的茶盏,半喂半哄地叫晏春熙喝了一口,才哑着嗓音道:"长安不比金陵,冷得刺骨,你别冻着……知道吗?"

"嗯。"晏春熙迟疑了一下才轻声道,"成哥哥,我心里有些乱……方才,我见着程公子了。"

他本想忍着,可被关隽臣这般细致地关照着,便一下子耐不住想要和关隽臣好好说些话的心情。但他心里太多事缠在一起,周英帝的事、程亦轩的事,话到嘴边,又霎时间觉得无论如何说出来也不妥,便不由顿住了。

"我带程亦轩和霜林来长安,是为了避人耳目。"关隽臣耐下心来冷静地解释了一句。

"我、我不是那个意思,只是……"晏春熙不由磕巴了一下,想要解释,紧接着又觉得再多谈程亦轩的事更不妥。

"我心里乱得厉害,想帮成哥哥,又着实没用。"少年这般说着,那双清澈的杏眼里浮起了一丝隐忍多时却终于按捺不住的忧愁。

他如今哪还舍得拿这些乱七八糟的事叨扰关隽臣呢?他先前曾说过好多漂亮话,说什么要长大,想得那般好,可谁又能等他呢?

周英帝不会等,这纷纷扰扰的时事亦不会等。

他不会武功,亦不是在朝中举足轻重的大臣。

一入长安,危机便如同这漫天风雪一般扑面而来,他怎么挡也挡不住。

他如今才知道他是何等无用啊。

他看着关隽臣一路上面色日渐凝重,鲜少展露笑颜,两颊也隐约露出了消瘦的迹象。他只恨自己空有点傲气的心劲,实际上能耐不过那么一点。他帮不了关隽臣,他是那么多余。

关隽臣摇了摇头,他明白少年心里在想些什么,他当然不觉得晏春熙没用,可此时竟然无法开口安慰。

他摸了摸少年的额头,迟疑了一下,还是有些生硬地低声道:"熙儿,你累了,我叫人送你回房里,先睡一会儿罢。"

晏春熙咬了下嘴唇,随即听话地站起身,乖乖地点了点头。

关隽臣有些疲惫地扶了下额头,他知道此时将少年支开委实伤人。

若是可以的话,他当然愿意耐心地对少年一点点讲这里的一切,告诉晏春熙他是这世上最心甘情愿等待他长大的人,可是他如今没有半点工夫。

此时此刻,这座长安城危机四伏,他每走一步,都有可能满盘皆输。

他心中所想的皆是身家大事,实在无力再分神。他再次拿起手中毛笔的时候,王谨之忽然叩了叩门走了进来。

"王爷,宫里来信儿了……"

关隽臣和晏春熙一听此言,不由都转头看向了王谨之。

"圣上抱恙,说是今夜不能见您了。"王谨之说到这里又向前迈了一步,顿了一下才压低声音道,"王爷,咱们的人从宫里来的信儿,说今日午后几乎太医院所有名医都进过宫，圣上只怕是为了夏大人正在绞尽脑汁，不见您，倒也不稀奇。"

关隽臣听了，虽然没应声，可嘴角已微微扬起。

他放下笔，一双丹凤眼阴沉地望向了窗外。

那瞬间，他仿佛透过层层宫殿望向了大周天子的宫城内苑——今夜正是断雪潮毒发的时刻，他那位皇兄，是不是也正守在夏大人的身边呢？

…………

长安大雪未歇，深夜的大周皇宫之中，恢宏的承明宫仍然灯火通明。

太监和宫女们在朱红的宫殿前穿梭着忙进忙出，还有十几位身穿深蓝色朝服的太医也站在正宫殿前小声地商议着。

所有人都面色凝重，连说话都刻意压低了声音，氛围着实突兀。

承明宫乃帝王寝宫，按常理来说，若是出现连整个太医院都惊动了的情况，必然是周英帝龙体抱恙的缘故。可此时在承明宫的汉白玉长廊下，立着一道身着明黄镶龙纹袍子的高大身影。

周英帝负手站在廊下，似是专心致志地望着廊外飘落的白雪，一阵凛冽寒风吹过，虽高高吹起了他的袍袖，却未见他有任何反应。

大内总管文剑南已站在后面迟疑许久，这时才终于小心翼翼地上前道："皇上，夜里凉，站在这儿容易着凉，您还是回殿内吧。"

周英帝兀自站着，丝毫没有开口的意思。

文剑南见状只得执了一礼，再不敢多言，躬身退回了暗处。

周英帝畏寒，每逢冬日出门更是必备车辇，如今这般立在隆冬的寒风霜雪之中，怎能不叫文剑南和宫人们忧心。

可是他们也知晓今夜实在不同往常，此时正躺在承明宫寝殿的那位，并非大周皇后，也不是其他后妃，不过是一名身居五品的臣子。

这当然于周礼不合，可天子的意思便是最大的规矩。

此时，老迈的太医院之首严太医缓缓走了上来，他站在周英帝的背后恭谨地行了一礼，才沉声道："禀皇上，老臣与几位太医商议多时，已断言夏大人此时身中的是断雪潮。此乃天下奇毒，百年前由寒弥老人从关外带来，仅在中原出现过短短数月，之后便销声匿迹。皇宫大内鲜少有关于此毒的记载，解药更无从找起。倘若有个数月时日，老臣与几位太医也能研制出解药，可如今事态紧急……"

"他可还好?"周英帝忽然低声问道。

"夏大人他……"

严太医谈及夏白眉,不禁微微低下头,叹了口气才继续道:"夏大人他……他今夜着实难挨了。断雪潮阴毒至极,发作之时,便如同有千万根银针深深刺进周身的骨缝再肆意搅动一般。夏大人方才昏过去数次,冷汗把被褥都浸透了,若不是靠参汤吊着,都难保能不能撑过去。

"疼得厉害时,夏大人把自己的胳膊都挠出了血印子,嘴唇也咬得鲜血淋漓的,宫女们按他不住,臣等只得将夏大人四肢牢牢绑住,口里也塞了丝绢。如此唐突之举,还请皇上恕罪。只是,今夜还只是断雪潮头一次发作,七天之后会再来一次,臣只怕夏大人还等不到四十九日,便……"

"朕……"周英帝只说了一个字便顿住了话头。

在夜色中,他高大的身影竟重重摇晃了一下,险些跌倒在地。

文剑南和严太医脸上都大惊失色,文剑南更是赶紧上前一步扶住了周英帝:"皇上、皇上保重龙体啊。"

周英帝摇了摇头,他缓缓站直了身子,先摆手示意严太医退下,随即转头看向了文剑南:"朕要问你一件事。"

周英帝的声线低沉浑厚,在静夜中,每一个字都异常清晰:"依你来看,宁亲王和他府中白溯寒的武功——这两人联手,能否擒住夏白眉?"

文剑南听到这个有些蹊跷的问题,不由抬起头,迎上了周英帝那双深若寒潭的漆黑眼眸,感到悚然一惊,那一瞬间,他不敢有任何迟疑和思虑。

"依、依臣之见,"文剑南轻声道,"夏大人武功位于大内高手榜前十之列,虎鹤双形功之中,虎形刚猛、鹤形轻灵,夏大人在鹤形上造诣极深,轻功绝佳。宁亲王与白溯寒虽都是当世高手,但……恐怕不能擒他。"

周英帝凝视着文剑南,过了良久,他竟露出了一个冷冷的笑容。

"朕亦这么觉得。"

大雪下了数日,整个长安城皆笼罩在一片白茫茫中。

这日天色未明之际,一辆车辇驶到了皇城第一道外城墙广安门前,辇中人都未下来,只派人与士兵们交涉了几句,便长驱直入。

从远处遥遥望过来的走卒小贩们,若是有些见识的,便立时知晓,这乃是大周朝廷二品以上的大员上朝了。

车辇又过了两道宫门,才堪堪在正阳门前停下。

接近卯时，大多数朝臣已站在正阳门前静候周英帝上朝，见有车辇停下，便不由面面相觑起来。

大周朝官制定品甚严，郡王之尊也不过二品，臣子能位及二品者更是极少，久居长安的则屈指可数，此时将将一估计，在场的、没在场的，再一想到最近京中的大事，众人心下一估量，便已猜到——定是宁亲王到了。

车辇一停，两名灰袍侍从撩起滚金边的帘帐。有人自辇中走出，撩起袍服下摆，一双黑色军靴稳稳地踏在地上。

"参见宁亲王——"大臣们一见下辇之人，便纷纷微躬身恭谨地执礼。

关隽臣未开口，点了点头算是回了礼。

只见他身着宽袖大裾的绛紫色上三品袍服，外罩一袭浅灰色狐裘。

他一头黑发拢入高高的武冠之中，腰间金玉带上悬一明玉，黑靴白袜。他在皑皑白雪之中稍一站定，身上便有一股淡淡的熏香味飘散开来。

他神色颇为冷淡，微微抬起头看向匾额上那三个大字"正阳门"时，一双丹凤眼中的神色不由更阴沉了些。

这大周朝堂，他已多年未曾来过了。

他转过头，往群臣的方向淡淡扫了一眼，只在其中数人身上稍作停留。

关山月仍是一副懒散模样，关隽臣与他颇具默契，虽只稍看一眼，却也看得出这位少时好友并不如他看上去那般轻松。

大理寺少卿谭梦麟就在关山月身旁，他挺身而立，双手负于背后，与关隽臣对望之时，眼中神色颇为复杂。关隽臣倒也有多年未见谭梦麟了，此人出身贫困，可谓才高志远，是先帝麟庆末年高中的状元郎。

关隽臣对他印象极深，那年殿试，他虽高坐在先帝身侧，但仍能从满殿的学子中一眼瞧见谭梦麟。此人相貌生得可说是极美，但偏偏无半点娇弱女态，皆因那一双漆黑的狭长眼眸——清澈，又带着一股子凛冽。

谭梦麟那时身上的布衣打了数块补丁，脸上却无半点愧窘之色，站在帝王面前毫无紧张之色。

先帝有心考他，他便当众讲论法家，洋洋洒洒讲了足有两盏茶工夫，字字珠玑。讲的人未曾面红心跳，听的人却纷纷口干舌燥。

状元郎，舍他其谁。

关隽臣那时亦年少，与先帝商讨时，也力荐谭梦麟，这力荐的理由，五分在才学，五分在风骨。

后来他也试探过谭梦麟几次，可这人当真是一身寒潭里洗过的傲与冷，全不买账。关隽臣见谭梦麟一心为仕，知道谭梦麟着实有才，亦有风骨，因此也不计被拂了面子的前嫌，鼎力扶持。时日一长，他渐渐将这位状元郎纳入了羽翼之下。

如今多年未见，谭梦麟虽已是三十多岁的年纪，可寒风中那清冷的眸子、挺拔的背脊皆未曾有变，只是面容稍显憔悴了。

当年那个在殿试上侃侃而谈的少年，如今已成了大理寺少卿，与掌管三司之一也不过一步之遥，若说官场仕途，自然该是风光无限。

只是这大理寺如今在朝堂大事上还有几分尊严，却有待商榷了。

逆犯平南王关承坤就关在长安，如此大案本该三司会审，谨慎核对。可周英帝治下，乌衣巷只遵皇命，逾矩办案。一旦涉及谋逆大案，大理寺便如同虚设，近年来谭梦麟在与关隽臣的通信中屡屡隐晦提起，极是不满。

关隽臣这次入京，虽然在朝中仍旧颇有势力，但此时长安之中情势微妙，无几人敢直接登府拜访，唯独谭梦麟似乎并无忌讳，在关隽臣入京的第二日便送了拜帖过来。

关隽臣知他性子纯直，可还是以身子不适推脱了。

这几日，他在府中亦是时时忧虑。

此次入京，他本已抱着不为瓦全的心思，若是能的话，他只求携着晏春熙全身而退。可是每每念及谭梦麟，以及朝中其他依附他数年的官吏，他便不由又心下烦闷——他若是退了，这些人又当如何？

这时，只听宫内传来三声清脆的净鞭之声。

"皇上驾到，众臣入朝——"

群臣依着官品排成两列，缓缓迈入正阳门之中。

冬日的第一抹阳光洒了下来，直照得那道绵延了近十米的汉白玉台阶愈发剔透，乍一看，如同在这寒天雪地之中凝结而成的坚冰一般。

关隽臣沿着长长的阶梯抬起头，望向那座几乎被笼罩在云雾之中的宫殿。他乃当朝亲王，位仅在三公之下，自然当先迈了上去。

长明殿，大周朝真正的权力中央。

关隽臣站在这座恢宏的殿宇之前，微微顿了下脚步，轻轻迈了进去。

按大周礼，臣子觐见要先行叩拜之礼，才获准抬头直视皇上。

关隽臣待众臣都进入大殿后，便撩起朝服，与其他臣子齐齐跪了下去。

"臣等参见吾皇,吾皇万岁万岁万万岁。"

"平身。"

关隽臣再次起身时抬起了头,终于见到了他这位皇兄的面容。

周英帝身穿明黄色龙袍,端坐在高高的龙椅上,一双寒潭般的眼眸竟也同时凝视着关隽臣。

这一刻,无论是关隽臣还是周英帝,眼神都没有丝毫的游移。

他们已一步步走到了这里,实在无需再避讳什么。

当年同在太子学读书玩耍,也曾相携出宫踏春秋猎,那样好的春光,那样的一对兄弟,终究再不复返了。

"臣弟月前领旨,未敢有片刻耽搁,急急赶赴长安,只是路途遥遥,是以入冬才进京,还请皇上莫怪。"

"宁亲王哪里话,朕急召你入京,倒累得你一路车马劳顿。"周英帝声音低沉浑厚,丝毫不提传召所为何事,而是轻描淡写地道,"长安不比金陵,时节极冷,你倒要注意身子。京中的宅子,住着可还习惯?"

"多谢皇上,臣弟在京中一切无碍,倒是臣刚入京的那日,皇上龙体不适,不知如今可已大好了?"

"朕那日吹了冷风,别的倒也无妨,只是那夜头疼得厉害,倒误了与宁亲王的宴饮。"

关隽臣细细观察着周英帝的神色,却着实瞧不出半点异样。他二人分明心底都知道,拜他所下的断雪潮所赐,三日前夏白眉在承明宫必是经历了凌迟般饱受折磨的一夜。为此,周英帝不得不将原本定下的宴饮推掉。

关隽臣已可笃定,在他这位几乎已无凡人感情的皇兄心中,夏白眉是他在这世上仅有的牵挂。可是今日这般试探,关隽臣却根本无法在天子脸上窥得一丝一毫可以揣摩的痕迹。

关隽臣忽地感到心口有一阵冷风猎猎地吹过。

他拢了拢袍袖,眼神微微向后扫了一眼右侧的谭梦麟。

谭梦麟似乎也不用他提点,早已一步上前,躬身朗声开口道:"皇上,臣于两日前曾递上奏本,关于平南王关承坤一案,如今逆犯已被抓入凤狱数月,乌衣巷却始终拿不出半份卷宗,无证据便要定罪,于法不合。皇亲国戚谋逆,乃惊天大案,若不慎重行事,更有悖人伦!

"臣奏请皇上,责令乌衣巷将逆犯关承坤转入大理寺狱中,再按大周律——三司合力查办,点三公主审!"

关承坤被关押已有数月,却迟迟无法定罪,这本就是于礼法不合的事,朝中早已有许多议论。只是人人皆知此事实在太过险恶,又牵扯上即将入京的宁亲王,如此险恶的旋涡,自然是谁也不愿在情况未明时掺一脚的。

这偌大的长明殿中本十分安静,可谭梦麟这番话仿佛一柄利剑闪着凛冽的寒光,"嗖"地出了鞘。

谭梦麟这一奏本,是明晃晃指向大周天子的!

周英帝端坐在龙位之上,一双眼眸淡淡地看向站在殿中央的谭梦麟,神情毫无波动。天子的沉默亦是一种威压,朝堂之上更是一片死寂。

谭梦麟却并未有退让之意,他久久未等到周英帝的应答,忽地撩起朝服直直跪在了地上。他一双眼睛冷冽如剑锋,一字一顿地道:"皇上,大周以法立国,以礼育人,礼法相合,方成就我大周万年昌盛。乌衣巷如此行事,枉顾三司,乃是动摇我大周律法之根本啊。臣奏请皇上,责令乌衣巷将逆犯关承坤转入大理寺,按大周律查办定罪!"

"谭大人,未免也太过心急了。"

关隽臣根本不必回头——该来的自然会来,一听这略带沙哑的声音,便知开口的是刑部尚书唐书简。

"平南王谋逆一案嘛,自然要查无遗漏才是。三司查案是查,乌衣巷查案也是查,都秉的是一颗为皇上分忧的心。同为三司中人,谭大人说这是动摇大周律法根本,我倒是不敢苟同。"

谭梦麟闻言猛地一回头,他一张白生生的面孔上隐隐浮现出怒意。他刚想开口,却见关隽臣对他微微摇了摇头,到底是强忍住了。

唐书简乃刑部尚书,他的话便算是刑部的意思了。此人为官三十余载,可说是深谙官场,虽说乌衣巷逾权办案亦是侵占了刑部的职权,可他老奸巨猾,哪能不明白其中关窍,因此对此事从来都是默许的。刑部、大理寺和都察院同为三司,可各有各的盘算,自然不会站在一处发声。

谭梦麟是大理寺少卿,若论官位,倒还比唐书简低上一头,执掌大理寺的大理寺卿孟祝又是个闲散的人。

多年来,谭梦麟多次上书,哪怕是当年襄王谋逆案,那般诡谲险恶的局势,他亦冒着被周英帝厌之的风险,多次提议要将案子提到三司过审。

可大理寺的事他尚无法拍板,更遑论三司之中,如唐书简这般弄权的人物大有人在,想做点事更是难上加难。

他如同在沼泽中前行,走一步便陷一步。

这些艰难岁月，竟将这位曾在天子面前侃侃论法的状元郎折磨得憔悴枯槁，再不复当年意气风发的少年姿态。

唐书简施施然继续道："再者说，按大周律，皇亲国戚谋逆这般大案，不仅要三司会审，还要有三公之中的一位坐镇主审，再经由六部尚书和主审官合议定罪。可大周当朝三公，太保之位空悬，剩下许太傅年迈，已返乡安度晚年。言太师为帝师，先帝在位时不仅是皇上的老师，亦是平南王的老师，他顾念当年师生之情，亦是为了避嫌，早已言明不愿审理此案。

"谭大人一味谈三司会审，却不知可想过谁来坐镇主审？"

谭梦麟转头高声道："唐大人，三公主审虽是惯例，但大周朝并非没有三公之位空悬之时，可由皇上钦点德高望重的老臣为主审官……"

"好了。"一声沉厚的声音忽然自高处响起，周英帝终于缓缓开口了，"两位爱卿所说皆有各自的道理，不错，如此大案，三司若毫不参与，也实在于法理不合。唐爱卿所言也的确有理，此案主审官一位一直空悬，三司会审自是要推一推的。不过谭爱卿不必多虑，朕心中，这主审官一位，已有了人选——"

周英帝说到这里，微微顿了一下，他的目光从唐书简移到了谭梦麟身上，最终却停在了关隽臣的脸上："你上奏一事，朕在七日内必给你答复。"

关隽臣未与周英帝直视。周英帝如此应允，谭梦麟这一奏，可说是见效了。可那一刻，关隽臣仿佛嗅到了某种危险和不安的气息。

其实平南王是否在乌衣巷收押受审，于谋逆定罪一事并不重要。然而若是让平南王始终在周英帝和乌衣巷的彻底掌控下，于关隽臣而言极为被动。那意味着周英帝随时可将案子做大，把关隽臣牵扯进来。

若是将平南王移交三司，起码在程序上来说，无论是乌衣巷还是刑部，都绕不开大理寺。有所掣肘，便不能肆无忌惮，这对于关隽臣来说，已是极好的结果。

表面上看起来不过是谭梦麟与唐书简的几句争论，实际上，这长明殿之中已经刀光剑影。

要知道，先前诸事早已有了端倪。周英帝将平南王以谋逆之名拿下后，久久未定罪，却在年关急召宁亲王回长安。关隽臣虽然领旨听命，却在辇前高悬先帝御赐的免死金剑，以冠军侯仪仗入京。

朝中人都是人精，任谁都看得出来，今时今日的大周朝已是风雨欲来。

皇上似是要秉雷霆之势以平南王为由向关隽臣发难，可这位宁亲王也绝没有坐以待毙的意思，反而高调起来，一副干脆要将这长安城搅个天翻地覆的意思。

关隽臣处于漩涡中央，却将双手拢入袍袖之中，半点都没有表态的意思。不过他虽然沉默，在这朝堂之上，却不缺喉舌为他开口。

关山月自后方往前迈了一步，忽然朗声道："皇上，微臣倒有一事颇有不解……金陵有大周第二都之称，历来都由亲王坐镇以求无虞，鲜少有受封在外的亲王突然回京的时候。皇上如今急召宁亲王入京，不知是否兹事体大？臣等无能，在朝为官，却未能为皇上分忧。"

关山月虽然官位不高，却是恭亲王独子，分量自不寻常。

他问得婉转，却极为巧妙。

亲王无故入京历来是诡谲犯忌的事，身为臣子，有此一问实在再正常不过了。但先前恭亲王悠然离京，本来便是要让恭亲王府远离这场纷争，也是为了向周英帝表态。

关山月身为恭亲王府世子，在此时能够出来为关隽臣试探一下周英帝的心意，实在是身陷险境。关隽臣不由转头看了这位儿时好友一眼，两人的眼神微微交错，一切尽在不言中了。

周英帝似是早就料到朝中会有此一问，他听关山月这般说后，只是神情自若地笑了："爱卿何出此言。平南王之事，的确叫朕心下甚是不安——朕即位不久，这大周朝，朕着实还有好多功夫要做。宁亲王乃两朝重臣，功勋昭著，在此朝野动荡之际，朕要多倚靠他些，这也是自然的事。不料，反倒叫你们想得太繁琐了。"

周英帝声音低沉，眼神平和中又仿佛带着一丝锐利的锋芒，在关山月的脸上淡淡地飘过："且还有一桩事，要过年了，朕先前听太后在病榻中思念膝下孩儿，便更想着叫宁亲王回京。这一来，不仅可让宁亲王在京中过年，也好多陪陪太后。这番思量，倒是朕的家事了。"

关山月何等聪明，他知道周英帝一字一句都是随口搪塞，但也知道不能多问了。周英帝以一句"家事"作结，看似宽和无恙，可实际上，天子的家事又岂是臣子能插手或询问的？他这般说，显然已是隐隐有怪罪关山月的意思了，再往下递一句，便要治关山月一个僭越之罪了。

关隽臣见情势不妙，立时径自上前一步。

他拱手垂头，行了一礼，然后才道："皇上思量周全，政务繁忙，还时时不忘挂心着太后凤体安康，臣弟拜服——自当跟随皇上，为太后尽孝。"

他说到这里，忽然抬起头看着周英帝，意味深长地继续道："父慈子孝、兄友弟恭，乃大周朝礼义根基——孝悌二德，臣弟莫不敢忘。"

周英帝听了此言，嘴角微微翘起，依稀露出了一个微笑。可他那双漆黑的眼眸里毫无笑意，甚至第一次露出了一闪而过的阴沉杀机。

兄友弟恭。他即位第一年就斩了襄王满门，如今平南王又因谋逆被乌衣巷抓入凤狱，关隽臣更是高悬金剑入京。

当朝诸王，貌合神离，他哪还有几个弟弟可友爱之？

宁亲王，好一句兄友弟恭啊。

下朝后，关隽臣坐进车辇里打道回府，锦帘被撩起一角，引了一抹明晃晃的雪光映照在他的脸上。

"王爷，今日夏大人已出宫，回乌衣巷照常处理事务去了。"

关隽臣将双手平伸在暖炉上方，慢慢地烘着指尖，听一旁的白溯寒汇报后，才抬起头道："夏白眉也当真是硬茬子，断雪潮毒发之痛世间鲜少有人能挨住，他这堪堪受过一回，没歇个几天就回乌衣巷了。"

白溯寒沉声道："断雪潮七夜一轮回，一次比一次毒性更甚。他第一次便在宫中躺了许久，只怕四日后毒性再发一次，他这条性命就要交代一半了。皇上对夏白眉若有心，接下来几日间，定会有所举措了。"

他说到这里，不由顿了顿，随即眼神带着探寻看向了关隽臣："王爷，夏白眉入宫伴驾已有十五年，皇上该当、该当不忍置之不理吧？"

关隽臣并未直接回应，而是忽然问道："夏白眉在承明宫躺了三天，皇上去看了他几次？"

白溯寒脸上的神情顿时凝住，他低下头去，过了良久才低声道："皇上……并未去看过夏白眉。"

关隽臣看着白溯寒，丹凤眼里忽地划过了一丝意味深长的神色，他淡淡地道："你正是因为知道这情形，所以才如此问我——你心里没了底，对吧？"

"王爷……"白溯寒既不敢回答是，也无法否认。

关隽臣撩开锦帘，转头若有所思望向了外面被白雪覆盖的长安城街道。

"皇上心机深沉，手足之情或许可以丢弃，但夏白眉……夏白眉终究有所不同。没了他，皇上此生，或许便再也没了知心人。那等滋味，可不

187

是一咬牙、一狠心便消受得了的。"

他似是回应着白溯寒,又似是在自言自语,慢慢地道:"先贤有言,存天理、灭人欲。如若皇上真能灭了人欲,倒可说境界直追圣贤,若果真如此,我也不得不敬他厉害了。赌输了——那也不冤。"

回到长安宁王府,关隽臣一进去便看到晏春熙站在前殿的廊下等着。

少年一见关隽臣走过来,眼睛顿时乐得弯了起来。

关隽臣也笑了下,随即低声问道:"可是等了许久?冷不冷?"

"我不冷。"晏春熙倒是丝毫不以为意,他不说自己等了多久,只是笑得露出了一对浅浅的梨涡,随即又很小声地道,"成哥哥,你今日是回京以来第一次去上朝,我心里惦念你,在屋里半刻也坐不住……"

关隽臣低头看着他,少年穿着纯白色的狐裘,脖颈处柔软的毛边贴着他白净的脸蛋,在雪光中衬得他的面容一片纯净。

"熙儿,你长大了些。"他低声说。

"当真?"晏春熙有些欣喜,一双大眼睛亮亮地看着他。

"嗯。"关隽臣点头,"长高了。"

这些日子来,他时常觉得晏春熙长大了。这个年纪的男孩子,仿佛隔个十天半月就像青竹一样隐隐拔高了一些,成了更显沉稳秀逸的青年模样。可是在两人之间,晏春熙这般看着他时,眼神又分明还是那个天真纯稚的小公子。

小家伙长大了,他自然高兴,可不知为何又轻轻地叹了口气。

"我长高了,你怎的要叹气?"晏春熙歪着头问。

他是实实在在大了晏春熙一倍有余啊,想到这差距,关隽臣忍不住有些心酸:"你啊,还这么年轻,余下一生还那么长,什么都是没准的。"

听关隽臣这么说,晏春熙不由抬起头,眼里微微浮起了一丝狡黠,忽然故意道:"成哥哥,那……我今后若是离去了,你可会伤心?"

"傻子,其实到了我这个年纪,已经没什么所谓伤心的了。"

关隽臣低头看着晏春熙,脸上仍带着淡淡的笑意,他当然知道少年是在和他说笑玩闹,可他微微垂下眼帘时,那双丹凤眼里浮起了一丝无法掩藏的疲惫和无奈:"我这一生,到了这个时候才得了这么一个知己,何其珍贵。若没了你,也就再没下一个了。伤不伤心……当真无所谓的。"

晏春熙怔愣了一下,他极少见到关隽臣这般消沉的模样,脸上不由浮现出了急切的神色："成哥哥，我、我……你是知道的，天边寒月，这辈子只有一个。成哥哥，你知道的。"

关隽臣摇了摇头，笑着摸了摸少年的脑袋。

其实他哪会对晏春熙有半分不信，这一番话，虽是在回应晏春熙先前的话，可实际上，或许只有他才真正知道自己心中的苦涩。直到近不惑之年，他才找到如此珍惜之人。然而，其实他还未入京时，心底便已胆寒了。

屠刀就在前方，只是他尚不知何时落下。

虽为盖世王侯，可这一生，悲欢几何，偏偏由不得他自己啊。

按照大周礼制，入冬之后就改为四日一次朝会，因此这几日间关隽臣倒是无事，只是也没多少时间和晏春熙好好待着。

之间听王谨之来报过，说程亦轩入京后便因受不得冻得了风寒，关隽臣心思当然更不可能在程亦轩那儿，因此只吩咐王谨之照应着。

谭梦麟和其他几位心腹倒是陆续想前来拜见，可关隽臣知道京城之中到处都是乌衣巷的人，因此都称自己风寒未愈，给挡了回去。

不过虽未面见，他私底下仍写了几封信悄悄传给了谭梦麟，询问了一下乌衣巷和周星卫的动静。

乌衣巷和周星卫都是周英帝最重视的武力，因此宁王府的探子也最难渗透进去，倒是大理寺地位特殊，有什么异动也能感知到一二。

谭梦麟这日午后才来了信，信中语气颇为忧虑。他提及这几日来，乌衣巷四大指挥使竟然尽数返京，而且还曾在乌衣巷之中密会数次。

虽然其中端倪谭梦麟尚不知晓，可他慎重地告知关隽臣，乌衣巷四位指挥使个个都是身负绝技、阴狠狡诈的盖世高手，平日里都神龙见首不见尾，齐聚京城乃是罕见的事，这必然是受命于周英帝的缘故。

关隽臣坐在案桌后，面前素白的宣纸上，字字都让他心下一紧。

他并没有告诉谭梦麟自己给夏白眉下了断雪潮，因此谭梦麟自然也参不透其中缘由。可他心里如明镜一般，乌衣巷四大指挥使齐聚长安，定和自己的事脱不了干系。

要知道，到了今夜，七日轮回之时便已到，若是夏白眉还拿不到解药，就要再受一次更惨烈的折磨——断雪潮虽是说七七四十九夜才会令人毒发身亡，可这每隔七日的发作那锥心刺骨的疼，不曾有人挨过三次。若周英帝还想要保住夏白眉的性命，那么今日……怎么也要有所动作了。

关隽臣将手中的信笺扔在火盆之中，注视着信笺化为一缕青烟，才起身走出了房门。他裹着狐裘站在门廊之下，虽然冬日的一缕阳光照在脸上，但仍觉得阴冷无比。

就在这时，关隽臣看见王谨之快步从前堂走了过来，一向沉稳的王府管事此时脸上却带有慌急之色。他一看见关隽臣的身影，立时单膝跪在地上低下头，不知是因为天气冷，还是旁的问题，他竟在微微打战。

"禀王爷，乌衣巷宇文指挥使、宋指挥使、唐指挥使和……和夏指挥使——前来拜谒！"

关隽臣面色霎时间一寒。他抬起眼，望向了前殿之外。

乌衣巷指挥使可以说是成德年间最令大周朝臣心惊胆寒的名头，二品以下直接拿人，二品以上也有赤金皇极剑伺候着。各位当朝大员平日里再如何威风，在这些五品指挥使面前，却无不人人自危。任何一位乌衣巷指挥使已经是这个分量，更别提四位齐出的阵仗是何等骇人。

周英帝七日之间都没有任何动静，却在这最后一日的午后突然以雷霆之势出手，实在可怕。

长安城阴云沉沉，似乎重重地压在了这座风雪中的王府顶上，关隽臣眉间的剑纹也无形中愈发肃杀地拧了起来。

"走。"关隽臣迈下门廊，一步步地向前殿的方向走去。

也不知什么缘故，长安的风雪突然之间大了起来，他迎着寒风而行，一身厚重的锦袍被吹得猎猎作响。

宁王府前殿的正中央，此时正并排站着四名男子。他们个个都是一样的黑袍黑靴，头戴官帽，面覆一层薄薄的乌纱。在皑皑白雪之中，如此装扮实在森寒得扎眼，如同四座玄武岩铸成的修罗一般。

当中左首那人虽然身形相较他人瘦小一些，却是唯一一名背负赤金皇极剑之人，他一见关隽臣，立时掀起脸上的乌纱，然后当先上前了一步。

"卑职宇文昼，携乌衣巷其他三位指挥使，拜见宁亲王。"

宇文昼是周英帝继位后任命的第一位乌衣巷指挥使，虽然官位与其他几位并无区别，在乌衣巷之中头把交椅的位置却不言自明。

宇文昼面色枯黄，似是有些西域血统，瞳孔中带着一抹碧色。

他背负至高皇权之剑，不行跪礼，虽然躬身，可背脊如同锐利的剑锋，双手执礼之时，手腕上那黄金护腕在雪光中迸射出璀璨夺目的光芒。

就这么一个姿势，便足以看出他一身精湛通玄的功夫。

他这么一行礼，其他三位乌衣巷指挥使自然也跟上执礼。

夏白眉年纪最轻，因此站在外围一点。

他撩起面纱之后，登时便露出一张在雪光中格外端方俊秀的面孔。只是夏白眉身中断雪潮，又受了那么一遭残酷折磨，面色和嘴唇都苍白得毫无血色，再无先前意气风发之态。那张明玉一般的脸上，眉间到左脸颊间还留着一道关隽臣用千军破甲抽出来的鞭痕，实在是白璧微瑕。

"宇文大人免礼，今日风雪骤然变大，出行甚是不便，倒未想到四位会前来。"关隽臣又向前走了两步，他语气虽然客气，脸上却毫无表情。

他一双阴冷的丹凤眼在宇文昼身上扫了一下，随即又转到夏白眉脸上，似笑非笑地道："夏大人，数日不见，好似憔悴了些许？"

"王爷恕罪，我等今日前来叨扰，也是为了这不中用的东西。"

宇文昼声线极是奇特，似是被铜钟罩住一般瓮声瓮气，让人听了极为不适，他说着，转头冷冷地看了一眼夏白眉："你还站着？"

夏白眉立马跪了下来，嗓音沙哑地开口道："请宁亲王恕罪。"

关隽臣微微挑了挑眉毛，但并未开口。

"卑职死罪。宁亲王身份贵重，更是大周社稷重臣，卑职却狂悖傲慢，竟敢在宣旨时冒犯宁亲王，卑职实在罪该万死——"

夏白眉双手伏在地面，重重地在覆着一层薄雪的冰冷地面上磕着头。

"请宁亲王恕罪，"他又"砰"地磕了一下，重复道，"请宁亲王恕罪。"

关隽臣看着夏白眉，虽只是数日未见，可这人好像突然消瘦了许多。

这般被同僚喝骂，下跪磕头，如此屈辱，他本该是有所不甘的，可是关隽臣这般看着跪在脚下的年轻男子，却什么都感觉不到。

夏白眉仿佛毫无知觉，如同一个空壳一般。

宇文昼和其他两位指挥使都站在后面，无人看着夏白眉，也无人为夏白眉说话。他们的心思当然都不在夏白眉身上，而是深深地凝视着关隽臣。

关隽臣忽然感到心里一阵发冷。

宇文昼一双带着邪异碧色的眼睛看了关隽臣一眼，他清了清嗓子，忽然道："宁亲王，夏白眉卑贱之躯竟敢冒犯您，本就是死不足惜，他这条命倒是无所谓，只不过……他之前身负皇命，这皇上的差使搁在身上自然是耽误不得，咱们这些做下人的，还是要把事办好。"

关隽臣一双丹凤眼里寒芒一闪，他看着宇文昼，一听到这话，心里已

191

是悚然一惊,随即便将双手负在身后,冷冷地道:"乌衣巷的差事一向繁重也是因为得皇上器重,四位指挥使神通广大,自然什么难题都迎刃而解了,倒不必在这儿和本王说这许多。"

"宁亲王说笑了。"宇文昼阴阴地笑了一下,他貌似恭顺拱了拱手,那对黄金护腕却在雪光中放射出愈发刺眼的光芒,"皇上先前命夏白眉去金陵宣宁王府中晏春熙晏公子入京,晏公子是您府中人,亲王若不肯放人,咱们区区五品指挥使如何敢入府硬请?所以,乌衣巷若想办好这差事,那还真得仰仗宁亲王您了——"

关隽臣眉头一蹙,眉间剑纹霎时间杀气四溢,他看着宇文昼,冷笑了一声,一字一顿地问道:"宇文大人这话——就是在说本王抗旨了?"

"卑职万万不敢。"宇文昼立时恭顺地躬身,可是一双眼睛毫无退却之色,慢悠悠地道,"卑职不过就是个传旨的奴才,皇上的旨意在这儿,王爷是遵还是不遵,卑职又怎能说得上话呢?"

关隽臣心下一片惨然,方才夏白眉跪在地上时,说他在宣旨时曾狂悖傲慢,关隽臣当下便心知不妙。夏白眉虽然认罪,实际上却是在以退为进——他只认了狂悖的罪,之前说的假传圣旨提都没提。

周英帝这是已经下定主意了。旨意在,晏春熙自然必须入宫,此事已经绝无转圜余地。宇文昼话里的意思也正是如此。

抗旨,笑话——这大周,谁胆敢在天子脚下抗旨不遵。乌衣巷和周星卫都聚集在这座皇城之中,如果关隽臣真的贸然抗旨,宇文昼带着乌衣巷其他三位指挥使有备而来,又背负皇极剑,只怕立时就要将他拿下。

他已经无路可退了啊。

关隽臣凝视着宇文昼,沉默了片刻之后,他面如寒霜,缓缓地道:"皇上为君,我为臣子,皇上有旨,我定要遵从。今日,皇上若要从我府中拿人,我自然不会阻拦。

"只不过,宇文大人,晏春熙并非宁王府中一介平平下人,他是本王真正放在心中的珍重之人,是本王的牵挂所在。

"今日他进了凤狱,若是受了任何苦楚,遭了半分磨难——来日,本王要你乌衣巷十倍奉还,你可明白?"

宇文昼刚想要开口,关隽臣却已转头道:"来人——"

待站在后面的王谨之上前一步时,关隽臣才平静地道:"去将先帝御赐的免死金剑拿来,送到言太师府上。"

宇文昱听了这话，脸色瞬间也变了一变。

关隽臣对晏春熙的在乎，早在夏白眉第一次拿人时已经明了，此时关隽臣挑明此事，真正的杀招实则藏在后半段话中。

言太师为大周三朝老臣，两朝帝师，身份极为贵重特殊。

免死金剑当年是由先帝当着周英帝和言太师的面，郑重赐给关隽臣的。

免死金牌，一朝之用；免死金剑，万世之用。这把剑才是关隽臣真正的撒手锏，哪怕是先帝离世之后，后代帝王也当遵从免死金剑的赦免之权。言太师受先帝之托，自当确保这把剑能保住关隽臣。

因此关隽臣这一番话，看似是在告诫乌衣巷，实则字字句句已经是在和当朝天子叫板。他就是在告诉周英帝——如果乌衣巷动了晏春熙，他将不惜动用免死金剑，也要拼个鱼死网破。

宇文昱躬身行了一礼，随即才开口道："王爷此言差矣，乌衣巷绝无伤害晏公子之意，有王爷此言，自当将晏公子奉为上宾。"

他说到这儿，停顿了一下才继续道："卑职来前，皇上倒也嘱咐过了，说若王爷放心不下，不妨一同入宫。这外头风雪大，轿子已给您备下了，就在王府之外——王爷，您可要入宫？"

可要入宫？关隽臣不由嘴角冷冷地弯了起来，乌衣巷这趟过来是势在必行，连轿子都备好了，可不是明摆着的请君入瓮吗？

他当然知道，周英帝的目的本就不在晏春熙身上，而是在自己身上。

恰恰因为如此，他心中才有那么几分把握。

"本王自当先行入宫拜见皇上。"

一阵风雪呼啸着扑面而来，关隽臣紧了紧身上的狐裘，他没有回头，只是低声对身后的王谨之吩咐道："你……你去叫白溯寒请晏公子吧。"

关隽臣的声音在凛冽的寒风之中微乎其微地颤抖了一下，可随即他的面色就恢复了往日的深沉冷静，他一扬衣角，大步迈出了王府的前殿。

他的背影笔挺，在愈发凛冽的寒风之中，竟如同匕首一般锋利。

宇文昱和其他两位指挥使自然是跟在关隽臣身后，恭敬地待关隽臣迈入轿子中后，宇文昱才回过头。

他的目光穿过王府巍峨地敞开着的朱红色大门，看到夏白眉兀自一身黑衣跪在翻飞的白雪之中，脸上不由也浮现出了一丝复杂的神色。

"夏大人……"宇文昱声音低沉地道，"莫忘了，你还有差事要办。"

他这般嘱咐完之后，便不再多说什么，上了马和其他两位指挥使一同跟在了关隽臣的车辇仪仗后面。

直到关隽臣一行人走了良久，夏白眉才缓缓站了起来。他抬起头望了一眼阴沉沉的苍穹，就这么定定地站了一会儿之后竟伸出手掌，接了一片雪花，就这么一直出神地注视着雪花融化在他的掌心，才轻轻呼了口气。

这位大周最年轻的乌衣巷指挥使从未在外人面前展露过这般温柔的一面。这一日，或许于他而言亦有些许不同。

他这时才终于转过头，那张明玉般的面容上已经恢复沉静，他看着王谨之，淡淡地道："王管事，我在这儿等你带晏公子过来。"

长安宁王府的内院之中，身披白色狐裘的挺秀少年站在门廊下。站在他面前身穿玄色锦袍的男子脸上如同覆着寒霜，神色间皆是凝重之色。

"晏公子，乌衣巷四位指挥使今日齐来王府拜谒，为的是请您去凤阁走一趟——这会儿，夏白眉夏大人已经在府门口等着了。"

白溯寒虽微微躬身行了一礼，可凝视着晏春熙的目光很是森冷。

凤阁实在是大周朝一处最黑暗恐怖的所在，哪怕在朝为官多年的大臣贵胄，言谈间提及此处都要面色一凛，更遑论要被请去这里了。

白溯寒面前这少年哪怕穿着厚重的冬衣，也显得身量纤瘦，他听了白溯寒的话，却未露出太惊慌失措的神情，只是身子轻颤了一下，随即微微垂下了双目，轻声问道："白管事……王爷呢？"

白溯寒听了后，面色更是一冷，缓缓地道："晏公子，乌衣巷奉旨请您入凤阁，皇命为天，实不能违抗，您也理应遵从。王爷已与其他三位指挥使先行入宫面见圣上，还请晏公子顾惜王爷，毋要再置王爷于险境。"

晏春熙听了白溯寒的话，不由抬起头，他似是没想到白溯寒会如此冲撞，神情略微愕然起来。

可旋即，他便有些严肃地抿起了嘴唇，那张仍有着少年青涩模样的脸上露出了坚定的神色："白管事误会了，我无意抗旨，请带路。"

白溯寒沉默地转身，手掌一引，便大步往前殿走去。

晏春熙就这样一步步地跟着他，他的步履虽然坚定，可袍袖之下的十指不由自主地微微发颤——

这一天来得意料之中，却又是如此突然。关隽臣未留下一句话便直接入宫，也没有亲自来告诉他入凤狱一事，这实在叫他有些不知所措。

可比起自己，他更忧心关隽臣此时的处境。白溯寒虽然并未明说，可是这座王府在风雪之下摇摇欲坠之态,他又怎么会感知不到呢?

就在即将到前殿之时,白溯寒忽然停了下来,他似乎是在迟疑着什么,终于还是转过身,单膝跪地。

"晏公子,"他微微抬起头,脸上的神情沉重至极,嗓音沙哑地慢慢道,"乌衣巷起疑,乃是始于去年王爷深夜入地牢叫你改写供词之时。在那原供词之中,有王爷断不愿让乌衣巷和皇上知道的事。"

"晏公子,我知道凤狱是何等恐怖的所在,亦知道那里面有些苦头,实在……实在非人肉所能受,可有些事,您不能说。"白溯寒说到这里,一双眼已经如同利剑一般逼视着晏春熙,他一字一顿地道,"这是我的意思,更是王爷的意思,您明白吗?"

许多事,白溯寒明知不该去做,可是此时此刻,他实在别无选择。他知道此言一出,若是晏春熙当真死扛,恐怕会生生死在凤狱的酷刑之下,可哪怕关隽臣日后为此怪罪他,他也不得不说。

于"忠"一字,他自觉无愧,也实在不敢有愧。

这一贯在他眼中不济事的娇弱公子,听了这话却并未露出什么惊慌或是怨怼的神色,晏春熙就这么微微垂下头看着单膝跪地的白溯寒,过了许久,少年清俊的面容上忽然露出了一个浅浅的笑容。

"白管事,你可知,你此言——不是在看不起我,"晏春熙抖了抖锦袍上的雪,慢慢地道,"你是在看不起我的冠军侯。"

少年就这般立在风雪之中,嘴角的梨涡在漫天白雪之中是那般明显,一时之间竟叫白溯寒都看得怔愣了起来。

"你的话,我一个字也不信,但你大可放心,我此去——"少年一步步顶着风雪向大殿外走去,他的话语在风雪中无比飘忽,只剩下几个零散的字句在白溯寒耳畔回响着,"不惧死,更不惧生。我什么也不怕。"

白溯寒单膝跪在寒风之中,转头望着少年细瘦的背影,眼里一时之间竟有些模糊了。

就在关隽臣的亲王车辇缓缓驶进大周皇宫之时,一匹矫健的黑马在长安的街道上飞快地奔驰着,伴随着马鞭在风中挥舞的响声,堪堪停在一座距离皇宫不远的宅子门前。

这宅子在遍地王侯府邸的长安城中显得极为朴素,只是宅院四周颇为罕见地有一片梅林,古朴的宅子在鲜艳夺目的红梅和漫天白雪的围绕之中,更显出几分风雅孤傲的志趣。

　　从马上下来的王谨之步履匆匆，神情更是焦急，毫不犹豫地跪在了宅子门前的雪地之中。他目光直视前方，双手上横放着一把璀璨的赤金利剑，他将利剑高高举过头顶，就这么沉默地跪在冰天雪地之中。

　　古宅之中一片寂静，一名须发皆白的老者负手站在院中的红梅树下，微微眯着眼睛，佝偻着身子，虽然老态龙钟，可他轻轻抚弄着梅树枝丫的神态又颇为悠然，似是对宅子外发生的事全然不知。

　　就在这时，坐在老者背后廊下在烹茶的书童突然道："爷爷，宁王府王谨之已来了，咱们不见吗？"

　　老者听了小童的话，忽然咳嗽了起来，他摸了摸自己蓄得极长的白眉，叹了口气，低声道："先帝爷啊，您一世英名，何其睿智，只是您若想保宁亲王一世富贵，这免死金剑不该赐的啊——今日种种，本就是源于此剑。"

　　小童似是听不清老者的话，忍不住又问了一句："爷爷？"

　　老者摇了摇头，不再低语，他直起身子时，那一双眼睛没有半分老态，清澈得如同初夏的泉水一般，安宁又平和。

　　他抬起手轻轻捻下一片红梅花瓣，淡淡地道："不必见，你出去，接下王谨之手中的剑，只需带给他一句话——先帝重托，言某绝不敢负。"

　　小童听了站起身向门外走去，他背后的门廊上方，悬着一块古朴的匾额，上方书着四个方正大气的楷书——三代帝师。

　　含元殿。

　　这座坐落在大周皇宫北方的恢宏宫殿，昔年大周朝初立时，曾有异人言，此处地势颇高，背后依山，隐隐呈卧龙之态，自那以后，大周历代帝王便都宿于此殿。

　　周英帝登基之后，含元殿虽依然是帝王寝宫，可他励精图治，经常在乾元殿批改奏折直至深夜，是以乾元殿被修建得无比恢宏，让那人间帝王几乎有了与日月争辉之势。与乾元殿相比，含元殿倒微微显得没落了些。

　　关隽臣站在含元殿前候召，乌衣巷除了夏白眉之外的其余三位指挥使也都悄无声息地站在他身后。

　　关隽臣仰头看着殿顶之上用真金雕的盘卧巨龙，那龙双目以东海明珠镶嵌而成，东海明珠极是珍奇，若是日光照射，便璀璨至极，若是天色晦暗，便也随之暗了下来。

此时长安上空风雪肆虐,天色一片昏暗,那卧龙双目也暗了下来,倒如同假寐一般。

关隽臣想起年少时,先帝时常召他来含元殿,他那时便对这龙极是好奇,还曾问过先帝,为何不用别的明珠,让这龙的双目时时都耀眼夺目,岂不更显皇室威严。他记得先帝笑了笑对他说,帝王如同卧龙,不能真的睡着,也不能时时都醒着——假寐,便是做帝王的道理。

关隽臣如今忽然思及此事,便觉得有些怅然。

帝王与帝王亦是不同,他们各有自己的帝王之道。

先帝内敛温厚,也不失敏锐和洞察,他在位数十年,历经几次朝内大变,从不曾大兴牢狱,也不曾掀起腥风血雨,虽未在史书上留下浓墨重彩的一笔,但可说是承平一朝了。

可周英帝呢?诛杀襄王,重用乌衣巷,或许是从不信卧龙之道的吧。

"宁亲王——"大内总管文剑南穿着一身赤色蟒服,从含元殿之中走了出来,在关隽臣面前躬身行了一礼,"皇上传您进殿。"

关隽臣不发一言,转头看了站在身后的三位乌衣巷指挥使一眼。

文剑南霎时间意会,微微一笑道:"皇上说了,今日只见您一人,几位大人不必在这儿候着了。"

关隽臣点了点头,他一步步走上了白玉阶,细雪在他的锦靴下发出轻微的声响。迈进这座在大周朝屹立百年的宫殿之前,他抬起头看了一眼长安城的天色。只见阴沉的铅云在皇城上空低低盘旋,朔风凛冽,雪还未停。

他撩起锦袍的下摆,终于一步迈了进去。

含元殿的朱红色殿门在他身后缓缓阖上,发出了一声沉闷厚重的叩响。

大周今年的风雪比往年还要凛冽,含元殿之中,纵使点了满殿的烛火,仍阴暗森寒。

关隽臣刚迈步走进去,就听到大殿深处传来一道浑厚低沉的声音:"宁亲王,你来了。"

"臣弟参见皇兄,皇兄万安。"关隽臣双手撩起袍服下摆,行了跪礼。

他的头低垂着,只能看到赤金色靴子一步一步缓慢走到了他的面前,似乎是在欣赏他的臣服之态。

周英帝几乎是刻意地停顿了许久,才终于道:"平身。"

"宁亲王,"周英帝的声音淡淡的,"朕和你,咱们兄弟许久都未曾这样见面说话了,前些日子想起来,朕心里倒有些怀念。"

关隽臣缓缓站了起来，他抬起头，看着面前这位大周天子，他的哥哥。

周英帝是先帝诸子之中样貌较为平凡的一人，但那张庸常的面容上，有着一双摄人心脾的狭长眼眸，从来无人能看透那寒潭一般的幽深。

"臣弟在金陵时，亦时常挂念皇兄。"关隽臣面色如常，语气恭谨地答道。

他和周英帝都心知肚明，他们这对皇室兄弟，此时绝不是在若无其事地叙旧。晏春熙此时正被关在乌衣巷的凤狱之中，而关隽臣手中有唯一能救夏白眉性命的断雪潮解药。他们握着彼此的罩门，正在互相试探，这场看似轻描淡写的对谈，实则是万分酷烈的皇室争斗。

关隽臣深知多说多错的道理，他既不提起晏春熙，也不提起夏白眉，周英帝说什么，他便应什么，语气平和。

来含元殿前，关隽臣已把先帝御赐的免死金剑送去言太师手中。言太师乃三代帝师，当朝三公之首，是大周朝的肱骨重臣，免死金剑在他手中，就如同高悬在庙堂之上。哪怕是周英帝也要有所忌惮，起码在当下，绝不敢平白将他这位宁亲王拿下。

"宁亲王，可知道今日朕召你来，所为何事？"

周英帝不疾不徐地踱步回到白玉案桌旁坐了下来。

"臣弟不知。"

"真不知？"周英帝停顿了一下，见关隽臣不为所动，便浅浅笑了一下，"那也无妨，朕刚拟了一道旨意，你且读读，替朕把把关。"

他说到这儿，把桌上一卷赤金色布帛随意地扔了过来。

"是。"关隽臣伸手接下帛书，不知为何，到了此刻，他方感到背脊都紧绷了起来。他知道周英帝必是有备而来，此局对弈，他虽然杀招尽出，可面对这位心机深沉如斯的大周天子，他依旧毫无把握。

关隽臣在周英帝的凝视下，一寸寸地展开帛书，诏书不过寥寥几十字，可每读一字，他的心便落下去一寸。

读完整个帛书，再抬起头时，他的后背已皆是冷汗。

"先前宁亲王押了夏白眉返京，他是朕的近臣，既叫朕亲自处置，朕自得好好处置，总不能叫当场重臣心寒。如何——宁亲王，这般处置，你可还满意？"

在摇曳的烛火下，周英帝似笑非笑的神情在关隽臣的眼中却属实叫他肝胆俱寒。

"乌衣巷指挥使夏白眉，居功自傲、藐视亲王，大不敬之罪确凿，罪大当诛。念其为朕分忧多年，实有苦劳，免极刑，赐白绫。钦此。"

这便是周英帝亲笔写下的诏书。

"皇上，您这是……"关隽臣心下大惊，一时之间竟然失了礼数，抬起头和大周天子直直对视。

"朕问你，可还满意啊？"

在阴暗的大殿之中，周英帝的一双眼睛锐利得如同出鞘的白刃。

他嘴角冷冷地翘起，眼里毫无笑意："断雪潮、断雪潮，连皇都大内都找不到解药，朕的二十多位太医，无人能治，好手段啊，冠军侯。"

周英帝竟然称他为冠军侯，这已经是问罪之态。关隽臣的额角霎时间滚下了两滴汗珠——天子雷霆之怒，顷刻间便可血流千里，他如何能不惧。

"你是个聪明人，"周英帝缓缓站了起来，一字一顿地说，"朕的弟弟，当然聪明绝顶。明面上，你恭顺谨慎，奉旨入京。可暗地里，你摆着冠军侯仪仗，把免死金剑送到言太师手里，你是在提点朕，叫朕当心，是不是？"

"臣弟不敢。"关隽臣不敢在这当儿争辩，当即撩起袍服跪在了地上。

"说你聪明，因为你聪明在当机立断拿下了夏白眉，给他服下断雪潮，你知道——他是朕在这世上唯一在乎的人，对不对？"

关隽臣抬起头，难以置信地看着周英帝。他亲口说夏白眉是他在这世上唯一在乎的人，可也是他一笔一笔写下赐死夏白眉的诏书——罪大当诛，赐白绫。天下可曾有这般冷酷的心？

"是的，朕在乎他，朕没什么好隐瞒的。朕自成年以后，是夏白眉陪伴了朕十数年的时光，从积弱微时，到登基称帝，朕信任他、看重他，朕曾与他秉烛夜谈、作画论诗，更曾与他一同出宫、相伴云游四海。但你若因此以为，朕这封诏书只是吓唬你，你便错了。这也是你还不够聪明的地方，你或许可用此法去挟持任何人，但，唯独不是朕，唯独不是朕！

"因为朕是皇上。"

周英帝用手指遥遥点了点关隽臣，他一步步地走下高台，声音低沉而浑厚，在大殿之中回荡着："朕受命于天，统御四极八荒。朕是大周天子，所以，朕已不能有寻常人的软弱和不忍。

"无人能用软肋来挟持朕，今日的你不能，明日也无人可以。若朕有软肋，朕便亲手折断。冠军侯，你做不到这点，因此——你始终不如朕。你不会和朕鱼死网破的，因为你舍不得凤狱那位小公子。这场对局，你从一开始便输了。"

"看看这个吧。"周英帝从远处把另一卷诏书扔到关隽臣面前，他淡淡地道，"朕不要你的性命，但朕要你听话。"

关隽臣跪着接下诏书，哪怕尚未展开，手掌却已经不由自主地发颤了。

或许是在那一刻，他隐约明白，宿命已经注定了。

他的谋略、敏锐都是无用的，那些所谓的后手、谨慎的布局，可以让周英帝忌惮的免死金剑、断雪潮，统统都是无用的。

他或许可以保全自己的性命，他毕竟是先帝亲封的冠军侯，毕竟还是大周"恭靖肃宁"当朝四亲王之一，哪怕是周英帝想要杀他，都必须讲求个名正言顺。

可晏春熙不是皇权贵胄。晏春熙只是一个最低贱不过的小小罪奴，世间没有任何东西可以保他不死。

周英帝何等聪敏，一早已经看透这局对弈的关窍。

有心便有了软肋，关隽臣一败涂地的宿命早已注定了。

关隽臣如何不知道他面对的不是凡人，只是他总还抱着一丝侥幸——十数年的陪伴，从弱冠少年到酷吏宦官，夏白眉是为了周英帝被毒哑嗓子，甘心狠毒成一尊人间修罗的人，总该能换来一丝哪怕微不足道的怜悯啊。

可周英帝目睹了夏白眉受断雪潮之毒在宫中哀号一夜，要硬生生绑了四肢才不至于自戕，如此凄厉惨状，都不能让这位帝王有一丝一毫的不忍。

天子啊——人是血肉铸成的，可坐上了龙椅后，就要将生而为人的性灵全部割舍，这便是获得无上权力的代价吗？

关隽臣心下一片苍凉，他低下头，慢慢打开手中的诏书。

在那一刻，他本已做好了以命换命的准备。哪怕周英帝将他即刻擒入凤狱，按谋逆罪判处，只要能将晏春熙放走，他也自当领旨。

那诏书并未提及他心中所想之事，可他一字一字看下去，看到"钦此"二字之时，胸口忽然如遭雷击，霎时间觉得头晕目眩，依稀有种天地变色之感。

"噗——"关隽臣猛地喷出一口暗沉鲜血，他脸色惨白，忽然重重地叩首在地，喃喃道，"臣弟行事狂悖，愧对天恩，如今只求皇上下旨赐死，臣弟绝无怨言。"

"宁亲王说的哪里话。"周英帝脸上隐约露出了一丝晦暗阴沉的笑容，他慢慢地道，"你是朕最器重的弟弟，又有先帝御赐免死金剑。平南王被关押在乌衣巷许久,已让朝臣们有所非议,因此朕已决意依朝上谭梦麟所言,按律三司会审,以三公之一为主审官,彻查此案。言太师为避嫌不愿审理,许太傅年迈返乡,唯有太保之位空悬。朕如今下旨封你为正一品太保,弟弟啊——当朝三公位极人臣,朕如此看重你,你心中还有所不满?"

关隽臣胸口如同被重重锤过,只感到周英帝的一字一句都令人毛骨悚然。他本是习武之人,最善调息,可一时之间竟还是气血攻心。

太保之位绝不是周英帝真的封赏他,反而是周英帝这一局棋中最狠辣的一招。

大周律明言,皇亲国戚谋逆大案需三司会审,更要三公之一坐镇主审,之后再经由六部尚书和主审官合议定罪。当年襄王逆案的审理上,就有诸多疑点和违背大周律的做法。如今周英帝在平南王一案上若再武断地用乌衣巷直接定罪,三司六部乃至满朝文武,总归会有不服之心。因此,周英帝拿下了平南王,却足足数月都未能定罪,正是因为他早已深陷困局。

先前朝堂之上,大理寺谭梦麟据理力争,周英帝明知他和关隽臣过从甚密,可也要在朝堂上应承,就是因为谭梦麟所说的话句句合乎情理。所以那一日朝廷激辩,最终周英帝答应了要选一位主审官。只是那时关隽臣还不知道,原来周英帝心中早已选中了他。

周英帝缓步踱到关隽臣面前,递过去一块手帕让关隽臣擦拭嘴角鲜血,慢慢地道:"那一日朝堂之上,你与朕说,父慈子孝,兄友弟恭,乃大周朝礼义根基,朕听了颇为动容。朕登基之后,先诛襄王,再斩平南王,若都是由乌衣巷定的罪名,后世书来,朕岂非有违孝悌二德?"

"所以朕要留着你,"周英帝嘴角渐渐显露出笑意,意味深长地道,"朕知道你也嫌平南王愚蠢无知,你早早就送了《忠义帖》过去提点他。你的心思,朕明白。你不愿和他一党,朕的满朝文武却不那么觉得。你、襄王和平南王自幼一起长大,后又被看作三王一党。朕留着你去审他——由你这位亲近的哥哥给关承坤定罪,朕倒要看看届时还有谁敢不服?"

关隽臣一阵惨然,他抬起头,声音沙哑:"皇上是要让臣弟来做这个不孝不悌之人了。只是不知道,若臣弟为主审官,皇上想让臣弟株连多少人?是否连臣弟自己信任之人,有些也保不住了?"

周英帝俯视着关隽臣,似是未料到关隽臣能这么快就洞察他的计谋。

过了良久,他脸上的笑意又浓了些,轻声道:"冠军侯啊冠军侯,父皇当年果然慧眼,你不愧是朕最出众的弟弟。是了,襄王已除,可党羽颇众,你和平南王器重之人当中,有不少都曾依附襄王——叛党余孽,你便也别想保了吧?"

关隽臣跪在周英帝面前,寒意从冰冷的地面向上侵袭,他不由打了个冷战,喃喃道:"臣弟愚鲁,才疏学浅,实难担当太保之位,皇上——"

此时此刻,他这番话相当于哀求。

他一旦成为平南王一案主审,便要按周英帝的安排,亲自定罪将平南王送上断头台。不孝不悌的名声,是注定要扣到他头上的。

平南王横竖都是死,到了这会儿,兄弟之义关隽臣实在无法顾及。

然而,周英帝杀招不止于此。周英帝真正要做的,是叫他亲手株连自己的党羽。他多年心血,苦心经营,一招一招布下的亲信,亦要被他亲自拔除。他若做了,从今以后大周满朝文武,必再无一人能对他信服,他也休想再建立起任何势力。

或许周英帝还许他活着,可他活着也不过是个彻头彻尾的废物,这又与死了有何分别?这分明就是要他挫自己的骨,食自己的肉。

"朕知道,你这会儿定是不愿应承,也无妨,你且平身,随朕去凤狱走走。"周英帝显然已有十足的把握,"咱们去看看那位小公子。"

关隽臣面色苍白,他自知已经身陷绝境,多言无用,只得沉默地跟在周英帝身后走出含元殿。

今日发生的一切显然全在周英帝的掌控之中,未见他着人备车,外面便早有辇轿等着。

"今日雪竟这般大……"周英帝仰头看了一眼天色,只见铅云压在空中,雪絮飘落,虽还未至黄昏,可这宫内阴暗得像是入了夜。

周英帝素来畏寒,穿着一袭厚重狐裘都微微发抖,坐进辇里后,便用手炉烘着手。

关隽臣坐在周英帝下首,两人许久无话,直到车辇停在乌衣巷门前。

关隽臣抬起头看着面前黑色的阴冷殿宇,匾额上赤红色的"乌衣巷"三个大字高悬在头顶,只觉一股森寒肃杀之气透过他厚重的袍服,直直侵入体内。

凤狱就设在这乌衣巷内的地牢之中。

这便是大周成德年间,最令人遍体生寒的所在。

乌衣巷中人称其为凤阁,仿佛那是什么风雅之处,然而大周朝廷之中谁又不知晓,若是被凤狱扣押,只怕是恨不得自己死了才好。

关隽臣跟着周英帝,顺着乌衣巷的地道向下行走。

他还从未来过乌衣巷凤阁,此时只见面前是一寸寸的冰冷砖墙,点着油灯的阴暗走廊,两侧的囚室时不时传来两声如同鬼魅般的哭号之声。

越往地下走,寒气也越来越重,冠军侯本不是畏寒之人,此时也忍不住打起了寒战。

他是聪明人,当然知道,周英帝既要他就范,就不能杀晏春熙,可他遏制不住心中的恐惧。

关心则乱。他是太怕了,怕左右的哪间阴森囚室之中就关着晏春熙。他怕晏春熙此时便被锁在镣铐之中,痛得哭起来求救,却怎么都见不到他的人。

只要想到这种种,哪怕明知那或许只是虚妄,关隽臣都骇得近乎失去神志,恨不得干脆就不要去想别的,立刻就跪在周英帝脚下,什么都答应了便是。

周英帝似是早就洞察了关隽臣的虚弱,他淡淡地瞥过来一眼,随即示意乌衣巷的侍从推开了一道铁门。

关隽臣本已屏息,颤抖着往里面看去时,却只见一张案桌,两把椅子,除此之外再无他物。

他错愕地转头看向周英帝,只见周英帝已撩袍走了进去,声音低沉地道:"这是凤阁内的观澜阁,你今日倒有眼福,凤阁内建在观澜阁边上的,只有一间囚室。"

他这样说着,乌衣巷侍从已躬身过来,驾轻就熟地将两张椅子搬到案桌之后,然后在一旁的墙上摸索两下,拉开了两扇像小窗子似的物件。

只见周英帝站在小窗边,神情似笑非笑,将手指竖起对他"嘘"了一声,然后道:"朕带你来看看新鲜的,你可莫要辜负朕的好意,若是出了声,遭殃的倒不是你,只不过你那小宝贝怕是吃不得苦头。"

关隽臣腿脚发软,走过去之后才发现,这竟然是一个小小气窗,连着的——他凝神看过去,只见气窗的另一边,是一间约有两层楼高的空旷囚室。

他这才明白观澜阁的特别之处。

气窗安于高墙之上,又刻意修在了暗处,是以关在里面的人只会以为是寻常气窗,绝对不会知晓是有人在另一侧观看。

名为观澜这般风雅,可实际上,为的是让周英帝或是其他乌衣巷指挥使在另一侧悄悄观刑。

囚室正中央，只见晏春熙被剥得只剩一件单衣，乍一看过去，身上似乎还未有什么血淋淋的伤处，只是细瘦的身子呈"大"字型被牢牢铐在铁刑架上。

少年赤脚踩在冷冰冰的石砖上，整个人都在瑟瑟发抖。

而夏白眉一身乌衣巷指挥使的黑色袍服，坐在晏春熙对面，左手边摆着一个燃得正旺的火盆。此时，他手里正握着一个长长的铁器，在火盆里反复烫着，那铁器顶端的尖锐弯钩已被烤得泛了红。

第九回

"晏公子,今儿奉旨将您请进凤阁,您可知所为何事?"

"我……我不知。"晏春熙冷得直哆嗦,呼出的气都凝成了薄霜。

"无妨,晏公子既不知,便只当是与我话些家常罢了。"

夏白眉虽握着可怕的刑具,语气却平淡。他修眉凤目,容貌极美,一身漆黑袍服坐在那儿,倒像尊修罗般阴冷又端庄。

"成德二年的年关时节,晏公子可还记得自己身在何处?"

"金陵宁王府。"

"是了,晏公子身为大周罪奴,因是宁亲王看重的人才算有了容身之所,不在王府又能在哪儿。"夏白眉把铁器搁置在火盆内,踱步到晏春熙面前,"我听说,晏公子待过宁王府的地牢,可有此事?"

"……有。"晏春熙声音一滞,还是答道。

站在观澜阁的关隽臣看着这一幕,宽大袍袖下的手指不由一抖。

关隽臣当然不是对自己的处境毫无知觉,他的名字中,"成"字改成了"臣"字,折辱一般的提点他都受了。

可是一想到自己府中连鹤苑公子下狱这种再小不过的事,都早已悄悄过了周英帝的耳,直至如今,他仍会觉得遍体生寒。

大周乌衣巷,监听天下、诛尽异党,当真不是一句戏言。

只是事到如今,他自己的安危已不是他心中最要紧的事。

"那晏公子因何下狱?"夏白眉比晏春熙高出许多,他垂下眼皮,那对入鬓的白眉更显得邪异,倒像是与双目一同盯着晏春熙似的。

晏春熙从这般近的距离看过去，着实瘆人，他迟疑片刻，显然是在脑中想了想才轻声道："我与府中侍卫过从甚密。"

"嗤。"夏白眉轻笑起来，他伸指托起晏春熙的下巴，悠悠地道，"这都能活着从牢里出来，看来宁亲王当真疼你。"

晏春熙微微颤抖，随即扭过头去，不再与夏白眉对视。

"大周律，王侯府中可设私狱，但若下人仆奴投狱或是私自处死，都需有供状，以备衙门调阅。晏公子——你的供状呢，写了几次？"

晏春熙茫然地看向夏白眉："写了几次？"

"晏公子，你究竟是真不明白，还是装糊涂？"

夏白眉转身站到火盆边，慢条斯理地摆弄着里面愈发火红可怕的尖钩，火盆里的火星登时迸溅得老高。

他的声音很轻，却显得格外阴森："你写了第一份供状之后，宁亲王连夜去了狱里，叫你改了一份新的出来，这回事你可还记得吗？"

晏春熙吃力地回忆了片刻，终于才勉强记了起来，喃喃道："是、是写了两次。"

夏白眉颔首，平静地道："你既写了两次供状，那宁亲王都叫你改了些什么东西？"

"没什么，"晏春熙赤裸的双脚因为一直踩在冰冷的石砖上，已经冻得发青，他哆嗦着道，"王爷只说，我第一份供状写得太过详尽，叫我略去那些繁杂之事。"

"仅是如此？"夏白眉又露出了微笑，他走到晏春熙的面前，"晏公子，我瞧着你一直在发抖——可是凤阁阴寒，冻着你了？"

他嗓子一贯沙哑，此时语气却甚是阴柔，罕见地流露出了几分阉人的姿态。他一边轻声询问，手中却握着烧到火红的尖钩慢悠悠地递到晏春熙身前，火光闪烁之间，眼里闪过一丝阴狠。

"不……我、我不冷。"晏春熙慌忙摇头，挣扎着想要后退，可是被铐在刑架上，哪里逃脱得开，他霎时间骇得脸色惨白，看着几乎要贴到身上的滚烫刑具，声音里满是恐惧。

关隽臣心急如焚，他转头看了一眼站在他前方的周英帝，这个身着明黄龙袍的高大男人正与他一同观看着这出唱戏般的审讯。

关隽臣忍不住开口："皇上。"

周英帝回过头，嘴角微微上翘，眼里却没什么笑意："宁亲王，你就这般好好看着——朕便可保晏春熙不死。但你若不听话,就莫怪朕狠心了。"

"是……"关隽臣不敢再言,只是这样瞧着下面的晏春熙,心疼得像是要被扯成碎片。

当时他夜入地牢,逼晏春熙重写供词想要将十月初九他因襄王之死感伤而彻夜大醉的事瞒去,时至如今,他仍未和晏春熙说过其中缘由。

这个被铐在刑架上的少年甚至都不知晓自己究竟知道什么,不知道什么。他是如此弱小,任人宰割,甚至连自己该说些什么才能免去这场祸事都不知道。在这场权力的纠葛之中,他才是最无能为力的那一个。

"晏公子,你是个聪明人,但你或许不知道——这凤阁里,来过许多自诩才高八斗、实则愚不可及的人。愚蠢是要吃苦头的,这个道理你得明白。几个月前,平南王手下的于将军被带了进来,是乌衣巷唐大人审的。于将军自觉是沙场中人,心志坚定,是以一开始咬死了不招。可他还是太高估自己了……"夏白眉慢条斯理地继续道,"这凤阁最不怕的就是心性坚定之人。晏公子,你须得知道,眼见着自己的手指成了白骨,怎能不惨叫出声?这痛,不痛在手指,是痛在心里。惨,实在是惨。"

夏白眉摇了摇头,幽幽地叹了口气:"于将军虽是硬汉,却也没扛过第二根手指便招了。晏公子,你觉得倘若是你,能挨到几根呢?"

纵使关隽臣早就对乌衣巷审案时的手段之残忍有所知晓,可此时在这寒冷的囚室之中,听夏白眉用带着一丝阴柔的语调慢慢地细述,仍会叫他感到毛骨悚然。

他尚且如此,更遑论此时被绑在刑架上,酷刑或许随时要加诸于身的晏春熙,光是听,便已嘴唇惨白。晏春熙看着夏白眉,一时之间只觉自己眼前的简直不能称作人,而是邪魔披上了人皮。

"我已将我知道的都说了——改供的事,仅仅是王爷不愿我细述他的私隐,并没有旁的。"晏春熙心中惊骇,开口时声音也在颤抖,却仍执拗地坚持着之前的说辞。

"是吗?"夏白眉挑了一下眉,平静地说,"晏公子,你得明白,在这凤阁里,你不仅记性得好一点,心思更要活泛一些。许多事,你自以为不知道,但你只要猜得出我想要什么……再按照我心中所想说了出来,倒也能从这凤阁齐齐整整地走出去,这其实并不难,对吗?"

晏春熙虽远离朝野,可并不愚笨,这一刻,他已明白了夏白眉的意思。

他看着夏白眉,过了良久忽然道:"你不是审案,你只是要构陷宁亲王，我说什么，对你、对乌衣巷来说并不重要，罪状你们都已为他列好了，你只不过需要有我画押的供状——是吗？"

夏白眉笑而不答，只是低头慢条斯理地摆弄着那铁钩。

晏春熙身子兀自因为恐惧在微微颤抖，眼神却并未再有分毫退缩。

良久的沉默之后，他的嘴角微微翘起，露出一个讥讽的笑容，冷冷地说："改供的事，我所言句句属实。夏指挥使，我没有你要的东西。"

晏春熙心里无比清醒地意识到，夏白眉对他的恐吓和折磨，不过是局中最微不足道的一环。面前的夏白眉，以及夏白眉背后的皇权，真正要摧毁并不是他，而是关隽臣。

他知道他太弱小，他帮不上关隽臣任何忙，甚至只能做一颗牵制对方的棋子，所以就连白溯寒也在他来之前警醒他不要开口乱说话。可是，他又怎会乱说呢？他纵使无能，纵使也会畏死怕疼，可他仍自不量力地想着保护关隽臣啊。

"唉，"夏白眉看着晏春熙的眼神里划过了一丝不忍，可是很快又恢复了波澜不惊，他微微笑了一下，"晏公子，我当真不舍得如此对你。"

他虽是低声细语，可是话音还未落，手中的铁钩就已经"噗嗤"一声毫不留情地刺进晏春熙的左腰侧。

晏春熙双眼睁大，一时之间甚至无法发出声音。

"啊！啊……"接着，他仰起脖子惨叫出声，颈侧因剧痛而暴起青筋。

夏白眉的动作实在太快太突然，关隽臣还来不及开口，脸便已经一下子全无血色。他脑中一片空白，自己还毫无知觉时，已经重重跪在了冰冷的地面上。

"皇上！"他屈辱地双膝磨蹭着上前，嗓音嘶哑，"皇上……"

"嘘。"周英帝回过头，看着他跪在地上的样子，眼里泛起了淡淡的笑意，平静地道，"不过吃些小苦头罢了，你且看下去，放心。"

关隽臣暗暗攥紧了拳头，指甲都深深嵌进掌心，可是又如何盖得过心口如被刀绞般的剧痛。

夏白眉看着晏春熙，冷冷地道："晏公子，我再问你一遍，宁亲王叫你翻了什么供，他又为何会饶你不死——其中蹊跷，你究竟是说还是不说？"

晏春熙双目赤红，泪水不知何时已经淌了下来，却仍旧吃力地摇了摇头，一字一顿地道："我……我没什么……好说的。"

夏白眉脸上的笑容愈发森冷，他揪住晏春熙被冷汗浸湿的发丝，强迫晏春熙抬起头。

"晏公子，这并非凤阁大刑，不过只是牛刀小试。我问你，我下一钩若烙在你这俏生生的脸蛋上，你猜日后你出去了，宁亲王看着你这残损的面容，是否还能待你如初？你入了凤阁已近一日了，他若想救你，自然有他的法子，可是他没有来，你不觉得奇怪吗？人生在世，所谓的知己之情不过是虚妄，为了旁人这般硬撑，你再思量思量——这酷刑加身，当真值得吗？"

晏春熙看着夏白眉手中渐渐迫近他脸上的赤红色铁钩，身子一直在颤抖，但在这个时候，他平静地闭上了双眼。

"你不懂。"他慢慢地说，"宁亲王看重我、在意我，我也一样……他若是能，早就来救我了，若是没来，便是他自身难保，我又怎会怪他。我若出得去，毁容也好、残疾也好，他仍会珍视我一如往昔。我和宁亲王可谓知己啊，所想所愿都一样，这怎会是虚妄。在这世间走一遭，没有比这更踏实的东西。"

这个纤弱少年的脸上冷汗和泪水交织密布，嘴唇也已被咬得残破不堪，他喃喃道："我所要的，从来都很少很少。我十五岁便没了爹娘亲眷，他是我最珍重之人。若没有一生，我就要朝夕；若连朝夕也无，那我成全自己，纵死无悔。"

他闭着眼睛，脸上竟在这时隐约露出了浅笑，像是去了一个无比美好的梦乡。

他轻声道："夏指挥使，值得的、都值得的。"

夏白眉眼里闪过了一丝复杂深沉的神色。

关隽臣跪在观澜阁怔怔地听着，听到最后，他忽然伏下身子将头重重磕到地面上："皇上。"

他的手抚着周英帝那双明黄色的靴子，低声道："臣弟愿领太保之衔，也愿主审平南王谋逆一案，一切但凭皇上吩咐，万死不辞。只求皇上看在兄弟手足的份上，饶了晏春熙吧。求皇上顾惜，求皇上开恩。"

他跪在地上一下一下地磕着头，直到鲜血都自额头流淌下来。

他再也没有半点大周冠军侯的尊严和骄傲。

周英帝漫不经心地挪步移开了靴子："朕的好弟弟啊，瞧瞧你摇尾乞怜的样子。朕早前听闻你以冠军侯仪仗入京，心里便觉有趣，你竟以为你可以和朕叫板。冠军冠军，勇冠三军，你可知道，做冠军侯是不能输的——

可你心心念念的不过是个卑微的罪奴,你又拿什么赢?旁人攥住了你的宝贝,你便来求饶,你又怎配得上先帝册封的这个名号?"

关隽臣狼狈不堪地跪在地上,听到周英帝口中一句一句尽是轻蔑,心中恍惚感到一阵钝痛。

他喃喃道:"皇上,臣弟原是不配。臣弟亦不敢对皇上有所违逆,只求皇上放过晏春熙,臣弟一切但凭皇上吩咐。"

那伴随着"冠军侯"三个字的英姿和辉煌,终是离他越来越远,不可复追。

周英帝笑了,在气窗旁的暗门里按了一下,清脆的摇铃声便响了起来。

囚室之内登时传来夏白眉沙哑的声音:"晏公子,你歇歇,也再好好思量一下我先前同你说的话,我且出去一趟。"

关隽臣一颗揪紧的心才稍稍放了下来。

周英帝踱步回到案桌后,坐到虎皮宽椅上。他未说平身,关隽臣不敢私自起来,便跪着转过身,对着周英帝再次叩首在地面上。

一会儿工夫,夏白眉便已叩了叩门走进来。

周英帝饶有兴味地转着右手大拇指上的青玉扳指,慢悠悠地道:"宁亲王,莫要哭丧着脸了,朕将你擢升为正一品太保——当朝三公、镇国柱石,这面子是给足了啊。"

"皇上说的是。"关隽臣低头应道。

"你也莫要太过惊慌,朕其实从未想过要杀这位晏公子。"周英帝继续道,"这小东西活着……远远要比死了有用处得多,你说是不是?"

"臣弟愚钝。"

"宁亲王,你真的不懂?"周英帝深沉的双目里闪过了一丝讥诮,"眉儿,不如你说给他听听。"

夏白眉闻言微微低下头,嗓音嘶哑地道:"是。宁亲王,皇上要卑职审晏公子,要的根本不是什么供状。恰恰相反,为的是让晏公子为了王爷宁死不招。"

关隽臣深深地吸了一口气,袍袖下的五指用力,指甲都生生嵌进了地上的砖缝里,却像是感觉不到疼似的,喃喃道:"是了,皇上从没想过要杀晏春熙,也没想过要认真审他,特意将晏春熙带到可供观刑的囚室,是一早便想好了的棋。"

"皇上虽然知道臣弟在意他,却也更明白,他受刑这等事,臣弟要亲眼所见才会疼到心里。臣弟一心疼,自然万事皆听皇上安排。只是皇上,晏春熙何其无辜,皇上和夏指挥使心里都如明镜一般——他什么都不知道,所以他什么都招不出来,他只能平白受着这份刑,哪怕是、哪怕是被铁钩烫烂了皮肉的撕心裂肺之痛,都不过是皇上拿来挟制臣弟的筹码。他太傻了,太可怜了……他最最不该的,就是和臣弟这个罪人搅和在一起。"

他说到这里,想到那平白受虐的少年,眼神一时之间收不住,悲愤地看向周英帝。

"不错。"周英帝却忽然袍袖一展,站了起来,"错的本就是你。你不仅抗旨不遵,更甚者,你竟胆敢以前朝时的冠军侯仪仗入京——你想干什么?昭告天下你依然是百年来唯一的冠军侯?!"

周英帝一贯喜怒不形于色,直到这一刻,那深邃的双目里终于显露出了炙热的怒火。天子之怒,如同万里晴空中的一道惊雷,叫人心神俱震。

"你以为你拿住眉儿便能制住朕,你何其荒唐!朕是大周万万子民的天,是俯接四极八荒的真龙,朕若是受制于你,怎配得上'天子'这两个字?"

周英帝说到这里,径自抄起案桌上的砚台直直砸向关隽臣,厉声喝道:"自古以来,做能臣易,做贤臣难,而你,朕的弟弟——你竟敢如此狂悖,仗着功勋昭著震慑君王,你的心里究竟还有没有君臣纲常?"

砚台沉重带风,可关隽臣又怎敢躲闪,霎时间"砰"的一声被砸得额角鲜血直流,一身华服被血渍沾得狼狈不堪。

"臣弟……"他刚一开口,就耐不住低低呻吟了一声,随即只能强自忍住,"臣弟知罪,一切都是臣弟的错,但凭皇上责罚。"

"哼,好一句但凭朕责罚。"周英帝面沉如水,看着关隽臣额头的伤处,"宁亲王,听说进宫之前,你已派人将免死金剑送到言太师手上了。"

关隽臣并未立即答话。免死金剑,那是他最后的,亦是唯一的倚仗。

周英帝的神色渐渐恢复平静,他坐回了虎皮椅上,因为畏寒,微微收拢了狐裘的领口。

"免死金牌,效用一朝。免死金剑,万世之用。父皇他心里,果然还是最疼你的。"周英帝双眼泛起了一丝微妙的神色,悠悠地念道,"大约父皇当年也曾料到,你我终究会有兄弟阋墙的这一天,竟为你开了大周朝前所未有的先例,乃至他已过身,仍在隐隐制约着朕的一举一动。"

"只是,父皇他糊涂了啊。"周英帝长长叹了口气,看着关隽臣,一字一顿地道,"皇权皇权,天地间最至高无上的东西。朕手里的权力,容

211

不得半分驳杂。免死金剑不是在保你,而是高悬在朕的头顶,时时提醒着朕,在朕之上还有旁人!父皇也是一位大周帝王,他怎么就忘了……身为天子,这才是万万不能触碰的逆鳞!自朕继位,恰恰是这柄金剑,才使你成了朕的眼中钉、肉中刺——朕隐忍数年,到了如今,不想再忍了。宁亲王,你是聪明人,你可明白该怎么做?"

关隽臣和周英帝对视着,过了良久,他脸色惨白,应道:"臣弟明白。免死金剑制约后世皇权,扰乱大周法度,乃纲常所不容。臣弟既被授命为当朝太保,届时自当与言太师言明,自请废除该剑效用,必不会让皇上背负不遵先皇遗命的不孝之名。"

关隽臣轻声道:"臣弟一切都已听从皇上,如今此生仅剩一愿——臣弟自愿交出金剑,只求皇上宽赦晏春熙。"

周英帝眯起眼睛,淡淡地道:"如何宽赦?"

"废除他的罪奴身份,放他离开长安,此后永远不再伤及他。"

"朕准了。"

"谢皇上。"关隽臣叩首在地,鲜血肆意地流淌在青砖之上。

晏春熙是被两个小太监搀扶着从囚室里出来的,他的烫伤在左腰侧,贯穿有约半寸深,每迈一步都会牵动伤口。

夏白眉在前面领着他出了凤阁,一路慢慢走到了宣德门外。

晏春熙惨白着一张脸,只站了一会儿,双腿便止不住地打战。

夏白眉转头看了晏春熙一眼,他一双白眉下的凤眼十分秀丽,里面微微闪过复杂的神色。突然,他伸手拍了下晏春熙的肩膀。

晏春熙虽然始终未服软求饶,可对方才还残忍施阴毒的夏白眉到底是怕的,他受了惊,踉跄着倒退了一步,旋即感到一股暖流从肩上流向胸口,一时之间只觉身子舒坦,竟然不再发抖了。

"你小小年纪,性子倒倔得很。"夏白眉嗓音沙哑地道。他没头没尾说了这么一句,随即不再开口,只向前迈两步,背对晏春熙站着。

晏春熙愣愣地看着夏白眉的背影,感到有些茫然。

他即使不会武功,也隐约明白这必然是夏白眉用内力在为他御寒。

不多时,关隽臣的身影出现了,他正从视野尽头一步一步向这边走来。他步子迈得极大,虽迎着风雪而行,速度却丝毫不减。

"王爷——"晏春熙猛地挣开两旁的小太监要向前奔去,可是才刚迈出一步，腰间便撕心裂肺地疼了起来。他双腿一软，跌坐在了雪地上。

他顾不得起身，就这么眼巴巴地坐在地上看着那道熟悉的身影。

关隽臣宽袍一展，施展起轻功几大步就飞掠到了晏春熙面前。

他俯身，轻轻地把少年扶了起来。

"王爷……你可还好？"晏春熙的目光落在关隽臣额头磕出来的青紫和额角被砚台砸出来的伤上，"你受伤了，是不是？"

关隽臣呼吸一顿，轻轻拍着少年的背脊："我无碍。"

晏春熙发丝凌乱，脸色和嘴唇都煞白一片，单薄的衣衫下还隐约有一股血腥味。这个刚经受了惨烈酷刑的少年，心里想着的顶顶要紧的事却是关隽臣受伤了。这个小家伙只记着心疼他，连自己都顾不上了。

此处仍在皇城之内，夏白眉就站在不远处，关隽臣自知仍要谨慎克制，但实在按捺不住心中的酸楚，最终还是出格地摸了摸晏春熙苍白的脸，低声道："走，咱们回家。"

晏春熙睫毛一颤一颤的，听到关隽臣说"回家"这两个字时，终于忍不住小声呜咽："成……"

他没敢唤出口，就把头埋在了关隽臣的胸口。

本紧绷着的那口气散了，被吊起来拷问了近一天的人登时就撑不住了。

他喃喃道："王爷……我……我睡一会儿，就一会儿。"

只是他话音还未落，眼睛已经支撑不住闭了起来。

与其说他是睡着了，倒不如说是昏死了过去。

这时，王谨之也领了几个随从牵着马车匆匆自宫外赶了过来。

关隽臣摸了摸晏春熙的额头，只觉触手之处烫人，赶紧小心翼翼把少年抱进了马车里，用厚厚的狐裘围了起来。

王谨之本要吩咐随从赶路，却见关隽臣又从马车上下来了。

"你叫他们先带熙儿回府吧，"关隽臣的神情很平静，他继续道，"我在外面独自走会儿。"

"王爷请慢走。"还没等王谨之开口，夏白眉已嗓音沙哑地说道。

他依着大周礼数对着关隽臣毕恭毕敬地躬身行了个礼，此时的他未背负皇极剑，也摘了乌衣巷的面纱，露出了一张苍白的面容。这张秀丽俊美的脸上，还留着关隽臣当初用千军破甲对着面门一鞭留下的伤痕。

关隽臣漠然地看了夏白眉一眼。他本该对这个阉人万般愤恨，可此时竟然只觉得意兴阑珊，连多说一句话的兴致也无。

天已经接近全暗，雪愈下愈大，整个皇宫白茫茫一片，雪花在空中呼啸着狂舞。

乌云重重地下压，整个长安城都笼罩在这场暴风雪之中。

这般恶劣的天气，王谨之没想到关隽臣竟真的一步步迎着风雪，独自走着。他不敢打扰，便只是牵着马遥遥地跟在后面。

关隽臣走得很慢，凛冽的北风将他束在紫金冠里的发丝也吹散了几缕。

这般大的雪，只不过下了半日，便几乎积到了靴沿那么高，深一脚浅一脚踩下去，发出"咯吱"的声响，马蹄子一踩都要陷进去半天，更遑论人了。

"王爷——"王谨之被风吹得几乎睁不开眼，忍不住在后面大声喊着，可声音很快便飘散在狂风之中。

他吃力地揉了一下双眼，再猛地一睁开，顿时慌了——只见关隽臣身子一晃，整个人跌进了厚厚的雪堆里。

王谨之吓得赶忙松开缰绳跑了过去，跪在一旁搀扶着关隽臣，把他从雪堆里拉了出来："王爷、王爷，您这是……"

"谨之……"关隽臣唤了一声，双手哆哆嗦嗦地握住王谨之的手掌。

"王爷，我在，谨之在。"

"谨之，入夜了吧。"关隽臣喃喃道，"我怎么好像站不起来似的，从腰以下，都凉……凉得发麻。"

关隽臣从未这样狼狈过。他满头满脸都沾着灰白色的雪碴子，紫金冠歪在一边，就这么痴痴地跪坐在雪里。

"王爷，您……我给您把马车叫回来吧，这天儿太冷了。"

"不是天冷，是人不中用了啊——"

关隽臣摇了摇头，很轻很轻地道："这人啊，一跪得久了，先是腿不好使了，然后是腰板，再然后就是心，直到浑身上下每一块肉都死得透透的。"

他的面色灰白一片，嘴角很浅地扬起，乍一看竟分不清楚是哭还是笑。

王谨之看着看着，不知为何声音都像是带了哭腔，他跟随关隽臣十多年，从未见过这般光景。面前的这位大周盖世王侯从未这般消沉过，仿佛在这个冬夜已经萌生了死志。

"王爷……您别乱说，此一时彼一时，日后未必没有扳回一城的时候啊……"王谨之跪在地上哀哀地磕头道。

"没有了。"关隽臣很平静地道，"谨之，我什么都没有了。"

入夜了，长安城宁王府中还是灯火通明，仆从们纷纷行色匆匆地在宁元阁进进出出，直到天将将露出鱼肚白，才渐渐消停。

关隽臣坐在床榻边握着晏春熙的右手，少年熟睡着，鼻息轻轻的，像是梦到了什么可怕的事物，时不时微微蹙一下眉毛。

关隽臣怜惜地俯身，用帕子擦拭着晏春熙额头的汗珠。

晏春熙腰上的伤口约有半寸深，里面的肉都已被铁钩烫熟了。

方才，关隽臣请的医官来了后掀开被褥看了两眼，便于心不忍地道，里面的肉已死透了，全部都要用剔刀剔去，才能包扎。

晏春熙四肢被紧紧缚住，但是医官刚一动刀，少年便发出一声声凄厉的惨叫，双目赤红，指甲在床褥上发了狂地抓挠着。

医官见状慌忙将一团软布塞进晏春熙口中，怕晏春熙在痛极之下咬伤了舌头和嘴唇。隔着软布，晏春熙只能发出"呜呜"的闷声惨呼，苍白的脸上冷汗密布，将发丝都湿了，狼狈地贴在了额头上。

少年越叫越虚弱，到了最后连哼的力气也没有了，只睁大一双往日无比清澈的眼睛看着关隽臣，眼里只剩空洞，泪水止不住地向下流。

关隽臣的心像是被人紧紧地攥了起来，他感到自己是那般无力，甚至连恨都已变得模糊麻木。有那么一会儿，他简直恨不得自己就这样被就地凌迟了，也要比看着他最珍重之人受这样的苦强。

晏春熙受了这一遭，只勉强喝了碗参汤吊了口气，便再也无法支撑，沉沉地睡了过去。而关隽臣却毫无困意，一直守在晏春熙的身边。

晏春熙的杏眼睁着时跟猫儿似的圆圆的，这时一闭上眼，漆黑的睫毛覆在眼下，睫毛根还湿湿的。关隽臣看着看着，似是出神了。

少年的面容与去年此时相比消瘦了许多，下巴尖尖的，那对梨涡愈发显了出来，隐约显出一点苦涩。小家伙跟着他的这一年，吃了太多太多的苦头。可是为了他，实在不值当。

他再也不是十多年前那个手握千军破甲的冠军侯，他也配不上晏春熙那一声"天边寒月"。他不过是个……一日一日渐渐老去且腐朽的废物。

忽然，一声细细的呼唤从身边传来："王爷。"

关隽臣回过神来，轻声道："熙儿，你怎的醒了？"

"我梦见……"晏春熙虚弱得嘴唇毫无血色，可是他抬起头看着关隽臣的眼中隐约泛起一股暖意，"我梦见长安的雪停了，成哥哥和我一起在

215

院里堆了个大雪人，我还给雪人戴了一顶斗笠挡风，就像那些来去匆匆的江湖游侠一样。"

"成哥哥，雪真的停了吗？"晏春熙看向关隽臣，眼神又纯真又傻气。

他还殷殷期盼着雪停的那一天。

关隽臣心头一酸，低声道："熙儿，等你好起来了，我便带你去堆雪人，堆多少个都行。"

晏春熙"噗"地笑了。

他刚想要撑起身子，却因牵动了腰间伤口，又倒回了床上，大口大口地喘着气。

"熙儿！"关隽臣慌忙搂住他，"身上又疼了，是不是？"

"成哥哥，我不疼的。"晏春熙脸色苍白，轻声道。

关隽臣摇了摇头，他本是想抚慰怀中的少年，可是一开口才发觉自己的声音沙哑得不行，只得凑近了些，低声道："你怎会不疼，你定是疼坏了……"

他翻来覆去念着这几句话。

晏春熙的眼霎时间红了。

他温柔地轻拍着关隽臣的背脊，喃喃道："我不疼，真的，其实我就是方才梦到了你。成哥哥，咱们今后便和以前一样，再不分开了……好不好？"

关隽臣一下一下地抚摸少年的发丝，却怎么都应不了声。

承明殿中，一个修长的身影慢慢走到明黄色的龙床旁，然后无声无息地跪了下来。

历来冬天时节，整个皇宫之中，最是暖和的宫殿便是这处周英帝的寝宫，但哪怕火盆放了十数个，周英帝依然要整个人偎在厚厚的狐裘里。

他手中握着卷宗，转头看了一眼伏在地上的人，问："解药可服下了？"

"已服下了。"夏白眉低着头答道，"蔡太医已诊过脉，说是断雪潮之毒已褪尽，眉儿这几日身子会虚弱些，之后便再无大碍了。"

周英帝把卷宗放在一边，轻声道："眉儿，上来吧。"

"是。"夏白眉乖顺地应道。

他解开厚重的外袍，然后小心翼翼地跪在了榻尾。

即使如此，他始终低垂着眼，并未直视这位大周天子。

周英帝看着他，淡淡地道："眉儿，你是害怕吗？"

"皇上，眉儿不敢。"

"抬起头来——"周英帝声音骤然一沉。

夏白眉沉默片刻，缓缓抬起了头。

周英帝一双长眸凝视着夏白眉脸上那道狭长的伤痕，面色深沉，似乎略有不愉。

过了良久，周英帝冷冷地开口道："哼，朕的弟弟当真好功夫，已足足月余，你脸上这道疤竟还未消尽。"

"皇上……"夏白眉声音一顿，随即平静地道，"是眉儿无能。"

"朕先前与你说，莫要下手太重废了晏春熙，只不过关隽臣既然敢伤你的脸，朕便要毁了他珍视之人的半张脸。朕需得叫他知道——你是朕的东西，朕打得、杀得，但是他连你一根指头也动不得。

"只是怎的，临到头了你倒还舍不得对晏春熙下手？眉儿，你以前从不心软。"

周英帝说到这里，深沉的双眸里闪过了一丝摄人的冷光，一字一顿地道："还是说……你这是怨朕了？"

"皇上，"夏白眉嘴唇颤抖着，"我……"

"眉儿不怨。"他喃喃道。

夏白眉有着变幻莫测的皮相，狠辣时如同一尊从血海里徐徐走出的修罗，可在周英帝面前又是顺从的一面。

他一对白眉哀愁地蹙起，下面是秀丽的凤目。

周英帝一时竟也看得怔住了。

夏白眉陪他在这深宫之中度过了漫长而跌宕的十数年，他从不得志的太子，到一步步走上登基大典，称帝、封禅。

究竟是多少年了啊……

他怎的有些记不清了。

东宫正殿前那棵树冠赤红的凤凰木如今都已长到了七八丈高，而他面前的人却像是没变，再一晃眼，又好像是变了，叫他怎么都瞧不真切。

过了许久，周英帝终于低低叹了口气，轻声道："眉儿，你与朕生疏了吗？你可记得有多久没唤朕一声宁哥了。"

"宁哥。"夏白眉声音沙哑地又长长念了一遍，"宁哥……眉儿许久没和你在一块说话了。"

"朕知道。"

周英帝心里一疼,脸色愈发阴郁了起来,他低声道:"朕身子冷了。"

"……是。"

夏白眉只应了这么一声,便将周英帝的双足置于胸口之上。

"眉儿……"周英帝感觉到那久违的温暖时声音都嘶哑了,可他因此愈发不满面前之人的沉默,道,"你不是说许久未与朕说话了,你没什么想说的吗?"

"宁哥……"夏白眉唤了一声,他当年为着太子与陈贵妃的争端被毒哑了嗓子,其实不爱开口,只是他仍是顺从的,周英帝让他开口,他便嗓音沙哑地叫了一声。

"眉儿,朕心里看重你。"周英帝重重叹息了一声,"只看重你,最看重你。你是明白的,对不对?眉儿,朕是天子……你得懂朕的难处,许多事,朕不能再像从前一般。"

"眉儿明白。"

夏白眉的眼角悄然滑下了一滴泪水,他闭上眼,微微颤抖了一下,平静地道:"宁哥,眉儿一生,只忠于你一个人。你的难处,眉儿全都见过……

"眉儿不、不怨你……"

周英帝一双狭长的眼睛始终深沉地盯着夏白眉,他未回应夏白眉的话,却忽然问道:"眉儿,你瞧着……朕可是老了?"

周英帝开口询问时,面色微沉,眼中已然露出了乖张之色。

"皇上是天子,"夏白眉看着周英帝,神情很平静,"天子……是不会老的。皇上,眉儿去唤下人打盆热水进来,再给您泡泡双足吧。"

"莫要折腾了,就在这儿陪着朕吧。"周英帝叹了口气,"眉儿啊……"

夏白眉身子一僵,踌躇着没敢动弹。

"眉儿,你看……如今,连你也会诓朕了。朕其实心里明白,朕是老了。你可还记得,十多年和朕在东宫的时候吗?"

"眉儿……记得的。"

"朕生来是个无情之人,做太子时为此恨透了自己,体虚寒凉,难求子嗣,日后国本堪忧,怎能稳坐太子之位?可你陪着朕时,朕渐渐觉得……人生在世,有一知心人,或许比其他的都要紧。朕一生,只有这么一个你,你相信吗,眉儿?"

"皇上,我……"夏白眉声音颤抖了起来,他看着周英帝,天子微微抬起头，却没有半分高贵和矜持，一双深潭似的双眼里忽然泛起了极为罕见的一丝哀愁，用手紧紧攥着他的衣襟，像是生怕他就此离去。

"眉儿，你不会离开朕的……对不对？"

周英帝的的确确是老了。

因为思虑过重，他鬓边的发丝早早地泛起丝丝缕缕的灰白，对孤独的畏惧像是蛛网一样爬到了他的眼角，化为细密的皱纹。一个人开始害怕老去时，便像稚童一般脆弱，即使是大周天子也不例外。

"我不离开你，"夏白眉掖了掖被角，"我永远陪着你，宁哥。天儿冷了，宁哥，眉儿仍每日像从前那样给你暖脚，好不好？"

"朕不冷。"周英帝低低地嘟囔了一声，他有些不甘心地想要抓住夏白眉的衣角，却因为轻衫太薄，从指间滑脱了。

夏白眉见他要睡去，柔声道："皇上，睡吧。明儿还要上朝。"

周英帝睡着了，睡得很不安稳。

入睡之前，他前所未有地像个年迈的老人一般啰嗦起来，从他与夏白眉年少时的趣事，说到登基前后的那些风风雨雨。

"你还时常去八大巷吗？听说你很中意潇湘馆的叙情，朕曾问过那些小太监为何，说是那人曲儿唱得好。是了，你爱听曲。其实你先前也会唱，只是后来……嗓子为朕坏了……可惜了，可惜了啊。

"眉儿，其实你总是心软，哪怕那些伶人都念着你的好，你是个会关照人的啊……等平南王的事过了，你也别再待在乌衣巷了，那儿污糟，你该……回朕身边来伺候，咱们还像从前一样。"

夏白眉安静地听着，并不曾开口回答。

周英帝的鼻息渐渐平稳悠长，显然已经沉沉睡去。

夏白眉这才站了起来，静静地看着龙床上的皇帝。

"啪"的一声，寝殿之中最后一根烛火也灭了。

黑暗之中，他先将乌衣巷的黑色袍服叠好，置于龙床下的白玉台阶上，然后对着周英帝无声无息地磕了一个头。

"皇上，眉儿谢您，谢您助我报了杀父之仇。"

他随即拿起一旁漆黑的官帽，工工整整地放在袍服之上，又俯身磕了一个头。

"谢您十多年来的扶持爱护，眉儿区区一个宦官，却偏偏受了您的无上恩遇，位列乌衣巷指挥使，一步一步得了滔天权势。"

夏白眉再次抬起头时，一双端正的凤眼里已水色弥漫，神情却异常地平静。

他最后用双手轻轻捧起沉甸甸的皇极剑——

皇极，皇权特许，天子亲临。

当他无数次背负着这柄剑来往于大周山河间时，他并不觉得有多么高贵，只觉得安全。

夏白眉笑着，他再次深深地下伏，将皇极剑置于袍服之上，然后把额头叩在了冰冷的台阶上——

"此生种种，眉儿永志不忘。宁哥……我们来世再见。"

离开长安的那一夜，夏白眉其实并不觉得悲伤不舍。

与其他几位乌衣巷指挥使相比，他平日常常陪在周英帝身边，因此自己在城中的宅院简直堪称简陋。他草草地理了理之后，只带上了些衣衫和银票，还有一小包金叶子。

他在长安这十多年下来，细细想来，真真好像一场幻梦，到头来什么都不剩下。

临行前，夏白眉去了一趟潇湘馆。

前些年他时常在此间流连，其实不过是因为宫里的日子太过孤寂。

夜虽已深了，但潇湘馆之中仍然是华灯高点，笙歌鼎沸。

夏白眉站在叙情的汀兰阁外，房门微微敞开，能隐约瞧见里面的光景。隔着一扇屏风，外面寒风凛冽，里面却是暖意盎然。

叙情正跪坐着抚月琴唱小曲，他歌喉了得，夏白眉是知晓的。

周英帝说，你是个会关照人的啊。这话倒是说得不错。

夏白眉站在门外这般安静地看了良久，却始终没有进去。他想着叙情若是知道他再也不会回长安了，或许会掉下几滴泪珠，那少年很是爱哭。

周英帝几乎从不责怪他在八大巷流连，正是因为太过懂他，知他心底其实从没有不舍。

他们终究是殊途同归的一路人，冷心冷情的性子，又身心残缺。

在这大周天下，唯有他们相互依存。

没了周英帝，他心中也再无旁人。

夏白眉摇了摇头，跃进内室，将一包袱的金叶子留在了叙情的枕下，除此之外，再未留下只言片语。

他走得干脆，谁也未惊动。

天未亮之前，他已一骑绝尘出了这座天下第一城的城门。

长风飒沓，却未带走长安一片雪。

霁雪初停，偌大的长安城被茫茫白雪覆盖着，一片祥和。

次日本是上朝之日，但稀奇的是，周英帝竟然抱恙了。

若论勤勉，这位皇帝可说是历代之最，他继位两年多，从未有一日误过早朝的时辰，更遑论是抱恙不来了，这可谓是破天荒第一遭。

周英帝确是病了。他足足盖了两层被子仍觉得体寒，怀中揣着手炉，面无表情地看着白玉台阶上整整齐齐摆放的乌衣巷袍服和皇极剑。

过了良久，他终于缓缓地道："他已出城了？"

"夏大人骑的是皇上亲赐的西域血龙驹，此时想必已离长安近百里了。"一道低低细细的声音从一旁响起。

若不是此人开口，只怕是站在殿中也很难用肉眼发现他——他身材瘦高，一身黑衣，站在龙床一旁帷幔的阴影下，竟好似一道窄窄扁扁的影子。气息能收敛至这般境地，显然武学已入化境，与半步神仙无差。

大周朝历来有升龙卫的传说，只是几乎无人见过帝王身边这些无声无息的影子，就连夏白眉这些年来也不知这人的存在。

此人一张长脸惨白，枯木一般的双手拢在袍中，有如白日中突兀出现的鬼魅一般，令人看了发怵。

他顿了顿，轻声道："皇上，夏大人似已下定了决心，但他知晓宫中太多事，这般纵他离去，只怕多有不妥。此时决断还不迟，血龙雌马发汗时有异香，只消一匹神驹雄马循着气味便可追去。区区百里之遥，三日之间，卑职便能将他擒回来，只看皇上是要活的，还是……"

"不中用的东西！"周英帝忽然厉声道，他将手中暖炉"砰"的一声掷落在地，"他不懂朕的苦心……给朕杀了他！"

天子震怒，有如空中一道惊雷降下。

瘦高黑衣人无声无息地跪在了地上，细声细气地道："领旨。"

周英帝这一病竟缠绵病榻数日，不仅一直没来上朝，许多政务折子也都搁置着不曾处理，更不许任何人进宫探视。

这反常的情况令朝廷命官人心惶惶,又因平南王入狱的风波,以及关隽臣此前曾以冠军侯仪仗骤然入京的事,一时之间,便有些扰乱人心的议论传了出来。

其间,谭梦麟曾两次来宁王府上想要拜会关隽臣,但都被关隽臣称病给婉拒了。

虽然皇上还未宣旨将关隽臣封为太保,但无论如何,他的气数终究是尽了,此后是生是死,都不过是仰仗周英帝一时的心情罢了。

关隽臣思量再三,虽然明面上闭门谢客,但终究还是私下派王谨之给谭梦麟递了一张字条,上面仅仅写了四个字——自保为上。

他希望谭梦麟能明白他的意思,事已至此,他再也无法翼护任何人了。

晏春熙夜里睡不安稳,又一连高烧了几天,被折腾得形容憔悴。

一直到了第七八日后,晏春熙才终于勉强能坐起来,稍稍动一动身子。

他一贯很爱干净,在床上躺了七八天,这回终于能动了,便拽住关隽臣的衣袖闹着要擦拭一下身子。

关隽臣自然是依他的,先是烧热了一大盆水,又叫下人搬了好几个烧得正旺的火盆进了屋。

他本意是不想让晏春熙受寒,但没想到少年坐起来刚见着这几个火盆,就吓得脸色煞白,顾不得伤口疼痛,瑟缩着往床榻的帷幔里躲,口中念道:"不、不要……不要火盆。"

关隽臣一回头,只见烧得正旺的火盆不时迸溅出几点火星,登时反应过来了。他急忙俯身,撩开床榻两侧的帷幔,手一下一下地轻轻拍着少年的背,喃喃道:"熙儿,不怕,我在这儿呢,不怕……"

晏春熙身上伤重,初时隔一两天便要刮去烂肉再换药。这翻来覆去地换药才堪称酷刑,愈到后面愈可怕,哪怕是关隽臣都不忍多看。

晏春熙一直苦苦忍着,始终未闹腾,也不曾开口对他哭诉什么。这少年的性子实在是柔中带刚,乍一看乖顺,实则骨子里有股常人难及的刚强和韧劲。也只有到了这会儿,乍一见到这曾让他痛不欲生的火星,少年才终于藏不住心里的恐惧。

关隽臣心里疼得像是在滴血,是了,唐唐定是怕极疼极,只因怕他忧心,所以才一声不吭。

他不动声色地招手示意下人将火盆挪远了些,再以屏风遮住,这才用手指擦去晏春熙额角冒出的冷汗,并不提及火的事,而是问道:"小家伙,好些了吗？"

他既知晓晏春熙的心思，自然不愿过多展现出懦弱且伤感的样子。

晏春熙过了良久才点了点头。

"瞧你，身上都是药味，也把自己熏着了吧。"关隽臣笑了一下，低声道，"我叫人备了栗子羹，你吃点，嘴巴里有点甜的也是好的，可好？"

晏春熙抬起头，面色苍白地扬起嘴角，这一笑，脸颊两侧的梨涡又浅浅地露了出来："好。"

关隽臣听他这么说了，便从一旁端过小碗，一口一口地喂他。

"熙儿……"关隽臣一边喂一边低声道，"十多年前在姑苏，我见你第一面时就在心里想过，也不知是哪户人家，把这小家伙养得粉雕玉琢。"

晏春熙微微侧过头看他，听他这般说，还以为是两人像往常一样说话，不由笑了一下："原来成哥哥那时也觉得我可爱啊。"

"嗯。"关隽臣也低头看着他，"我记得你那会儿才五岁。小小年纪，脚上的虎头鞋上却镶了大颗的明珠，颈间还用红绳系着从寺里求来的平安锁——你父母定是从小便极疼你，盼着你一生平安。"

"可是……"关隽臣声音一顿，"可二老若是地下有知，见着你如今这般……真不知该有多么心疼。"

晏春熙登时愣住了，他嘴唇一颤，一时之间没说出话来。

关隽臣握住晏春熙的手，深深地看着他："我对不起他们，我虽生时未曾与他们谋面，但我、我当真对不起他们。"

晏春熙的眼圈登时红了，他慌忙摇着头，正要说话时，关隽臣继续开口了。

"我舍不得看你再受苦。"关隽臣握着晏春熙的手，温柔地道，"我的小熙儿，让我把你送出城吧，你再也不要回来了，好不好？"

"我不走。"晏春熙猛地坐直了身子，他顾不上腰间的烫伤又迸裂开些许，声音激烈地颤抖起来，"你答应过我的，我们再也不分开了。成哥哥，我不走，我不会走的。"

"熙儿，你留在长安，我实在放心不下……"

"我不怕受苦。"晏春熙抬起头，他杏眼里的神色又倔强又伤心，顿了许久，泪珠还是克制不住顺着光滑的脸颊淌了下来，哽咽着道，"成哥哥，不管遇着什么事，你总是想着推开我再说。先前那一遭，你为的是不叫我心生僭越之念，如今这次，却是为了护着我。我知晓你的心意，可你怎的就是不明白我呢？这么久了，我总是得拽着你，牢牢地拽着你的衣袖，求着你让我留在你身边，可哪怕这样，我还是怕你何时又掰开我的手，把我扔到一边去……"

关隽臣看着面前双眼通红的少年，竟不知该如何继续说下去。

晏春熙这几日其实没流过几次泪，就连身上的剜肉之痛，为了不叫他难过都咬着牙忍了，可是到这会儿，一下子就哭了出来。

"我……"关隽臣顿住了，他本该像往常一样，精于权衡盘算，做晏春熙山一样的依靠。若是以往，哪怕少年这般哀求他，他也能狠下心来。

他曾是大周边陲的护国神将，他下达的每一道命令都曾决定千万将士的生死，疆土为筹、生死为界，那时他从没怕过。

如今，他却怕了。

"熙儿，我真的很怕失去你。"关隽臣第一次像个无措的孩童一样，将头抵在晏春熙的肩上，茫然地道，"我不知自己该如何是好，也不知该把你藏到哪儿才称得上安全。我只知道，你在我身边，实在太凶险了。"

"成哥哥，我不怕凶险。"

可我害怕，关隽臣心中想。

"我什么都不怕。你别叫我走，行吗？"晏春熙低头，一下一下地拍着关隽臣的背脊，他的身躯小小的，却很温暖。

关隽臣疲惫地闭上眼。他太累了，累得下不了决心，也说不出拒绝的话。

这几日，他一日比一日颓靡，就像是一个漏了气的破麻袋，真切地感到自己的精气神正一点点地从这躯壳中泄出去。

他想，或许他是真的老了。

约十日之后，周英帝才恢复了过来，朝堂自然如旧。

说来也奇怪，前几日本是难得的风平浪静，可是这一要上朝，长安的天就又阴沉下来，乌云压顶，北风呼啸，眨眼间便又有一场大雪将至了。

晏春熙究竟是年轻体健，这几日伤口愈合得快了起来，能稍稍走动了。

他在床上憋了好几天，这回一能下地，恨不得连睡觉都不要躺着了。

大周冬天的朝服繁琐厚重，关隽臣双臂展开，正等着下人一件一件为他穿好。

晏春熙则在一旁捧着一碗热腾腾的莲子羹，小心翼翼地吹了两口气，然后递到了关隽臣嘴边。

"你喝吧。"

关隽臣素来不爱吃这些小玩意,扭开了头。

"尝尝嘛,"晏春熙很执拗,"我叫他们加了桂花糖,可甜了。"

"我又不爱吃甜的。"关隽臣哼了一声,但还是低头把勺里的羹给喝了,甜得他直皱眉。

"再来一口。"晏春熙见关隽臣听话,又凑了过来想要再喂他一勺。

"去,"关隽臣板起脸,"别闹我。"

晏春熙眼睛都眯了起来,笑着道:"凶什么——我又不怕你。"

关隽臣实在拿他无可奈何,本是要瞪他一眼,但是见晏春熙一张白净的小脸将养了几日之后,略微显出红润的颜色。

"王爷,"晏春熙抬头看关隽臣,轻声道,"瞧你这几日瘦了许多,等你今天回来,咱们吃锅子可好?"

"好。"关隽臣点了点头。

说话间,下人已为他披上了厚实的纯黑貂裘,他转身向门外走去,晏春熙在后面跟着他,就这么一直跟到了已经飘起细雪的院子里。

关隽臣回头冲晏春熙微微笑了一下:"晚上咱们一起在院里赏雪,我给你堆一个大雪人。"

坐上车辇,临行前,他又看了一眼这座长安城中的宁王府,好陌生的院落,可是那少年一人站在雪中,便已叫他不舍。

若是能永远这样下去该多好。他们就像大周的平民百姓一样,商量着吃什么、穿什么,就这么一日一日地商量着,或许眨眼间便过了一辈子。

关隽臣的车辇刚驶到主官道上,车夫突然停了下来。

关隽臣拉开了锦帘,这才看到穿着藏蓝色朝服的谭梦麟带着随从站在官道中央,见关隽臣现身,当即躬身行礼。

"宁亲王,我的车辇陷在了雪里,这上朝的时辰误不得……可否请您带下官一程。"谭梦麟面容清冷,虽是请求,眼神却很坚定。

关隽臣当然明白他只是寻个由头要和自己说话,这下当真不好推脱了,就干脆做了个请的手势,淡淡道:"天寒地冻,谭大人上来吧。"

谭梦麟自然不客气,上了车辇之后稍解狐裘,随即便一刻也不等待,径自开口道:"先前几日我多次递了拜帖,王爷为何不见我?"

他说话时隐约有些不满,语气中竟好似带着责问,可以说是逾矩了。

关隽臣倒也不恼,谭梦麟一身傲骨,性子纯直,又和他相熟,此时显然是被他三番五次推拒给逼急了。

他伸出双手在暖炉旁慢慢地烘着,过了一会儿才低声道:"梦麟,你不是看不出这段时间长安局势诡谲——我如今已是身处旋涡之中,你与我私下会面,于你多有不便。"

"王爷于我有提携之恩,只怕朝野之中人尽皆知。"

谭梦麟神色颇冷,似乎有些不喜关隽臣的说法。

关隽臣无奈地摇头,一双丹凤眼抬了起来,深深看了一眼谭梦麟:"在朝为官,有些事大家虽心知肚明,可表面功夫仍要过得去。"

"王爷,我心中忧虑。"谭梦麟乌黑的眼睛凝视着关隽臣,"十日之前,自打你进宫之后,皇上和你都再无动静。我递了好几封折子入宫,请皇上莫要枉顾三司,将平南王押在乌衣巷,皆未有回应,王爷,这到底……"

"梦麟,我先前不是已写信给你,叫你自保为上吗?"关隽臣心头有些火起,沉下了脸,冷冷地道,"风雪将至,你该懂得蛰伏的道理。三司的事,你今日上朝切莫再和皇上提起,本王只能提点你一句——如今你这顶乌纱帽保不保得住都是小事,你仔细着自个儿的身家性命!"

谭梦麟抿起嘴唇,眉头忽地凌厉地拧了起来:"王爷,梦麟承蒙您的眷顾,在朝为官十余载,虽算不上青云直上,但也算平平顺顺,不是不明白明哲保身的道理。但梦麟出身襄州法家,之后又拜入南林儒家一脉,为了求学辗转各地,这一切,并非为了自身仕途。正所谓君子弘毅,若无这份为万民、为社稷承担之决心,梦麟怎称得上'儒生'二字?王爷与我相交多年,莫非一直以为梦麟是在依附您,谋求着荣华富贵?"

"本王不是……"

"皇上自继位以来勤勉有加,绝非昏庸,但也着实太过刚愎自用——为铲除异己,甚至不惜枉顾三司,动用乌衣巷。这般下去,法度全无威仪,朝堂之上人人自危,大周危矣,梦麟怎能不深感忧虑?"

谭梦麟声音激烈,竟没有半点避讳,一字一顿地道:"本以为王爷与我一样有志在此,为人臣子,当竭尽辅佐之能,劝诫皇上匡扶正理,如今看来是梦麟错了。王爷既不愿涉险,梦麟不敢多言,更不奢求王爷庇护。"

两人说话之间,车辇已过了两道宫门,停在了正阳门前。

谭梦麟跟在关隽臣身后下了车辇,随即对着关隽臣执了一礼,便径自走开了。风雪渐大,他迎着风走,衣角都被吹得猎猎作响,一双锦靴在雪中留下了两行决然的痕迹。

关隽臣在后面默然地看了良久,直到仆从在身后轻声提醒他:"王爷,时辰到了。"

他这才如梦初醒,将肩头的雪花掸去了几片,然后沿着覆着薄薄一层雪的白玉阶一阶一阶向上走去。

关隽臣成德二年被周英帝赐名"臣"字,自此之后更是隐忍蛰伏,自觉将为臣之道做到了极致,如今却觉得一片茫然。

何为君?何为臣?君臣之道究竟又当如何?

如今他心中早已没有一个答案,但是他想,谭梦麟想必是有的。

群臣入列之后,周英帝才自后殿慢慢登上台阶,入座龙位。

关隽臣与旁人一同跪下道了几声万岁才又站了起来,他虽微微低着头,但还是在起身时看了两眼周英帝的神态。

周英帝抱病的事竟好像是真的,他眼下尽是乌青之色,穿着一身明黄色龙袍,更显得脸色煞白,虽只是十天光景,却好似人都瘦了一圈,狭长的双眼里半分神采也无。周英帝一贯是深沉且擅长粉饰的人,自他继位后,关隽臣还从未见过他憔悴成这个样子。

"朕……"周英帝嗓音沙哑,刚开口,便又咳嗽了一声清清嗓子,才继续道,"朕这几日偶感风寒,精力不济,诸位爱卿有事便快些禀来。"

朝堂之上一片寂静,虽说这些日子是年节关口,群臣手头上都压着不少折子,但是在京城为官的哪个不是人尖子。

如今长安政局诡谲,平南王尚且被扣押在乌衣巷,宁亲王更是以先帝时期的冠军侯仪仗仗入京,更有消息灵通者打听到关隽臣入宫前曾把免死金剑送到言太师府上,凡此种种,都隐约昭示着大周皇室的一场隐秘角逐。

在这个当儿,无人敢贸然说话。

片刻之后,一道清朗的声音自关隽臣身后传来:"皇上——"

关隽臣不必回头也听得出这正是谭梦麟的声音,他心中一沉,无力地垂下眼帘……谭梦麟的性子终究是太过刚直了。

"臣有要事要奏。"谭梦麟手中持着玉笏板一步上前。

"谭爱卿,讲吧。"周英帝平静地道。

"皇上,十多日之前,微臣就曾在朝堂上奏过——请皇上允准将平南王关承坤从乌衣巷中提出来,转押到大理寺,将此谋逆大案交回给三司会审。皇上先前也允准了臣的奏议,说是三日后便指派主审官,不知此事……"

周英帝一只手撑着脸颊,一双长眸半垂着,竟好似睡着了。

他既不开口回应,也不抬眼,正阳殿里一时陷入泥潭一般的沉默之中。谭梦麟话已至此,一时之间竟不知该不该继续说下去。

周英帝这个反应,自然有深谙官场之道的老油条揣摩出了圣意。

刑部唐书简上前一步,捋了捋胡须,悠然道:"谭大人……依我看来,此事还是再议吧。皇上先前龙体有恙,兴许还未来得及细想此事。再者说,关承坤既为逆犯,自然穷凶极恶,扣押在乌衣巷也未尝不好,凤阁到底防守严密、高手林立,远胜大理寺啊。"

"唐大人,你……"谭梦麟猛地回过头,目光锐利地看向了唐书简,"平南王关承坤数月前就直接被押解至乌衣巷,如今三司手中既无口供,也无凭证,即便是这样,唐大人就要给他定罪了吗?"

谭梦麟本长得清隽秀雅,但此时他太阳穴的青筋隐隐跳动,显然已经是恼怒至极。

唐书简嘴角带着一抹浑浊的笑意,他微微瞥了一眼坐在龙位上仿佛仍在假寐的周英帝,更觉壮了胆色,冷冷地道:"谭大人,乌衣巷做事自有章法,指挥使持皇极剑前去拿下关承坤——皇极剑秉承皇权意志,圣上自有决断。你又何必如此喋喋不休,莫非是同情逆犯不成?"

谭梦麟气得手指发抖,险些握不住手中的玉笏板。

这数个月以来,平南王始终被扣押在乌衣巷。

谭梦麟身为大理寺少卿早已上书数次,他本想等关隽臣入京后力劝皇上,可最终连关隽臣也选择了明哲保身。到了此刻,他更感到前方是惊涛骇浪。深沉的天子、战战兢兢的文武百官,他已没有了退路。

"皇上——"谭梦麟突然重重跪在了地上。

他持着玉笏板,竟然抬起头直视着龙位上的大周天子,声音已经微微发颤:"请您三思……自您继位以来,皇亲国戚的谋逆大案皆交给乌衣巷办理,如今,朝廷三司空有其名,不司其职。皇上,您是大周的天,您的一言一行皆会被万民效仿。皇上若轻视法度,则百姓不信法;皇上若重私刑、屠手足,则民间礼义沦丧,戾气横生!长此以往,我大周律法岂非如同虚设,此番先例一开,则祸患无穷啊!"

"大胆!"周英帝突然睁开眼睛,他重重一拍桌,怒喝之声如同惊雷一般响了起来,"谭梦麟,你身为臣子,竟敢说朕屠戮手足、不仁不义?

这就是你的为臣之道？"

顿时，文武百官纷纷畏惧地跪了下来，顿首在地。

"圣贤有言，君使臣以礼，臣事君以忠。微臣自问，为大周鞠躬尽瘁，冒死谏言，已于'忠'字无愧。"

一身藏蓝色朝服的谭梦麟看着震怒的周英帝，仍旧没有低下头，他一字一顿地继续道："皇上，我朝震慑四海八荒，并非仅仅靠边关百万铁骑……万国来朝，皆尽拜服，为的乃是大周的礼法。礼法是方圆，是教化，若无礼法，大周怎会有这数百年的昌盛富足、万民和乐？

"若依照法度，三司审出平南王确有谋逆，乱臣贼子自当诛之。然而若只交由乌衣巷私下审理，草草结案，即便今日微臣缄默不语，难道后世史书就不会写皇上您为了铲除异己，枉顾兄弟孝悌、人伦法度？

"天子非天！礼法约束万民，亦约束天子。天子若为明君，替万民谋求福祉，则是天命所归；若刚愎自用、枉顾法度，则终将为天命所弃！"

谭梦麟虽跪着，可一字一句皆尽铿锵有力。他说到最后，周英帝的面色霎时间铁青一片，手掌紧紧握住龙椅的扶手，用力得指甲都泛了白。

正阳殿之中，安静得连一根针落在地上都听得到。

关隽臣跪在地上，心口一直在发颤。

好一句"天子非天"！这掷地有声的四个字，如同一道从苍穹之上劈下来的雪亮闪电，刺痛了他的双眼。

是了，其实这并非他第一次听到这般近乎大逆不道又震撼肺腑的话。先前曾经也有那么一次……那次，是晏春熙在他面前，认真地看着他的眼睛说："帝王是人间至尊，可纲常不该约束万民，而独独越过帝王。先贤以尧、舜、禹为仁君典范，恰恰是因为，君王更要以'仁'字为心中首要。倘若当今皇上肆意猜疑贤臣，滥杀无辜，他可称得上仁？可称得上心存礼义？若他不仁，他可称得上是坏了纲常，乱自上作？"

谭梦麟融汇儒法两家绝学，后又被先帝钦点为状元郎，乃是大周当世人杰，才能说出"天子非天"这般洞明世事的四个字。

然而晏春熙没有谭梦麟这般的学问和见识，竟也凭着那一颗生而通透的心，摸到了这纲常礼法的边界。

关隽臣虽然跪在地上，身陷泥潭，可是在这一刻，他为那少年感到自豪。

然而，伴随着来自高高龙座上的一道声音，他心里激起的一丝温热马上又转为冰冷。

"宁亲王——"周英帝忽然站了起来，冷冷地道。

"臣在。"

"既然谭大人如今摆出忠君死谏的架势，不如你与众卿说说先前你进宫与朕商议的事吧。"

"是……"关隽臣低声应道，话语却堪堪顿住了。

谭梦麟转过头，一双冷冽的眸子看着他时，神情复杂中又带着一丝难以置信。关隽臣忽然之间感觉自己的身子又佝偻了一些。

"宁亲王？"周英帝眯起眼睛催促道。

关隽臣这一次不再与谭梦麟对视，而是微微垂下头，木然道："关承坤一案兹事体大，逆贼结党营私、祸乱朝纲，这次既已动手，便该一查到底。当朝三公，太傅还乡，太师年迈，臣自觉虽资历尚浅，但仍算得上是大周重臣，因此向皇上毛遂自荐，愿领主审一职——将关承坤逆贼一党彻查清楚。"

"宁亲王有心了，朕已拟旨——将你擢升为正一品太保，让你名正言顺地做这个主审官。"

谭梦麟修长的身子虽裹在厚实的朝服中，可听到关隽臣这一番话，仍如遭重击一般微微颤抖起来。

"如何？"周英帝挑了一下眉，凝视着谭梦麟，"谭大人，朕的弟弟亲自主审，他又与关承坤素来亲厚，总不会偏颇苛待了平南王，这可称不上有违孝悌之义了吧？你如今……可满意了？"

周英帝最后这几个字拉得极长，深潭般的双眸里闪过一丝沉重的威压："谭梦麟，你口口声声礼法纲常，却在朝堂上以下犯上，对朕口出大逆之言，朕不治你的罪无法服众。你且留下你的笏板，回府侯旨吧。"

"啪嗒"一声，谭梦麟手中的玉笏板掉落在地，发出了一声脆响。

他垂下头，茫然地看着地面。

他出身寒微，却志向高远，十载寒窗苦读终于高中状元，再之后，春来冬去，用才学和勤勉一步步往上爬，木笏板换成了象牙的，最终换成了白玉的，就这么一步步走到了今天，然而终究是前方无路了。

他并不恐惧，只是觉得孤单。

"臣领旨。"谭梦麟伏下身，沙哑着嗓音道。

"还有其他事要奏吗？"周英帝淡漠地道。

"臣……还有一事要禀。"

关隽臣低声道:"先帝驾崩前,曾赐臣免死金剑,臣心中一直甚是不安——为人臣者,应时刻将'忠'字放在心头,日日警醒,然免死金剑既在,必使臣侍奉君上之心有所怠慢,只是金剑乃先帝所赐,此前总觉不便处置。臣如今已是太保,位极人臣,细细想来更觉惶恐。前几日间,臣已把免死金剑交到言太师手上,臣自请将免死金剑归还朝廷,只愿尽了臣子的本分,还请皇上允准。"

关隽臣用手指抚摸着冰冷的地面,他感到身后群臣的目光纷纷停留在他的背上,整个身子却好像麻木了似的毫无知觉,他将指甲悄悄嵌进砖缝之中,漫无目的地刮挠着。

"你有心了。"周英帝的声音遥遥地传来,"朕准了——"

"谢主隆恩。"关隽臣叩首在地,平平稳稳地道。

他知道,今日之后,他先前苦心经营多年的势力都将土崩瓦解,若再有人妄动,谭梦麟就是例子。

所有人都能看明白——他如今已成了周英帝的一条狗。

下朝之后,谭梦麟头也不回地离开了正阳殿。

关隽臣裹着狐裘,却仍觉得遍体生寒。

他站在高高的白玉阶上注视着谭梦麟的背影,身着藏蓝色袍服的人在飞舞的絮雪之中渐渐远去,形单影只,背脊挺得笔直。

在那个当下,关隽臣竟忽然有种神思游离之感。

大雪茫茫,整个长安都变得十分安静,人站在这一片天地间,很是渺小。

他感到惘然,却又有种宿命般的平静,如同一汪死水。

那是关隽臣最后一次见到谭梦麟。

次日,王谨之在清晨急急地闯入关隽臣的卧房,通报说谭梦麟已经在自己的住处被乌衣巷指挥使连夜拿下。

此等消息并非完全在关隽臣意料之外,可他脸色还是霎时间白了:"为何?"

"与关承坤过从甚密,与平南王并作一案。"

关隽臣闻言,身子重重地摇晃了一下,这一晃便晃得整个人栽倒在了床上,再没了站起来的力气。

关隽臣病倒了。他常年习武,素来健壮,可是这一次衰弱之势来得实在过于骇人,断断续续发着高烧。

周英帝得了信儿,派了好几位宫里的御医来看过,纷纷说是体虚伤风、急火攻心,药方开了好几个,却一直未曾退热。

关隽臣烧得人都已经开始胡言乱语,睡梦中仿若看到了什么叫他惊恐万分的事,双手在时不时在空中挥动着,似是要抓住什么。

晏春熙自己身子还未大好,但整日都不曾离开。

他几乎不敢入睡,就守在关隽臣的榻边,隔半个时辰便换浸了水的帕子覆在关隽臣额头上。

直到第三日的深夜,关隽臣才终于醒了过来。

他双眼空空地望了会儿房顶,待恢复了一丝神志,便猛地坐起来,挣扎着要下床:"谨之,快、快!"

关隽臣刚一下床,却因多日未曾起身,马上便双腿发软跌倒在地上,他恍若未觉,兀自喊道:"快备马,我、我要即刻进宫……面见圣上……"

他嗓音嘶哑,说到最后已只能隐约听到气声。

"成哥哥……"晏春熙方才没来得及扶住关隽臣,这时连忙跪坐在关隽臣旁边,死死抱住他,用力摇头道,"你大病未愈,此时又是深夜,大雪未歇,你不能去……我、我不许你去。"

守在房门外的王谨之听到关隽臣的唤声也慌忙赶了进来,他一见屋内场景,顿时神色也紧绷起来,随即上前与晏春熙一同扶着关隽臣,低声道:"王爷,晏公子说的是,您此时入宫也定是见不着皇上……谭大人的事,不如等明日再说。"

关隽臣摇了摇头,低声道:"我问你,谭梦麟此时在哪里?"

"谭大人先前、先前是被乌衣巷唐指挥使带人押去凤阁了。"

关隽臣一把握住王谨之的手,他的发丝狼狈地披散在脸颊两侧,状若癫狂,嘶声问道:"他已进去几日了?"

"他……"王谨之低下头,不敢看关隽臣的双眼,甚至不敢直接言明,而是含糊地道,"自王爷高烧,至今已有三日了。"

关隽臣喃喃地念道:"三日了……"

他说到这里,本来惨白的一张脸竟隐约泛起了一丝诡异的红,只听"噗"的一声,他霎时间吐出了一大口血。刺目的鲜血星星点点地洒在他的衣襟上,像是一株红梅开在白茫茫的雪地里。

"成哥哥!"

"王爷!"

晏春熙和王谨之同时骇得出声。

晏春熙颤声道:"叫、叫御医进来……王管事,快……"

"谨之,拿笔来。"关隽臣推开少年,摇摇晃晃地扶着床柱坐直了身子。

"我无事。"他面色惨白,从袖口"嘶啦"一声扯下一块玉白色的丝绸铺在地面上,又一字一顿地重复了一遍,"拿笔来。"

王谨之不敢再迟疑,匆匆转身去外屋拿了狼毫笔进来,单膝跪在关隽臣身边,将狼毫笔递了过来。

关隽臣握着笔杆蘸了地上自己的鲜血,他手背青筋暴起,在绸布上一笔一画地写道——

先贤有曰:君之视臣如手足,则臣视君如腹心;君之视臣如犬马,则臣视君如国人;君之视臣如土芥,则臣视君如寇仇。

君臣之道,莫若如是。自古明君,皆有容人之量。

今日不容非议,则明日大周再无诤臣。

今日杀一谭梦麟,则明日只剩满朝寇仇。

皇上,臣弟斗胆,请您三思。

请皇上三思。

关隽臣写至最后一字时,地上的鲜血已近干涸,绸巾上的字迹也从鲜艳的红色渐渐变深。玉帛血字,在摇曳的灯火下,此情此景显得如斯惨烈。

关隽臣将血书递给王谨之,重重地喘息着道:"谨之,你派人用木匣装了,连夜送进宫里呈给皇上。然后你亲自拿着我的太保腰牌,马上去凤阁传令,说谭梦麟是我要亲审之人,不许用刑。谨之,无论他们扯多大的名头,你只记得一样,稳住他们,莫要让他们对谭梦麟下手。"

"王爷。"王谨之双手发颤地接过血书,迟疑着开口,"我听说皇上已经为谭大人的事龙颜震怒,王爷既决定明哲保身,当下不便插手啊。"

"我其实早知保不住谭梦麟的官位,"狼毫笔自关隽臣的手中缓缓滑落,他抬头看了一眼王谨之,嘴角苦涩地牵动了一下,接着道,"只是他这条命,难道也终究……是要被我连累了。谭梦麟有才,亦有风骨,实在太可惜、太可惜了。"

王谨之深吸了一口气,低声道:"王爷怎能说是自个儿连累了谭大人,

233

您自顾不暇，皇上那儿，又、又攥着您最在意的人。您这般束手束脚，能事先警醒谭大人已是尽心了。谭大人如今境遇，实在是大人他……他心气儿太傲，宁为玉碎不为瓦全。您切莫太过自责。"

"谨之，莫要再说了。"关隽臣摇了摇头，"你去送信吧，此事就这么定了。皇上早已厌透了我这个弟弟，如今也不缺这一桩。"

王谨之欲言又止，最终还是不再多说，快步走了出去。

晏春熙跪坐在地上，直到王谨之离开内室，才吃力地把关隽臣搀扶回榻上。他用沾湿了的布巾轻轻擦拭着关隽臣嘴角的鲜血。

关隽臣仰着头看他，轻声开口道："熙儿。"

"成哥哥，"晏春熙握住他的手，应道，"你大病未愈，别再劳神了，先歇下吧。"

"我不困。"关隽臣想要反手握住晏春熙的手指，一时之间竟然抬不起手臂，但仍执拗地道，"让我……让我看会儿你。"

"成哥哥，你再睡会儿吧，"晏春熙鼻子一酸，"我整日都坐在这儿，没什么好看的。"

"胡说。"关隽臣声音喑哑，他勉强地牵动了一下嘴角，苍白的脸上依稀露出了一个虚弱的笑容，吃力地道，"我喜欢这般，只要这样瞧着你，我便觉得自己好似不是在这寒冬时节的长安，而是与你一同在春日里的金陵，心里……像是看见了一整个春天的灼灼桃花，很是安逸……"

关隽臣素来性子高傲，鲜少说过这般亲近的话。

许是先前呕血太甚，他此时面色一片蜡黄，隐约流露出油尽灯枯之色。

他每说一句便伴随着一阵剧烈的咳嗽，却依旧痴痴地念叨着，说到最后一句时，那双往日里总是神采奕奕的丹凤眼已经渐渐失去了神采。

晏春熙先前本强自压抑着，此时终于克制不住，道："成哥哥，我害怕得很。"

关隽臣含糊地念着什么，却根本破碎得不成句子。

"别怕。"晏春熙只听清了关隽臣口中的两个字。

"成哥哥，我本以为，我连死都不惧，这世上便没有什么事能叫我害怕，可是原来并非如此。"晏春熙的睫毛湿漉漉的，他像小雀还巢一样把自己的脸埋进关隽臣的怀抱。

关隽臣手臂无力地拥着他，人已然昏睡了过去。

晏春熙兀自喃喃道："成哥哥，我懂你……懂你的难处。谭大人下狱，你郁结难解,你是心里太苦了,才病成这样。

"王管事说,皇上攥着你最在意的人……是了,我留在你身边,你便畏手畏脚,什么都不敢干。我去凤狱里走了一遭,不过是受了点轻伤,因为真正的杀招从来都不在我这儿,而是结结实实落在你身上了啊。这些天,他们都快要把你逼死了,我的心真的疼得厉害。"

他说着,脸上露出了一丝酸楚的笑容:"成哥哥,是不是……就像你说的那样,我真的不该再留在你的身边了?"

关隽臣沉沉地睡着,没有回应。

晏春熙轻轻叹了口气,他凑近了一些,端详着关隽臣眉心那道剑纹……他们已经很久没有这样安宁的时光了。

冠军侯是他的天边寒月。

可如今,这轮寒月安静得像是再也没有醒来的一日。

关隽臣到了第二日白天才勉强支撑着起了身,晏春熙在他身边,像只惊惶的小雀鸟,虽然已经疲惫得眼下都青了一片,却依旧被细微的动静惊得像是做了噩梦一般,蹙起了眉毛。

关隽臣将锦被拉上来,盖住少年的身子,然后自己披上狐裘踉跄着向屋外走去。他烧得没日没夜的,已经对这间屋子倦透了。

他躺了这几日,像是老了十几岁,这几步路竟感觉走了一个时辰似的,那般漫长。

推开房门的那一刻,关隽臣深深地吸了口气。

一片白茫茫的雪光照在他面前——

天地大美,无需装点,纯白已是万千丽色。

他竟有一瞬间感到眼里发热,这时,他才看到单膝跪在长廊上的人影。

他低下头,轻声道:"谨之,你怎的待在这里?"

"王爷……"王谨之抬起头,眼里已是一片通红,"谨之无用。"

他重重地将头叩在地上,嘶声道:"昨夜里,谨之赶到乌衣巷凤阁时……谭大人他、他不堪受辱,已经拔剑自刎了。"

关隽臣身子微乎其微地一颤,伸手扶住了门廊边的木柱。

"我知道了。"

他微微颔首,面色却如古井般波澜不惊。

他的目光仿佛越过层层白雪,越过苍穹中的千万种宿命,看向了北方那位至尊天子的宫殿。

王谨之颤抖着抬起头,只见雪光之中,关隽臣的容颜无比清晰。

他这时才惊恐地发现,关隽臣的鬓边和发际竟然不是沾了白雪,而是一夜之间,这位王爷的一头乌发已有近半化为斑白。

第十回

年节一天比一天近了，大周历来年关之时都休朝一月，今年也不例外。

长安城各处张灯结彩，巍峨的城墙之上高高挂起了显眼的红灯笼，寻常百姓家也在门前贴上了寓意美好的春联，祈愿来年的丰瑞。

谭梦麟的府邸很快便被户部派人修缮，正厅上方的匾额也被拆了下来，按照周英帝的意思与其他弃物一同焚烧了，那上面端端正正写着"桂质兰仪"四个字，是周英帝前年亲笔书写的。周英帝那时曾说，兰花贤德高洁，素有君子之风，谭爱卿当得起这四个字。

谭梦麟的死，并未在这座繁盛的皇都留下什么痕迹。他父母早亡，无兄弟，无妻室，孑然一身地走了。

关隽臣听闻谭梦麟府中养了只白底黄花的猫，唤作绣虎，便叫人带回来养了。天寒地冻，他不愿这小小活物也没了生路。除此之外，他再未对谭梦麟的死说过什么话，与大周的其他人一样，漠视着这一切的发生。

宁王府这些时日出奇地平静安宁。

周英帝下旨赐了许多珍奇补药，关隽臣也都恭顺地谢恩，日日勤恳地服了，倒似真的有效，他的病势一日一日地和缓了下来，只是落下了干咳的毛病，说话时中气没有以前足了。御医只说，这是火气在肺里烧得久了，再养些时日，兴许能好些。关隽臣微笑着听了，却并未放在心上。

关隽臣渐渐好转，周英帝那边得了信儿，便又传了一道旨下来，命他待身子骨彻底缓过来，便着手审讯平南王。

谋逆大案如今是由他主审，这道旨意倒也不算突兀。

只是如今谁又能看不明白，关隽臣虽然名为太保，位列三公，何等威风的派头，可是在平南王关承坤一案上，他不过就是乌衣巷的另一个帮凶，而且他虽然顶在最前面，却讨不到皇上的半点信任。

长安城中更是议论纷纷，有人编造出关隽臣出卖胞弟以求皇恩的传言。流言传得有鼻子有眼的，还力求离奇乖戾之效果，细致地描述关隽臣如何在乌衣巷凤阁对平南王严刑逼供。

这些传言叫王谨之和白溯寒都颇为光火，然而关隽臣却看得极淡，他若无其事地逗弄着在他怀中撒娇的绣虎，道："传便传了，有什么打紧的。"

白溯寒有些着急，上前一步道："造谣者实在可恨，把您编排成了一个不仁不义、残忍无情的奸贼，这叫人如何能忍？王爷，不如下令将这些狂徒通通抓来处置了，如此可一绝口舌之患。"

"倒也未必是造谣了。"关隽臣道。

关隽臣捏了捏小猫的胡须，他先前从未养过这种小活物，如今却对这绣虎颇为疼爱。绣虎也有趣，谭梦麟其人又孤又冷，不承想这样一个男子养的猫竟然十分娇嗲，喜欢黏人，总是咕噜着撒娇。

关隽臣一边与猫玩着，一边淡淡地继续道："待我身子好了，自然要为皇上分忧，主审关承坤一案。届时皇上若叫我用刑，我也没得选。如此想来，倒也不觉得这些人纯是造谣。所以，我的心便也放宽了。你们也莫要太当回事了，下去吧。"

待白溯寒和王谨之退下后，关隽臣将怀中的小猫放到了地上，神情疲惫地扶了扶额头，然后才回到了内室。

近些日子，他无论做什么都觉得疲惫。兴许是年纪大了，也兴许是别的什么，时间久了，他渐渐分不那么真切了。

长安宁王府，西北角的素云阁，从外面看上去不甚宽敞的小院落却收拾得很干净。后院偏僻的碎石子小路被清扫出来，路的右边有两个用积雪堆起来的憨胖雪人。

这两个雪人堆得颇为用心，一个身形高大些，另一个则稍显娇小，一个挨着另一个。其中娇小的那个手中握着一根吃了一半的冰糖葫芦，鲜红的几个山楂在洁白的雪人手中很显眼，叫人觉得这堆雪人之人甚是调皮。

然而这小小的素云阁内，其实并不似外面看起来那么萧条冷清。

屋里摆了三四个火盆，因烧得甚是暖和，所以床榻旁的雕花小窗便在冬日里也稍稍推开了一条小缝，一缕雪光钻了进来，将窗边的一枝红梅照得格外娇俏。

一个少年从屏风后走了出来，他手里攥着一个荷包，道："谨之哥哥，前些日你荷包落在这儿，我瞧着线有些松了，便自己动手缝了几针，你看看可还能用吗？"

"别胡乱折腾，若是着了凉，可有你受苦的。"王谨之似是见他穿得单薄，不由叹了口气。

他一张往日里总是严肃古板的脸此时略显放松，看到程亦轩手中的荷包，他又露出了一些笑意，有些诧异地问道："你怎的还会做女儿家的针线活？"

"我小时候家徒四壁的，哪还管这些，总要会些缝缝补补的。谨之哥哥，你总怕我冷，这不，屋里放了这么多你送来的火盆，冻不着我的。你最近心事太重了，总是在叹气。这都快要过年了，还不能暂且松泛些吗？"

"补得真好，你手巧。"王谨之将那荷包仔仔细细地揣在怀中，本不想叫他担心，可是还未开口便忍不住又叹了口气，"委屈你了，轩儿……"

"谨之哥哥，你又说这些……我不委屈。"程亦轩摇了摇头，喃喃道，"你待我这般好，我为你补个荷包又谈得上什么委屈。"

"也不只是说这荷包，唉，罢了。"王谨之一阵心疼。

他这几日都心系着关隽臣的处境，对于谭梦麟的死，关隽臣后来虽然再未提起什么，可这位本来高傲矜贵的王爷一夕之间白了鬓角，叫他看着都觉得酸楚。他与关隽臣相识二十年，虽为主仆，可也算是真正交了心。关隽臣越是平静，他便越是挂念揪心，怎么待着都不自在。

程亦轩心思细腻，虽然察觉到王谨之心里郁闷，可是王谨之不说，他就也不问。

"那谨之哥哥，你是一会儿就走吗？"

"嗯，"王谨之声音低沉地应道，他想着这几日府上的事，心事重重地道，"还是得小心些。院里的雪人……晚些还是推倒了罢，留在那儿总是扎眼，莫叫有些人看了去。"

"其实我这儿……平时也没什么人来，想必没人留意。"程亦轩心里不舍得把两人前夜里一起堆好的雪人推倒，可随即便意识到这样不妥，又赶紧点点头应道，"但谨之哥哥说得对，我晚些就去把雪人推了。"

王谨之看着程亦轩,这种时候,他便越发觉得自己嘴笨拙舌,除了"委屈你了",他竟不知道还能说些什么。

因为先前那一遭,程亦轩失了王爷的青睐,自然也被下人拜高踩低。来了长安之后,他孤零零地被安置在偏远的素云阁,若非王谨之自己留意着偷偷安排,只怕这素云阁里连火盆都没有几个。

临近年关,旁人都热热闹闹的,王谨之知道程亦轩定是觉得孤单。他也想陪陪程亦轩,忍了许久,好几次在素云阁前的小路上见着程亦轩裹着棉袍在冷风里巴巴地张望着来路,终是咬紧牙,调转了头没进去。

那少年可怜得很,形单影只地守望着,守了这么多天才把他盼来了,为的也不过是与他一同说说话,堆个雪人。

王谨之一念至此,心终是软了下来:"轩儿,你说得也对,大过年的,也没什么人有闲心盯着这儿,先留着吧——待明儿早起,我再与你一块把雪人给推倒。等过了这阵子,等王爷缓过来了……我带着你离开这王府,来年咱们再把这雪人堆起来,堆得更大、更俏皮些好不好?"

"好。"程亦轩眼里满是欣喜,乖顺地点了点头。

素云阁内是一片暖意,然而王谨之和程亦轩都不知晓的是,此时阁外正有一道纤瘦的身影站在暗处,静静地看着小道边的两个雪人。过了良久,那人才伸出手,用指尖轻轻抚去一层细碎的雪花。那人似乎若有所思地看了一眼,之后才转过身沿着清扫得干干净净的小路离开了素云阁。

关隽臣进屋时,晏春熙刚巧睡醒。

两人先前晚间一起吃了小厨房做的牛肉羹,那羹做得鲜美至极,于是他们又起了兴致饮了些杜康。这酒醇厚,晏春熙喝了两杯已不胜酒力,刚回屋就倒头睡了过去,直到这会儿到了深夜里,才醒了过来。

关隽臣刚坐到榻边,晏春熙便已经迷迷糊糊地起来了,嘟嘟囔囔地道:"成哥哥,现在是什么时辰了啊?"

"都已入夜了。"关隽臣伸手捏住他的鼻子逗了逗他,"这般怠懒。"

晏春熙挣扎了两下,见关隽臣还不松手,便埋怨似的瞪了他一眼。

"我又饿了。"晏春熙跳下床榻,本是要拉着关隽臣一起去外面再用点点心,可他没想到,这一拉,关隽臣竟直接跌坐到了地上。

"王爷!"晏春熙心下大惊,要知关隽臣乃是习武之人,怎会轻轻一拉就跌倒?他一时没细想,只是忙蹲下身去扶关隽臣,没想到第一次竟没将关隽臣扶起来。

"熙儿,不必扶我,你先出去吧,我叫人盛了热好的鸡丝粥放在外面。"

关隽臣坐在地上,一双漆黑的丹凤眼里涌动着种种情绪,随即又强自压抑了下去。

虽然他看似镇定,可他乃一介王侯,这般坐在地上总是不体面的。

"王爷,你说什么话,难道就坐在这儿了不成?"晏春熙有些心急,他委实不明白关隽臣举止为何这般古怪,于是又伸手去拉,却没想到这次,关隽臣脸色一冷,竟忽地一把将他狠狠推开了。

少年被这么突然一推,背脊重重撞在了床柱上,他跌坐在地,有些迷茫又有些受伤地看向关隽臣:"成哥哥,你、你这是为何……"

关隽臣沉默了片刻,最终没有去扶少年,而是自己抓着床边,缓慢地、吃力地站了起来。

晏春熙不由睁大了双眼,简直不敢相信,昔日那勇武地征战沙场的冠军侯,此时竟然连从地上站起来都这么吃力。而他站起来之后,竟然如同虾米一般佝偻着。

晏春熙怯怯地看着关隽臣,小声道:"成哥哥,你……你怎么了?"

"你不是看到了?"

关隽臣眉间如同凝了一层寒霜,他虽是阴冷地反问,可晏春熙的眼圈一下子红了。他猛地站了起来,用力摇了摇头,似是想制止关隽臣说下去。

关隽臣扶着一旁的柱子,平静地道:"是,熙儿,我忽然发现……我直不起腰了。

"从宫中前去凤阁接你的那一日,下着极大的雪,我在路上一步一步走着,正巧撞见了大内总管文剑南。与他寒暄之时,我心中忽然生起了一个念头——我先前总是瞧不起太监,觉得这些没了根的东西不算男子。文剑南、夏白眉,我这一辈子从没真正把他们瞧在眼里过,可是临了,我忽然悟了过来。其实我,还有这大周的满朝文武,我们这些人——说是文臣才子也好,世袭王侯也罢,那都是明面上的东西,实际上,我们这些人和阉人委实没什么分别。

"谭梦麟自刎在乌衣巷的那日,我的病愈来愈厉害,躺在床上时忽地觉得自己从腰到下身冰冷得厉害,怎么都暖和不起来。我人虽活着,却好像什么都左右不了。从那时起我便知道了,我只怕是完了,先是头发白了,然后是直不起腰。"

关隽臣伸出手，紧紧攥住晏春熙的手："熙儿，我老了。我如今这般模样，你在此亦是受苦，我真的不舍得再叫你陪着我。"

"成哥哥，你是决意要叫我走吗？"晏春熙问道。

少年此时眼睛红红的，哽咽着说话时睫毛一颤一颤的，几滴晶莹的泪珠挂在白玉般的脸上。

他哭起来的模样虽颇为柔弱，可是那一双圆圆的眼中有着决然之色。

关隽臣微微张口，一时之间竟然说不出一个"是"字。

"我不懂朝政权谋，但你心中的苦，我全都明了。"晏春熙执拗地看着关隽臣憔悴的面容，抚摸着关隽臣鬓边斑白的发丝，看着这位明明是壮年，却只能蜷缩着扶着柱子才能站稳的大周王爷。

"那日我能从凤阁出来，并非我有多能扛，而是因为成哥哥为我委屈了自身。皇上握着我的性命，成哥哥只得听命。谭大人死谏之事，虽非成哥哥之错，可仍将你消磨至重病。年关之后，审查谋逆大案，还有亲手绞杀兄弟的痛楚，桩桩件件，无一不是在你身上割肉放血。这一切，正是因成哥哥胸中有义，不能一跪再跪。今日是阳气衰，明日是心力竭……这般下去，你必将被皇上给生生逼死。"

他口中提起"义"字，却丝毫不提与之相连的"忠"，一双清澈的眼中神色逐渐坚毅，一字一顿地继续道："你本该是纵横天地间的冠军侯。成哥哥，你是太累了，你心里有太多的牵挂和不舍，有太多你想护却护不住的人，才将自己折磨成这般模样。你一直叫我离开长安，我先前总想着永不分离，小小情谊却让你有如困龙，我既已成你的束缚，便不该再留在你身边。"

关隽臣听到最后一句，猛地站了起来。他胸口急促起伏着，叫晏春熙走本是他一直以来的心念，如今自少年自己提了出来，他却害怕起来。

"你、你真的肯走？"他声音微颤，一时竟分辨不清他想要的答案，"熙儿，我虽说送你出城总好过待在长安，可即便如此，普天之下莫非王土，周英帝身边高手如云，若他当真下定决心要寻你，我、我或许难保你周全。"

"我心意已决。"晏春熙撩起薄衫在关隽臣面前轻轻跪了下来。

关隽臣脸色一白，自两人和好后，少年便再也没这样跪过。

这本是分了尊卑的生分动作，可他此时无比决然。

关隽臣听到"心意已决"，心中猛地一空，竟然一时站不稳，也跪坐在了地上："熙儿……"

他双目涣散，喃喃道："你真的要走？你也要离我而去了吗？"

此言说到了尾处，竟已含了呜咽恳求之音。

关隽臣一生脾气硬，若是寻常之时，绝无这般反反复复矫作之态。

先前所有的思虑与尊严此时全部被抛到了脑后，他甚至一时之间意识模糊，忘了是自己叫晏春熙离开的，只觉心中孤苦难挨。他甚至暗想，此时若晏春熙叫他磕头求饶便留下来，他也是肯的。

晏春熙轻声道："成哥哥，我不要你再委曲求全。你想做什么，尽管放手去做。你不愿兄弟阋墙，便不做这个劳什子太保主审，抗旨不遵又如何——皇上若赐死你，我哪怕身在万里之外，也定当与你同赴黄泉！"

关隽臣看着面前这少年，一字一句铿锵有力，哪怕谈到死也面不改色，竟显得豪气干云。

他本该感到骄傲，可是胸口愈发痛得像是要生生撕裂开来。

他愈是疼痛，愈是觉得晏春熙的面容一片模糊。待他想努力睁开眼睛瞧个仔细时，才意识到竟是自己落了泪，这才什么都看不分明。

"熙儿……"关隽臣抓着晏春熙的衣角，哀哀地唤了一声。

他已老了，老得衰弱、昏庸，再无志气。

他心中再没半点豪情壮志，只剩下一句摇尾乞怜般的还未说出口的话，但也疼得咽了回去：你别走，也别死。

这是晏春熙头一次见关隽臣落泪，那般高傲冷厉的盖世王侯瘫坐在地上哭泣着，其中的难堪酸楚，他宁可万箭穿心，也不忍再目睹。

离别委实太苦，多说一个字都已不能。

他站起身，匆匆抓起一旁椅上的狐裘，含着泪凝视着关隽臣，像是要用这一眼将眼前的人死死地印在心中。

屋门大开之时，长安的雪光也凌厉地照了进来，一时之间竟将内室照得如同白昼。晏春熙转过身大步离开，声音与背影一起飘零在北风之中。

"不——"在他身后，一声如同野兽将死的呼声传了开来。

与晏春熙的种种过往如同惊鸿照影掠过关隽臣心头，往事如同潮汐一般缓缓从他身上流淌过去，徒留他一个人在长安。

十三年前，姑苏林府。

那金雕玉琢的小家伙跌在雪里，抬起头时一张粉嘟嘟的小脸上沾满了雪，娇气地埋怨他："你这人……怎么站那儿不动，也不知道来扶扶我？"

于是他用腰间杀敌无数的千军破甲将小家伙从雪堆里卷起来，轻轻地带到了他的面前。

长安凤阁。

晏春熙被铐在刑架上,直视着被烫得通红的铁钩,脸上虽然冷汗密布,却一字一顿铿锵有力地道:"我所要的,从来都很少很少。我十五岁便没了爹娘亲眷,他是我最珍重之人。若没有一生,我就要朝夕;若连朝夕也无,那我成全自己,纵死无悔。"

那少年为了他,当真是九死一生,只是如今,也不愿再留下了。

关隽臣心里明了,他先前也曾几次要求晏春熙离开长安,那少年都不曾为了自己的安危应允,只是如今实在不愿再见他束手束脚、自亏身体,这才忍痛离去。

他心头痛苦难耐,可晏春熙身处逆境,仍有破釜沉舟的勇气。

他虽钦佩,却也有一丝丝对谁都无法说出口的怨怼——

你那般勇敢无畏,怎么就不想想,我虽还未年老,可是早已志气消沉,日渐颓靡,你怎能……就这么把我丢在这里了?

关隽臣想着想着,闭上眼睛难堪地用袖口擦拭眼角。

他自十岁以后便再没落过泪。年幼好武,少时策马沙场多年更练就了他坚毅的心智,后虽然经历娘亲去世、痛失兄长的变故,然而这一生纵有过许许多多桩苦事,却都未曾将他击溃。

直到如今,那少年在他面前翩然离去,他才觉得天旋地转。

这整个人世间,好像陡然间变得灰蒙蒙一片,叫人再无半分眷恋。

关隽臣这一闭眼,有如静坐枯禅,再一睁眼时,天已经蒙蒙亮了。

他脸色苍白地再站起来时,心底突然又想起一桩要紧事,便脚步虚浮地夺门而出,正巧看见二管家白溯寒与一个身形纤细的少年站在院中。

他顾不上问白溯寒何事,甚至连旁边那少年的面孔都未看清,就急道:"熙儿连夜出府,你赶紧去府里问一圈,看他是从哪个城门走的——他身无武功,又第一次这般出行,我挂心,你赶紧骑匹快马,追上去沿路保护好他。"

白溯寒一愣:"可是王爷这边诸事繁多……"

"我这边都无妨。"关隽臣摇了摇头,嗓音沙哑地道,"从今往后,你便只有护好晏春熙这桩事最要紧。莫要再多言,快去。"

"是,王爷,我这就动身。"

白溯寒见关隽臣神色,不敢再耽搁,躬身行了一礼便转头要走。

他临行前看了一眼身旁的少年,迟疑了一下,低声道:"那……你且与王爷说吧。"

他话音还未落,人已快步出了院落。

关隽臣本不在意那站在一旁的少年,刚要离开,却忽然听到一道怯怯的声音:"王爷,霜林、霜林有事要禀。"

他转过头,借着天光将这少年的脸看清楚,只见霜林一双湛蓝的眼睛,鼻子比中原人高挺,在雪光之中别有一番特色。他这才想起来,此人是平南王进献给他的伶人。

"何事?"关隽臣哪有心思与他攀谈,不由皱眉问道。

"我……"霜林这次跟来长安,从未私下见过关隽臣,此时离关隽臣这般近,又见他脸色不愉,不由紧张得磕巴起来,"我早起出去散心,正巧走到程公子的素云阁,那、那儿的院门虚掩着,我、我心下好奇……便推门走了进去。"

"然后呢?"关隽臣听他支支吾吾半天说不到重点,心里更觉不耐烦,催促道。

"程公子、程公子他屋里竟传来了旁人的声音,听起来像是……王管事。"霜林说到这儿,惶恐地跪了下来,低下头继续道,"禀王爷,霜林不敢惊动里面,但程公子有违府规,王管事这会儿还在程公子屋里。"

"你说谁?"关隽臣愣住了,喃喃地重复道,"王谨之?"

这三个字刚说出口,关隽臣便感到脑中"轰"的一声。

他瞬间面沉如铁,一字一顿地道:"你带本王过去。"

长安的雪又突兀地大了起来,呼啸着的北风迎面而来,几乎叫人不能视物。

霜林在关隽臣后面跌跌撞撞地跟着,渐渐地竟然远远落在了后面。他虽唤了一声"王爷",关隽臣却未理他,径自大步流星地往前赶去。

关隽臣武功近日有所懈怠,但轻功仍极佳。

霜林在寒风中揉了揉眼睛,只见关隽臣足间一点,黑色的锦袍翻飞,在风雪之中有如一只矫健的鹰隼向前方掠去,几个呼吸之间便到了程亦轩的素云阁门口。

霜林急忙跑着跟上去,却见关隽臣身影一闪,进了素云阁之中,此时正站在小路上，怔怔地看着那两个雪人。

不知为什么，霜林在背后看着关隽臣孤零零一人立在漫天的大雪之中，竟觉得有些说不出的落寞。

关隽臣再次抬起头时，面色已经森冷如寒冰。

他用不着进屋再看，只看见这雪人心里便已大概明了，那一瞬间，一团火猛地从胸口烧了起来。

"王谨之，出来——"

这简简单单一句话，初听时宛如平常，音量既不高也不低。

素云阁的宅院虽然平阔，可是这句话的尾音反复回响了数次，竟仿佛平地炸开的一连串惊雷，又闷又骇人。

就连霜林虽是禀报关隽臣的人，这时也不由吓得身子一抖。

小小的素云阁在盘旋呼啸着的雪花之中，更显渺小羸弱。

没过多久，只听"吱呀"一声，一道身影匆匆开了房门。

霜林马上便认出来那是王谨之。

王谨之一张脸惨白得厉害，他嘴唇动了动，一句话也说不出来。

"你还站在那儿吗？"关隽臣负手站在凛冽寒风中，看着王谨之。

"王爷——"王谨之忙上前跌跌撞撞走了几步，可还没走到关隽臣的面前，便膝盖一软，跪倒在了雪地中。

他抬起头看向关隽臣，颤声道："王爷，是谨之的错，是谨之该死。此事与他毫不相干。"

"程亦轩呢？"关隽臣问。

在王谨之背后，一个少年怯怯地从房中走了出来，走到关隽臣面前。

关隽臣一双丹凤眼面无表情地扫了一眼程亦轩，霎时间心头火起，忽然反手重重一掌抽在程亦轩脸上。

关隽臣盛怒之下手又快又重，登时把程亦轩抽得跌坐在雪地里。

少年梨花般的俏脸初时一片煞白，过了一会儿便渐渐显出五道刺目的红色指痕。

程亦轩忽然吐出了一大口鲜血，那血在雪地上宛如开出了一朵凄艳的红梅，其中还有一颗被生生打落的牙齿。

他本就胆小，剧痛之下，单薄的身子更是几乎抖若筛糠，下意识地向王谨之身后瑟缩而去。

王谨之见状，更是心如刀绞。

他身子一动，明知会更加激怒关隽臣，可还是生生挡在了程亦轩和关隽臣之间，哑声道："王爷息怒，他……程公子他禁不起的，求您了，这一切都是谨之的过错。"

关隽臣未满二十便与王谨之相识，如何能不知晓王谨之的性子。

他虽口口声声说是自己的错，可实则个性恭谨，又怎会违逆关隽臣？

关隽臣宽大的袍袖下手掌一翻，眉心剑纹煞气更甚。

他此时已经运了内力，手掌高高击下，顷刻间便要以雷霆万钧之势将程亦轩毙于掌下。

"王爷——不可！"

王谨之会武，怎会看不出这是杀招。

他霎时间骇得魂飞魄散，什么也顾不上了，猛地站起来，用尽内力与关隽臣"砰"地对了一掌。

王谨之远非关隽臣的对手，此时仓促抵御，一下子倒退了三四步，才勉强卸去关隽臣的内劲。

他脸色惨白，透着一股惨烈，显然是一招之间就受了重伤。

他身子摇摇晃晃，最终还是跌坐在了雪地上。

"谨之哥哥！"

程亦轩一声哀鸣，他因受了伤一时之间站不起来，于是便用爬的，从雪地之中一点点挣扎着爬到了王谨之身边。

他眼里的泪珠掉了下来，哭着道："谨之哥哥，你、你……"

关隽臣也有些诧异，眼中的寒光有如利剑，冷冷地刺向了王谨之："好啊、好啊——王谨之，本王倒是小瞧了你。他禁不起，看来是你禁得起，为了一个下人，你是连命都不要了。"

他二人虽是主仆，可是多年来也相伴习武，心意更是相通。

王谨之的功夫和他根本不可同日而语，方才那一掌关隽臣用了全力，根本不可硬扛，王谨之岂会不知。

接这一掌时，王谨之显然心中已抱了死志。

若非关隽臣收力极快，此时王谨之的尸身怕是已躺在了这里。

王谨之只觉身上剧痛，可是很快就强忍住气血翻涌的不适。

他挣扎着将程亦轩稍稍推开，随即又跪在地上，重重地将头磕到了雪地中，嘶声道："王爷，求您……看在谨之在您身边十数年，多少算个忠仆的份上，就饶了程公子一命吧。"

"忠仆？"

关隽臣踩着镶金边的黑色官靴，一步步走到了王谨之的面前。

他听到跪在面前的人口中提起这十数年相伴的光阴，胸口忽然一窒。

关隽臣还是皇子时就与王谨之相识，此后他从戎数年，任它刀林火海、白骨成山，两人都并肩闯了过来。

后来边陲大捷，先帝赐封他为大周立朝以来的头一位冠军侯。

这份殊荣——是王谨之陪着他捧到了手里。

可他万万没想到的是，享尽无上荣华之时在他身边的王谨之，也是在他委顿时违逆他的人。

关隽臣素来性子刚强，一念至此，却也不得不强行稳住心神，冷声道："王谨之，你如今倒还有脸和本王提起这个'忠'字吗？"

"确、确是无颜提起。"王谨之的手指陷在雪里，喃喃道。

"王爷，"就在这时，一边的程亦轩忽然抬起头开口，他声音因寒冷和惊骇发着抖，眼神凄楚地看了过来，"您是主子，是这宁王府的天，而轩儿只是最卑贱不过的身份。从进府的那日起，轩儿这条贱命就合该交到您的手中。承蒙您青睐，受您看重，有段时日，轩儿在这府中人人巴结，能吃上几道好菜、穿上几件贵人方能穿的绸衫。那时，轩儿心里想着，这便是一等一的福气了……可不知怎的，即便是那般的好日子，轩儿也始终怕您。"

"轩儿素来胆小嘴笨，与您说话时总怕惹您生气。不过做奴才的，这本算不得苦，一日一日的，便也这么过了下来。直到后来……见了您在晏公子面前的模样，轩儿这才明白了过来，原来这人……其实还有另一种活法，像晏公子那般的活法。"程亦轩说到这儿，眼睛里滚落了两滴泪水，他低下头用袖口悄悄擦了一下。

关隽臣听他口中吐出晏春熙的名字，胸口突然如遭重击。

他痛得如同忽然间被掏出了心肺，身子微乎其微地摇晃起来，双眼发红地道："程亦轩，你怎配与他相比？"

"在王爷眼里，轩儿贱如杂草，自是不配的。"程亦轩平静地道，他虽仍跪着，脸上却依稀露出了一抹浅笑，"但谨之哥哥待我，就如您待晏公子一般。轩儿心中有许多念想，想与谨之哥哥一同离开王府，想与他一起回老家开个小馆子。只是如今，这些都不成了。轩儿跟谨之哥哥相处之时，方知即便是杂草，也能有杂草的快乐。"

"你混账!"关隽臣额角青筋暴起,他发出一声伤重野兽一般的嘶吼,抬脚便对程亦轩踹过去。

　　少年被正正踹在心口,猛地向后倒去。关隽臣怒不可遏,还想再踹。

　　王谨之登时骇得手脚发软,他一生都性子坚毅,到了这时却软弱得流下了泪水,哆哆嗦嗦地死死抱住了关隽臣的靴尖,泣不成声地哀求道:"王爷,王爷……您别打他,求您了,别打他……"

　　程亦轩身子瘦弱,跌在雪中冻得嘴唇已泛起了紫色,却还是慢慢地爬过来,看也不看关隽臣一眼,柔声道:"谨之哥哥,不哭了,咱们不求他……不求他。"

　　关隽臣看着王谨之和程亦轩二人,本觉得恼怒,可不知怎的眼前突然有些模糊起来,明晃晃的雪色连成了一片,晃着晃着,就晃出了一个人影。

　　"成哥哥。"

　　熙儿,你是在可怜我吗?

　　关隽臣伸出手,那少年的影子便像水中月一样散了开来。

　　不、不……关隽臣想向前追去,可是还没迈开步,便已明白只是虚妄。突然,他喉头一甜,一股血腥之气从嗓子眼里往上涌。

　　他并不愿在王谨之二人面前示弱,便强自按捺下去,五脏六腑登时翻江倒海似的。关隽臣心里知道,学武之人这般硬扛,是要受暗伤的。只是如今,他对自己这身子再没什么念想了。

　　"好啊、好啊,你们有情有义,可真是感天动地,但谁料偏撞在了我手里。"

　　关隽臣脸色铁青地看向王谨之:"王谨之,你想让我饶他一命是不是?"

　　"是、是,王爷……求您饶了程公子一命。"王谨之还在重重地喘着,但闻言还是忍不住马上抬头恳求道。

　　关隽臣冷笑道:"你跟随我多年,我本也无意杀你,只是如今你执意如此,那也好,我看程亦轩也与你一般的心思。既然如此,本王倒要看看你们究竟有多厉害。你二人就跪在这儿,想好了谁死谁活——想不明白,就在这寒冬瑞雪里跪到想明白为止。记住了,本王只要你们一条命。"

　　关隽臣此言一出,王谨之的脸登时一片惨白,他嘴唇嗫嚅着,偏一个字也说不出来。

　　他二人主仆多年,早已熟知彼此心意。关隽臣这般神色说出这番话,显然是心意已定,没了转圜的余地。

那一瞬间，王谨之感到万念俱灰。

关隽臣不再多看他二人，转过身时见霜林站在不远处，一张小脸也被生生吓得没了血色。

见关隽臣回身，霜林这才慌忙上前两步，脸上挂上殷勤的笑容，扶住关隽臣柔声道："王爷，我扶您进屋暖和一下吧，今儿风雪太大，别吹着了您。"

他话语间讨好之意显而易见。

关隽臣没有推开霜林，而是漠然地低头看他。

这少年舞技出众却遭了冷落，自然是揣了那么点不甘和野心的，是以通报程亦轩与王谨之的事的不是旁人，偏生是他。

关隽臣素来机敏，一想便能明白，他方才看那雪人的雪质细腻洁白，显然是用刚下不久的新雪堆成的。

王谨之素来行事谨慎，若非有心人暗中细细留意着，怎会连只堆了一夜的雪人都瞧在了眼里。

霜林不仅抓准了时机，更找了府中的二把手白溯寒来替他通报，显然是谋算已久。

"你花了不少心思啊。"关隽臣不置可否地对霜林道。

少年脸上神情一顿，他显然拿不准关隽臣这句话的意思，踌躇了一下才讨好地道："王爷最近政务繁忙、身体不适，这府中众人合该为您分忧。可程公子竟违逆府规，霜林为此不忿，自、自是要向白管事禀明的。"

"是了，你颇忠心。"关隽臣淡淡地道，"不进屋了，你去吩咐人拿几个火盆，再带两把铺了兽皮的椅子过来，我便坐在廊下。"

他说话时，抬头看了看灰蒙蒙的天色。

明明已不早了，可是层层的乌云将日头死死盖住，漫天的飞雪如同鹅毛一般飘舞，无声无息地落在脚下。

一年的时光过去了。

春来冬往，原来这王府中人的宿命也是如此回旋往复。

关隽臣想来颇觉可笑，曾经程亦轩告发晏春熙，如今霜林告发程亦轩，这府中的一颗颗忠心倒真叫人难辨。

只是人人告发，今日去一个，明日再杀两个，想必人也就越来越少了吧。

晨钟声遥遥从皇城传过来，宛如平白刮起的一阵风。

那一瞬间，关隽臣忽然感到心中一阵萧索，像是万物皆休了……

王谨之一直注视着关隽臣在廊前坐下，才绝望地转头去看程亦轩。

　　尽管已经情势严峻，少年却像是没听到关隽臣之前的话语一般，拽着王谨之的手臂兀自执拗地看着他。

　　"轩儿，我……"王谨之刚要开口，便被程亦轩颤抖着用冻得发紫的手指抵在了嘴唇上。王谨之怎能不明白程亦轩的意思，少年这显然是已将生死都抛诸事外，一心要与他一同赴死了。

　　一念至此，王谨之本想说的话也就咽了下去——他并不怕死，只怕自己虽然愿意牺牲，身旁的少年却无法独活。

　　他从地上捡起狐裘重新盖在程亦轩的身上，只是自己伤势也颇重，因此手指哆嗦着，光是系那狐裘在颈间的绸带，都笨拙地系了许久。

　　程亦轩一直看着王谨之，眼里没有惧怕，也没有怨恨，只有一汪平和的春水，像他平时那般温柔。

　　程亦轩十指又冷又硬，王谨之乍一触碰，更觉像是冰一样冻人。

　　他心里一抖，握紧了少年的手，可怎么也焐不热乎。

　　程亦轩勉强笑了笑，吃力地用膝盖在雪地上往前蹭，与他挨得近了些。

　　王谨之看程亦轩一张白生生的脸蛋早已被冻得没了半点血色，心中一颤。这少年身无武功，无法运功取暖，在风雪之中跪着，这般冻下去，恐怕两个时辰都撑不下去便要被活活冻死了。

　　他想到这里，不由又向前看去。

　　素云阁廊下，府中下人已经搬来了两个烧得正旺的火盆，就放在关隽臣不远处。

　　太师椅上为保暖铺了厚实的兽皮，关隽臣端坐在上面，身上还披着漆黑的貂裘。他宽大袍袖下的双手捧着一个小手炉，脚边的火盆之中，几块银炭被烧成赤红之色，火星迸射。

　　兴许是因为这般被暖着、烤着，人也被一股如春的慵懒适意包围了。

　　关隽臣的眼神渐渐有些飘忽起来，像是有一半意识悄悄溜进了美梦里。

　　他依稀听到晏春熙清亮的声音在唤他："成哥哥。

　　"这些伶人进府只几年便又要被送走，许多面见不了王爷几面，着实可怜，何必呢？成哥哥，便、便少收几个，不好吗？你我本是旧识，我是愿意时时陪着你的。"

　　关隽臣忍不住笑了，他张开嘴要作答，却不知为什么，怎么都发不出半点声音。

251

他急坏了，生生听到梦中的自己冷声答道："本王给你脸了？我爱收谁便收谁，收一百八十个，这王府都养得起，要你一个下贱的官奴来指手画脚？严茂竹出府还能拿银子做个营生，你可知你若是被赶出去，就只能回去做那最下等的罪奴了？"

"成哥哥，"少年的声音似是低落了，委屈地道，"你对我不公。我与你年少相识，得见当年冠军侯的风姿，钦佩不已，后来虽经历家破人亡，却偏又遇到了你，'造化'二字——虽百转千回，可我信。"

关隽臣想：是啊，我也信。

晏春熙继续道："那日你原谅我之后，我已想好了从今往后一心追随王爷，你却将我视为一条狗，随手便可以送人？你若是对我无半分情义，我亦不稀罕你所谓的日后的看重。"

关隽臣惊恐得身子微颤，他想要分辩，却像哑巴一样，怎么都发不出声。

"成哥哥，你的心太冷了。你不把旁人当人，更不在乎任何人。我只问你，你一生心心念念只想着自己主子的身份，这王府里人人阿谀奉承，谁又会对你真心相待？如此下去，你就不怕有朝一日你老了，抑或是落魄失意了，你身边的人一个个离你而去，你会落得个孤家寡人的下场吗？"梦中那少年的声音渐渐激动起来，说到最后，已经是一字一顿，如雷贯耳。

"谁敢？谁敢离本王而去？！"

关隽臣背后冷汗直流，他又惊又怒，感觉像是被层层蛛网紧紧地绑缚在原地，既站不起来，也发不出声。

"孤家寡人"四个字，像是一道闷雷，"轰"的一声在他头顶响起。

"成哥哥，"晏春熙的声音忽然放轻了，似是有一丝可怜他，轻轻地道，"我要走了，再也不回来了。"

他的声音越来越缥缈，像是他一步一步慢慢走远了，最后的几个字如同北风中的雪花一样，遥遥地飘落在关隽臣耳边。

"成哥哥，你要好生保重。"

不——关隽臣在梦中嘶声叫道。

他猛地睁开了眼睛，只觉眼中一片湿润，面前是霜林关切的面容。

"王爷，你睡着了吗？"少年从袖口中拿出一块手帕，轻柔地擦拭着他的额角，"像是梦到了什么似的。"

关隽臣纹丝不动，就这么盯着霜林，许久才缓缓道："过了多久了？"

"约莫一盏茶工夫吧。"霜林答道，"王爷是太累了……您这些日子操劳过甚,也难怪了。今晚早些安置吧,霜林扶您回去。"

"才一盏茶。"关隽臣恍惚道。

可是在他梦里,仿佛过了许久。

先前他曾听闻,人老了便会嗜睡起来,有许多垂暮老者在梦中死去,嘴角依然会挂着一抹浅笑,像是颇为满足。现在想想,兴许不尽然。

人间大梦一场,旁人喜乐,想必是往生之时梦到了一生最快慰的事。许是年少时的意气风发,许是烟柳桥下所爱少女的微微一笑,又许是第一口好酒入喉的酣畅滋味。

关隽臣忽然想,若他也到了那么一日……他自然会与晏春熙梦中相见。

长安这场大雪似是越下越大,又过了一会儿工夫,跪在地上的王谨之和程亦轩衣衫上已经沾满了雪花。

"谨之哥哥……我冷。"程亦轩喃喃道。

他嘴唇已经开裂,可是天气太冷,连活血都流不出来,眉毛尖上挂着的雪絮已经渐渐凝成了白色的冰霜。

他脸颊本被冻得惨白一片,可是这会儿冻过了头,颧骨之上显出了似是冻伤的绯红之色。

他显然已经有些神志不清,在口中念叨着:"好冷、好疼啊……谨之哥哥……"

程亦轩这般念着,身子一晃,突然软倒在了王谨之的怀里。

"轩儿!"

王谨之刚一抱紧程亦轩,脸上便显出恐慌之色,怀中少年显然已是冻得受不了了,皮肤上都泛起了一层青紫之色。

他慌忙脱下自己的外衫,身上只剩下一件薄薄的绸衫,霜雪冷风袭来,便如同利刃加身一般。

王谨之明白,程亦轩小声唤着的疼,自然也是因为如此了。

他冻得手足发僵,光是用外衫裹住程亦轩这个动作便耗时许久,只是这一件外衫又怎能抵御严寒。他惊惶得伸手进去抚摸着程亦轩的身体,只觉少年跪在雪中的下半身已经僵硬如石头,若再待在雪中,过不了多时,只怕程亦轩人还没死,下肢就要冻得坏死,这双腿也要废了。

王谨之搂着程亦轩,将自身的真气从背后运进去。

他本就身有内伤,这一运劲,便感觉胸口几处大穴如被针扎一般,可他此时顾不得了。

程亦轩得了王谨之的真气一暖，稍稍和缓了些。

他抬起头瞧着王谨之焦急的面容，哑声道："谨之哥哥，我还活着吗？"

王谨之一听，猛地点头："轩儿、轩儿还活着呢。"

他说到这儿，眼圈一红，险些就落了泪，哽咽着道："是我无用，是我无用啊……轩儿，你信任我，我却累你吃尽了苦头。你允了我吧，让我为你一死，你好好地活下去，成不成？"

程亦轩缓缓地伸出手抹去王谨之眉间发鬓上的霜雪，只是这雪下得奇大，抹去了一层马上又盖上了新雪，他又如何能抹尽呢。

程亦轩不由轻轻地笑了："傻哥哥，这怎会是你的错。

"轩儿无依无靠，背井离乡，先是被卖到艺馆之中，后又被带进了宁王府，虽然衣食无忧，但总是心里忧虑，惶惶不可终日。人们说女娲抟土造人，我总是想，是了，轩儿就像是一团泥巴，被胡乱捏出来之后便随手丢在这人世间浮沉了。后来因为你，我才觉得，我被捏出来兴许并非为了受苦……我是、我是为了活一遭而生的。如今，我已真真地活过了，自然就不怕死了。"

程亦轩柔声道："谨之哥哥，轩儿也曾想，是我、是我累了你……害得你再也做不成这王府的管事，也成全不了你心中的忠义。你我二人，该死的本就是我。只是到了如今，这句话确实不必再说了。你我之间，其实没有谁连累谁，更没有一人独活这一说。谨之哥哥，你的话，我从没有违逆过半句，只是这一次，轩儿不能应允你了。你听我的，好不好？就听我这一次……

"我们一块儿走，走到奈何桥，不喝……"

程亦轩微微笑着。

他说着说着，已渐渐没了气力，头也软软地垂了下去。

王谨之猛运两次内力，可毫无用处。

"啊！"

他怀抱着身体愈发冰冷的少年惨叫了一声，忽然间觉得自己像是一个无助孩童，情不自禁地号啕大哭起来。

天地间仿佛只剩他一个人。

"他还未死。"

王谨之哭得眼前已是一片模糊，恍惚之间听到一人冷冷地道。

他猛揉双眼,只见眼前是一双黑色官靴,再往上是华贵的织锦盘龙纹缎袍。他猛一抬头,见关隽臣站在他面前,漠然地看着他道:"我说了,我给你们二人留一条命,如何,你选好了吗?"

　　王谨之双眼通红地看着他,突然反手一掌就要朝自己天灵盖狠狠击下!他这一招击向自己,旁人很难防备,眼见必是不活。

　　可是王谨之毕竟在雪中冻得久了,出手不若往日那般迅捷,关隽臣眼中厉色一闪,右手作擒拿之势,一把将王谨之的手腕关节卸了下来。

　　王谨之闷哼一声,手软软地垂在身侧,他看着关隽臣,一字一顿地道:"王爷,谨之为仆追随你大半生,除了此事,自问对您忠心耿耿,无一日动摇,没什么对不住您的。难道如今,竟连全尸都不能留下吗?"

　　关隽臣低头看着王谨之。

　　他们相识大半生,他还从未见过王谨之看着他的目光这般陌生,他甚至要略一思虑,才能明白过来——

　　是了,那是恨意。他是恨上他了。

　　关隽臣心里突地一痛,他低声道:"王谨之,本王待你不薄,不只将你看作仆从,还把你看作兄弟手足,你难道不知?本王如今是何处境,你难道也不知?你为何、为何要在这个时候背叛本王?!"

　　他说到后面,情绪激动之下,连尾音也拔高了:"你瞒了本王多久?难道就不能坦荡告知本王,本王未必不会大度轻饶?"

　　"王爷,你说你不止将我看作仆从,还把我看作兄弟手足。"王谨之跪在地上,脸上覆着薄薄一层霜雪,又因大悲之下神情激烈,显得有些可怕,他森然道,"你当真是这样想的吗?"

　　"麟庆三十八年,王爷在陕北一带巡视,有一武功奇高的刺客行刺,谨之为您挡了一剑,只差毫厘便会丢了性命。那道疤,如今仍在。"王谨之一把撕开绸衫,左胸前一道狰狞伤疤,距离心口只差毫厘,显然当年情况是何等可怕。

　　关隽臣目光微微收缩,他仍记得那年的凶险,王谨之倒在他身前血流如注,他那时只以为王谨之已死了,还在心中悄然立誓,必报王谨之大恩。

　　"麟庆末年,襄王危急,谨之替王爷带信去姑苏,两千里加急,换马不换人,生生跑死了四匹烈马,谨之昼夜未歇,这才将信及时送到襄王手里。当时谨之便明白,若此信被太子截到,您必情势不妙。谨之在心里下定决心,若有人拦截而谨之不敌,谨之立时毁信自裁,绝不连累您。这一桩事,你又还记得吗？"

关隽臣沉默不语，他自然记得，当年送信一事，实则是搏命。他若不找王谨之，便不知该找谁，只因王谨之是他最信的人。

"王爷，你我如此交情，可是这些过往……你如今还记得多少？"

关隽臣心头一颤。

他脑中一片混乱，方才一直沉浸在怒意之中，可是此时忽然转念一想，若是王谨之问了他，他究竟会作何反应。

他反复思量，当下便觉得冷汗直冒，是因他自己也不知道他究竟会作何反应，他并不知道，更何谈大度。

王谨之又问道："王爷说与我乃兄弟之情，可我跟了你近二十年，尽忠职守，操持王府事务。你可还记得，再过几年，我其实便已年近不惑，我多年不曾婚娶，也未曾有过心仪之人，王爷过问过一句吗？关怀过一句吗？"

他此言颇为偏激，听在关隽臣耳中更是如遭重击。

是了，关隽臣确是不曾想过，不曾问过。

"王爷，您是上位之人，因此只有上位之人的感情。谨之虽为你出生入死，未必见得有恩。然而谨之若背弃你、欺瞒你，便是罪不可赦。"

王谨之平静地道："您口口声声说的兄弟之情，其实不过是略微亲厚的上下之义，不是吗？这一点，谨之看得清，是以才谨言慎行，而您又何苦自欺？"

何苦自欺？关隽臣心中本是埋怨和暗恨，可是王谨之这番话说出口，他竟一时语塞。他心中素来认为自己待王谨之不薄，可是如今王谨之口中桩桩件件，又委实令他难以辩驳。

十多年来，他确实未关照过王谨之，未思虑过王谨之的心情。王谨之为救他负重伤，为他铤而走险甘愿冒死，他那时当然并非不感动。

只是时日渐逝，当时的那份心绪终究是变得淡薄了。

关隽臣始终看重王谨之，可是到了如今，竟也难说他看重的是那份情义，还是王谨之为他呈上的一份忠。

他先前总觉得自己被背弃，是以心中躁怒不止，可是这份背弃，自己如今也觉得有些根基不稳，这股势头一旦有所衰靡，他便突兀地感到疲惫。

"依你之见，倒是本王一贯无情，负了你了。"他低声道。

这句话说出来，少了几分气势，多了几分萧索，他自己也颇觉无趣。

"王爷若只待谨之如仆从，便谈不上辜负。"

王谨之紧紧抱着程亦轩，他先前一番话本是到了绝境之下说得颇为凌厉，可是低头看着怀中冻得脸色和嘴唇都发紫的少年，只觉心中惶恐不安，再加上一贯便对关隽臣尊敬有加，他再次抬起头来时，语调不由又带上了软弱和哀求："但、但若王爷……还能对谨之有那么一丝情义……"

他说着，音调突兀地低了下去，颤声道："谨之一生，未求过王爷任何一件事，就、就此一件……"

"你就这么在乎他？"关隽臣看着王谨之怀中紧闭着双眼的程亦轩，有些出神地问。

他都不记得自己有多久没好好看过程亦轩了。这少年初时也是极受他青睐的，倒也不出奇——冠绝金陵的琴艺。程亦轩被他花了大价钱买进府里来，性子又顺从，自然叫他颇为中意。

可是说来奇怪，他问出这句话时才忽然发觉，自己对这少年真的从未有过半分了解。有那么几次，他曾见过程亦轩红着眼睛悄悄背过身子哭，他也依稀知道少年父母早亡，孤苦伶仃一人，却从来懒得过问。

其实他纵横沙场朝野数十年，是何等的人尖。程亦轩在他的王府里过得有多胆战心惊、诚惶诚恐，他从来都是知道的，只是他不屑于放在心上。

王谨之说得极对。

他的心是冷的，他从不将程亦轩当一个活生生的人看待，他没在意过。

既是如此，又何苦去怪这少年。

王谨之听出他话中与先前不同的意思，不由用膝盖堪堪从风雪中蹭了过来："王爷……"

王谨之冻得手指上都结了一层薄薄的霜，他抓着关隽臣的衣袖，嘶声道："谨之待他，一如王爷待晏公子，求王爷饶过程公子……"

关隽臣低头和王谨之对视着，那一瞬间，他从王谨之满含热泪的双眼里瞧见了自己的模样。

他想起自己在周英帝脚边摇尾乞怜，只求大周天子能饶过他珍视之人。
他想起自己一生霸道峥嵘，却连谭梦麟这位儒生的一条性命都留不住。
大周庙堂，多少人流尽鲜血，多少人梦断心死。
贵胄也好，仆从也罢。权力面前，皆是蝼蚁。
一种莫大的悲哀袭上关隽臣的胸口——
恍惚之间，他忽然想，这一切究竟是因何而来，又该继续到何时。

关隽臣扭开头，他只怕再与王谨之多相视一眼，便会无法自控。

"去，去把你们的伤治一治。"他说到这儿，甩开了王谨之的手，声音却微微颤抖了起来，在寒风中轻轻飘散开。

他说着，一掌轰向小路边的那两个雪人。

洁白的雪苍子洒了漫天，之后才缓缓地飘舞着落下。

关隽臣背对着王谨之，狠狠地用手指狠狠拭去了眼角的湿意。

他一字一顿地道："治好之后，就带着程亦轩给本王滚，再也不要回来。"

在他背后，王谨之连声道："谢王爷，谢王爷……"

随即，一阵窸窸窣窣的脚步声急匆匆地越去越远。

关隽臣站在大雪之中，没有回头去看，也没有挪步。

他自己也不太明白，他本不是宽和的性子，更何况这是他一生最孤寂潦倒之时，众叛亲离，可他偏做了这一生之中最大度的决定。

他想了许久，雪停的时候，终于找到了答案——他只是怜惜。

心有悲悯，得见众生苦。

悲悯，是他仅剩下的那么一丝人味，他终究舍不得丢掉。

王谨之和程亦轩留在府中治伤那几日，关隽臣本已说了不想再见到他们，可是后来听说程亦轩在雪中冻得太过厉害，连日服药仍是高烧不下，王谨之便一直衣不解带地照料着。

他心中略有些挂怀，还是找了个寂静的时候去探望了一下。

素云阁内很是安静，几个火盆烧得很旺，程亦轩此时穿着一身素净的衣裳，领口围了一圈兔毛，衬得他苍白的脸蛋多了几分纯挚的模样。

关隽臣进屋时步子很轻，王谨之又受了内伤，是以屋里两人一时之间没发觉。他站在屏风外看着这一幕，心里突地有些发酸，怔怔地站在原地。

还是程亦轩抬起头时才发现了他，少年瞬间便有些瑟缩起来，怯怯地扯了一下王谨之的袖口。

程亦轩一贯胆小，先前在雪中之时是将生死置之度外才有了几分敢与关隽臣直言顶撞的胆色，可是这会儿已经峰回路转，自然就恢复了之前那个性子。他一见关隽臣，便像受惊的小兔子似的往后缩。

"王爷。"王谨之一转身，见是关隽臣也吃惊地愣了一下，他起身像往常那样行了一礼，可神情还是有些紧绷，"王爷怎的来了？"

关隽臣知道，他虽然先前已免了王程二人的罪责，可是如今他二人仍会不免畏惧自己，这虽然也没什么奇怪的，但仍叫他心里有些许不顺畅。

他向后退了两步，冷声道："本王有事与你说。"

"是。"王谨之忙跟了出来。

两人一前一后站定在廊下，关隽臣回过身时，王谨之忽地跪了下来，垂下头，声音微颤地道："王爷，谨之该死。"

关隽臣一怔，还未来得及回答，王谨之便已继续道："谨之先前不知，那日、那日，晏公子竟是在那一日走了。王爷，您……"

王谨之抬起头，神色中带着深深的忧虑："王爷虽说让谨之和程公子出府，可是如今王爷身边无人，谨之……不如让谨之留在您身边。"

他说到这儿顿了一下，显然是拿不定主意，不知关隽臣的心思。

关隽臣明白，那日他去素云阁去得太快，王谨之还来不及知晓晏春熙离去的消息。这几日得了消息，虽然两人不再是先前那般关系，可王谨之仍马上惦念起了他的境况。

关隽臣有些许感动，可是想到连王谨之心中也觉得晏春熙一走他必遭重创，这般软弱之处他实在不愿被外人所见，脸色又不由有些不愉："便是你肯留下，程公子也未必愿意吧？"

王谨之滞了一下，随即想了想，道："请王爷见谅，程公子他……他在府中本就胆战心惊，如今这一遭……他自是不愿留下了。但谨之想，也可先将程公子送去城外安顿，谨之陪您度过这一遭。"

关隽臣哼了一声："你先起来。"

待王谨之起了身，他才淡淡地继续道："这儿无事，用不着你留下。况且我已将你二人逐出府，你当是玩笑吗？我饶你们一次，难保以后见了你们不会恼火，所以你待伤好了便赶紧带着程亦轩离开长安，走得越远越好，千万别再叫我瞧见你们。"

王谨之站在关隽臣身边，讷讷地不知该说什么好。

雪光照在关隽臣的脸上，他本发如黑羽、面若冠玉，是这大周王侯之中一等一的好样貌，只是如今才短短月余，两鬓便已爬上丝丝缕缕的斑白。

此时他一言一语虽也凌厉，可不知为何，仍有种疲惫沧桑之感。

王谨之心中难过，侧过头不忍再看。

这时，关隽臣忽然问了一声："听说程亦轩的腿冻伤得厉害？"

"是……"王谨之迟疑了一下，他没想到关隽臣竟然会问起程亦轩的伤势，但还是如实答道，"大夫说，这番冻得厉害，是伤到骨头里去了，日后天气阴冷之时,怕是少不得要受些苦。是以要一直好好将养着,即便如此,到老了……也难免有行动不便之虞。"

他说到最后,语气也低沉了下去。

刚从雪中把少年抱回来时,他眼见着程亦轩双腿被冻得发紫,已没了半点血色,他一摸上去只觉得像是冰一般冷硬,当下害怕得心像是要从胸口跳出来。

大夫一来便说,只消再耽搁一盏茶工夫,这双腿便彻底废了。

王谨之想起那日种种心有余悸,更何况日后这漫长一生的无数个风霜雨雪的日子,那少年都要为此经受针扎般的苦楚。

只是如今说得太多,又有埋怨关隽臣之嫌,便就此带过了。

关隽臣沉默了良久,最终摇摇头,一步一步地走了。

五日后,王谨之还是和程亦轩一起离开了。

程亦轩烧一退,果然一刻都不想再在王府里待下去,两人定在清晨动身,不打算惊动关隽臣。

王谨之为赶路买下了一辆宽敞的马车停在王府后门外,马车里面铺着厚实的被褥,烧着火盆,布置得颇为舒适。程亦轩腿脚不便,他便将少年小心翼翼地扶了进去,又给程亦轩的腿上围了兽皮。

等他重新出来检查马匹时,竟发现关隽臣穿着锦袍站在不远处。

"王爷——"王谨之有些紧张,刚要行礼,却被关隽臣摆手制止了。

"定下去哪儿了吗?"关隽臣问道。

兴许是分离在即,他今日并没有先前的冷淡。

"先去长安附近的郡城休养一番……之后便打算去荆州,那儿是程公子的家乡。"

关隽臣闻言点点头:"路途颇远。"

他说到这儿,顿了顿,随即问道:"盘缠可带够了?到了荆州,落脚琢磨些营生,也要银子打点。"

他亲王之尊,这等小事本不足挂怀,可是这两句问话又委实如同一个家中的大哥一般温和。

王谨之抬头看着关隽臣,一时之间声音也颤抖起来:"谨之、谨之手头钱财颇丰,王爷不必挂念……我、我唤轩儿出来,与您拜别。"

荆州路遥,与长安相距数千里,他这一去,今生今世,兴许与关隽臣再也不会相见了。他与关隽臣相伴二十年,离别在即,身份似是终于不再那么重要,只有那份难舍与羁绊格外真切。

王谨之想到这儿,登时便想跪下道别,却忽然被关隽臣拉住了手臂。

关隽臣久违地微微笑了一下:"你已不是我的王府管事了,不必这般行礼。也别叫程亦轩出来了。我待他不好,这些年……他其实吃了许多苦头,日后你好好待他。"

关隽臣说话时神情颇为平静,听在王谨之心头却是万千心绪百转千回,说不出的感慨。

关隽臣堪堪后退了一步,他虽穿着一身华贵锦袍,可此时竟像一个普通江湖人一般,对着王谨之略一抱拳,淡淡道:"保重。"

王谨之鼻子一酸,他明白关隽臣的意思,于是神情凝重,站得笔直,同样抱拳行礼:"保重。"

他与关隽臣相对,这一次无上下之分、主仆之别。

这一声保重,已经道尽了他和关隽臣之间所有的关怀和释然。

一礼完毕,王谨之再不多言。他翻身上马,带着马车一步步离开了这座宁王府。

天地广阔,从此他与程亦轩便是自由之身。

那一日,关隽臣目送着王谨之的背影在朦胧的天色中渐行渐远。

这三十多年一步步走来,他从不曾想过自己有一天会沦落至此。

他生在皇宫,有着全天下最尊贵的血统;他也未曾有亏于自己皇子的身份,文才武功无一不是翘楚。

他曾是何等的意气风发——大周万里河山,皆任他驰骋,若这世间真有凌霄宝殿,他亦相信自己可以傲然一步踏上云巅。

年少得意之时,人又怎能想到,这一生最耀眼的光芒竟转瞬即逝,不可复追。

关隽臣痴痴地立在原地许久,这大约是他一生之中最为孤独的时刻。

他宛如一个垂垂老矣的人,在去世之前环顾一圈,却发现四下无人。

他本应为此感到灰暗和无望,可是看着王谨之和程亦轩缓缓远去,他的心里竟然感到了片刻的安宁和坦然。

他想着,等来年开春了,王程二人想必已经在荆州过上了快活的日子。这样的殷切盼望,像是一缕若有若无的风,吹开了数日以来风雪交加的沉闷和森冷。

这时,身后忽然传来了一道轻轻的唤声:"王爷……这儿风大,我扶您回屋里歇下吧。"

关隽臣回过头,只见是霜林站在他身后。

这少年得了赏赐,打扮得比之前好上了许多,湖蓝色的织锦袍子,颈间围了华贵的狐毛领子,这会儿见了关隽臣,他的语调也愈发殷勤了起来:"霜林吩咐厨房给您炖了碗参汤……您喝了补补身子。"

关隽臣不置可否地看了他一眼。

霜林轻声试探着问道:"王爷,程公子犯了这般大错,您怎的就这么饶了他?"

"那依你看,本王该杀了他吗?"关隽臣反问道。

"这……"霜林一时语塞,他似乎也想不出自己究竟想要如何,嗫嚅着道,"总之、总之不该就这样轻易放了他们。"

"你颇恨程亦轩。"关隽臣神情淡淡的,看不出是喜是怒,"他得罪过你?"

"也、也没有。"霜林道,"只是……"

他顿在这儿,惴惴不安地看了一眼关隽臣,似乎不知该如何作答。

霜林并不聪明,因此也不会撒谎。当然了,以程亦轩的性子,又怎会得罪别人。可也正因如此,这件事才叫人害怕。

人若要戕害彼此,往往不需要过节,亦不需要恨意。

只消你挡了旁人的道,恨意便随之而来。

太阳底下,从无半点新鲜事。

看起来是一宅一院的小事,可细想起来,大周朝堂和这鹤苑又有什么分别?有小人,有告发,有谄媚,亦有厮杀之残酷。庙堂若浑浊一片,这君君臣臣和府中之人的妒忌陷害,委实都是一回事。

关隽臣以为自己本会厌极霜林,可此时看着这少年,他心中并无那般烦恶,只是觉得有些许悲凉,便对着霜林道:"你还小。"

"本王并不想饶了他们,"关隽臣叹了口气,低声道,"只是那一日,心中想到了一个人。"

"王爷想到了谁?"霜林好奇地抬头问道。

"晏春熙。"关隽臣眼中闪过一丝暖意,"我心里想,熙儿若是在此,定会要我放了他们。"

霜林脸上的神色顿时僵住了，他一时之间竟不知该说什么。

关隽臣拍了拍少年的肩膀，不再理会他，而是一个人向王府内院慢慢走去。

宁王府的平静并未持续多久，还未入夜，一人持着令牌急急策马从后门入府，一到关隽臣面前，此人便体力不支，重重地摔了下来。

"王爷……"他穿着一身黑色的夜行衣，抬起头时，才在火光下露出一张虚弱的苍白面孔，竟是王府的二管事白溯寒。

"你……"关隽臣猛地吸了一口冷气，俯身将白溯寒搀扶起来，一搭手腕，只感觉白溯寒的手腕软软地垂下来，竟是关节被人以擒拿手法卸了下来，而脉象更是虚浮，显然是受了颇重的内伤。

"是谁，是谁干的？"关隽臣急火攻心，他不只是关心白溯寒，一颗心更是悬在了半空。

他先前派白溯寒追随晏春熙而去，就是为了保护晏春熙，而如今白溯寒重伤而归，晏春熙如何能不出事。

"夏、是夏白眉……"

关隽臣略一颔首，他刚问出口时心中便已有了答案。这等擒拿手法娴熟狠辣，隐约能看出是虎鹤双形功之中虎爪手的痕迹。

白溯寒哑声道："王爷，溯寒无用，不是那阉人的对手，被他、被他将晏公子给擒了去。"

他气力衰竭，说出这一句话便已颇为吃力，想要再开口，却止不住地咳嗽起来。他手指哆嗦着，从怀里艰难地掏出一块像是从衣襟上撕下来的绸布，上面竟然写着两行血字。

关隽臣登时骇得浑身剧颤，白溯寒见状，慌忙道："是马血……晏公子的马。"

关隽臣这才脸色和缓些许，展开绸布，只见上面是用手指沾血歪歪斜斜写着的两行字：

晏春熙已落入我手，切莫声张。静候下一封书信。

——夏

"混账。"关隽臣狠狠一掌拍下，竟将一旁的青石砖块都拍成了齑粉。

"本王已一退再退，周英帝却食言将晏春熙擒走，他究竟想要如何？"

关隽臣此时竟直呼"周英帝"这三个字，显然是恼怒到了极点。

"王爷……"白溯寒虚弱地抓住关隽臣的衣角，摇了摇头道，"夏白眉倒也未必见得是为皇上做的此事。我、我……"

他似是想要详述之前发生的事，可是因为内伤颇重，一口气没提上来，竟然就此晕了过去，接下来的话自然没能说出口。

关隽臣虽然心急如焚，却也无法。他将白溯寒抱回了房中，唤了大夫前来，之后便开始在房中反复踱步思量对策。

他手中握着那块绸布，时不时便低头将那两行字翻来覆去地参详，可也说不出个所以然来。他只是隐约觉得白溯寒说的倒也不假，若夏白眉是为了周英帝做事，那怎么也不该在绸布之上郑重写下"切莫声张"这四个字。此举反倒像是夏白眉出于别的目的擒下了晏春熙，甚至连周英帝都对此一无所知，是以才要关隽臣噤声。

可是如此一来，夏白眉究竟是敌是友？关隽臣攥紧绸布，他一颗心都挂在了此时生死未卜的晏春熙身上，这一会儿思量下来，额头已经冒出了细细密密的汗珠，只是一宿的工夫，却好似比十年都要难熬。

五日前的深夜，晏春熙与关隽臣分别，他心绪激荡之下，孤身一人牵着马离开了宁王府。

长安城冬日里本就冷，入夜之后更是寒风刺骨，晏春熙虽穿着厚重的锦袍和狐裘，可兴许是因为孤身一人骑着马，那份冷便不只是从身外而来。

他沿着宽宽的官道向城门而去，一路上，商铺酒楼都已关了门，只是那些招牌仍旧面熟。晏春熙放慢了速度，一间店一间店地看过去。他仍牢牢记着关隽臣曾与他细细讲过的长安街市的种种热闹和喧嚣，那些好吃的点心铺子，那些茶楼、布铺，他虽未曾踏足，却好像熟悉得很。

即使冬夜之中一片冷清，也仿佛能看到曾经人声鼎沸的景象，似乎那般亲切。

此处是关隽臣长大的皇都，若非他二人此时是这般境遇……若、若他能与关隽臣一同坐在这儿，听戏喝茶，该有多么好啊。

晏春熙这般想着，眼圈不由又红了。

他并非性子格外坚毅之人，只是凭借着又倔又硬的脾气，才能扛下入京之后的这诸多苦楚。可是到了这一夜，他终究是扛不住了。

他并非在意自己，只是疼惜关隽臣。

这次出走，晏春熙万般不愿，又实在别无选择。

他太了解关隽臣，了解关隽臣的无奈，也了解关隽臣的骄傲。

关隽臣是孤高如寒月的冠军侯，怎能容忍自己曾经征战沙场、叱咤风云，如今却连腰杆都挺不直，终日佝偻着见人？晏春熙只怕自己强留在关隽臣身边，反而叫关隽臣经受不住这种磋磨，心中郁郁不乐。

成哥哥太苦了。晏春熙只要一想到关隽臣鬓边一夜之间白了的发丝，泪珠就克制不住地落了下来，瞬间被冷风吹得像是在脸上结了冰碴子。

晏春熙顺着官道到了城门口。若是旁人夜里出城，少不得要被好生盘问一番。好在关隽臣先前与周英帝请过旨，将晏春熙的罪奴身份一除，又给了他一个在王府中颇为贵重的身份。守城的护卫见了他随身的令牌，只以为他是宁王府中的大人物，自然不敢阻拦，马上便开了城门放行。

晏春熙这般浑浑噩噩地骑马而行，出城之时，天边已隐约泛起了一丝鱼肚白，倒也方便了后来追上来的白溯寒。

晏春熙刚过城门，白溯寒便骑着一匹上好的骏马从后面赶了上来。

两人一见面，彼此都没什么话可讲。

白溯寒一直不喜晏春熙，虽然受命来保护，却也没有多谈的心思。

晏春熙先是叫白溯寒返回关隽臣身边，可白溯寒显然并不听命于他，是以他耐着性子说了两遍之后，便不再自讨没趣。

两个人，两匹马，沉默着一前一后地出了城，各自满怀心事。

那会儿天还未全亮，晏春熙和白溯寒正路过一片阴森的枯树林。突然，一道身法迅捷无比的黑影从枯树林之中窜了出来，一掌拍向白溯寒！

那人正是夏白眉。

白溯寒本身武功不凡，可是与夏白眉这等大内顶尖高手相比还是差了不止一筹，更何况他人在马上，一时之间竟被逼得连马都下不来，刚过招便相形见绌。

夏白眉虎鹤双形功已入化境，晏春熙虽然看不太懂门道，却觉得这人身形飘逸如同仙鹤，一双手又成虎爪之形，极尽狠辣之势。晏春熙一时之间有些不知所措，他身无武功，除了干着急根本帮不上忙。

就在这时，白溯寒胸口已中了夏白眉一掌，闷声痛哼了一声，身子一晃便掉下了马，他厉声冲晏春熙喝道："你还不纵马快走！"

晏春熙一愣，就是这一刹那的迟疑，夏白眉身形如鬼魅一般突地倒退了数丈距离回来,手成虎爪之形,五指狠狠插入晏春熙胯下马的左前腿。

只听那马发出一声凄厉的悲鸣,腥咸血雨喷上天空。夏白眉竟生生将一整条马腿撕了下来!马登时跪在地上,晏春熙也自然从马背上滚了下来,他再次抬起头时,一张俊俏的脸蛋已经骇得毫无血色。

"你敢动一步,我下一招便是落在你的腿上。"夏白眉冷冷地道,两道狭长的白眉沾了两滴马血,在夜色之中显得格外妖异。

先前夏白眉在晏春熙面前只真正露过一回功夫,关隽臣动用了千军破甲,和白溯寒前后夹击才险险将夏白眉拿下。那次他们三人过招极快,又都用上了内家功夫,晏春熙还看不出这般多的门道。

可这次夏白眉生撕骏马用的是十足十的虎爪硬功,直把晏春熙看得面色惨白,他这才算知道了这位乌衣巷指挥使的武功是何等厉害。

白溯寒一时之间双唇也有些颤抖,他知夏白眉武功极高,却没想到高到了这种地步,他一人为敌,竟然接不下三十招。

白溯寒心中突然有个极为可怕的念头,先前那次……他只觉得以夏白眉这等出神入化的武功,先前那次即便是被围攻,也不至于失手被擒,其中缘由总感觉有种说不上来的古怪,只是这个时候不便细想了。

"夏大人深夜埋伏在此是为何?要报断雪潮之毒的仇吗?"白溯寒扬声道,他深知夏白眉多半是为了晏春熙而来,是以先行提起断雪潮,试图叫夏白眉想起所受的苦楚,先与自己动手,好叫晏春熙伺机逃跑。

可没想到,夏白眉一双狭长眼眸扫了他一眼,听到断雪潮也毫无反应,只是淡然道:"我无意杀你,只要带走晏春熙。"

"你休想。"白溯寒一听他这般作答,再不犹豫,反手拔了剑便要急攻夏白眉喉咙处要害。

白溯寒以掌法闻名,可实际上他师从域外,剑式颇为奇诡,较之掌法更难对付,与中原武人动武之时,不熟悉者往往几招之内便会被他所伤。

夏白眉双指一夹,将白溯寒的长剑剑尖牢牢夹住。

白溯寒的动作奇诡迅捷,可夏白眉这一夹更是准得可怕。

夏白眉冷哼一声,脸上闪过一抹戾色,双指一用功,白溯寒只觉掌心一痛,下意识便撒了手,竟是被夏白眉用两根手指就将长剑震脱了手。

"你、你……"

白溯寒低头一看,竟见自己的虎口被生生震得流出了鲜血。

他性子镇定,可此时也不由面色大变,只觉面前这阉人的武功实在神乎其技，是他生平未见，竟令他前所未有地心生了一丝怯意。

夏白眉双指夹着剑尖向前一递，竟以剑柄向白溯寒出剑，他一边出招，一边神色漠然地继续道："十招之内，你还不滚，可莫要后悔。"

白溯寒心下发苦，他自知绝非夏白眉的对手，只是他既效忠于关隽臣，便绝不会将晏春熙丢在这儿，自己苟且偷生。即便把命葬送在这儿，他也要不辱关隽臣之命才是。因此，他硬着头皮用一双肉掌开始与夏白眉拆招。

夏白眉以两指之力夹着剑尖使剑，用剑柄向白溯寒刺去，这等内功简直闻所未闻。白溯寒越斗越心下害怕，本剩下七成功力，可这会儿甚至发挥不出一成。他边打边往后退，才和夏白眉过了七八招，就被夏白眉用剑柄狠狠顶在胸口大穴。

夏白眉所修炼的内功极为霸道，白溯寒只觉得胸口如同被三层浪一层接着一层地冲撞了三下。到了第三下时，他喉头一甜，一大口血喷涌而出，身子也跟断了线的纸鸢似的向后飞了出去，摔在了地上。

夏白眉将长剑扔在一边，一步步走过来。

白溯寒受了极重的内伤，丹田剧痛无比，喘息着无法动弹。

"我留你一条命，去给宁亲王报信。"夏白眉面无表情地道。

说话间他突然出手，白溯寒只觉右手一阵剧痛，忍不住惨呼了一声。

晕过去之前，白溯寒隐约听到夏白眉笑了一声，声音宛如鬼魅："你竟还敢与我提起断雪潮，白溯寒，记着，这番苦头是你自找的。"

第十一回

晏春熙从马上摔落在地,他初时只是被夏白眉的身手惊得呆坐原地,直到夏白眉干净利落地料理了白溯寒转身时,他才下意识地想要向后缩去。

这一动,晏春熙霎时间觉得右脚脚踝一阵剧痛,他忙低头一看,发现是跌下来时崴伤了脚踝。眼见站不起来,他登时面色发苦,心想自己这下更是想逃也逃不得了。

夏白眉一步步走来,俯身对晏春熙伸出了一只手:"来。"

晏春熙坐在地上,借着枯树枝丫间透过来的一缕天光瞧见了夏白眉手掌上沾着的刺目马血,眼里不由划过了一丝迟疑的神色。

"你要么识趣跟我一起走,要么我将你打晕了拖着走,两条路,自己选。"夏白眉道。

晏春熙虽然心中畏惧,但还是咬紧牙道:"你可是又要擒我去胁迫王爷?我、我便是立时死了,也绝不受你摆布!"

"那你不妨试试在我手中自戕——且瞧瞧是你寻死寻得快,还是我点穴的手法更快。"

夏白眉神色漠然,他一对白眉微微挑起,说到这儿时似是想到了什么颇有趣的事,神情带着一丝邪气:"我知你不怕死,连火刑也能挺,很是了不得。但你莫以为我的手段便是如此了,有些滋味虽然说不上疼,我猜你却也不会想尝。"

晏春熙的脸登时白了,他嘴唇哆嗦了一下,一时之间竟不敢再出声惹恼夏白眉。

他自己的存亡事小，可想到若是他求死不能，还要被夏白眉折磨……

说话间，夏白眉已经转身从白溯寒身上撕扯下一块绸布，随即用马血草草写了几个字塞在白溯寒的衣襟里。他似是已经料定了晏春熙不敢再拒绝，径自骑着白溯寒的马踱步到晏春熙的面前，连话都不再多说，只是俯身对着晏春熙伸出手来。

晏春熙手指微微颤抖，最终还是搭在了夏白眉的手掌上。夏白眉的手一用力，他顿时只觉自己身子忽地腾空而起，随即稳稳地落在了马背上。

想到白溯寒还昏迷着，晏春熙忍不住问了一句："那白、白管事呢？"

"死不了。"夏白眉说着一抖缰绳，骏马登时飞驰起来。

夏白眉骑术远胜晏春熙，纵马而行，晏春熙只觉两侧的树木飞速向后退去。他脚踝有伤，此时虽然搭在马颈旁边，可是这疾速骑行之下，脚踝一颠一颠的，把他疼得冷汗直冒。

冷风灌入他身前，吹着汗津津的额头，比先前他一个人骑马时还要凛冽刺人。只是他性子颇为倔强，虽被夏白眉擒住了，却怎么也不敢出声求饶示弱。

他们一路骑到了北面，只见面前是一座颇为陡峭的孤山，旁边则是悬崖峭壁，此处地势险峻，林中枯枝树干茂密，脚下更是怪石林立，眼见马是决计过不去的。夏白眉腾身下马，又拎着晏春熙的衣领将他也拎了下来，随即忽然回身，轻飘飘一掌就将那马打下了悬崖。

只听那马发出一声凄厉的嘶鸣，晏春熙又惊又难过。他骑术不佳，后来都是关隽臣慢慢教他的，因此爱屋及乌，更为这马的处境伤心。

他眼里忍不住含了一丝怒意，对夏白眉道："这马又碍着你什么了？你竟这般狠毒。"

"宁亲王把你养得好生愚蠢。"夏白眉冷冷地道，"所幸是大雪天，马蹄印不致马上被人发觉，但这马若从这儿返了回去，岂不露了行迹？"

晏春熙的心机和计谋如何能和乌衣巷指挥使相比，他此时听了面色一红，却偏偏反驳不了。夏白眉说他也就罢了，偏要说是关隽臣养得他如此，他登时更觉脸上烫得厉害。

夏白眉也不与他废话，拽着他的手腕便要向林中走去。

晏春熙疼得咬紧嘴唇，一瘸一拐地想要跟上，可哪里跟得上。

夏白眉回过头，只见少年疼得额角青筋都冒出来了一些，在风雪中只敢用右脚脚尖点地，站都快站不稳了。他不由皱了皱眉，低头将晏春熙的裤管一拉,只见原本白生生的脚踝此时肿得老高,青紫一片,像是要把皮肤都撑破。

"你倒硬气,肿成这样也一声不吭。"

夏白眉摇了摇头,回身一把将晏春熙横抱了起来,向前施展轻功掠行。

晏春熙愣了一下,他被夏白眉抱着前行,受伤的右脚竟再也没被颠着。此时与夏白眉挨得极近,隐约能闻到夏白眉身上传来一丝血腥味,晏春熙心里不由想,也不知是白溯寒的血还是先前那马的血。

他对夏白眉十分忌惮且畏惧,此人心计太深,手段亦是凶残,又因是太监,似是多了一层阴狠和诡秘,关隽臣与这种人为敌,实在叫他好生担心。

晏春熙一念至此更是忧虑起来,他深夜离去,也不知关隽臣此时如何。想来关隽臣定是舍不得他,他不愿成哥哥因为挂怀他而伤了身子。

他一想到关隽臣,心中便是思绪万千,忧虑自不必说,苦涩更是不少。

夏白眉脚下踩着雪前行,发出"咯吱咯吱"的细微声响,也不知这样在林中行走了多久,直到晏春熙觉得身子略微一暖,他扭头去看,这才发觉自己已被抱到了一个山洞之中。

夏白眉将他放在一块凸起的又长又阔的石头上,晏春熙只觉身下颇软,悄悄伸手摸了一下,发现是早就铺好了厚厚的草席。

夏白眉用火折子将山洞中央的篝火点燃,山洞中火光突地一起,使人感到颇为温暖。夏白眉右手将长剑拔出,随即将剑尖置于烧得正旺的火中,不多时就烤得发红了。

晏春熙先前受过火刑,此时见夏白眉的动作,以为夏白眉又要像先前那般凌虐他,顿时骇得向后缩去。然而夏白眉并不理会晏春熙,径自低头解开长衫。晏春熙在火光下看见夏白眉劲瘦的腰腹间缠着厚厚的白纱布,鲜红的血色从里面渗了出来,将纱布都洇湿了。

夏白眉将纱布一圈圈解下来,只见他仿佛被什么野兽的爪子插入了侧腹,留下了五个深深的孔洞,之后又被用力撕开了皮肉,血肉模糊。

夏白眉显然先前已受重伤,兴许也曾将养过几日,可是方才与白溯寒一场激战又让伤口崩裂了许多,鲜血流个不停,此时才会这般骇人。只是他何其能忍,这一番奔波下来,竟然叫人丝毫看不出来有伤。

晏春熙不由惊得"啊"的一声叫了出来,忍不住问道:"你、你可是遇着了什么猛兽?"

"猛兽……"夏白眉回过头,"哼,畜生可没有这般厉害。"

他说着握住方才被烧过的剑尖，手在半空微微停顿了片刻，随即便将火红发烫的剑尖死死抵在腹间伤口上。

只听"嗤"的一声轻响，洞中隐约弥漫起一股皮肉炙烤的气味。

"啊——"夏白眉发出一声低低的闷吼，直到腰间伤口最外面的皮肉被烤得发焦，不再流血，才无力地将长剑扔在一边，整个人瘫软着靠着山壁缓缓坐了下来。

晏春熙不禁睁大了眼睛，深深吸着气，心中翻江倒海、五味杂陈。

他看着夏白眉那张端庄秀丽的面孔此时冷汗淋漓，因为剧烈的痛楚而神情狰狞，在这幽深的山洞之中更使人觉得诡秘森然。眼前这太监如此美貌，却叫人想到兽类——狼一般的隐忍，鹰隼一般的狠辣，对自己也能下此狠手。兴许也只有这等人物，才能在周英帝身边谋得一席之地吧。

也不知是过了多久，晏春熙见夏白眉一直没动静，就一瘸一拐地想要过去看看，可他才刚小心翼翼靠近了一些，夏白眉就忽地睁开了眼睛。

火光之下，他的眼神很是凌厉，一字一顿地道："我虽负伤，但是擒住你易如反掌，我劝你别瞎想。"

晏春熙这次并没有瑟缩退开，而是开口问道："你扣押着我究竟是何意？这次……这次怎的不将我带回凤阁去，反而要躲在这荒郊野岭的山洞？夏大人，你受了这么重的伤还不愿回京养伤——究竟是谁打伤了你？"

其实夏白眉虽说他娇蠢，可晏春熙到底是不笨的，此时这几个问题更是敏锐得直逼要害。

夏白眉看着晏春熙，过了许久，他挂着冷汗的脸上终于露出了一丝很浅的笑容，嗓音沙哑地道："你颇有趣。"

他按着伤口，撑着墙吃力地站起来，却并不回答晏春熙的话，只是一边穿上衣服一边道："晏公子，我无意伤你，只是要与宁亲王谈桩交易，有你在手中方便些，是以还要劳烦你这几日在这儿受些苦了。"

夏白眉说到这儿顿了顿，拿起一旁的长剑，淡淡地道："我出去寻些吃食，你记着我的话，别想着逃跑，你我便相安无事。"

"我右脚这样，自然是逃不了的。"晏春熙跛着一只脚跟着夏白眉走出山洞，一边走一边说，"夏大人，你既有要事与王爷谈，就更无需瞒我，无论如何，王爷总归会与我说的。"

夏白眉站定脚步挑了挑眉，神色似乎有些讽刺，问道："你是说，堂堂宁亲王做事之前，竟会先问你的意思吗？"

晏春熙知道夏白眉大约是瞧他不起，虽然关隽臣真心看重他，可是在旁人眼里，皇亲贵胄只怕不会将他放在眼里。但他也并不因此恼怒，只是认真地道："是，王爷与我心意相通，自会与我商量。"

夏白眉沉默片刻，低头深深地看了晏春熙一眼，却什么也没说。而后他足尖一点，身形便如一道轻烟，飘逸地掠了出去。

不过一会儿工夫，夏白眉便回来了，他一只手提着一只被扭断了脖颈的獐子，另一只手则抱了一捆木柴，快到山洞前便看到晏春熙竟仍坐在先前两人说话的洞口处。

少年抱着膝盖坐在地上，身形小小的，遥遥看着有点可怜，见他回来了，这才扶着山壁慢慢站了起来，眼神却不禁向他手中的獐子瞥去。他不理会晏春熙，径自向山洞内走去，晏春熙便也瘸着腿跟在他身后。

夏白眉不禁心想，这少年定是饿了，这模样倒像是只受了伤守在家中等着他觅食回来的小狗。

山洞之中暖和，夏白眉熟练地用长剑处理獐子，晏春熙则用一根木棍远远扒拉着篝火，两人虽然都不开口说话，却各司其职。

秋冬时节，这枯林中的獐子却颇肥，尤其后腿的肉质最鲜美幼嫩。

夏白眉把木柴削尖，将獐腿串了架在火上炙烤，不多时便肉香四溢，金灿灿的油脂滴落在火中，又将火苗燎得更高。

待獐腿的皮被烤得金黄酥脆，夏白眉才从怀中取出一个小包，用手指拈了一撮盐巴撒在上面，然后将熟透的烤獐腿取了下来递给晏春熙。

晏春熙略一迟疑，便伸手接住了烤獐腿，他显然是饿极了，顾不得别的，立马咬了一口獐肉。少年虽被烫得吐舌头，但还是急切地囫囵咽了下去，显出了一副又馋又贪的模样。

夏白眉坐着看了一会儿，眼神柔和了些许，低声问道："好吃吗？"

周英帝总说他是个会疼人的。他在乌衣巷的凤阁中见多了血腥与酷烈的刑罚，每每走到人间，便觉心里有股阴森之气不知往何处安放。

他喜欢美貌之人，见着了便觉得合该多爱护些，若非如此，便好似辜负了上天的美意。是以对叙情也好，对旁人也罢，他总是多些呵护。

他会疼人，但这究竟是出于什么心思，有时他自己也弄不明白。

晏春熙被问得脸一红，随即微微点了点头，他吃得嘴唇上都沾了油脂。

"你怎的连盐巴都随身带着？"少年一边吃着烤獐腿，一边又忍不住好奇地问道。

"我常年在外奔波,少不得要备上些。"夏白眉说着又取下别处的獐子肉烤上,淡淡地道,"前人云:秋冬食獐,春夏食羊。这会儿的獐子,的确是不错的野味,你多吃点,身子也暖和些。"

夏白眉见晏春熙颇爱吃烤獐腿,便自己吃了些其他部位的獐肉,随即将另一只烤好的獐腿也递给晏春熙。

少年这会儿却有些腼腆起来,摇了摇头推拒道:"多、多谢夏大人,我已差不多饱了,还是你吃吧⋯⋯"

他倒也不笨,知道獐子腿最是美味,夏白眉这是在照顾他。

"无妨。"夏白眉声音沙哑,竟罕见地说了一个不冷不淡的笑话,"吃什么补什么,你如今一瘸一拐,大可不必客气。"

晏春熙抬起头,怔怔地看了夏白眉一下,一时竟不知如何回绝。

他们本该是剑拔弩张的关系,夏白眉行事神秘,更是周英帝手下狠辣阴毒的阉人,擒住了他想要胁迫关隽臣,还曾亲手在他腰间烙下伤口。那种苦楚,他至今想起来仍会心有余悸。可在这枯林山洞之中,他们坐在一块分食一只獐子时,许多事变得颇为模糊,他竟觉得自己离夏白眉很近。

山洞之中若无柴火烧着,便会冷得刺骨。

入夜之后,夏白眉吩咐晏春熙先去睡,自己则守了半夜的火。

晏春熙本想着夏白眉身上也有伤,自己睡一小会儿就去替夏白眉,只是他到底身子骨没练武之人强悍,再加上这一路来心力交瘁地奔波,一睡就睡死了过去,睁开眼时天已蒙蒙亮。

晏春熙起身后发现,火堆旁,夏白眉不知从哪儿找来了半个瓦罐,里面放了一大捧颇为洁净的新雪,正架在篝火之上慢慢烧着,显然不一会儿工夫便能将雪烧成水来喝。一看到这水,晏春熙才感到喉咙很是干涩,想到等会儿能有热水喝,顿时很是开心。

他站在原地看了一会儿,不知怎的心中忽然冒出了一个颇为奇怪的念头,只觉得夏白眉很像他幼时父辈口中真真假假的故事里的那些豪客——策马江湖、夜宿荒郊,仍过得有滋有味。

兴许夏白眉就不该待在大内做一个权势滔天的宦官,这样或许还能更快慰自由一些。晏春熙想到这儿又忍不住摇了摇头,只觉得自己颇为荒唐,夏白眉计谋武功都远超于他,怎轮得到他为人家思虑这些。

他扶着墙，慢慢向山洞外走去，顺着雪地里夏白眉留下的脚印走着，竟一路穿过枯林，才在峭壁边找到了夏白眉。

夏白眉正盘腿坐在一块巨大的怪石上，手中拈着一片冬青树叶，慢慢地将叶片两侧卷起，放在嘴边吹了起来。

那声音颇为浑厚，只是音色略显粗糙，在险峻的峭壁边，叶片之声与寒风呼啸之声交错，更使得尾音低沉，似乎吹叶片之人心绪颇为沉郁。

晏春熙遥遥地看着夏白眉孤独的背影，不知为何，他虽然不知夏白眉的心事，可好像又能够明白些什么。

他小心翼翼地从后面走过去，扶着怪石边缘慢慢地坐下，安静地听了下去。

不知过了多久，夏白眉才停了下来。他当然早知道晏春熙过来了，却并不理会，只是低头凝视着手中的冬青叶。

翠绿的冬青叶瑟瑟发抖，像是不胜寒风吹拂之力。夏白眉怜惜地用手指轻轻抚摸着叶片的脉络，他凤眼之中含着一丝温柔，似乎在透过掌中那一片小小的冬青叶回忆着什么。

晏春熙隐约听到他低低叹了口气，然后他张开手掌，任由寒风将他掌中那片小小的冬青叶吹走，向峭壁旁的深谷盘旋而下。

晏春熙看着这一幕，忍不住喃喃道："怎的、怎的不吹了……"

"吹得不成调子，便不勉强了。"

夏白眉转过头看着晏春熙，神情很淡："你可知……这是谁教我的？"

晏春熙摇了摇头，他自然不知。

夏白眉微微笑了，他牙齿很白，笑起来时颇为动人："是皇上。"

晏春熙心里突地一跳，竟不知该说什么。

所幸夏白眉本来也不要他回应，自顾自地继续道："那会儿他还不是皇上呢，只是东宫里不大受宠的太子，不像如今这般日理万机，因此有许多时候可以与我在一块儿。"

晏春熙怔怔地看着夏白眉。那毕竟是大周天子啊，夏白眉竟会对他直言天子的私隐，这实在太过惊世骇俗，晏春熙怎能不慌神。

"晏公子，你从没见过皇上，是不是？"夏白眉问道。

"是、是的……"晏春熙磕巴道。

"你如今见了皇上，或许未必会觉得他有多么好，可是十多年前……"

夏白眉的眼里隐约有光，他轻声道："皇上年轻那会儿俊朗英武，心思更是机敏无双,许多事旁人要学好久才能上手,他却总是一点就透。他不仅通晓四书五经,礼、乐、射、御、书、数也样样精通。晏公子,我知你心中定是觉得宁亲王乃最了不得的人物,可我要说,大周当世人杰——非皇上莫属。

"不止如此,皇上的才情并不拘泥于周礼六艺,他并非一个规规矩矩、只知读书与政事的太子。

"他兴致好时,也常带着我乔装出宫,我们扮作富家公子去南馆、梨园听戏,他教我品酒、下棋。皇上既高雅,又颇通市井之风,狐妖作祟、书生情痴、尼姑思凡,这口耳相传的许多离奇故事,他通通知晓。他从不嫌民间之事不雅,反而能从中看出大周平民百姓的生动志趣来。

"他还是个极有趣的人,哪怕是随手拈片叶子,都能吹出雅奏。晏公子,你可知道,冬日里只有冬青、松柏几种叶子常青,其中又只有冬青能吹奏,只是叶片颇硬,是以音色郁郁,便如寒冬之节气。但是到了春日里……万物复苏,连树叶也娇软了身子,这会儿再拿来吹奏,调子便欢快轻盈,好听得多了。这般种种小事,都是皇上教我的。"

夏白眉说着说着,神情竟渐渐有些怔住了。

他这一生,从未对任何人说过这些过往。

与他羁绊最深之人,最终成了大周天子,是以久而久之,他便越来越沉默——只是这人一旦憋得久了,想说出口时,心里的话便像是决了堤。

他喃喃地说着,桩桩件件便像是昨日才发生一般,那些相伴相携真真地浮现在他眼前,他只盼能一直这样说下去,说周英帝的好,说周英帝的了不起,一言一笑、风度翩翩。

是啊,周英帝怎会不好呢?世人软弱,是以心死之时,便总说是真心被辜负。可若周英帝从不曾对他好过,他便不会倾尽一切去追随。

这世间最残忍的是身边之人终有一天会悄然变了样貌,叫他再也认不出来。

"夏大人……皇上、皇上当真是在意过你的。"晏春熙听得心中酸楚,在他看来,周英帝是无情帝王,一步步威逼关隽臣,更为巩固皇位肆意残害忠良,与夏白眉口中那英才大略、风趣潇洒的皇子相距颇远。可是他不愿再说别的,他感觉得到夏白眉心中的无尽苦楚,实在不忍多言。

"是了。"夏白眉点了点头,他脸上的浅笑透着一丝惨淡,轻声道,"晏公子,昨日你问我是谁伤了我,我未回答你,如今你能猜到答案了吗?"

晏春熙心中一悚，他隐约猜到了什么，却不敢说出口。

"皇上曾赐我一匹血龙驹，此马奔行奇快，与古汗血宝马相比也不遑多让，乃少见的神驹，习性也鲜为人知。但机缘巧合下，我知晓这血龙雌马发汗时身有异香，只消有其他雄马循着气味便可追去。多年来我早有疑虑，兴许皇上赐我此驹是为了时时知晓我的行踪，但我从未问过皇上。那日我心灰意冷，辞去乌衣巷指挥使一职，此举颇为危险，可出城时我仍特意骑了这皇上亲赐的血龙驹。晏公子，你可猜得到我这般做的缘由吗？"

"你、你是想试探……"晏春熙额头微微冒汗，颤声道，"你是想试探皇上的心意。"

夏白眉又微微笑了，他平静地道："我出城后，寻了我的手下扮作我骑在血龙驹上，自己则换了寻常马匹悄然跟在后面。不过一日之间，就有一武功奇高之人从皇城出来，骑着一匹雄驹跟在血龙驹后面，这人自然是来杀我的。

"晏公子，伴君如伴虎。与皇上亲近，只怕更危险些。我陪了皇上十多年，为了保护皇上被毒哑了嗓子，练了缩短寿命的武功，为皇上铲除异己、杀人害命，可是如今，我只不过心灰意冷，想要远遁江湖，皇上便想要我的命。你若是我，该当如何？"

"我、我……"晏春熙回答不出来，他心中只感到极为恐惧。

周英帝心机深沉至极，可夏白眉也不遑多让，这两人宛如一个路子的凶兽，虽相伴相知，但也时时刻刻防备着彼此。

"是了，晏公子不是我。"

夏白眉微微颔首，继续道："我跟在那宫中之人后面，我在暗，他在明，他自然不胜防备，被我下了无色无味之毒。我留了他性命，本想细细查问，可是没想到此人武功已入化境，竟暗中将毒逼出了些许，还能悍然与我生死相斗。我腰腹间的伤，便是被此人的鹰爪功抓出来的，只怕我反应再慢上分毫，连肠子都要被扯出来。我心里知晓，此战一输，我必死无疑。心中存了这等念头，我的武功竟发挥得比往日好上三分，拼死震伤了那人的心脉。

"那人伤重，但一时未死，我让他伤处被蚂蚁噬咬，如此酷刑折磨，他这才苦熬不住，按照我的意思给皇上写下了密信，告知皇上——夏白眉已死，他身受重伤，又追得极远，要过十几日才返京。晏公子，我这般做，你定要觉得我凶残可怕，但只有这样，我才能为自己赢得些许时间。"

在这一片枯林之中，夏白眉神色平淡，就这样娓娓道来，可是晏春熙想到昨天他见到的那血肉模糊的伤处，再想到夏白眉那场殊死搏斗和之后的惨烈酷刑，只觉得心跳极快。他虽未亲眼所见，却感觉到那扑面而来的血腥之气。

"时间……夏大人，你、你要做什么？"晏春熙猛地抬起头问道。

"弑君。"夏白眉凝视着晏春熙，平静地道。

晏春熙只觉心口跳得极快。弑君，这听在耳中很轻的两个字，却仿佛带着千军万马席卷而来的肃杀之气。

大周以儒治国，三纲五常早已深入人心，天子不仅为君，还是万民之父。

百年前便已有皇权天授之说，皇权与天命就此密不可分，此后大周历代帝王无不独尊儒学，只因皇帝统御大周，乃是受命于天。既是如此，天子的意志，即是不可违抗的天意；天子的福运昌隆，即是大周天下的命数。

弑君，不只是犯上作乱，更是逆天而行！一个人或许可以不畏死，但极难违逆千百年来根深蒂固的观念，对皇权的畏惧和尊崇是无影无形的。

哪怕是晏春熙这一路来经历了九死一生、皇权压迫，可是乍一听到夏白眉口中吐出"弑君"这两个字，顿时脸色发白。他心中只觉此举是一万个不行，哪怕他此时说不出个所以然来，也仍禁不住这么觉得。

"你可是害怕？"夏白眉一对白眉微微挑起，枯枝在他脸上投下斑驳的阴影。

他虽问出了口，却不待晏春熙回答，便一字一顿地道："是了，这两个字一出口，便是万劫不复了——可我不怕。"

夏白眉说着从怪石上站了起来，目光投向眼前的万丈深渊："晏公子，常人为之俯首帖耳的皇权，不过是皮囊罢了！我不像那些大周朝臣、王孙贵族，我生在杀猪人家，若非皇上教我识字通文，我便目不识丁；若非皇上要我做臣子，我心中便没有教化。如今既然我毕生所求终不可得，那么弑君又何妨？我偏就要做这个不忠不义、眼中无君无父的逆贼狂徒！"

晏春熙骇然地看着夏白眉，只见他发丝衣角皆在寒风中肆意飞扬，眼中闪动着狠戾又兴奋的异光。

晏春熙忽然想起，关隽臣曾有一次提到夏白眉时神色凝重地说："此阉人极凶。"

他那时不太明白，可如今终于觉得关隽臣识人极准。是了，夏白眉并非坏人，也万万称不上是好人……夏白眉是个彻头彻尾的凶人。

277

长安城内，宁王府。

自从白溯寒负伤回来之后，关隽臣便坐立不安。依着白溯寒的话，晏春熙被夏白眉擒走已是五日前的事，他怎能不心急如焚。

他虽然马上便按照白溯寒记忆中的路派人去找过，奈何夏白眉行迹隐藏得太好，根本寻不到那片枯林。他又怕自己若是大动干戈，引起周英帝的注意，便更糟糕透顶，是以只能隐忍不发。

这般隐忍着，直到傍晚时分，才有一侍从来宁王府递上一封信，竟是恭亲王世子关山月派人来约他明晨出城赏雪。

关隽臣哪有这等闲情逸致，本想立时拒绝，可是转念一想，马上便觉出不对——关山月在此时约他赏雪，想必另有目的。

他又仔细读了一遍那封书信，愈发看出其措辞微妙，虽是约他赏雪，却颇蹊跷地提到什么"早春将至，届时日出雪融，便再见不到这等雪景"云云。关隽臣的反应何等机敏，略一思索便已明白关山月正是在拿晏春熙的名字在做文章。

他心中宽慰稍许，关山月与他交情颇深，想必不会伤着晏春熙。可他同时又有些疑虑，晏春熙被夏白眉擒去，如今却差关山月来以此为由约他赴会，他隐约觉得关山月与夏白眉关系匪浅。

若是如此，只怕关山月于夏白眉一事上从未与他坦诚过，这也委实叫他心中不是滋味。

次日临行前，白溯寒虽然伤重不能跟随，却不忘特意前来提醒他，夏白眉的武功只怕远超两人先前所设想，所以让他务必小心。

关隽臣听了微微苦笑一下，不禁心想，如今哪还有人想要他这条性命，不过都是在拿捏着他的命脉，将他揉圆搓扁地反复摆布罢了。

他若是死了，只怕远远没现在这般活着有用。

只是这些灰心丧气之言，不必对白溯寒细说了。

宁王府外，关山月骑着一匹乌蹄盖雪的骏马，带着两个随从正等着。

关隽臣也上了马，他勉强压抑住焦躁的心情，不动声色地看了一眼关山月，意有所指地问道："好久没见着你了，赏雪的地儿可物色好了？"

"自然。"关山月此时穿着一身绛紫色锦袍，更衬得肤白似玉，如往常那般懒懒地道，"王爷只管跟着我便成了，好酒好菜也已备好。"

他说着，人已经当先策马而去。

关隽臣眸色微沉，一抖掌中的缰绳，随即跟了上去。

关山月领着关隽臣出了城之后，便将手下的随从全部支开了。

两人向城外那座孤山急急赶去。

关隽臣毕竟武功颇高，即便是在马背上疾驰，也能稳住内息，声音如常地说："没想到你竟与夏白眉相熟。"

"我……"关山月一开口便显出了内力较关隽臣差上许多，他气息微微抖了一下，应道，"王爷，我先带你去见夏白眉与晏春熙，其余的事，我随后自会与你解释。"

关隽臣转头看了一眼关山月，不再多说。

他二人到了枯林边的峭壁处，下马等候时，关隽臣不动声色地观察了一番周遭的环境，只觉夏白眉这行事颇为诡秘，绝对不像是为了周英帝的命而行事。但是夏白眉素来心机深沉，他也不敢有丝毫放松。

不多时，枯林中缓缓走来了两人。

关隽臣眯起眼睛，只见当先的是夏白眉，其后那个纤细的身影正是晏春熙。

他心跳忽然就快了半拍，那一刻，夏白眉也好，关山月也好，都好像化作了一旁的枯木怪石，再也无关紧要。

晏春熙似是右脚受了伤，走路时有些吃力，但仍专注地看着关隽臣。

关隽臣一双丹凤眼忽然凌厉地盯向夏白眉："你伤了他的脚？"

夏白眉休息五日下来，腹间伤口也恢复了些许，此时即便被关隽臣这般质问，也颇为泰然，淡淡地道："王爷，晏公子是崴伤了脚，但我此回将晏公子请来，是因有事想与王爷商谈，如今谈还未谈，怎会存心伤着他？"

关隽臣知道夏白眉的言外之意——晏春熙的安危系于此次相谈。

夏白眉转头看向了关山月，关山月直接道："我且去外面把风。"

"夏大人好威风啊。"待关山月离开后，关隽臣才冷冷道，"如今连恭亲王世子都要听你差遣，真真是不可小觑。"

"世子殿下并非听我差遣，只是此间的事，他若是听了，可比不听要凶险多了，所以这才避开。"夏白眉言谈之中的意思颇为严肃，神情却松缓，他微微一笑，"依王爷之见，晏公子要不要也避一避？"

"我、我不走。"晏春熙忽然道。他站在夏白眉和关隽臣之间，无论身量还是气势，都显然无法与这两人相比，可这几个字说得很坚决。

279

只是他这般抢在关隽臣前面回答,终究是逾矩了。

夏白眉把带有一丝探寻的眼神投向了关隽臣。

其实夏白眉此言多少有些试探的意思,先前晏春熙说过,关隽臣无论何事都会与他商量,夏白眉此时这么问,自然是想要看看关隽臣的反应。

然而在他眼中,这位地位非凡的大周王侯此时竟是半点脾气也无,只是温声嘱咐道:"且寻一处平坦些的石头,你先坐着,不要再累着脚了。"

关隽臣说着径自走过去扶住少年,生怕少年再碰着了脚。

夏白眉看着两人相携一步步往林中走去,心中竟不知是何滋味。

他早就知晓关隽臣将晏春熙看得极重,可如今所见仍叫他讶异不已。关隽臣不仅仅是在意晏春熙而已,他竟还尊重这个平平无奇的少年。

夏白眉年纪比晏春熙长了十岁,见过不少身处大周皇权中央的男人的心机,是以他才比晏春熙深知——在意易得,尊重难求。

他伴驾十多年,但即便如此,在人前,他从不敢在周英帝开口表态前便说话,人后也绝不敢违逆周英帝的意思。

手握权柄之人,生来便比常人多一份刚愎自用,帝王如此,亲王之尊当然也不遑多让。

关隽臣这是真正交了心。夏白眉暗暗觉得不安,他所求之事绝非现在的宁亲王所能办到的,他所需的,是一个仍对权力心存渴求的宁亲王。

关隽臣扶着晏春熙坐在一处颇为平滑上的石头上,他似是嫌晏春熙身上那件狐裘经过这几日的奔波已坏了好几处,便低头解下了自己身上的狐裘,让晏春熙换上。他的狐裘让晏春熙穿着还是过大了,但也显得少年蜷缩在厚实的裘中格外暖和,一张脸小小的。

夏白眉沉声开口道:"我这般小心地邀您赴约,想必宁亲王也能猜到,此次我绝非奉皇上之命。"

关隽臣背负双手,他一头发丝拢在金冠之中,虽然鬓角斑白,但站在皑皑雪地之中,那种华贵的气度仍是无可比拟。

他既不开口,神情也无半点变化,像是没听到夏白眉的话一般。

夏白眉不以为意,沉稳地继续道:"敢问王爷,自先前凤阁一别,这几日在长安一切可还好?"

"夏大人。"关隽臣淡淡地截住了他的话头,"无需说这许多无用的话,你挟持晏春熙,引我出来相见,自然是事关重大。既如此,不如单刀直入。"

"宁亲王说的是，确实是我明知故问了。凤阁一别，您被握住了命门，入京时的锐气早已不见。谭大人自刎身亡，您却无力庇护，还将手中的免死金剑都交还给皇上——在这场角逐中，您似乎已经一败涂地了。"

"是又如何？"关隽臣嘴角冷冷地翘起，"夏大人总不会清闲到要对我这一败涂地之人落井下石吧？"

"怎敢。"夏白眉拱了拱手，恭谨地道，"其实宁亲王乃大周盖世英豪，一时之委顿本应无甚大碍，只是眼下这长安城中，您被先手围成了刀把五的死棋，若想要脱困而出，就得补一枚活子在梅花五。卑职不才，愿为您这一局棋中的活子——补了，您这手棋便能成活，被点到则死。"

"夏大人，你棋艺师从皇上，总该知道当今圣上乃大周第一国手，想要从他手上破局，靠区区一招庸手梅花五便够了吗？"

"宁亲王错了。梅花五常见，可并非庸手。就如同世间之人，虽庸庸碌碌，但人与人之间有了羁绊，便会叫人将生死置之度外。圣上确为国手，但您长安一局甘拜下风，不恰恰败在这一招梅花五吗？"

关隽臣眼里精光忽闪，开口道："夏大人，你棋艺高超，只可惜不识得自己，也不识得皇上——你其实并非梅花五，你只不过是一枚弃子。"

风雪之中，夏白眉听到那"弃子"二字，肩膀不由微微一抖。

而关隽臣看着他，眼里讥讽之色更甚："白溯寒回禀我时，说你武功远超本王所料，是以先前我与白溯寒联手能将你拿下，只怕事有蹊跷。金陵交手之时，你并非不敌，只是你想要试探皇上，因此不惜身陷我手，喝下断雪潮，却不承想步步算计，也不敌皇上这一招不闻不问，是也不是？

"本王能看出来的，皇上自然也能看出来，你既然敢试探天恩，落得个弃子的下场倒也不足为奇。夏大人，你于棋道只通皮毛，所以才能说出这等不知天高地厚的话来。天子不与凡人对弈，只以大周山河为棋盘，以天下大势为沟壑，如此大局——你竟敢妄言能帮本王破局？"

晏春熙不太通棋艺，此时听两人以棋论道，只能模模糊糊猜出个影来。

他见关隽臣神色凌厉，却一字一句都说在夏白眉最心痛之处。

皇帝以天地为盘，是以小小真心在这局中只不过是一枚可有可无的弃子，那正是夏白眉最最伤痛之处。

晏春熙不由张了张口，露出颇为不忍的神情，可终究什么都说不出口。

只见夏白眉一双狭长凤眼看着地上，过了良久，他抬起头，端庄如玉的面孔上却波澜不惊，沉声道："宁亲王这番提点，卑职受教。只不过王爷您也错了,这手梅花五若是卑职活着时使出来,自然是招不折不扣的废棋,但若是从个已死之人手中使出来,便是置之死地而后生——卑职不要天子的不弃,只要一缕不舍、一丝愧疚,就足以撬动这局死棋!"

关隽臣不由仰头大笑,可那双锐利的眼中森冷无比,他凝视着夏白眉,一字一顿地道:"夏大人,那你死了吗?"

"在皇上眼中,卑职已死了。"夏白眉泰然道,"是他亲手杀死的。"

关隽臣听了这番话,并未露出任何讶异的神情,只是冷冷道:"夏大人,你这是走投无路了,所以寻本王帮你来了?"

"王爷千古一侯,沙场征伐乃是万人敌,自然不大看得起卑职。"夏白眉淡淡道,"但是王爷也莫要忘了,与圣上从相伴至相疑,周旋至今,卑职终究没有死——若论一人敌,王爷却是小瞧了我。"

关隽臣脸上仍挂着几分笑意:"是吗?"

"是。"夏白眉面不改色地答道,"王爷说得不错,我试探天恩,是犯了大忌,只不过王爷不知道的是,这十多年来——圣上防备着我,我亦防备着圣上。因此,这世间不会有第二人如我这般懂圣上。六年前,圣上亲赐我世间罕见的血龙雌马,为的是嘉奖,也是为了必要时探知我的行踪。我早便知道这是圣上步下的暗棋,可是数年之间,我始终若无其事,不曾提过半句。王爷,若是知己,怎能容忍彼此猜忌至此?"

"夏大人并非寻常之人。"关隽臣沉默了一下,随即还是低声道。

晏春熙听到此处,心里一阵难过。若是自己与关隽臣这般相处,还不如早早各自别过,只是夏白眉与他性子不同,关隽臣与周英帝也截然不同。

"是了,王爷肯赞这一句,是卑职之幸。若我不隐忍这几年,数日之前便已死在圣上派来追杀我的人手上。"

关隽臣似乎并不为此事讶异,而是神情平淡地道:"夏大人,无论如何,皇上终究为你取了断雪潮的解药。你试探、忤逆,皇上也绝不至于要了你的命。皇上若真的要杀你,定是因为别的——你想要离开他了,是也不是?"

夏白眉脸色第一次露出些惨败之色,轻声道:"王爷……王爷敏锐。"

关隽臣亦是上位之人,他自然懂得周英帝的心境。

自己的人若是偶尔不听话,可以小小惩戒,那算不上多大的事,总归是被攥在自己手中。但那人若忽然起了展翅而去的心思,才真是犯了死罪。

"你既已逃了,为何还要回来?"

"卑职可以侥幸逃一次,但若圣上执意要置我于死地,亡命天涯终究不是长久之计。卑职此次回来，为的是死中求活。王爷——"夏白眉说到这里，忽然撩起长袍下摆，单膝重重地跪在地上，抬起头道，"卑职确是想请您帮我，您帮我亦是帮自己。棋还未下完，一子之差也能反败为胜。"

"夏大人动手抓了晏春熙，便已存了要挟的心思，既如此，又何必对着本王这样苦苦相求？你究竟有何图谋，不如说出来听听。"关隽臣低头看着夏白眉，神情毫无波动。

"王爷，您身为太保，看似位极人臣，实则只要皇上手握晏公子性命一日，您便一日不得逍遥自在。当今圣上是高悬于您头顶的利剑，随时都可斩下。长安死局，总得有个了结——卑职愿做折剑之人。"

"夏大人，"关隽臣逆着光负手而立，他左手慢慢转动着右手大拇指上的白玉扳指，"你可知你在说什么？"

"是，我在乌衣巷多年，律令熟记于心。"夏白眉声音沙哑地道，"大周律，谋逆死罪，诛九族，主谋处凌迟极刑。弑君素来是万劫不复之事。"

"襄王满门抄斩，平南王被押入凤狱不见天日，前人未曾举兵谋逆便已惨烈至此。夏大人，你难道觉得，本王也当得起'乱臣贼子'这四个字吗？"关隽臣厉声道，额间的剑纹猛地显出煞气。

夏白眉一双狭长的诡异白眉微微扬起，他一字一顿地问道："王爷，逆天改命、逆天改命——不先逆天，何以改命？"

这八个字如同一道惊雷在关隽臣心口"轰"的一声震响。

寒冬腊月里，他却觉得掌心冒出了一滴滴的汗珠。他抬起头，目光透过枯林之中破败的枝丫，仿佛穿过长安城的层层阴云，投向了北方。

正北为尊，皇极之地。

不先逆天，何以改命？

何以改命？

"夏大人，你有何成算？"关隽臣忽地稳稳坐在了一旁的石头上。

他一贯姿态从容，可此时一扬袍袖、大马金刀地坐下。他从厉声质问，再到坐下探寻，神色变幻之快难以捕捉，只有眉间那一丝果毅之色，隐隐显出从戎之时的霸道之气。

夏白眉抬起头看着关隽臣，心中暗想，此人心思如电，决断竟如此之快。

是了，宁亲王哪会畏于人言、困于周礼。

大周盖世枭雄，不会将命数交与天子。

"王爷，先帝在时，诸王麾下皆有军队，可谓豪强林立。可是皇上即位之后,灭襄王,拘平南王,'恭靖肃宁'四王齐齐噤声。自此以后,皇上逐步拔除诸王的势力,如今闽浙一带飞虎、苍鹰、金鹏三军已被逐步收拢,域中早已没了能光明正大撼动皇上的力量,更何况长安城外有大军拱卫,内有周星卫镇守,皇城固若金汤,硬攻是万万不能的。"

关隽臣倒没想到夏白眉不过一介宦官,竟也看得出这许多事。

他先前给平南王送上《忠义帖》之时,便是已察觉到了大周看似太平下的巨变,是以叫平南王切莫作茧自缚,而是隐忍蛰伏,只是没想到平南王比他想的要蠢笨许多。

周英帝的确是天纵英才,他不仅是位精通权术的政客,还是位能够为自己造就天下大势的帝王。在这样的滔滔巨浪下,哪怕关隽臣是亲王之尊,仍觉得自己如螳臂当车。然而,如今被逼到了这个境地,便是蝼蚁,也只得鼓起逆流而上的勇气。

"不能硬攻,更不可入宫。"关隽臣沉声应道。

"正是。"夏白眉颇以为然地点点头,"此乃孤注一掷,在铜墙铁壁之间寻一线生机,要奇,更要快,唯一的机遇,便是皇上出宫。"

"年后开春皇上早已拟定出宫封禅,此行自然是重重护卫,不行。"关隽臣沉吟了一下才道,"夏大人,你既提到出宫之事,想必有所谋划。"

"自然。"夏白眉嗓音沙哑,一双狭长的凤目凝视着关隽臣,"卑职与前来杀我之人边躲边激斗数日,受了几处大伤,腰腹之间更被精深指法抓出窟窿,即使如此,我仍不愿逃跑,定是要生生熬到那人中毒之下耐力不足亮出了破绽,拼死将他擒住。王爷可猜得到是为何?"

"若不是为着逼供,便是要诈死灭活口。"关隽臣淡淡道。

他二人交谈之时,一言一语毫无迟疑,显然是心思如疾电,早已将事情全盘思虑过了。

晏春熙听得一知半解,却也不插口询问,只是安静听着。

"王爷所料不错,我对那人施刑,逼他用密信将卑职已死的消息传回宫里,那时心中便已有了成算——我若身死,一来皇上能放下心防,二来……我更能笃定,皇上本月必会微服出宫。此事太过隐秘,哪怕周星卫也不知,往年都是卑职悄悄陪着皇上出宫。因此方才卑职说,王爷若想要破局,便用得上卑职。"

"你可有把握?"关隽臣听到这儿,眼睛忽地一抬,内有精光闪动。

"卑职有九成把握。"夏白眉一字一顿地道。

"夏大人，兹事体大。"关隽臣眯起眼睛，森然道，"皇上素来谨慎，怎会连周星卫都不带就贸然出宫？你可莫要来诓我。"

"王爷，卑职自然明白您的疑虑。"夏白眉的神色无比镇静，继续道，"只是有些事，本就是跟了皇上十多年的人才能知晓的。"

晏春熙在旁一直安静地听着，听到这儿才手指微微抖了一下，他想起先前夏白眉与他说过曾与周英帝多次偷偷微服出宫——

他本对这些事想不太通，如今想来，却觉得心头怵然。

两人羁绊那般深重，一举一动都了然于心。有许多事，本该是两个人的秘密，可是若有一朝心死，那些秘密终成了向彼此屠戮的利刃。

"皇上为何而出宫？"关隽臣问道。

"为了我。"夏白眉单膝跪着，抬起头时，一缕天光洒在他的面孔上。他的神情淡淡的，可是在那平淡之下，又仿佛藏着惊涛骇浪。

"十年前，皇上答允我，每年我生辰之时，无论如何都会陪我出宫去梅坞小住三日。皇上说，前人有桃花源得以避世偷安，不足为外人道也，而他与我则有梅坞逍遥——霜雪初融之时，红梅娇俏，冰溪下有活鱼，夜里听风，白日清歌。这世间，本只有我二人知道那处仙境所在，一际一会，十年不误。

"而今年不同往日，既是我的生辰，也是死祭，皇上对我尚存一丝怜悯，便一定会去。所以王爷该当明白了，为何我定要擒住那杀手来诈死——我要皇上有愧，念着与我的过去。因此，此招梅花五，天下只有我能下出来，如此良机，王爷可莫要错失了。"

关隽臣一时竟不知如何作答，只怔怔地看着夏白眉。

林中偶有冷风吹过，听起来既萧瑟，又带着几分肃杀。

....

夏白眉等待着关隽臣的回答，那一刻，他心中十分平静，又想到了往事。

十年前，他已为东宫大太监，权势自是极大。

关锦宁虽为太子，可身子寒凉，阳气匮乏，双足更是夜夜发冷。这般隐疾他从不叫第三人知晓，可苦熬又难以入眠。

夏白眉为此阅遍大内秘籍，将内力练得至阳至纯，手上再施以虎鹤双形的绝技来为关锦宁按摩暖足，这般至诚，才叫关锦宁的顽疾有了些好转。

有一年生辰，关锦宁未想起他来时，他去八大巷解闷。有一伶人因挨了打，一双腿痛得厉害，他没能耐住那伶人的可怜相和软声央求，也用了

285

伺候关锦宁的那般手法去按伶人的腿。

这下算是捅了篓子。

他一贯以为关锦宁不在意此事，却没想到自己一举一动都在监视之下。

他回宫后，关锦宁将他绑着吊起来，狠狠地用马鞭抽了他数十鞭。

他被打得浑浑噩噩、鲜血淋漓，除了身上苦痛，更是心里苦涩，因他这般陪伴太子，竟然仍会被猜疑至此。

那次之后，他大病一场，高烧不止。关锦宁待他极是温和，虽是太子之尊，但喂药之事无不亲力亲为。

他本以为他会恨上关锦宁，可他并没有。

关锦宁问他，那日去八大巷可是为了生辰之事。

他怯怯地说是，他心中苦闷。

关锦宁便笑了，低声道："此后每一年生辰，我都陪着你，五年、十年，年年如此。"

后来关锦宁仍会纵他去玩乐，可他心中被烙下了印迹，便再也不曾逾矩。自那以后，关锦宁果然未食言，哪怕是登基之后，也仍会微服与他悄悄出宫，度过那神仙般的三日。

去年，不知因何，关锦宁在梅坞似乎颇为感慨，握着他的手叹气道："山中无日月，一岁一甲子。眉儿，十年岁月，如露亦如电，其实想想，若百年后能与你在此化为一抔黄土，也不失为一个好归处。"

如今，再次想到那时的情景，夏白眉的眼中不由微微湿润了。

他后来特意为此去寻了大雁寺的高僧解惑。

高僧却对他说，他心魔已深，堪不破业障，方觉人生苦也——

来路是苦，去处亦苦，其苦无穷，说亦无言。

不承想竟一语成谶。

世间一切本是幻相，他早该知道，他早该知道。

关隽臣终究是应了下来。哪怕此事是多么惊世骇俗，哪怕从此之后他便没了退路，一步踏错即是万劫不复。

他的决定，并非出于对夏白眉的信任，也非出于对自身力量的把握，而是他实实在在到了别无选择、不得不亡命一搏的境地。

梅坞部署一事刻不容缓，关隽臣没有太多时间耽搁，在事成之前，夏白眉自是不肯放了晏春熙随他去。

他心里有数，便不多做无用功，也用不着对夏白眉多作恳求。

临别之前，晏春熙却不舍地站了起来，对着夏白眉问道："夏大人，我想与王爷说几句话，行吗？"

"自然无妨。"夏白眉点头道。

他很是识趣，见状便对着关隽臣躬身行了一礼，随即慢慢倒退了出去，将那处空地留给了关隽臣和晏春熙两人。

虽然晏春熙与关隽臣只有几日没见，可时局动荡，两人心里有太多的话想要倾诉，如今乍一独处，竟然都不知该如何开口了。

"成哥哥……对不起。"晏春熙眼圈都憋红了，他说这话之前，其实本不知自己为何这样说，可是说出口之后，就不由微微哽咽了，"我总是、总是叫你为难。"

关隽臣听了，没着急询问为什么，只是拢了拢少年身上的狐裘。

晏春熙鼻子一酸，声音压低了些："成哥哥，他们都想着用我拿捏你，皇上要你做太保，夏大人则要你与他一道弑君，他们都推着你、逼着你，叫你总是不能做自己想做的事，我、我……"

"嗯。"他还没说完，便被关隽臣低低的声音截住了话头，"我知道，只有熙儿心疼我。"

晏春熙抬起头看着关隽臣深沉的眼眸。

他离开王府，本是不愿自己成为牵制关隽臣的砝码，却不想长安局势之混乱，已远远超出他能预料的。多方角逐，他始终都是最无能为力的那一个，被推来揉去，任人鱼肉。

许多事，并不是他离开便能解决的。他本是要说自己无用，只是到了这会儿，又觉得对关隽臣说这些过多余。

晏春熙低下头缩在关隽臣的狐裘里，像是被大鹏的羽翼罩住了的雏鸟。

细碎的雪花从枝丫间飘落下来，落在关隽臣的眉间。

关隽臣轻轻拍着少年的后背，道："熙儿，今日骑马前来时，我心里忽然止不住地想——能有你陪伴我，我当真生而无憾。此间事毕，我们一同离开长安，归隐山林，好不好？"

晏春熙刚离去之时，正是关隽臣最彷徨绝望之时，他失去了权势。

他虽明知道少年并不是因此而离开，心里却总是存了一丝芥蒂和愤懑。若是那时，他是万万不肯说出此时这番话的。可是不承想，放走了王谨之和程亦轩之后，他心里的那股子郁结突然不见了，他处于一生之中的谷底，却也于谷底寻得了安宁。

大周纲常，一环套着一环，君君臣臣，父父子子，严丝合缝，如同一座无间囚牢。可晏春熙是唯一与他说过要从这环中脱身，寻得一方无忧自在天地的人。

如今他虽然未能如愿脱身，却真正抬手将王谨之从这环环相扣中放了出来——这一抬手，严丝合缝间，便也有了一丝自由的可能。

他一生成就无限，但是人到中年了，逝去的荣光皆已不放在心上，唯独对这一抬手最为自得。

是以他看重晏春熙，不为相貌，更不为什么对弈、作画之乐，为的是两人心中早就隐隐呼应的真诚真性。

晏春熙抬起头，喉头哽咽，一时之间竟说不出话来。

两人虽早已交心，可在此绝望境地，这些话听在耳中实在是荡气回肠。

晏春熙本想送关隽臣离开，可他脚上有伤，关隽臣不让他多走，他兀自执拗地跟了几步。

关隽臣将少年身上披着的狐裘领口又系得紧了些，叮咛道："你自己的狐裘破了，夜里便拿来当被子盖，莫要冻着了。夏白眉不敢为难你，但你仍要自个儿当心，知道吗？"

"我……"晏春熙眼里不由泛起了一抹泪光。

关隽臣心里不舍，可此时并非婆婆妈妈的时候，他狠下心沉声道："回去吧。"

晏春熙含着泪，松开了关隽臣的手掌，眼见着关隽臣转过身走了两步，忽然忍不住又跟跄着冲过来两步，抓住关隽臣的衣袖。

"成哥哥！"少年攥紧了关隽臣的衣袖，"我不想你做皇帝。夏大人与皇上相伴十数年，仍是如此下场，我只怕你也……"

他的声音哽咽着，在风中飘散开来。

关隽臣顿住脚步，沉默良久，思来想去竟不知该如何作答。

究竟是周英帝生来如此，还是坐上龙椅的人最终都会如此？

关隽臣握住晏春熙的手指，慢慢拉了下来，最终什么也没说，头也不回地大步走出了这片枯林。

回城路上，关隽臣一直颇为沉默，还是关山月憋了一路，临到城门处才憋不住，开口道："王爷，你不问我与夏大人是如何相熟的了？"

关隽臣扫了他一眼，淡淡地道："以你我二人的交情，世子先前都不曾提起半点，想来是不愿说了。既然如此，本王倒也不便勉强。"

"非也。"关山月一勒缰绳，停在原地。

他听关隽臣这样说，当然知道这位老友心中确实有气。

他这人本是脾气颇大，从不让人，可此时也不得不叹了口气，语气软下来道："别的事我自然不瞒你，可是这一桩，开始时我不说……其实倒不是为别的，实在是面子上过不去。"

"面子？"关隽臣扬了扬眉毛，颇为不解。

"是了。"关山月顿了一下才道，"我说起夏白眉时，言谈之间总是不屑和厌恶，连你也道我是与他在八大巷结下了梁子，这其实倒也不全然是谎话……我初时确是为了些争风吃醋的琐事和夏白眉有过节，只是后来……"

他说话间扭扭捏捏、吞吞吐吐，与往日极为不同，关隽臣皱了皱眉，不由催促着问道："后来如何？"

"后来有一次，我在关西碰着了夏白眉在外办差使。你也知道，我那时本就与他不睦，言谈之间便有了冲撞，不承想他将那皇极剑拿了出来强压我一头，我、我乃堂堂恭亲王世子，竟要对他毕恭毕敬地行礼问安，这我如何能忍？"

"你怕是要自找麻烦了。"关隽臣眯起眼睛道。

他对这位幼时便一起长大的玩伴颇为了解，关山月性子很是倨傲，在夏白眉面前丢了好几次面子，定然是要找回场子的。

只是那夏白眉心机何等深沉，只怕关山月不是对手。

关山月听了不由面色一晒，道："他乃是大内高手，我本想给他下点合荷散，此毒虽然不厉害，过后也不会伤身，但中了之后四肢酸痛难当，关节处如同被蚁虫叮咬，得有几个时辰叫他受苦，届时他定要任人宰割，出个大丑。但也不知怎的，那夜他竟不知不觉将毒调了包，反倒、反倒叫我中了招……"

关隽臣一时无言，关山月虽然懒散，但绝非寻常的草包世子，心思智计也称得上上乘，没想到竟被夏白眉不动声色地平了个明明白白，这可真是自讨苦吃了。

"我寻的那毒，我自己服了便觉得不对劲，本想找个地方躺着等药劲过了便是，没想到毒性太强，我竟连走几步路都过于费劲，还没出一条巷子，便被夏白眉拿住了。"

"你身份贵重，他只怕也不敢对你造次吧。"

关隽臣刚说出口便想到，若是无事发生，只怕关山月不会特意说出来："莫不是……"

关山月似是想到此事仍觉得讪然，把目光投向了远方，吸了一口气才道："夏白眉与我说，既然我实在气不过，好好给我赔罪便是。我那时四肢关节皆是又痒又痛，实在难挨，他见我自食其果，最初本是看着，但后来便抓住我四肢，用内力为我……"

关隽臣瞧着关山月，忽然明白了过来："听闻夏大人内力极佳，莫不是帮你解了毒？"

"细处便不与你说了。总之，我与他相熟之事，实非有心瞒你。"

关隽臣心中已有了答案。

他不由大为讶异，关山月素来高傲，不承想竟会有这般奇遇，想要害人却自食其果，反倒被夏白眉给救了。更奇的是，此后关山月竟然也未曾要杀了夏白眉来挽尊。

如今想来，关山月虽然嘴上对夏白眉从来是不屑、敌视，只怕是为了掩人耳目的托辞和伪饰罢了。

"你既然将此事都与我说了，我自是信你。"关隽臣沉吟片刻后，低声道，"只是我与夏白眉密会之事，你大约心中也有数。此事隐秘危险，我不便与你详谈，你若是知道了……只怕要遭无妄之灾，因此知道得少些反而安全。我只是没想到，你对夏白眉颇重情义，竟然愿意冒险帮他传话。"

他此时这番话，到底还是存了一丝试探的意思。

细细想来，夏白眉伤重，想到的竟是与关山月暗中联系，两人之间的情分怕是远远不止于此。

关山月秀丽的眉头微微蹙起，似是有些忧心，叹了口气才黯然道："我不问，你也别说，自是最好不过。这桩事，我原是不该掺和，只是见那阉人伤成那样终是不忍。他本不该回来的，若不回来，或许终有一日……"

关山月说到这儿，忽然又止住了话头，他甩手放开了缰绳，一马当先疾行而去。

"旁的不多说了，只盼着你们都能平安。"

他的声音遥遥从前方飘来。

关隽臣神色复杂,直到最后,他也不知关山月想说的"终有一日"是何意。

终有一日又如何?

夏白眉实在是个奇人。

他以往总是顺从地陪伴在周英帝身畔,可是当他踏出皇宫,在这大周山河间驰骋之时,他又潇洒得像是江湖中的侠客。

关山月是要折辱他,他却反而施恩。

关隽臣隐约明白了周英帝对夏白眉的执念。

夏白眉是这座皇城中一个永远看不透的谜。

关隽臣回府之后,便开始紧锣密鼓地部署。

他首先要关注的,自然是皇上的动向。

说来也奇,自夏白眉出城之后,周英帝便像是突然元气大伤,断断续续缠绵病榻,多次连朝都无法上,实在是前所未有的事。

关隽臣却并不希望周英帝是真的病得下不来榻,若是这般严重,他更怕周英帝会因此耽搁了梅坞之行。

他一边派人密切关注着皇宫内的动静,一边从夏白眉处拿了梅坞的地形图开始琢磨。

在这当儿,一日清晨,有一骑着灰驴的青衣小童前来宁王府,递上了请帖。

门房见那小童不过十三四岁的年纪,本立时就要赶人,可他到底是在京城混久了的老油条,转念一想,便想起了一人来。

他登时后怕得身子一颤,忙对着那小童恭恭敬敬地执了一礼,将那平平无奇的薄薄请帖捧着急急冲进了王府之中。

关隽臣见这下人莽莽撞撞,本颇为不悦,可是还未开口斥责,那人已跪了下来,呼吸急促地道:"王爷、王爷,太师府拜上请帖。"

"言太师?"

关隽臣大吃一惊,快步走下台阶,接过请帖拆了开来。

那素白请帖上带有一股淡淡的梅香,只消看上一眼其中的字迹,便叫人忍不住屏息。

只见寥寥几行字如行云流水、笔走龙蛇,笔画飘逸,颇有烹茶赏梅之意趣,可收笔之时力道苍劲,隐隐有力透纸背之感。

这一笔字的来源假不了。

言太师——

三朝帝师,当世大儒。

第十二回

关隽臣一看到言太师的笔迹，神色便立时肃穆了起来。他细细将请帖读了几遍，随即将其揣在怀中陷入深思。言太师竟请他明日去梅园一叙。

关隽臣只觉此次邀约时机颇为蹊跷，要知道言太师大隐隐于朝，虽仍居于长安，未曾告老还乡，可是也多年不问时局政事了。

纵使是先前平南王谋逆被扣押在乌衣巷数月之久，都未曾惊动这位避世的肱骨老臣，如今他竟然请关隽臣赴会，委实有些突然。

言太师言弘是大周朝数百年来真正位极人臣之人。

高宗神功八年，言弘高中榜首，一介瘦弱的白衣儒生踏入朝堂，自此便陪伴在高宗身侧，一同修周礼、尊儒教，定下休养生息的国策，将大周国力推至鼎盛。言弘曾陪着高宗北上封禅，又一同平定神功末年的五王祸乱，有登高之时，也有于泥潭中挣扎之时，风风雨雨数十年，最终奠定了一代贤臣之名。

人臣的巅峰，并非权势滔天，而是千秋万代必将铭记的功绩。

高宗过身前，曾执着言弘的手道："言爱卿，朕将新君托付给你，必保江山百年无虞。能有你，朕甚幸，大周甚幸啊！"

至此，高宗含笑而去。明君强臣，成就了大周史书上的一笔佳话。

哪怕言弘早已不问政务，周英帝仍对他礼敬至极，甚至有几次言弘身体抱恙，周英帝不仅派了数位太医过去，还曾摆驾言弘的住处亲自侍奉。一位帝王能经年累月做到如此谦卑的学生姿态，实在称得上是大智慧了。

要知道周英帝与言弘之间，不仅有师生之情，还有孝悌之义。

这份孝，不是泛泛的一日为师终身为父，更是代父侍奉恩师的孝悌。

是以，周英帝对言弘礼敬，便是对周礼的尊崇，对大周独尊的儒家学派的尊崇——

哪怕关隽臣心中再抗拒他这位皇帝哥哥，有时也不得不承认，物竞天择，关锦宁确是他们兄弟之中最适宜坐在皇位之人。

关隽臣心里估摸着，能惊动言弘的，只怕并非此间一时的政局。

他思来想去，或许是因他将免死金剑交回之事。免死金剑到底涉及先帝，与言弘最为看重的周礼相关，想来大约是为着此事了。

无论如何，这一面他都是要去见的。

就在关隽臣为言弘相约之事陷入沉思的时候，晏春熙也正托着下巴出神地看着山洞里的火光。

"你呆呆地坐着不动许久，在想些什么？"

夏白眉靠着另一边的山壁盘腿坐着，关山月带上来些伤药和厚实的衣物，因此他身上也披着一件颇为华贵的皮袄，倒比前几日舒坦了些。

晏春熙被惊醒，道："没、没什么。"

夏白眉本是随意一问，此时见到晏春熙的反应，却来了兴味："晏公子，寒夜露宿，你我也算是共患难，若有什么心事，也可与我说上一二。"

他的声音在幽深的山洞里更显沙哑，一双狭长的白眉在火光下莫名有些妖异，可不知为何，叫他的话听起来格外使人信服。

"我、我……"晏春熙有些紧张地用手中的树枝扒拉了一下火堆，"也不是什么心事，就是……"

"就是有些想念宁亲王了，对不对？"夏白眉问道。

晏春熙抬起头，迟疑了一会儿才道："夏大人，你便不想念皇上吗？"

他似是知道自己说这话不着边际又实在逾矩，因此越说声音越小，显然是有些没了底气。

夏白眉看着晏春熙，大战当前，可这少年好似总是有心思好奇这个、好奇那个——他像是一只被宠大的小白兔，浑然不觉自己已被放进了这诡谲的天地之中，仍仰着脑袋对这世间的万物都感到新奇。

夏白眉本觉得好笑，可是他心性深沉，马上便又隐隐感到一丝苦涩。

他查过晏春熙，少时锦衣玉食，可十六岁时父亲获罪，家破人亡，从此成了个无依无靠的小罪奴。家道中落的公子哥，往往比生来困窘之人要更自苦偏激，只因得到后再失去，远比从未拥有要难过许多。可晏春熙偏偏性子通透，有股子纯真自然的可爱。

夏白眉本是想，少年的确可爱，难怪宁亲王这等贵胄也要与之交心。可他转念细思，晏春熙如此，固有天性使然，也有宁亲王悉心爱护之缘故。

养花若是用心，便枝叶舒展，花蕊鲜嫩；养狗若是宽和，狗子便能撒开爪子，尽显天性。养人自然也是如此。

"夏大人……"晏春熙见夏白眉有些出神，不由小声提醒了一下。

"晏公子，"夏白眉想了想道，"若叫你选，你想与宁亲王去哪儿？"

"浪迹江湖。"晏春熙显然自己早已想过答案，马上便眼睛亮亮地答道。

"江湖虽好，总不能长远计。"

"是了。"晏春熙颇以为然地点头，继续道，"我是想，等玩够了……我可与王爷悄悄寻一座江南小城，我开一间小酒楼，以此为生。"

夏白眉笑了，温声问道："你开，还是宁亲王开？"

"我开呀。"晏春熙认真地道，"我都想好了，开一间两层的小酒楼，专做姑苏菜，菜谱我也拟好了——秋日的招牌是卤鸭，春日上鳜鱼、香椿头，还要请客人按时令品茗，我小时候学过点账，到时候我做掌柜的。"

"那宁亲王便什么都不做？"

"不做。"晏春熙说到这儿，似也知道此言荒唐，因此脸颊愈发红了起来，"有我在，他、他便可以多歇歇，他这些日子……可累坏了。"

"是了。"夏白眉眼里的笑意渐浓，可不知为何又渐渐转为了一丝悲戚，他轻声道，"如此自然是极好的。"

"夏大人，"晏春熙瞧着夏白眉的神情，忽然想起了什么，迟疑着问道，"你当真已想好了，要一起去梅坞？"

他知道关隽臣和夏白眉已商定了此事，可是在他心中，夏白眉借旁人之手将周英帝擒下，跟他亲手杀死对方，这两者意义截然不同。

夏白眉笑意还未褪尽，解释道："我自是要去的。且不说梅坞在山峦之间，山路繁复，即使有大概的地形图，也仍要我带路才行。再者，无论梅坞围杀能否成功，他与我都已约定——动手杀周英帝之人，只能是我。"

"为什么？你们、你们几时这般约定过了？"晏春熙惊诧地睁大了眼睛，他先前一直在旁听着，从未听关隽臣和夏白眉说过这些。

"晏公子，你还是太小了。"

夏白眉看着双眼清澈的少年，叹了口气道："有些话，本就是不必说明白的。

"我已是丧家之犬,除了梅坞所在这点机密,本不够格与宁亲王合作——擒住你,是谋得一个开口的机会。但梅坞围杀若真要成事,依仗的是宁亲王的谋划,还有手底下的精兵。

"大周天子突然身死城外,总得有个史官能书写下来的缘由……

"乱臣贼子,宁亲王当不得;而我不过是乌衣巷宦官,天人共弃,弑君叛主这遗臭万年的名头,我当得。宁亲王出力,我出个名声,如此才显诚意。我为官多年,这点道理若是不懂,也就不配与宁亲王相谈了。"

晏春熙一时说不出话来,只觉得心里一股寒气向上冒。

这中间暗藏着的许多事,他想必是永远也不会懂的,他也盼着此生都不必去懂才好。

"不早了,晏公子,歇息吧。"夏白眉平静地道,"我守上半夜。"

晏春熙心中颇不是滋味,他转过身,面对着山壁躺了下来,却辗转反侧许久都未曾睡着。

不知为何,那一夜他便隐隐有了一种不祥的预感——

梅坞一事,怕不能圆满。

次日午后的长安,重重的乌云散去了些许,显出了一缕数日以来都少有的明媚之色。

关隽臣身穿一身赭色锦袍,只带了两个侍从,神情凝重地坐在车辇中。

车辇途经长安城中各位皇亲贵胄、朝廷大员的府邸,然而在一片朱瓦高墙之间,偏偏有一处细心栽种的梅林。

一棵棵红梅树在白雪皑皑的冬日里,更显出几分清雅与自赏。

梅林外,仍是那日前来送信的青衣小童站着迎客。

关隽臣虽名分上亦是位列三公,但也不敢在太师府门前倨傲。他一步迈下车辇,跟在引路的小童身后,穿行在梅林间的隐秘小径上。

在红艳的梅花与素净的白雪之间,有一座古朴简陋的宅子,大门上挂着一块桃木匾,简简单单地写了"梅园"二字。

"宁亲王,请。"小童将木门推开,躬身行了一礼之后便悄声退下了。

关隽臣令侍从也等在外面,然后撩起锦袍下摆,迈入了梅园。

狭小的院落中央,有一棵长势甚好的红梅树。

一位穿着浅色棉袍的老者坐在树下的矮凳上,他须发洁白,身形高大却微微佝偻，下垂的一对雪白长眉和眯着的双眼使他看起来毫无三代帝师的威严与端肃，反而有一丝老来天真的童趣。

"来啦——"言弘提着小小的紫砂壶给关隽臣倒了一杯茶，"坐。"

关隽臣用眼角的余光瞄到自己先前交给言太师的免死金剑，此时斜斜搭在梅树的树干处。他迟疑了一下，最终还是行了个大礼，低声道："老师。"

他已有好久没叫过言弘这个称谓，言弘不仅是帝师，也曾是他的老师。

许多年前，那时先帝的诸位皇子还很年幼。

他排行老七，读书时坐在襄王和周英帝两个才华横溢的哥哥之间，只要一读《论语》《大学》便打瞌睡。他始终对这些学问提不起兴致，只模模糊糊记得自己走了神望着窗外的蝈蝈，掰着指头数春天还有多久。

但有一句话他始终记得，言弘说："儒学是治世之学，非帝王之学。"

直至如今，他仍不大懂这两者的区别。

后来他依着自己的性子入了兵家，儒学究竟为何，便再也不必细思了。

"老师近来身体可好？"关隽臣坐在下首，他双腿极长，因许久没坐过这种矮凳，只得憋屈地将腿蜷起，但神态举止极是恭谨。

"我已是近百的年纪了，所剩的时日，上天有数，自个儿也有数。"言弘微微笑了，"我今日叫你来，也是怕再过些时日，有些话便再也没机会说了。"

"老师可是为着金剑一事？"

"是了。我今日叫你来，是叫你取回金剑。"言弘枯瘦的手指抚摸着紫砂茶杯，一字一顿地道。

关隽臣猛地抬起头，神色十分惊诧。

言弘神色淡然，继续道："还剑一事，我自然知道你是受制于人。先帝临终将免死金剑交给你，本是失策之举，虽是为着保你，可实则累你平白遭受帝王猜忌。但即便万般不妥，这金剑既给了，便万万没有收回的道理。

"皇上顾着他孝顺的名声，不肯下诏收剑，只逼得你不得不亲自将金剑交还。但此举是皇上糊涂了，你要明白——赐剑是先帝诏命，你是臣子，亦是儿子，哪怕这剑是先帝莫大的恩赏，你也只能受赏，不能推拒。若真的要收剑，这道命令只能出自当今天子——而非你这个臣子。先帝授剑，皇上收剑，虽略有违孝道，可也是王命难违。但若是由你拒剑，便是以下犯上、自毁周礼，我万万不能容之！"

这位近百岁的老者说到末尾，一双本眯着的眼睛看向关隽臣，霎时间目光炯炯,竟叫关隽臣半句话也说不出来。

过了良久,关隽臣终于缓缓开口了:"老师,你既说收剑不是我一介臣子能推拒的,还剑自然也并非我能决定,这一点,老师想必能够明白。老师今日想说的,恐怕也不只有金剑之事吧?"

他语速极慢,显然是每个字都斟酌过了。

言弘的智谋早在高宗年间便冠绝大周,如今他虽已是近百岁的老人,但神态仍矍铄无比,目光清明。若非关隽臣心机深沉,又颇自信他所谋划之事绝不会泄露出去,只怕此时就要被言弘这一盯骇得失态了。

"我自然明白。"言弘道,"皇上的意思,你不能违逆。但金剑在我这儿,皇上没要过,便是当没这回事的意思。先帝诏命赏你金剑,你一人不要还不够,皇上是等着我开口首肯,好名正言顺破了先帝的诏命,这是皇上的聪明之处。但皇上既要推到我这儿,我便顺势明言不允——这既不必皇上表态,更伤不着皇上的面子。皇上日后若当真要着恼,我自会担着。"

"老师为大周礼教正名,皇上自是不会恼的。"关隽臣目光深沉,"若仅仅为此事,只怕老师传个信来便足矣,不必特地相约学生来此一叙。"

言弘抬起头,出神地看了一会儿寒风之中轻盈飘落的红梅花瓣,忽然长长地叹了口气:"宁亲王,老臣初次见你时,你尚在襁褓,被你母妃抱着,不哭也不闹,只是睁着一双大眼睛看我。我那时心中便想,这小小孩童生在天下最尊贵显赫的人家,也不知究竟是幸还是不幸。岁月如水,悠然流逝,一晃三十多年过去了,我到了这个年纪,本不该再执着什么,然而近来愈发感到忧患交加,苦思无眠。

"人之一生不过百年,鞠躬尽瘁七十年,也只不过能堪堪辅佐王朝百年。大周此后的国运,都要交到皇上手中,交到满朝的文武俊杰手中。我时日已无多,做了一辈子大周的臣子,能尽一份力便是一份力——今日叫你前来,为的是化解些许你与皇上的隔阂,只盼你仍能尽心辅佐皇上,莫要生了怨怼逆反之心。"

关隽臣猛地一惊,不动声色地道:"老师所言差矣,学生为人臣子,一心拜服皇上,如何敢有隔阂?又怎敢有分毫怨怼逆反之心?"

"人心是水,因势而导。顺从是人心,逆反也是人心,没什么谈不得的。"

言弘将紫砂茶壶放回炉火上,一双苍老的眼睛平静地看着关隽臣:"宁亲王,你若真是一心拜服,为何要以冠军侯的仪仗入京?为何当初入宫觐见前,要当着乌衣巷指挥使的面命王谨之将免死金剑送来此处?你本是高傲之人，并不甘心拜服，还要做那与天子对弈之人，是也不是？"

关隽臣面色如常，笑了一下道："老师，自保之心人皆有之，这可万万谈不上逆反，更说不上多大的过错吧。"

"宁亲王，先帝子嗣颇多，可他一直极疼爱你。到了麟庆末年，东宫太子都已立了多年，他临去前仍挂念你，甚至不听我的劝阻，要给你传下免死金剑，你可曾想过这究竟是为何？大周亲王俸禄优渥、各有封地，你又是大周神将、镇国柱石，本该是一生荣华富贵享不尽，先帝究竟是为何如此忧心忡忡，乃至要自立规矩强行保你？你可曾想过吗？"

关隽臣口中喝着温热的清茶，可不知为何，听到言弘这番话，竟然感到背脊忽地冒出了冷汗。他并非未曾想过这个问题，只是每每细思到深处，抓不住要害不说，还总觉得黑暗中好似有一怪兽，张着一张血盆大口在转角处等着他，多番下来，便不再多想了。

"宁亲王，你是兵家奇才，精通兵法，你识得出术，却看不透大道，是以你终难坐上龙位。"

言弘一字一顿地道："高宗年间，大周亲王、郡王不过八十来位，公、侯、伯加起来，也不过五百余位。然而到了先帝年间，为扩大疆域，连年与番邦征战，兵权贵重，因此多用宗亲氏族率军出征，外臣则为参谋。这般下来，几番论功封赏加爵，初时还看不出问题，然而数十年后积重难返。

"宁亲王，麟庆末年时，你可知道大周有多少宗亲贵族封王晋爵？"

关隽臣没有开口，但他并非不知道答案。

"亲王、郡王拢共四百八十七位，其中还有十数位是世袭罔替的万代富贵。"言弘的目光锋利如利刃，"一位郡王，俸禄三千石，封地千亩。一位亲王便是两万石俸禄，封地万亩。宁亲王——你是亲王，你在金陵的府邸占地多大？要养多少亲卫？你封地万亩，每年收成多少？你又可知道大周普通一农户一辈子也只能耕得四亩地吗？五百位藩王，数千位封爵贵族，大周经年征战后国库虚空，可还养得起这些宗亲贵族多少年？"

关隽臣忽然之间只觉坐立难安，他双手交握，用力得指节都泛了白。

"麟庆末年，削藩已是势在必行。"

言弘平静地道："历来帝王想要削藩，都万分凶险。宗亲、外戚、朝臣，各方势力制衡素来是帝王首要权术。麟庆年间，许多宗亲藩王立功封爵，他们都是为大周立下了汗马功劳之人，刀口下拼出的荣华富贵，不会轻易交付出来。先帝不能背负苛待功臣的骂名，更不能冒险削藩。是以，削藩虽为国策,却是父立子效。皇上如今所作所为,有他不得不为之的道理。"

"好、好一个国策啊。"关隽臣颤声道,"言太师,我为大周戎马一生,险些将命也送在域外,如今落得个如此下场,原来竟是命中早已注定?削藩削藩,我兄长襄王是否也是这么被削成了逆犯关贞阳?"

关隽臣此时情绪激动,此言出口已自知不妥,一时间险些无法自控。

"宁亲王,襄王殿下野心勃勃,麟庆末年与太子的争斗已是日渐激烈,多年的权势气焰更是压了太子一头,先帝都看在眼里。你是襄王的嫡亲兄弟,许多事你并非不知道,只是你无心涉入党争,先帝其实心里也明白。"

言弘此时前一句"看在眼里",后一句"心里也明白",竟突然之间点醒了关隽臣。他忍不住沙哑着嗓音问道:"言太师,当年太子忌惮仇恨襄王至深,父皇不会不知道。太子心性如何,父皇也是明了的,对不对?"

言弘满是皱纹的脸上看不出什么神情,只有眼里隐约划过了一丝不忍。

关隽臣颈后汗毛都竖了起来。他此时才想起来方才言弘与他说,先帝临终前忧心忡忡要赐他免死金剑,这一层原委,终于叫他隐约串联了起来。

"是了。"关隽臣喃喃道,"父皇将免死金剑赐予我,却未赐给襄王。他早已料到太子登基后,前有削藩国策,后有当初夺嫡宿怨,太子定是要趁势狠狠清算襄王。父皇他、父皇他什么都料到了……他……"

他说到这儿,双目之中竟隐约感觉有热泪要滚落,他只能暗自握紧了在袍袖下的拳头,将指甲都攥进掌心,才勉强抑住。

权力倾轧下,他尊严尽失,他本以为这已是最大的苦处,却不承想,年近中年,那些过去的皇室秘辛一层一层被揭开,竟还能让他惨遭重击。他本以为只在记忆中拥有的,原来仍能被生生夺走。

他像个学步孩童跌坐在无尽的寒冬,再也找不到回家的路。

父皇保住了他,可同时也毫不留情地丢弃了他的三哥。

骨肉之亲,父子之情,全然如同泡影。

"宁亲王,"言弘叹了口气,轻声道,"先帝既然选了太子继位,襄王的命在那时就已注定保不住了。先帝并非草木,怎会当真忘情,只是哪怕心中再不忍,此事也早已注定,他生时看透,过身后更是护佑不得。况且当年他若是选择了襄王,太子的命也是一模一样。一旦登上皇位,许多事便不得不做,许多人也不得不杀。夺嫡是何等凶险之事,史书上比比皆是。皇子的命数便是如此,生来重重险阻,一步踏错便是万劫不复。帝王将相,人生时显赫无比,却也有无奈之处,走到尽头……不过殊途同归。"

"好一个殊途同归。"关隽臣冷笑一声,道,"言太师今日与我说这些又是为何?是叫我明白,皇上诛杀襄王、拘押平南王,又处处打压我,不过皆是无奈所为?太师未免太看重我了,我如今乃一介虚衔太保、闲职王爷,更是对皇上处处恭顺拜服,不敢生有逆反之心。皇上的无奈,我自当好生揣摩体悟,只是不知言太师究竟为何要与我说这些?"

他如今句句都只称言太师,却不称老师,显然言谈之间已将所有看在眼中,对以往听之任之的言弘也疏远了。关隽臣本是心机深沉之人,只是一日之内打击连连,对自身命运的不忿、对父子亲情的失望接踵而来,实在叫他应接不暇,这才按捺不住,将悲愤的心绪外露了一些。

"宁亲王,我与你说这些,是因着我担忧皇上。"

言弘一双眼中流露出了忧心的神色,低声道:"皇上早年在东宫做太子时,心性便可见一斑。他于逆境之中仍能一步步忍辱负重,登上皇位之后,更是勤勉有加,无半点奢靡享乐之恶习,发奋理政、藏富于民。如只看这些,皇上将是大周罕见的明君英主。但无论是先帝还是老臣都万万没料到的是,当今圣上的心性,竟也藏着会使大周江山不稳的缺陷。

"先帝曾言,若是承平之世,许是襄王略胜一筹,可若顾及削藩新政,需摒弃一切私情之人才能胜任。太子擅隐忍、意志坚定,既明慧,亦有帝王无情狠绝的一面,理应是最适宜的新帝。然而,当今圣上兴许是隐忍太久,根基未稳,便将襄王一脉连根拔起,彼时我已看出一丝隐患。"

关隽臣面无表情地听着,他其实隐约猜得到言弘所说的隐患究竟为何。他并不知道言弘是否知晓周英帝身子隐疾之事,先前他还不那么懂,可是如今这几日,他身子虚空,才霍然之间体悟到了一丝周英帝的疯狂和阴郁。

周英帝体虚寒凉,子嗣稀少,便一如那些在东宫隐忍蛰伏的耻辱岁月。

身子无能,皇权之争也无能,怎能不叫人疯魔?

人心中的恶鬼饲养已久,一朝放出,岂是旁人可以预料到的?

"皇上亦有软肋,有他所不能掌控的心绪和癫狂。当今圣上削藩,除却为的是先帝定下的国策,更多的是为了私欲。先帝所设想的削藩,绝不是这般削法。灭襄王便也罢了,既是去除宿敌、稳固皇位,更是杀鸡儆猴,可令其他宗亲藩王战战兢兢。但雷霆一击之后,便该徐徐图之,先缩减用度,再慢慢割除兵权。如此削藩,才能有所成效,不至冒进动荡。

"我这两年曾数次进谏,只是皇上早已听不进去了,第一步灭襄王,第二步便是迫不及待地对平南王出手,如今平南王被名不正言不顺地押在乌衣巷。如此，成德年间两桩削藩要事，皆是皇上直接对皇室血脉最中央的亲兄弟下手。这绝非智者所为，只是当今圣上在此事上竟是如此刚愎自用、不容违逆。我看似退隐，实则是无奈之举，不得不暂避锋芒，居于梅园。"

"父皇和言太师料事如神，却不承想也有算错的一天。"关隽臣冷声道。

"人心如深潭，不敢言参透。"

言弘喃喃道："如此削藩下去，我只怕今朝金剑一还，若有一日皇上无所顾忌，再将你无由拿下，届时大周宗亲贵族势必人人自危。历来王朝，帝王必然要行制衡之术。若宗亲独大，则削藩，重宰相六部；若相权过大，则以宗亲之势替换宰相。如今皇上对自己的血脉兄弟如此之狠，浑然失却往日的英明，长此以往，大周江山必将动荡不安，我心难安。

"我出自儒门，正所谓君子弘毅，当为万民立言，为万民承担，我数十年兢兢业业地辅佐三代帝王，只盼不负这门先贤代代相传的治世之学，如今到了风烛残年，却不承想大周竟会让我忧思至此。"

老者说到这里时，枯瘦的手指不由微微颤抖，他佝偻着身子站了起来："宁亲王，今日请你将金剑收回，不为别的，为的是叫皇上心中存一丝忌惮，更是要叫你安心。言弘命不久矣，但临死之前，即便是死谏，也会对皇上阐明厉害。你乃大周唯一的冠军侯，万民心中的镇国柱石，这柱石仍是要为大周、为皇上立着的。你我即便不为师生，也为同朝之臣，大周数百年基业，万万不能毁于本朝。纵是心中有所不忿，但为臣之道，终究是'忠'字为先，江山社稷为先——宁亲王，此中要害，你务必细细思量。老臣死后，你，还有大周宗亲，仍要与大周同心，与皇上同心啊。"

说到这儿，言弘双手执礼，深深地躬身对着关隽臣行了一个大礼。

关隽臣沉默地看着面前的老者，一时之间，心中竟觉得一片空茫。

当世大儒，至死亦是要守住这"忠"字的。

他缓缓地站起身，与言弘相对行了一模一样的大礼。一礼完毕，他既没有答应，也没有拒绝，而是拿起免死金剑，转身向梅园的木门走去。

推开木门后，他忽然回过头，平静地道："老师，您曾说，儒学乃治世之学，非帝王之学，当年我总是不明白，只是今日一叙，我竟有了些明悟。

"我乃大周子民，为大周流尽血汗，拼下冠军侯的声名，却成了一生的枷锁，被皇上猜忌至此，仍要叫我尽一个'忠'字。

"削藩，口口声声说的是为民，可是当真如此吗？国库虚空、民心不稳，龙位亦不稳，为民是名，帝位永固是真。

"我仍称您一声老师,只是少时的学问,如今想来总有些不通之处,怕是这一生都不能思量分明了。儒学既为治世之学,那三纲五常管束的是谁?拱卫的又是谁?治世之学,为的是万民;帝王之学,为的是皇上!

"鞠躬尽瘁七十年,老师……如今,您还分得清这一生伏案而作,为的究竟是民还是皇上吗?"

关隽臣声音很轻,他问完最后一句话,悄然离开了梅园。

而言弘呆呆站在红梅树下,须发皆白,身形佝偻如虾米。

在他背后的门廊上方,还悬着一块古朴的匾额,书着四个方正大气的楷书——三代帝师。

关隽臣手中捧着沉重的金剑,一步步自梅林之中走了出来。

上车辇前,他抬起头看向这寒冬时节罕见的万里晴空。

只见和煦暖阳穿过重重的云层,明晃晃地洒在他的锦袍上,竟使他有那么一刻感到内心很是平和安定。

他又忍不住想到了晏春熙——即便如今脚下的路已行到了紧要万分的关头,他站在这一片白雪红梅之间,却仍有那么一会儿,脑中想不起半点权谋纷争——他只想着晏春熙。

有件事他从未和晏春熙说过,其实多年前宫中巨变,他迁居金陵后,性子渐渐变得阴沉寡言,但自打他们重逢之后,他的脸上便比往常多了许多笑容,许多先前只觉得无用之话,他也愿意耐着性子和那少年说。

他这一生,有极为困苦之时,亦有风光之时,但唯有和晏春熙待在一起久了,他才渐渐觉得人生百种滋味恰如轻舟过千山,须得慢赏浅酌,方能见真正天地。

人与人之间的羁绊实在是俗物,可也是世间最好的东西,叫人哪怕历经千难万险,仍觉此生值得。

关隽臣正要踏上车辇时,却透过梅树枝丫见不远处又有一金顶车辇向着梅林缓缓而行。

"可看清了是谁?"关隽臣问道。

骑着马的侍从忙俯身低声道:"禀王爷,看清了,是太子殿下。"

关隽臣转头看向一旁相送的青衣小童,又问:"太子殿下常来?"

"是了。"小童躬身答道,"冬日皇上身子不爽,不能似先前一般时常来梅园,太子殿下仁孝,便常常代父前来尽一份学生的心意。"

关隽臣微微一笑，并未多言，他转身踏上车辇，着意与太子一行走了不同的路径。

周英帝因隐疾子嗣稀少，太子为嫡长子，多年来亦是谨小慎微，未出过什么大的差错，这般下去，可说是帝位在握。

先皇福寿绵长，在位近四十年，是以周英帝登基时已是四十多岁，如今太子也是近二十的岁数了。自古以来，储君难为。太子若无为平庸便难当大任，可若对朝政插足过多，又有觊觎龙位之嫌。当今天子是个多疑贪权之人，太子心思细腻，然则代皇上频频探望太师，只怕并非智举。

关隽臣一念至此，不由暗暗叹了口气，将锦帘放了下来。

皇家是天下最尊崇仁孝纲常的地方，只是天家父子，人伦之情都未必剩下几分。他先前还抱着几分侥幸，午夜梦醒时，常常思念父皇在他年少时教他骑射，温声教导他时的模样。只是如今再想起，终究是惘然之感胜过了孺慕之情。

关隽臣在宫中安置的耳目并非周英帝的亲信，但也算是近身伺候的下人，因此大事虽然不知，琐碎的小事却能报上来不少。

关隽臣倒不嫌诸事繁琐，他深知，周英帝便如一汪深潭，只能从微乎其微的涟漪之中揣摩其真实的动向。因此，根据耳目报来的消息，关隽臣才能依稀拼凑出这段时日周英帝的状况。

按照夏白眉的说法，他将刺杀之人擒住折磨之后，终于使那人传回"夏白眉已死"的信。关隽臣估摸着，皇家惯用最迅捷的西域鹞鸽，如此一来，只怕一两日就能将这封信传回来。

他将这些时日的消息细细捋了一遍，发现周英帝忽然宣称身体不适八成是得知了夏白眉的死讯之后。自那以后，周英帝便再没上过朝。

关隽臣本寻思周英帝称病许是有别的打算，可是根据耳目传来的线报，周英帝这些时日几乎日日卧病在床，夜里更是梦魇不止，时常挂着一身冷汗突然惊醒，更可怕的是，竟还有呕血之症。

寝宫之中十数位太医焦急地来回出入，下人更是人人惊慌不安，这般惊人的阵仗，绝不似伪饰。各宫娘娘本也都想要前来日夜侍疾，然而周英帝人在病中，心性却更为乖戾，竟将皇后和其他嫔妃一道赶了出去。

耳目林林总总报来许多琐事，其中一桩叫关隽臣看了尤为讶异。

有一夜，耳目替换旁人在夜里伺候周英帝。但是只那一夜，他便瞧见了极为古怪之事——周英帝高烧不退,人都烧得有些迷糊,却整夜都死死抱着一柄皇极剑不撒手。

耳目后来悄悄打探过,据说周英帝自从生病后,每夜都抱着这柄剑才能勉强入睡。皇帝病重到呕血卧床不起,却兀自不倦地念叨着夏白眉。

这怎能不算在意珍重?可他仍要杀了他。关隽臣一念至此,不禁怵然。

周英帝念着夏白眉至此,关隽臣也不知是喜是忧。

皇帝越在意夏白眉,便越能佐证夏白眉所言非虚,今年夏白眉生辰之时,皇帝当会亲去梅坞。

可若是周英帝当真因此加重病势,关隽臣又实在怕他身子支撑不住梅坞之行。

但事已至此,无论前路如何,他都是不能回头的了。

关隽臣这几日来与京郊北百里外的虎骠营叶统领通了数封密信,终于夜半在城郊密会了一次。

事关重大,叶舒叶统领虽身居高位,却仍孤身前来。

他一身漆黑的夜行衣,脸上戴着黑面纱,只露出一双眼睛,一见到关隽臣,他便双膝跪地,恭敬地行礼:"叶舒参见宁亲王。"

要知他乃堂堂京郊八营的统领,哪怕面对当朝亲王,本也不需行此大礼的。然而关隽臣并不惊讶,只是平静地看着叶舒。

叶统领当年不过是关隽臣麾下一名微不足道的小卫兵,后经关隽臣赏识提拔,从此平步青云,一路擢升至边疆军中的副统领,立下了赫赫战功,到了麟庆末年,更是被先帝提调至京郊八营的副统领一职。

长安的数支军队,周星卫虽是最内围、最近天子的精锐,然而京郊八营之中英才辈出,还是拱卫大周权力中枢的强大武力。能任一营统领之人,不仅要有大才,要有军中说得上的功绩,还要在朝中有靠山。

关隽臣正是叶舒的靠山。

"叶统领,深夜赶来与我在此相会,有心了。"关隽臣负手在后道。

他不说路途辛苦,只说"有心"二字,显然是意有所指。

叶舒沉默了片刻,跪着一抱拳,低声道:"王爷重托,叶舒定当万死不辞。"

关隽臣狭长的丹凤眼淡淡地盯了叶舒一霎,神情显得有些疏离,更有天家贵胄的威仪。

"叶统领，本王此番，是承你的情了。"

关隽臣说着微微俯身，伸出手将叶舒扶了起来。

他这句话说得很轻，可是其中的含义深重。

——他果然是没看错人的。

当年诸位皇子之中，关隽臣是在军中威望最盛、人脉最广之人。

要知当年边疆大捷，关隽臣受封冠军侯，他一脉下的多位军中英才都得以高升。十余年经营下来，鼎盛之时，他在大周军中的势力更是盘根交错，哪怕他亲哥哥襄王都颇看重这份威望。

只是后来襄王一倒，许多曾依附关隽臣之人也一叶知秋，一夕之间纷纷与他生分开来，以免遭受无妄之灾。关隽臣深谙官场，对此倒也习以为常，因而不以为意。只是这一遭大浪淘沙，却也显出了许多极为难得之人。

叶舒便是其中之一。他不仅未曾疏远，反而一连书了数封信笺劝慰关隽臣。襄王出事那一年，他奉给关隽臣的年节贺礼比往年还要丰厚些。

关隽臣善用兵天下皆知，却极少有人知晓他也极擅识人。

这两桩事看似无关，实则紧密相连。要知沙场上情势千变万化，稍有不虞便是性命之忧，知人善用这桩本事，不仅眼光要准，决断亦要快。

提携之恩不比其他恩情，若是骨子里凉薄之人，发达了也只当一切都是自个儿好运道。但是叶舒没有，当年关隽臣那一份慧眼提携之情，他没齿不忘。这份忠义，关隽臣看在眼里，也记在心中。

他终究是盘踞朝中多年的亲王，手里握着的底牌极多。

之后那几年，虽然在位的已是周英帝，可是关隽臣的派系仍能保得叶舒稳坐京城八大营，甚至高升至虎骠营统领一职。

但即便有诸多恩情在前，涉及谋逆这等大事，稍有差池便会全家掉脑袋，关隽臣自问也无法确保叶舒会愿意追随。

若没有叶舒，旁人更是不行。

京郊八营，唯有虎骠营与梅坞相隔不到三十里。

于关隽臣而言，这便是天命所归——天命叫虎骠营离梅坞最近，叫叶舒为虎骠营统领，天命叫他冥冥之中握住了一线生机。

"叶统领，届时出兵，定要以圣上被围困、前去救驾为由。事关重大，切记此点。"

叶舒站在关隽臣身畔，低声道："王爷，此事没有回头路——您若是定了，便只有两条路走，您心中也明白——要么称帝，要么扶持皇子为傀儡。两条路虽然看似不同，实际殊途同归。前者迅捷却名不正，后者为长久计，但更漫长费力。无论如何，叶舒今日追随的，只能是一位帝王。"

叶舒黑布蒙面，可一双眼中神情深沉，好似一匹蛰伏在夜色中的狼。

关隽臣转头看他，内心一凛。

他忽然想起枯林中一别，晏春熙哽咽着求他："我不想你做皇帝。"

那一霎，关隽臣心中万般滋味，一时之间竟仿佛立于千军万马之中，不知该如何自处。

过了良久，他看着叶舒，平静地道："叶统领，你既来了，便是信得过本王。"

叶舒忙躬身执礼："自然，叶舒识得明主，身家性命也一并托付给王爷了。"

叶舒这一席话厉害，后劲更是强。关隽臣不动声色地回到了王府之中，一个人躺在床榻上时，仍翻来覆去地想着这句话。

此去没有回头路，他心知肚明。他若迟疑，不仅自身难保，叶舒的满门性命，还有跟随叶舒的将士的性命，届时都要算在他的头上。

他生长在皇家，沙场征战多年，流血之事见得太多，本不该这么瞻前顾后。可兴许是年纪大了，又兴许是有了念想的缘故，再也不能像先前那般。

人的心，并非想软就软，想硬就硬。

先是有了顾忌，再是握不动刀剑。这般束手束脚，怕是做不得大事了。

一股子疲惫忽然之间贯穿了关隽臣的心神。他闭上双眼，恍惚间听到有人一声声唤着他"成哥哥"。他心中十分清明，知道他所念之人并不在身畔，不过是自己苦熬已久，凭空生出了一丝妄念。

可是，许是因为晏春熙不在，他便也不会难堪。他扶着桌角，颤颤地努力想将这佝偻无用的身子挺直，可终究是无用功。

他心里忽然生出一个烦躁又迫切的念头——

他若对周英帝动了手，便再无法全身而退……可若是进呢？

他生于全天下离权力最近的皇家，自小便见过那把金灿灿的龙椅，其实谁又能说不曾偷偷肖想过坐在那龙椅上面的滋味？

身为皇子，终究离皇位太近，争一次，兴许会有天大的造化。襄王早早便明白了这一点，是以展开了宏图大志，与太子好好斗上了一场。

307

当年的关隽臣夹在东宫和襄王的权力倾轧之间无所适从，所以许多事不曾去想，也不敢想。如今却没想到，他也一步步走到了这里。

天下至尊，九州共主。他当不得吗？他真的……当不得吗？

关隽臣翻转身子朝里躺着，他盖着厚厚的锦被，觉得胸口心绪起伏，后背却一阵发凉。

权力这样东西，当真邪门得紧。哪怕见多了它可怕的面目，可是当真的有了一线机遇接近它时，仍会颤抖着忍不住想要伸出手抓紧。

那一夜关隽臣睡得极不踏实，许多人的面孔纷纷来沓至，有先帝，有言太师，亦有周英帝。

那些人的面容模糊不清，梦中像是有雪，叫人觉得好似飘然在云端。

他失魂落魄地，亦步亦趋地对着先帝叫父皇，对着言太师叫老师，对着周英帝叫皇兄，可是那些与他至亲之人纷纷听不见似的，头也不回地向前走去，将他留在原处。

梦里他一个人站着，很是孤单的样子。

无论关隽臣心中有多少纠葛，登梅坞那一日终是到了。

他一大早便已起身，侍从伺候着他换上了黑色滚金边的锦袍，一头发丝也拢在金冠之中，端坐在正厅。

白溯寒身上伤势初愈，脸色仍有些苍白，就坐在他下首。

"王爷，"不知过了多久，白溯寒忽地轻声道，"今日之事实在太紧要，可信之人也不多，当真不将王管事召回吗？"

他回来后，也得知了关隽臣将王谨之放走的事。他未曾多话，但是到了这等大事上，白溯寒仍觉得关隽臣是信得过王谨之的。

"你也知道此事凶险万分。"关隽臣淡淡道，"我既纵他走了，便不会再叫他回到泥沼来。命数几何，自己来争，不缺他一人之力。"

白溯寒嘴唇一动，最终还是低下头不再劝了。

两人定定坐在堂中，就这么坐到了晌午后。

关隽臣面色自若，白溯寒却已有些坐不住，在厅堂之中反复踱着步，过了一会儿又看向关隽臣道："已是这个时辰了，宫里还没半点动静，这……"

"已等了好些时日，不差这一时半会儿，坐吧。"

"王爷，皇上龙体有恙颇久，再加上那阉人所言也未必尽是实话，许是皇上本就未将此事放在心上,若皇上今日不出宫,那该如何是好?"

白溯寒说到尾处,声音已是微颤,显然是慌乱到了极点。

这时,只听外面一声长长的"报——"传来,盯着宫中消息的侍从跑了进来,对着关隽臣道:"王爷,皇上方才急召周星卫言将军入宫!"

"好!"关隽臣猛地站了起来,眼中精光闪烁,沉声道,"言禹卿入宫,不出我所料。皇上身边高手虽多,可像先前派出去追杀夏白眉那样的高手只怕寥寥无几。他此次秘密出宫,若无太多旁的隐秘高手可护卫,定会叫一身外功横行天下的言禹卿随行,如今只看言禹卿是一人随行,还是带周星卫一同护卫了。"

夏白眉一大清早便骑马带着晏春熙从山上的枯林下来,他驾轻就熟,自京郊外绕了一圈,才在京郊以北的官道边停了下来,下了马用靴子将地上的雪踩踏散开,低头看了一会儿,随即回头对晏春熙道:"是这里了。"

"这如何认得出?"晏春熙有些愕然,只见夏白眉站定之后,他才隐约看出这是一条崎岖小路,极为隐秘,又覆上了新雪,更加难以辨认。便是叫他走上几遍,也定是瞧不出来的。

夏白眉笑了笑,翻身上马,嗓音沙哑地道:"瞧见后面那棵松树了吗?八十三步外,不多不少,便是这条道。"

晏春熙脚已经好了些,因此这次坐在夏白眉背后,他看着夏白眉的背脊,不由有些出神。八十三步外,要记得这样牢,一年仅来一次又如何能够。

周英帝不来的时候,夏白眉想必一个人常来梅坞。

晏春熙虽这样想,却未说出口。马背颇为颠簸,他不禁伸手抓住了夏白眉的衣衫后襟。夏白眉回过头,看了他一眼。

夏白眉的神情很平静,但不知为何,此后的数十年光景中,晏春熙常常想到这位传奇宦官——他始终记得梅坞山下这淡淡的一回眸。

山道崎岖,岔路更多,只不过转了几次弯,晏春熙便已经晕头转向。他这才算知道夏白眉说的若无他带路,关隽臣绝不可能登上梅坞的意思了。

夏白眉一路上时不时用长剑在一旁给关隽臣画下引路的记号,也不知转了多久,晏春熙迷迷糊糊的,只觉得在狭窄的山路上穿行了许久,终于在翻过一道小山坡之后,眼前豁然开朗——

原来到了这里,才真正到了夏白眉口中的人间仙境。

脚下幽深山涧之中云雾缭绕,远方隐约有清亮的鸟鸣之声。

而仰头望去，只见厚厚霜雪覆盖着苍山，山巅处竟还有一片别致的红梅林，白雪红梅，隐隐与云端相接。这般行走其间，便好似漫步在九重仙阙，只叫人隐隐觉得凡间诸事都如同前尘般渐渐消散。

"夏大人，这、这里当真好美……"晏春熙不由感叹道。

他本还对周英帝是否会来此处之事隐隐有些不安，可如今见了这景色，却觉哪怕是人间帝王也会忍不住在此流连。

夏白眉一言不发，下了马之后带着晏春熙慢慢向山巅走去。兴许是与梅坞渐近，他一双狭长凤眼颇为深沉，既像是心不在焉，又像是若有所思。

晏春熙不愿烦他，乖乖地跟着夏白眉一路向上攀登，直到一步步走近了，才瞧见一片艳丽的红梅之间，隐隐能看到一座小屋。

林中有年幼的梅花鹿悄悄跟着他们，晏春熙第一次这般近地见到小鹿，刚想过去便被夏白眉拉住了低声劝阻道："莫要惊扰了它。"

他忙点了点头，和夏白眉一起装作不知，一步一步向林中走去，只是走着走着，总忍不住要回头瞧上一眼。

冬日天寒，小鹿已换上了更厚实的体毛，便更显得蓬松，大大的鹿眼清澈无比，蹄子在雪地上留下了梅花似的印迹。

它见人见得少，因此很是好奇，虽然未必有多怕人，但仍怯怯的。

"林中曾有头棕熊，前两年将一孕中的母鹿抓伤了，我与皇上前来时，曾一同给那母鹿治伤，这小鹿便是母鹿那年下的崽。"夏白眉说着，眼里隐约划过了一丝怜爱，轻声道，"这小家伙，命真大。"

晏春熙想到那位无情帝王为母鹿治伤的模样，心中颇为怪异，一时之间便没应声。

这般快步走了一会儿，两人便到了林中小屋前。晏春熙这才发觉这小屋极是不凡，背临悬崖而立，只消在里面推开窗子，便能看到万丈峭壁下的山涧。既有一凌绝顶的气度，又有梅林之中幽居的雅致，实乃世间罕见。

夏白眉放慢了步子，堪堪走了两步便肃然地停了下来。

他踩了踩小路上的雪，沉声道："不好——前几日间有人来过。这儿的雪太扎实，被踏过了。"

晏春熙不由后背一紧，此处这般隐秘，若不是夏白眉，那必然是皇上，或是皇上派人来过了。

夏白眉神色一凛，也顾不上晏春熙了，足尖一点便像仙鹤一般向前飘然而去。他身法极快，冲进小屋之后，不过几个呼吸间，又出来绕向小屋背后,之后便再也没动静了。

晏春熙等了一会儿实在心焦,此处安静,他也不敢大声喊叫,便忍不住迈步向小屋后赶去——

只见夏白眉一个人呆呆地立在屋后,一动不动。

晏春熙见没有旁人,便放下心唤了一声:"夏大人。"

然而夏白眉毫无反应,他只得一步步走过去,可还没顾得上再开口,他便看到了夏白眉呆呆地看着的事物。

小屋后距离悬崖不过几丈之遥,然而就在那方寸之地,竟立了两座相邻的墓碑。晏春熙屏住呼吸,又走近了一步,终于堪堪瞧清楚了墓碑上的字迹,他一时之间竟惊得呆立在了原地。

——山中人关锦宁之墓。

——毕生知己夏白眉之墓。

两座墓碑上分别是这样写的。

"夏大人……"晏春熙很小声地开口,可即便如此,仍觉得似乎惊扰了夏白眉。

夏白眉并未应声,他单膝跪在地上,用手指擦拭着墓碑上的霜雪。他看着面前冰冷的死物,像是入了神。

"夏大人,皇上他、他……"晏春熙心口跳得厉害,他只觉不该,也不可能如此,可是又实在不明就里。

"皇上无事。"夏白眉似是猜到晏春熙心中所想,嗓音沙哑地道,"生不能相伴,则死后为邻,他这是为我,也为自己找好去处了。"

晏春熙怔怔地看着眼前的墓碑,忽地明白了夏白眉的意思。

皇上未去,却先立好了自个儿和夏白眉比邻的墓碑。

那是天子啊。他有他母仪天下的皇后,有三宫六院的佳丽,有京郊大周数代帝王修缮过的极尽华贵的皇陵。可他要在这孤山梅坞之上入土,与一个宦官待在一处。

晏春熙鼻子一酸,颤声道:"夏大人,皇上对你明明执念颇深,何必、何必执意要你的性命?"

"是皇上他自个儿怕孤单。"夏白眉慢慢地站起来,转过身面对着晏春熙,一字一顿地道,"他想要我永远陪在他身边,若生时留不住我,便叫我在黄泉之下陪着他,如此也是念想——人死了,可念想活着。"

人死了,可念想活着。

夏白眉背对着墓碑,他身着肃杀黑袍,衣角在寒风中翻飞。

斜飞入鬓的长眉,好似一夜长安冬雪悄然飘落在美人面上。

他袍袖下的手指抚摸着剑鞘,眼里一瞬间万般情愫纷来沓至,生与死如烟如尘,但终是通通化作了虚无。

入夜之后,一辆简朴的马车从皇城之中缓缓驶了出来。

驾车之人一身灰袍,打扮貌似寻常家仆,只有腰间斜插着一把锃亮的银刀,若是叫京城有来头的人物瞧见刀柄上的"星"字,自然能知晓此人身份非同小可——银甲周星,天子近卫。

自成德年间,周星卫从前朝时的两千人迅速发展到八千人,不仅人数大大增加,选拔也比以往严苛极多,往往百夫长便已是武举中进入殿试的佼佼者。大周英才本该在辽阔的疆土之上扩散开来,如今却前所未有地聚集在长安京都的城根下。

大周最强大的一支武力,必须听从皇帝一人号令。

关隽臣身着夜行衣,马掌上都包了糙牛皮,但即便如此,仍谨慎地远远跟在马车后百米开外。他绝不敢大意,赶车之人乃是麟庆末年先帝钦点的武状元言禹卿。此人本就天赋异禀、力大无穷,后又拜入前太保的门下,练的功夫亦是沙场上"万人屠"的路数。

关隽臣同样出身兵家,当年也曾凭借一身强横的武功威震关山以西。

他懂兵家的功夫——无半分飘逸,没半点巧劲,一出手必要见血。

若在他全盛之时,他凭借着千军破甲,尚有六七成把握能拿下当年的言禹卿。如今却是今非昔比,武官不比文官。

人之一生,气力最大时便是二三十的青壮年,自三十五往上,每走一步,精气神就消减一分,一步又一步,步步是下坡。言禹卿今年刚满三十,而关隽臣已经近四十岁了。

武道无情,岁月更无情。昔日的胜算已悄悄调换了过来,若叫他与言禹卿动手,只怕如今的他只剩下了三四成胜算。

而比言禹卿更叫他忌惮的,是耳目先前报来的——另有一高瘦黑衣人与皇帝一同上了马车,耳目认不出此人。周星卫的将军都要扮作车夫,此人却与周英帝同乘,谁更受信任显而易见。

关隽臣只能想到夏白眉口中提到的去追杀他的那武功奇高之人。

关隽臣生在皇家，又为先帝最宠爱的子嗣，自然能读到许多宫中秘史，只不过他并未与夏白眉吐露。

升龙卫历朝只有寥寥数人，世人罕知，可他确实有所耳闻。

升龙，为龙抬轿之人，历代帝王身边最无声无息的影子。周英帝此次出行梅坞虽然隐秘，但不仅带了言禹卿，还带了一名升龙卫。

关隽臣知道升龙卫只怕是皇宫大内武功最高之人，因此更加要万分小心，一旦进了百米之内，以他的武功也无把握不会被发现。

一路随行到了城门外时，白溯寒才跟了上来，他一身黑衣，黑布蒙面，在夜色中难以发觉。

"王爷，"他将声音压得极低，"王爷所料不错，三百周星卫正远远跟在后面。"

关隽臣眼里寒光微闪，冷冷一笑道："果然。"

先前他与夏白眉便有分歧。

依夏白眉所言，梅坞隐秘，更是他与皇上二人独会之处，皇上绝不会愿意叫太多人知晓，即便是亲上梅坞，想必也只会带上一两个亲信。

但关隽臣对此始终有疑虑，周英帝生性多疑，今次又并非与夏白眉同登梅坞，只怕未必会托大。

今日得知言禹卿进宫，他心里便隐隐察觉到，只怕言禹卿在此并非只是随行护卫周英帝，也有一遇险境便马上统御周星卫的意思。

关隽臣心思缜密，一早便叫白溯寒远远跟在后面，盯紧了周星卫的动向，如今果然不出他所料。

关隽臣本想将局布得越小越好，但是如今周星卫既已牵扯进来，他势必要动用京郊虎骠营。

"你知道该去哪儿吧？"他拍了拍白溯寒的肩膀。

"是，我马上去见叶统领。"白溯寒点头行了一礼，随即又悄无声息地隐没在了夜色之中。

第十三回

周英帝的车辇驶到梅坞半山腰终是无法再上去了。

山路只此一条，关隽臣因此愈发不敢跟得太近，早早便将骏马驱赶开，然后施展上乘的轻功从后面跟着。

关隽臣遥遥看着周英帝从车辇中缓缓走了下来，若不是那人的的确确身着真龙才能穿的明黄色锦袍，一时之间只怕他都不敢相信，那竟然是年前还意气风发地将他整治得俯首帖耳的关锦宁。

周英帝身形本颇高大，可此时佝偻着后背，走一步便要停下来咳上几声。他显然气力不足，登不得山，便坐在由言禹卿和另一高瘦黑衣人一同抬着的一张松木轿子上，徐徐向山上行去。

大周天子从不曾在人前有过这般虚弱颓靡之时。

关隽臣暗自心惊，十数位太医入宫诊治半月有余，周英帝却仍是这般光景，看来当真是心病难医。诛杀夏白眉一事，不承想将周英帝也重创至此。

关隽臣这般跟着周英帝一行人上山，也不由因山道之崎岖难行而诧异，与先前上山时的晏春熙生出了同样的怪异念头——

没想到周英帝竟能将这里记得这样熟。

约莫一个时辰之后，关隽臣才终于远远跟着那三人穿过了山巅梅林，来到了临悬崖而立的梅坞小筑。

他小心地隐匿在梅林之中，枝叶梅花交错下，他自然能走近许多，是以这会儿才能略看清些周英帝身边另一黑衣人的相貌。那人身上背着一个明黄色包袱，形容枯槁，焦黄的面皮像是薄薄一层粘在脸上的，眼眶更是深陷如骷髅，叫人乍一看便心生寒意。

关隽臣深知这是内家功夫练到极致的面向，他不看别处，目光只敏锐地扫向黑衣升龙卫袍袖下的手指。与骇人的面貌相比，此人的手却堪称细白柔嫩，倒像是女子的手一般，浑然不似寻常武人。

关隽臣的瞳孔却一见到这双手便微微收缩了一刹，他生于皇家，见识自然卓绝，是以才更瞧得出门道——江湖上那些二流的拳法指功往往将人的五指练得指节粗大、掌心粗糙，有人甚至觉得将肌肤练得坚硬如铁才是练出了门道。殊不知，最上乘的手上功夫，练时才更要留心一双手，如此才能敏锐灵动。

关隽臣也留意过夏白眉的一双手，虎鹤双形功中的虎爪霸道无匹，然而夏白眉的一双手平日看上去修长漂亮，指甲圆润，指节显而不凸，毫无狰狞之态，倒像是养尊处优的贵公子的手。但夏白眉出手时五指大张，虎形的威势立现，这便是学到了精髓。

这个黑衣人能在这个岁数还把手养成这样，更加让关隽臣忌惮万分。

也难怪周英帝虽然谨慎，却只是叫周星卫在山下等着，敢放心只带两人随行就登梅坞。实在是那升龙卫将武学练到这等境地，虽说不上天下无敌，但也接近"一夫当关，万夫莫开"的境地了。

关隽臣并不急躁，他早已为山下的周星卫布下了杀局，只是不到万不得已，他实在不愿动用——虎骠营叶舒的身家性命终究是交付在他手中，他不得不谨而慎之。是以哪怕他贵为亲王，却仍亲身犯险。其中不仅有他武功精深的缘故，也有着为叶舒的思虑。

周英帝下了轿子，由黑衣人搀扶着，一步步向梅坞走去。言禹卿在斜后方亦步亦趋地跟着，虎背熊腰，颇有大周武官的英武风姿。

直到周英帝立在小屋的门廊前，抬起头看着那扇微敞的雕花窗，竟久久站立在寒风中一动不动。

就在这时，梅林之中忽然传来细碎的声音。

言禹卿猛地一转头，厉声喝道："是谁？！"

一头小鹿从林中探出头来，抽动着鼻子瞧人的模样很是天真，它竖着耳朵，一条前腿轻抬，姿态颇为娇俏。

周英帝虚弱地咳了一声，对言禹卿道："莫要惊着它。"

言禹卿虚惊一场，面色和缓下来，躬身应道："是。"

然而就在众人都松懈心神的时候，小屋的门猛地弹开，随即从中传来一阵锐物破空之声。

只见数根银针以暴雨梨花之势向周英帝三人疾射而来——

如此近的距离，如此快的暗器。只见黑衣人面色一冷，未见他有任何动作，背后的包袱已冲天而起，一柄赤金色的皇极剑和一把金刚伞朝天飞了出去。

黑衣人一步向前，右手一掌拍在伞柄上，只听"唰"的一声，金刚伞被他用内劲撑了开来，金刚伞面如同一面铜墙铁壁，撑在了周英帝身前。

事出紧急，功夫的高下登时显了出来。

暗器先发，黑衣人却能向前一步挡住银针；然而言禹卿连退三步，才堪堪用刀鞘舞出了一片银光，在身前挡下了银针。

言禹卿显然忠心不二，刚一稳住步子，便已将周英帝挡在身后，戒备地看着小屋，高声喝道："好大的胆子，竟敢行刺大周天子！出来！"

言禹卿此言显然用上了内力，尾音一字更比一字响，在山巅间反复回荡，惊吓得林中那头小鹿也缩了回去。然而即便如此，屋中也无半点动静。

关隽臣趁着所有人的心神都集中在小屋处时，悄然靠得更近了些，将在场诸人的神情也瞧得更真切了。

言禹卿是最紧张的，握着刀的手背青筋暴起，显然是随时准备出手。然而黑衣人一手持着金刚伞，蜡黄的脸上毫无表情，似是老僧入定一般。

只有周英帝站在他二人中央，面色苍白，眼睛眨也不眨地看着木屋，开口道："眉儿……是你吗？"

"是你吗？"他又重复了一遍，声音都颤抖了。

关隽臣在一侧看着，心中不禁也是一抖。

半月不见，周英帝的鬓角已是斑白一片。皇帝明明被行刺，此时身涉险境，可他看着那木屋的眼神，竟是殷殷地期盼着什么。

只听"吱呀"一声，木门向里打开，一双漆黑的靴子迈了出来，无声无息地踏在雪地上。

"皇上——"夏白眉肩头落着一朵红梅，他就这么站在梅坞前，似笑非笑地道，"眉儿未死，您可是失望了？"

"朕……"周英帝身子一晃，不由扶住了言禹卿的手。

皇帝虚弱至极，再也不似往日那般深不可测。他虽被行刺，可半点怒气也无，甚至连那份思念都藏不住，双眸盯着眼前的夏白眉，像是连眨眼都不舍得："眉儿，你能回来……朕甚是高兴，你、你生朕的气了是不是？"

之前的事，是朕的过错。"

周英帝此时小心翼翼，言禹卿都不由转头看了他一眼，甚是诧异。

"不敢，敢问皇上是说哪一桩？"夏白眉轻轻拂去肩头的红梅，嗓音沙哑地道，"是在宁亲王面前拟旨赐死眉儿一事？还是眉儿出城后便遭大内高手刺杀一事？既然左也是死，右也是死，皇上又何必惺惺作态？今日亲上梅坞，便是要叫皇上亲手来取我的项上人头了。"

"夏白眉，"言禹卿面色一寒，高声喝道，"乱臣贼子人人得而诛之——你今日胆敢行刺皇上，已是凌迟之罪，还不跪下！"

"言将军，你是麟庆三十七年的武状元，是也不是？"夏白眉笑了笑，转头看向言禹卿。

他往日里阴冷深沉，可今日好似整个人甚是舒展——这一笑，璞玉似的面孔上凤眼顾盼生辉，头一次在众人面前显出男女莫辨的瑰丽之色。

言禹卿竟看得愣了一下，不由握紧了刀柄，沉声道："是又如何？"

"你手上这柄分野刀乃是寒山玄铁所铸，重逾百斤，寻常人只怕高举都难。但你天生力大无穷，是以挥舞时不觉有碍，反而有如神助，因很少有人能接下你这般一劈之力。但是言将军，你一路踏雪上山，可曾发觉右足留下的痕迹较之左足要深上许多？"夏白眉慢条斯理地对言禹卿说着，他的眼神却瞥向林间的关隽臣，两人匆匆一对视，顷刻间便有了默契。

言禹卿虽然一声不吭，右足却不由在雪地上轻轻碾动，将足迹抹去。

"沙场功夫粗豪，只因千军万马间，力大便是胜，可此时你不在沙场。"夏白眉向前走了一步，笑吟吟地道，"用惯了神兵亦是取巧，你这些年武功练得粗糙，远未达到一股内劲贯穿上下之境。重刀虽好，却累了你的右下盘，当真动起手来，你的右腿只怕比左腿慢上半步。"

夏白眉刚说到这里，只听"呛啷"一声，言禹卿已脸色凝重地抽出了长近三尺的佩刀，刀刃一侧横于胸前，道："不过慢上半步。"

"高手过招，半步实在已太多。"夏白眉右手从袖中缓缓探出，已成虎爪之形，一字一顿地道，"武状元，三招之内——我必徒手抓碎你的喉管。"

言禹卿看着夏白眉一步步走近，额角已冒出了两滴冷汗，他自然知道夏白眉下一招必是雷霆之势。

黑衣人从始至终都恍若未觉，只是持着金刚伞紧紧地挨着周英帝站着，对言禹卿的处境毫不关心。

这时，关隽臣运起轻功，一步步挨近了梅坞。

微风自梅林之中吹拂而来,夏白眉的长眉斜飞入鬓,眉尾邪异地微颤,一双凤目似是被飘落的红梅染上了血色。

就在人人都以为夏白眉要对言禹卿出手之时——只见黑影一闪,夏白眉的身形如同疾电,因太过迅捷几乎不带起半点风声,眨眼间便已到了黑衣人身前。他一出手便是杀招,右手成虎爪之式抓向黑衣人双目,显然立时就要废了黑衣人一双招子。

他根本就未打算对言禹卿出手。

同时,游龙般的三尺皮鞭带着一点金光卷向了周英帝!当年威震关山的千军破甲终于出手了!

夏白眉方才威吓言禹卿时字字皆是杀机,然而身子一动却骤然对黑衣人出手,这一招声东击西本可谓防不胜防。

要知道夏白眉出手是何等之快,话音还未落,虎爪就已经狠戾地罩住了黑衣人的面门,若是寻常的一流高手,只怕还未反应过来便已被抓瞎了双目。然而不承想,那黑衣人竟然游刃有余地足尖往后一点,生生向后腾跃了三尺!他身姿无比轻盈飘逸,简直如同仙鹤展翅。

即便是如此紧要时刻,他竟也没忘了自身肩负的重责。关隽臣长鞭一动之时,黑衣人的金刚伞也已出手。只见金刚伞收拢,霎时间便已如长棍一般横在周英帝背后。

关隽臣面色一冷,他长鞭既已出手,断断没有收回的道理。他手腕一抖,千军破甲便如灵蛇盘根般划出了一圈又一圈,由于速度太快,甚至在点点金光中看出了无数残影,好似划出了无穷无尽的圆圈一般。

长鞭乃是独门功夫,扫、劈、截、撩、缠五诀之中,缠字诀最精细,也最考校腕力——关隽臣是使鞭的大行家,自然精于此道。

黑衣人冷哼一声,只听金刚伞在他掌中被震得"嗡"地刺耳一响,然而这把伞在无数的金圈之中,既未被缠住,也未被震飞,只是靠着不断地微颤着打转,便巧妙地卸去了千军破甲鞭身的劲力。

关隽臣见状,不由心下一紧。要知千军破甲与分野刀都是大周有名的绝世神兵,牦牛皮的鞭身柔韧,鞭尖坚硬如铁,远较一般长鞭要沉重。

更何况关隽臣一身武功师承大内,本就极为精深,是以千军破甲看起来柔软,实则一鞭之下有万钧摧山之力,否则冠军侯又怎会有当年一鞭将西戎首座大将军呼延重峰隔着护心镜连人带马活生生震死的悍然战绩。

然而即便在如此巨力之下,这一鞭却奈何不得黑衣人手中区区一柄金刚伞——此人武功实在是高到了匪夷所思的境地。

如此一拖，言禹卿自然也察觉到了不对。他顾不上别的，将分野刀当胸一摆，扶着周英帝倒退了三步，如此便与夏白眉和关隽臣都远了许多。

周英帝一惊之下也不由脸色大变。

"关隽臣，你好大的胆子！"他一甩明黄色袍袖，往后退了一步站在言禹卿身后，脸色苍白地厉声道。

皇帝终究是皇帝，他乍一身涉险境，又发现此时梅坞行刺一事牵扯进了关隽臣，便再也不复先前单独面对夏白眉一人时的软弱恳求之态。

只见他神色顷刻间阴沉了下来，然而并未贸然发火，而是循循善诱道："夏白眉乃是为了私怨才将梅坞告知你，可你是堂堂大周亲王，荣华富贵、功名利禄都已抓在手中，莫要在这节骨眼犯了糊涂！"

关隽臣的长鞭与黑衣人的金刚伞缠斗不止，他自知一时之间拿不住黑衣人，便立刻收了鞭，转头看向周英帝，缓缓道："皇上，私怨也好、公仇也好，臣弟来梅坞自有来的道理。"

就在这时，一道纤瘦的身影从梅林中走了出来："王爷……"

那人一身锦衣，外面罩着黑色狐裘，华贵的柔软狐毛间露出一张俏生生的面孔，虽在夜色之中看不太真切，可也能认出正是晏春熙。

关隽臣神色颇有不愉，他先前早已叮嘱过夏白眉将晏春熙藏好，可此时显然计划有变，他沉声道："熙儿，到我身边来。"

他手里紧紧握着千军破甲，虽然只看着晏春熙，实则眼观六路，唯恐言禹卿或是黑衣人突然出手。

只见少年双手被锦带绑缚，一瘸一拐地向关隽臣走过来，他眼中含着委屈，颤颤地又唤了一声："王爷……"

关隽臣无暇照拂晏春熙，只是用眼睛深深地看了晏春熙一眼——

他知道自己不用多说，只这一眼，珍重、疼惜以及呵护，都在其中了。

少年也乖觉，垂下头站在他身旁，一声不吭。

"宁亲王，看来这便是你亲身涉险的道理了。"周英帝看了一眼似是刚刚脱困的晏春熙，慢慢地道，"朕知道你的难处，如此忠心的少年，也无怪你在意至此。此前朕能用他拿捏住你，夏白眉自然也能。朕也不为难你，此番就当你中了奸人之计……"

周英帝眼睛眨也不眨地盯着关隽臣，语气尤为温和："无论如何，朕总当你是朕的手足兄弟。你此时退去，朕便当作没这回事，你带着你的晏公子回京，从此安安稳稳做你的宁亲王，如何？"

"皇兄，"关隽臣听了这番话竟浅浅笑了一下，"你怕了。"

"是吗？"周英帝却不动怒，他眯起眼睛，慢条斯理地道，"朕知道，眉儿定是告诉你，朕不愿旁人知晓梅坞所在，是以只会带一二人随行，你才这般笃定。眉儿懂朕，却不懂一代帝王——帝王不会犯险，哪怕梅坞是天上宫阙、是蓬莱岛，朕也万万不会孤身前来。是以朕不是怕你们，是心疼。你是朕的弟弟，眉儿是朕的知心人，朕不愿伤着你们。"

听到此处，夏白眉微微转头看了一眼周英帝，却未开口。

周英帝直视着关隽臣，也只当未察觉到夏白眉的目光。

"宁亲王，皇上仁厚，你可要好自珍重。"言禹卿左手一翻，掏出了一枚信号烟花，"梅坞上山一条道，只消我将这枚烟花放出去，上千周星卫立时便会登山护驾，只怕今日你与夏白眉都要毙命于此了。"

"言将军，入夜了，你怕是眼花了。"关隽臣微笑道，"三百周星卫，不多不少，本王上山前便已派人点过了，何来上千呢？"

他此言看似轻描淡写，周英帝的脸色却一下子变了。

周英帝心思何等深沉，只消这一句话，便明白关隽臣定是先前便知晓了周星卫的部署。既是如此，关隽臣自然不可能毫无准备便上山。

言禹卿神情顿时紧绷起来："宁亲王，谋逆死罪，你莫要一错再错。"

"本王谋逆——谁知道？"

谁知道？这三个字如同寂夜中平地起了惊雷，在这梅坞山巅响起。

关隽臣似笑非笑地看着言禹卿，继续道："今夜不太平，周星卫竟然趁皇上微服出巡之时行刺。谋逆犯上者，人人得而诛之，只消求救烟花一放，长安城人人都看得到——京郊虎骠营忠心耿耿、护主心切，定当倾巢而出，血洗梅坞！言将军，其实你说得极是，梅坞上山一条道，许多话，要活着下山的人说才有人信，是不是？"

言禹卿听到这里脸色苍白，左手立时攥紧了烟花。

而一旁的周英帝已是脸色铁青，他忽然抬起头，对着一旁一直默不作声的黑衣人沉声道："太乙，给朕将夏白眉拿下！"

那黑衣人安静时如同影子，听了周英帝的命令，忽然仿若活了过来。

他纵身前跃，一手持着金刚伞，另一只手掌大张成爪，霍地罩向夏白眉面门。此人手指纤纤好似女子，出招快极却无半点风声，直让人感觉轻飘飘的，好似根本没什么劲道。

夏白眉眯眼盯着黑衣人这只看似绵软无力的手,瞳孔却突然因忌惮而微微收缩。

电光石火间,他亦是反应极快,上身后仰就鹞子一般倒翻了出去,但他一避之下并未接着退却,而是回身以虎爪直接抓向黑衣人太乙的腰眼。

黑衣人枯黄的面皮上在这时露出一抹诡秘的浅笑,他不避不退,以爪对爪竟还能后发先至,两人才一照面,夏白眉就忽地闷哼了一声,依稀像是吃了个亏。然而他们交手的速度实在太快,叫旁人一时之间看不出究竟。

短短几个呼吸之间,夏白眉又一个倒翻,随即单膝跪在了地上,重重地喘息着,一双凤眼死死地盯着黑衣人。

关隽臣目光如电,一下子便看见夏白眉刻意掩在袍袖下的指尖在剧烈地颤抖,紧接着又看到一股浓稠的鲜血从他袖口流淌下来。

"夏——"晏春熙不由也声音一颤,可随即马上住口了。

"虎鹤双形,你胆子不小啊,竟敢在老夫面前使虎爪,掌心被抓穿的滋味可还好受?"黑衣人站在原地悠悠地开口了。这还是他今夜第一次说话,没想到声音颇为低沉动听,竟叫人根本听不出他的年纪。

"夏白眉,你本不过是个卑贱阉人,承蒙皇上垂怜,才赐了你这门虎鹤双形功——若非如此,你又怎配得上我与师兄合创的这门盖世神功?"

夏白眉一听此言脸色霎时间煞白一片,饶是他早已死了心,仍忍不住猛地转过头,睁大眼睛看向了周英帝:"你、你……"

他一直以为虎鹤双形功承自前朝,却不承想,创下这门功夫的人竟是周英帝的近卫,原来……他会的一招一式,皆师承面前这黑衣人。

原来自十多年前,周英帝对他最宠信的时候,因爱惜他而赐他虎鹤双形功的典籍时,便已悄然步下了这一招后手。

周英帝负手在背后,看了一眼夏白眉袖口下的鲜血,温声道:"眉儿,你不是太乙的对手。回来吧,回到朕的身边,不要再伤着自己了。"

夏白眉看着周英帝,双眼赤红。他未败在武功,却败在了人心。

他曾以为是十多年权势倾轧,才将面前的人磨成了无心无情的九五之尊,却无论如何也不能猜到,原来少年时的默契与羁绊早已是他的妄念。

"啊!"只听夏白眉一声凄厉的嘶吼,在寂夜之中如同濒死的野兽。

他忽地翻身而起,带着一股刺鼻的血腥之气扑向了黑衣人。

许是因为梅坞立于绝顶,明月当空,便更显皎洁。

在一抹凄清月光下,晏春熙看到夏白眉五指大张,掌心鲜血淋漓,竟是被黑衣人用手指生生抓出了两个窟窿，如此伤势，旁人看了都骇得很。

两人"嗖"地擦身而过，夏白眉右臂上又留下了五个鲜血淋漓的洞，最深的隐约可见白骨。他跟跟跄跄地后退了几步，右臂剧痛之下，脸上满是冷汗。而黑衣人脸上似笑非笑的，也不急着逼近，只是玩味地看着手指上挂的残破布料。

晏春熙不敢妄自出声，可是见了如此惨状，眼圈已不由得红了。

周英帝也有些急了，忽然向前迈了一步，高声喝道："眉儿！"

他随即语气转柔，哄道："眉儿，莫要钻牛角尖，朕凡事都要留后手，并非着意要防范于你。"

夏白眉恍若未闻，仍用尽全力挺直了腰板站在寒风之中。

关隽臣见状心下也焦急，然而他手刚一搭上腰间的长鞭，站在周英帝身前的言禹卿便已向前一步，凝视着他开口："宁亲王，听闻您一手千军破甲威震关西，末将自知未必是大周冠军侯的对手，但您若此时妄动，末将手中这把刀只怕也要握不稳了。"

"我若出手，你待如何？"关隽臣冷冷地道。

言禹卿慢慢地道："您动一步，末将便也动一步，您若去救夏大人，只怕长鞭尚未收回，末将就已一刀斩了您身边的晏公子。"

关隽臣太阳穴青筋微跳，深知言禹卿所言非虚。他与言禹卿武功本就伯仲之间，此时万万难分心思去救夏白眉。

两人说话间，黑衣人已一步一步向夏白眉走去。

夏白眉右手右臂受的皆是重伤，半身衣裳已被鲜血浸透，却仍面色坚毅地将双手如满月大弓般缓缓拉开。他左手"切"字诀侧在胸前，右手颤抖着勉强成虎爪之形，左腿往前迈半步，足尖点地，好似仙鹤长足点在池水上一般，身子便好似仙鹤的羽毛微颤，律动间自有妙趣。

"半步虚涅。"黑衣人微微点了点头，"你能将这门功法练到这一步，实属难得。"

他说到这里，似是颇为惋惜，继续道："虎鹤双形，虎形刚猛、鹤形轻灵，世人都道此乃一门刚柔并济的奇功，却不知我与师兄二人，一人是"山中虎"，一人是"池间鹤"，虎鹤双形的源头本是两个人的功夫，只因我二人突发奇想才将其合为一门功诀。然而我终究将虎形练到了骨子里，狠戾太过，于这鹤形却难以浸润，是以反倒不如你精深了。可惜了，夏大人，可惜了啊……"

夏白眉抿紧嘴唇，并不答话，唯有听到黑衣人谈及他对鹤形不精通之时，眼中才霍地闪烁了一下。

黑衣人此时显然已动了杀心，右爪出手时因太过凶戾，带起一阵虎啸似的疾风。夏白眉右手伤重，全靠轻灵的鹤形步挪移闪躲，如此看来，黑衣人说的果然不错，于鹤形的造诣上，确是夏白眉略胜一筹。

如此硬碰硬，终究是虎形更刚猛凶狠，夏白眉无法与黑衣人照面，纯靠躲闪的功夫，区区数招之间就已险象环生，被逼到了一棵梅树的枝干下。夏白眉一个后仰，靴尖点着梅树的枝干跃到了半空，他虽是一身黑衣，可袍角在雪中翻飞好似仙鹤展翅一般。

他本就失血过多，气力不支，右腿稍稍沉滞了一下。然而高手过招，只争毫厘，太乙左手将金刚伞丢到了雪地之中，一把扯住夏白眉的右脚将他扯了下来，随即右手五指已插进了夏白眉的腰腹。

虎爪如钩，径自将小腹上一块血淋淋的肉生生扯了下来！

"啊！"饶是夏白眉如此能忍，也忍不住惨叫了一声。

一阵血雨冲天而起，落在雪地上。

夏白眉身子一个横翻倒飞出去，随即瘫软着趴在了地上，正巧跌在那金刚伞旁边。他脸色惨白，如同一只被屠戮了的仙鹤，茫然地轻轻摩挲着那柄金刚伞，忽地吐出了一大口血，雪地上顿时又落了几朵红梅。

晏春熙看得脸上惨白一片，心口发寒。

"太乙！"周英帝此时终于按捺不住地怒喝道，"朕要活口！"

"是。"太乙见状不得不缓下攻势，他站定之后看了看趴在地上的夏白眉，道，"夏大人，皇上本以为你已不活，将你的金刚伞和皇极剑都带来了梅坞，想着与你一同葬在此处。如今皇上仍不舍得要了你的性命，你需得懂得感沐皇恩啊。"

夏白眉用手指颤抖着将伞柄上的雪拂开，一时之间竟对太乙的话不闻不问，痴痴地道："是……确是我的金刚伞……"

太乙知晓夏白眉已无力出手，自然不再戒备，踏着雪走到夏白眉身边蹲了下来，伸手想将夏白眉的身子拖起来。

夏白眉兀自死死拽着那把金刚伞，躺在雪地之中极是不配合。

太乙皱了皱眉，伏下身想要将夏白眉怀中的金刚伞拿开，就在这一刹那——夏白眉右手突然将伞柄抬起对准了太乙，在伞柄的螺纹处一按，只见一根银针"嗖"地射了出来！

"啊！我的眼睛！"

银针本就极轻，又由精巧机关在这般近的距离射出，霎时间没入了太乙的右眼半寸有余，鲜血自太乙的瞳孔之中徐徐流下。如此剧痛实非人能承受，哪怕太乙这等武学高手都不由惨叫出声，恨不得在雪地上打滚。

但他终究非同凡人，仍未彻底失了神志，马上便知晓危险，起身想要向后疾退。然而夏白眉此时怎能任他逃去，一双凤目之中凶戾之色乍现，全然没了方才的痴态。他一手划了半圈将太乙的脖颈牢牢锁在怀中，右手五指聚拢，化爪为鹤喙，猛地打在太乙的太阳穴处！

要知人的太阳穴极是脆弱，乃是三块头骨交界之处，这般被喙形重击，不仅痛极，更是霎时间便能叫人浑浑噩噩。

太乙嘶声号叫着，双目圆睁，一只眼流着血，一只眼珠则好似要崩裂开来，形状极是可怕。他此时哪顾得上皇上的吩咐，双手十指都狠狠插进夏白眉的身体之中，是要以命搏命了！

一股股鲜血从夏白眉身上喷射而出，然而夏白眉双目发亮，好似一匹绝境中的狼，竟能忍住一声不吭。他流着血的右手依旧成鹤喙之形，一下一下地锤击太乙的太阳穴，直到他怀中紧紧锁着的人终于叫不出声，脖颈也缓缓地软了下来。

太乙死了，"山中虎"死在了虎鹤双形功的鹤喙之下。

他是第二个死在夏白眉手中的升龙卫。

这等变故发生得实在太快，黑衣人已七窍出血瘫软在地上，而夏白眉用手拄着那柄金刚伞，从雪地之中慢慢站了起来。

他右臂和腰腹间的衣衫破裂，露出了被虎爪抓得稀烂的皮肉，一走动，浓浓的血腥味就随风飘散开来。

夏白眉脸上的神情颇淡，只这么静静地看着周英帝。

那一双入鬓的斜飞白眉上挂着几滴血珠，在一片雪色之中，他满身血污，却出奇地有种洁净之感，好似一尊不该在人间逗留的地府修罗——

大周皇帝到了此刻才终于怕了，他神色勉强保持着镇静，人却忽然退了一步，站到言禹卿的背后，哑声唤道："眉儿……"

夏白眉并不答，只是出神地盯着他。

周英帝愈发慌了。

慌的不只是周英帝，言禹卿手中紧握分野刀，虽还未出手，可是看着夏白眉先前那一轮绝惨厮杀，纵然他是沙场中的"万人屠"，也惊骇得肝胆俱裂。他手微微发颤，低声道："皇上……只能赌一把，将烟花放了吧，先让周星卫上山护驾，再担心什么虎骠营。"

"言将军。"关隽臣冷冷笑了一声，"你倒不甚在意手下这三百人的性命。"

言禹卿显然听不进去："皇上，不能再等了！周星卫脚程较之虎骠营快上许多，未必不能护得皇上周全，更何况届时梅坞大乱，定能扭转大局！"

周英帝却未应声，他长眸闪烁，显然是仍在思索。

"皇上！"言禹卿急得已顾不上君臣之礼，又催促了一声。

"不准放。"周英帝脸色一沉，"烟花一放，才是真真给了虎骠营出兵救驾的正当名头，只有这般拖着才是活路。先前你早有吩咐不会在梅坞过夜，如此拖得一个时辰，周星卫便会起疑，拖得两个时辰，周星卫便会上来查看。你便站在朕的身边，哪都不要去，关隽臣只一人，奈何你不得。"

"皇兄说笑了。"关隽臣道，"我难道不会叫虎骠营围山？定要等你给个由头才行？"

周英帝盯着关隽臣，过了良久，他终于微微扬起嘴角："京郊八营皆有高塔瞭望，既是互相拱卫，亦是互相监察。一营异动，八营皆知。虎骠营若敢无缘无故大军出动，南翼飞熊营、北翼朱雀营定会发觉苗头双面夹击。宁亲王，朕便是敢与你赌上一把——赌你不会轻举妄动。"

关隽臣凝视着周英帝的面孔，心中不由升起一丝钦佩。即便身处如此绝境，周英帝仍然心思如电，此人心机之深，实在世所罕见。

他沉吟片刻，慢慢地道："何以见得？"

"大军混战，定会尸骨成山。宁亲王，为一己之私，要搭上千万条大周将士的性命，你真舍得？冠军侯，当年关西大战，你在沙场身先士卒，更是爱惜部下好比手足，美名传遍大周。"周英帝袍袖一拂，脸上笑意渐浓，一字一顿地道，"朕今日不赌别的，就赌你心性未变——你狠不下心来。"

关隽臣面色森寒，悄然握紧了手中的千军破甲。是了，若非他是那般爱惜部下的将领，如何能让虎骠营统领叶舒在多年后仍愿誓死效忠于他？

大周律，谋逆乃诛九族之大罪。是以叶舒对他说，自个儿的身家性命都已托付给了他。如此重托，他不能忘，更不敢忘。

就在此刻，夏白眉低头点了自己几处大穴，封住流血不止的伤处，然后向前走了几步，嗓音沙哑地开口了："不必赌。"

他慢慢地俯身，自雪地中捡起方才太乙包袱中掉出来的那柄长剑。

325

夏白眉将金刚伞丢在一边，虽身上早已残破不堪，却兀自站得笔挺。然后，他右手将长剑当胸平举，另一只手缓缓将长剑从剑鞘中拔了出来，"呛啷"的出鞘之声拉得极长。那柄长剑通体赤金之色，剑身上纂刻着古朴的三个小字——皇极剑。

皇权特许、天子亲临。这柄剑乃是大周最尊贵的一柄剑。

夏白眉手腕一动，剑刃便柔韧地一抖，剑尖一点璀璨金光遥遥指向了周英帝。

他右手早已半废，因此是左手持剑，走动时更是双腿都颤抖不止，可语气仍极平静："宁亲王，你我联手，定拖不到周星卫上山。"

他此言虽是对着关隽臣说的，目光却停留在了晏春熙脸上片刻，直到那少年微微对他点了一下头，才移开目光。

关隽臣看了眼夏白眉，脸上的肌肉不由微微抽动了一下。

夏白眉远非善人，手段心机更是毒辣，可是直到此刻，关隽臣也不得不放下成见，在心中由衷地道一声"佩服"。

梅坞殊死一战，狠到了绝处，烈到了绝处。如此意志，如此韧性，夏白眉实在是百年罕见之人物，即便他是众人厌弃的阉人，也真真当得起一句"大周盖世人杰"。只叹今夜传奇一战，终是无缘史书了！

关隽臣一念至此，心中也再无旁骛。他看向言禹卿，手腕一抖，鞭尖如同一条出洞金蟒，笔直地甩了出去。

鞭势明明并非极快，言禹卿却跟跄着退了两步，才将刀鞘往前递，与长鞭缠斗了起来，三招之间就已露出了数次破绽。

言禹卿这等大周一流高手，何至于此。

关隽臣并不急于逼近，而是眯起眼睛观察着言禹卿。只见此人应付千军破甲颇为吃力，然而那把分野刀一直握在手中，没有妄自出手，反倒是一双眼睛时不时便盯向一旁暂未出手的夏白眉，颇为戒备。

关隽臣心念一转，登时明白了过来。他长鞭一颤，身子翻向言禹卿一侧，白净的左掌从袖中突兀地探出，一招"青龙探爪"拍向言禹卿的身侧。

此招虚虚实实，为的是将言禹卿逼向夏白眉的方向。

然而言禹卿刚一旋身，见到夏白眉持着皇极剑漠然地看着他，竟匆忙间将刀鞘一扔，生生接了关隽臣一掌。他一时卸不下这股巨力，连连退了三大步，更因气血上涌，脸色一红一白，甚是难看。

关隽臣愣了一下，随即微微眯起眼睛——

言禹卿竟被夏白眉彻底骇住了。

人的胆气实在奇怪。夏白眉分明已伤重，身上被抓出了十数个窟窿，眼见摇摇欲坠，却不承想，本该在全盛时期的大周武状元言禹卿会对他惊惧至此。

关隽臣既已看出，夏白眉和周英帝自然也看得出此时的情状。

夏白眉淡淡笑了，他一只手抚过皇极剑的剑刃，慢慢道："言将军，你须得知道，今日之事无论如何，只怕皇上日后少不得要厌你护驾不力……唉，想你一生顺遂，本不至于沦落至此。"

他这幽幽一叹，在这深夜的梅林之中颇显诡异，与他相对的言禹卿额头的汗珠越冒越多了。

周英帝皱了皱眉，虽然夏白眉话中有话，可他究竟是帝王之尊，一时之间也不愿急急分辩。他虽也与言禹卿身陷于此，又身无半点武功，然而在气度上远胜于这位将军。

关隽臣明白夏白眉看似厉害，实则已是强弩之末，若不是封了自己的大穴，只怕此时早已失血过多而亡。但夏白眉封了大穴的身子只怕不便动武，是以才将话赶到了这处。

关隽臣金鞭一抖，不给言禹卿思虑的时间，又缠斗了上去。

然而言禹卿心中杂念丛生，一把分野刀打得威势全无、招式凌乱，几乎十招间就险象环生。

关隽臣眼光毒辣，抓到一个破绽，突然一个回身反打，千军破甲灵蛇一般缠住了言禹卿的右足。言禹卿脸色一寒，分野刀沿着腿向下疾滑还招。

同是大周神兵，若在平日，长鞭对长刀，自然是长刀占便宜。

然而使鞭妙就妙在两个字——劲道，关隽臣招式不曾用老，手腕一拽、一甩，竟生生将言禹卿的身子甩出了三丈开外。

言禹卿反应极快，一个鲤鱼打挺又翻身跳了起来。只是他本就失了斗志，此时一招输得彻底，脸上更显出浓浓的怯色，竟连刀也有些握不住了。

关隽臣见他如此，心中突地起了一丝怜悯。

言禹卿出身武官世家，资质极佳，年少高中武状元，此后入伍打了三场仗皆大胜。他这一生，无论是与夏白眉相比，还是与关隽臣这等真正殊死厮杀过的沙场将领相比，都可称是平步青云的一生。

顺遂是福，然习武之人，顺遂太过却是一道坎。

没参透过生死，心中便有恐惧之心。有恐惧的人，是登不得武道巅峰的。

327

"言将军！"周英帝终是按捺不住，他额头青筋微微跳动，怒道，"你乃大周武榜的状元郎，给朕拿出点真功夫来！"

"皇上……"言禹卿本就生了避退之心，此时被皇帝一喝，竟掉转身子跪在了雪地之中，他重重地磕了个头，喃喃道，"皇上恕罪，皇上恕罪，是臣无能……"

他说到这儿，整个身子突然如脱兔一般弹了起来，梅林之外疾奔而去。

此等变故实在太过突然，无论是关隽臣还是夏白眉都未曾料到，也无心阻拦。

霎时间，只留周英帝呆立在梅坞前——

"言……"周英帝刚一开口便马上收了声，他虽大惊，可除了袍袖底下的指尖微微颤抖起来之外，并未失态。

"好、好啊……宁亲王，当真是好得很啊。"

周英帝在太子时期虽也有过颓靡，但自从登基之后，他身为天子统御大周山河已久，从不承想会有一日落到这般地步。

他的目光从关隽臣的身上又慢慢游移到夏白眉身上，可看着夏白眉时，眼中的阴戾突地泄了出来，隐隐显出了一丝悲哀。

夏白眉一步步地走向周英帝，直到只隔了一步的时候，他停了下来。

周英帝也看着他。离得近了，夏白眉的伤口终于瞧得真切，他的右臂被抓得最深，狰狞的血肉之间隐约露出森森白骨，只怕再厉害的杏林妙手来了，这条膀子也是废得彻底，再不能提剑，也不能动武了。

周英帝眨了下眼睛，他身处死局，只怕立时便要身首异处，他的天下、他的皇权，顷刻间便要倾颓，可是这一刻他忽然想起了年少的时候——

想起夏白眉跪在他身后为他束发，那时便是用的这只右手。

他的发丝从夏白眉修长的手指间滑过，那是多少年前他已不大知晓，只记得自己还是一头乌亮如瀑的黑发。而前些日子他对着铜镜时，才发现镜中人鬓边都已白了，像是夜里他枕边悄然下了一场雪。

周英帝舍不得将目光移开，他就这样看着夏白眉，喃喃道："眉儿，这些时日，朕无时不挂念着你。"

夏白眉面无表情地听着，待周英帝说完，他左手忽然一抬。

周英帝只觉眼前金光一闪，曾意味着皇权无上尊崇的皇极剑已经架在了天子的脖颈之上。

夏白眉与他一步之遥，亦是一剑之遥。

"夏——"关隽臣皱了皱眉,他见夏白眉真真起了杀意,略迟疑了一下,还是握着千军破甲走了过去一些。

"眉儿,"利刃在颈边,周英帝声音不由发抖,"你、你可是要杀我?"

皇帝或许是怕了,又或许是慌了,竟未自称"朕"。

"是你要杀我。"夏白眉冷冷地道,"关锦宁,你我之间种种,皆源自你对不住我在先。我今日登梅坞,便是为了取你的性命,你可还有什么话要说?"

周英帝面色惨白,牙齿微微打战,显然不是不怕。

"眉儿,"周英帝脸上含着一丝哀求之意,低声道,"朕知道你当初中了断雪潮是为了试探朕,是以朕不能不拟那道赐死你的旨。朕可以为了你去对着宁亲王摇尾乞怜,但朕受他胁迫一次,日后便要受他胁迫千万次,如此,朕如何能坐拥天下?眉儿,你不能将自己作为筹码去试探一个帝王,你会伤了自个儿,也会伤了朕。朕什么都能给你,唯独这江山——"

他说到这儿抬起头,看着夏白眉道:"你是知道的,朕得来这江山有多么不易,朕须得守好它。"

夏白眉听着听着,眼中终于浮现了一丝恨意,咬紧牙道:"既是如此,我已死心求去,你为何又要派人杀我?"

周英帝沉默良久,终于长叹一声:"眉儿,这世上只有你知朕之顽疾,你在东宫服侍朕,为朕被毒哑了嗓子,许许多多桩事,朕全都记得。朕未曾如看重你那般看重过旁人,朕本想此生都留你在身边。

"可你要走,留朕孤零零一人在宫中……"

他眼中含了一丝泪意:"朕很害怕。眉儿,朕老了,再也禁不起了……"

晏春熙走近了些,他看着周英帝面如土色、嘴唇发颤的样子,那是一位帝王前所未有的窝囊之态。可是都到了这步田地,周英帝竟然还未开口将屋后墓碑一事说出来,这不禁叫晏春熙有些诧异。

夏白眉猛地将头扭开,他本就体力不支,此时不只是因握不动剑,还因心绪激荡,手中皇极剑都在抖。

他闭上眼睛,嗓音沙哑地道:"为何要称自己为山中人?"

他还是问了。

他不该问,只因问了,便知道自个儿仍不忍心,可他到底还是问了。

"你瞧见了?"周英帝睁大眼睛,他喉结上下滚动,似是激动,又似是慌乱,过了良久,他轻声道,"眉儿,倘若有来世,朕不做帝王。"

夏白眉转过头看着周英帝，他双目通红，泪水缓缓流淌下来。伤重至此，他不曾喊过一句疼，可是为着这句话，他还是哭了。

夏白眉猛地将剑刃收回，然后一把将皇极剑塞到了周英帝怀中，掉头就走。周英帝抱着皇极剑想要追夏白眉，却跟跄地在雪地上摔了一跤。

"是朕错了……"他的头撞到一旁的石桌，额角狼狈地滴着血，却丝毫顾不得，又追了上去死死拽住夏白眉的衣袖，像个孩童一样哀求道，"眉儿，是朕错了。若叫朕再选一次，朕会放你走的，朕放你去游历大周山河，策马江湖……朕什么都不要了，只求一样。眉儿，待到临了那一日，你回来吧，与朕一同葬在梅坞。朕知道今生注定无法回头，朕只求来世，只求来世以报……眉儿，你允了朕吧，好不好？"

夏白眉没有回头，一字一顿地道："我不要皇上今生回头，更不要来世的虚妄。"

"不、不……"周英帝忽然咳得厉害，抱着皇极剑浑身打战，一边咳一边念叨着，"眉儿，朕求求你，不要丢下朕，不要丢下朕一个人……"

夏白眉摇了摇头，背对着周英帝。他一根手指一根手指地掰开了周英帝拽着他衣袖的手，神情似乎带上了一股释然和怜悯。

他平静地道："宁哥，这一生，你我都累了。咱们……就此别过，死生不复相见罢。"

"不，眉儿，不——"周英帝使劲摇着头，他一双眼眸红得骇人，瞳孔之中疯狂、狠戾，以及怨毒纷杂沓至，死死地盯着夏白眉的后背。

他已可怜至此，他已不求此生，只求来世。

晏春熙忽然觉得不妙，他向前两步，刚刚开口："夏大人小……"

可是终究太迟了，只见周英帝忽然举起手中的皇极剑，自夏白眉背后"噗嗤"一声狠狠刺入。

夏白眉猛地站住了，他缓缓地、缓缓地低下头，只见赤金色的皇极剑穿心而出，刺目的鲜血潺潺流下。

夏白眉茫然地用手指摸着那金剑，似是怎么也想不明白这究竟是为何。他睁大了眼睛，却一声哀鸣都发不出来，栽倒在了雪地里。

"夏大人！"晏春熙双目发红，想要冲过去，却被关隽臣一把扯住了。

周英帝自后面爬了过去抱紧夏白眉。

夏白眉还未死透，他胸口激烈地起伏着，只能从喉头发出痛苦的气音。

"朕知道，朕知道。"周英帝把夏白眉的头搂在胸口，柔声哄道，"马上便不痛了。朕带你回家，朕带你回家了……"

夏白眉的手就这样死死抓着心口刺出的剑尖，眼里的泪水却止不住地流淌下来。

梅坞山巅，寂夜之中只有周英帝一人喃喃的声音。

若只听他这般柔声细语，定要以为他是何等不舍。

夏白眉蜷缩着身体，鲜红的血沾湿了皇帝明黄色的袍角，又流淌在地上，远远看去，宛如白茫茫的雪中开出凄艳的红梅。

周英帝抚摸着夏白眉的脸颊，神情满是痛心。

怀中人的面目仍旧俊美，夏白眉至死未合眼，眼角泪痕仍在。

他是知道的，夏白眉一生性子何等隐忍，自进宫后就只在他面前落过泪。如今，也算是有始有终罢。

夏白眉再也不能走远了，再也不能离开了。

可周英帝也知道——在这世上，他从此便真正是孤零零的一个人了。

晏春熙不忍再看，红着眼眶侧过了头。

他想起登梅坞前，夏白眉在马上匆匆一回眸。在灰青色的天光之中，在烟雾缭绕的群山之间，那一回眸，似是早已看透了俗世般淡然。

上山前，夏白眉心中究竟在想什么？是不是早已明了自己的宿命？

"皇上，"关隽臣开口道，"此时只怕不是沉湎伤心的时候。"

周英帝将身上的锦袍解下来，覆在夏白眉的身上。

他坐在低处，仰头看着关隽臣的身影："宁亲王，一夜厮杀，咱们都累了——朕知道，你不会杀朕的。"

"是吗？"关隽臣面无表情地道，"杀你又如何？你已到了这般境地，难不成还有足以翻盘的后招没使出来？还是你指望着言禹卿下山报信？弑君这名头，我早已不放在心上。"

"朕无后招。"周英帝缓缓站起身，他虽因夏白眉之死而憔悴不已，可是当他与关隽臣对视之时，神情竟然出奇地镇定，"朕也用不着后招。"

关隽臣微微一笑，却是不置可否。

群山巍峨，一阵夜风拂过，惊落了几朵梅花。

"你若杀了朕……"周英帝一甩明黄袍袖，他身上脸上皆是血迹，已是狼狈至极，可他此时直了身子，狭长双目明亮尖锐一如往昔，一字一顿地道，"谁来做大周的皇帝？"

周英帝道："旁人谋逆，是为谋权篡位。关隽臣，你是吗？"

这淡淡的一句反问,竟好似平地起了一声闷雷,砸向了晏春熙和关隽臣的心里。

关隽臣不发一言,只是冷冷地凝视着周英帝。

"你是朕的臣子,更是朕的弟弟,朕了解你——"周英帝不疾不徐,沉着地道,"朕少时隐忍半生,壮年方才称帝,靠的不是别的,是朕数十年如一日,心心念念皆是权势!你可知何为天命?不是什么酸儒说的皇权天授,不是什么正统血脉!天命若眷顾,必叫人诚心倾慕权势,有此心,方能有此权——这才是天命!朕乃大周命定之主。"

关隽臣脸上肌肉微微跳动,他袍袖下的手暗自握紧千军破甲,沉吟良久,才缓缓道:"皇兄,如今你也算是说了实话,方才还那般作态。夏大人在你心中虽重,可只怕半分也撼动不了你的恋权之心吧。"

"不错。朕此生既做定了天子,便做不了他的知己,是朕对他不起。"

周英帝提到夏白眉时面不改色,竟顷刻间便再无之前伤心癫狂之态。

他走近关隽臣,每走一步眼神便更凌厉一分,继续道:"可你不同,你的惦念太多,眷恋也太多了——你且瞧瞧你身边的少年,再想想你究竟是为何一步步走到此处。你谋逆,图谋的不是权力,而是人!宁亲王,朕再问你一遍,这大周山河的龙位,你自问坐得了吗?"

周英帝说到最后时,几乎是与关隽臣贴面而谈。他身上毫无武功,又并非穿着龙袍,可是这寥寥几句的气势如同滔滔江河一般浑雄壮阔。

大周帝王,仰承天地日月,俯御四极八荒,确是如同真龙降世。

关隽臣闭上眼睛,那一瞬间,他心中万般心绪此起彼伏。

此时四周虽安静,实则他心中好似在历经金戈铁马、沙场喋血。

出手弑君并非难事,周英帝也并非唯一能做天子的关姓皇亲。

他自然亦可不坐龙位,扶持太子登基,然后再慢慢图谋为上。

他也并非没想过称帝,万事俱备,可他还是迟疑了。

这波澜壮阔的一生似是在眼前浮现。他少时显贵,勇冠三军,中年颓靡,终遇知己——他这一生,所求究竟为何?

关隽臣面色苍白,终于睁开了眼。

他沉默了片刻,拿出一个小小的白玉瓶,递给了周英帝。

周英帝想也不想,干脆地从中倒出一粒朱红药丸吞服了下去。

"今夜之后,我与晏春熙便马不停蹄地赶路离开,此生不会再回长安。"

关隽臣道:"瓶中乃是寒弥老人炼制的另一种奇毒,需每月服下一粒解药,连服三个月才能尽解。皇兄,你知道该当如何做吧?"

"今夜之事,我不会追究你府中任何一人。朝廷中,我也只说你得了急病,抱病退隐。你二人隐姓埋名,从此过上逍遥日子。"周英帝很快应道。

"不止如此。"关隽臣继续道,"虎骠营叶舒的全家性命,还有虎骠营的将士,也不得有所损伤。"

周英帝看着他,浅浅笑了一下:"自然。"

关隽臣知道,皇兄是笑他终究牵挂过多,难成大器。

就在这时,一直沉默着的晏春熙忽然开口了:"还有一事,我要带夏大人一起走。"

周英帝凶戾地眯了下眼睛,冷声道:"晏公子,夏白眉生是朕的人,死是朕的鬼,无人能带走他。"

晏春熙身形纤瘦,他乃一介罪奴,这还是他第一次这么近地面对大周天子。然而他就挺直腰身站在原地,忽然从怀中掏出一个黑漆漆的小匣子,直直地对着周英帝的胸口,道:"皇上,我再说一遍——我要带夏大人走。"

关隽臣这才反应了过来,夏白眉只怕是事前就把那在梅坞小屋中射出银针的暗器机匣给了晏春熙。人人都不会防备晏春熙,若到了万不得已时,晏春熙可以暗器伤人来扭转局势。

"大胆!"周英帝脸色猛地一沉,他的性命几时被晏春熙这样的无名小卒威胁过,"你须得明白,关隽臣此胜得来不易,你莫要不知好歹!"

关隽臣也低声道:"熙儿,人已死了,不必如此,还是大局为重。"

晏春熙却摇了摇头,少年的眼神前所未有地执拗,兀自牢牢握着那机匣,紧盯着周英帝。

"皇上,你上山前,其实我曾问过夏大人——若今日能全身而退,他会去何处。"晏春熙道,"他与我说,他为了练功伤了根本,活不过四十了。在此之前,他想见见大周的壮丽山河,十多年后待命数尽了,或许他也想通了,到了那时,他便悄悄回梅坞……此处仍是他一生之中最喜爱的一方天地,他叶落归根,还是想死在此处。"

周英帝听到这里,胸口如遭重击,猛地摇晃了一下。

"他本有心善终,可恨你无情至此。"晏春熙慢慢地道,"皇上,你不配与夏大人合葬。他一生孤苦,如今……你是时候放他归去了。"

"朕、朕……"周英帝身子摇摇欲坠,颤声道,"朕若是不允呢?"

"你会答应的。"晏春熙出奇地镇静,"夏大人生时,你尚不会为了

333

他牺牲半点，更何况是他已死了。你绝不会拿你的命与我赌，哪怕你心里知道我不会杀你，你也不敢赌。因为你便是这等自私透顶之人。"

这少年此时神情淡然，可一字一句如同利剑，竟叫周英帝无法辩驳分毫。周英帝颓靡地退后几步，扭过头沉默了半晌，终于默许了。

直到晏春熙吃力地将夏白眉的身子横着抱起来时，周英帝才不舍地瞧着夏白眉，似是想以这一眼看尽一生数十年的纠缠。

临行之时，关隽臣回头看了一眼兀自站在原地的周英帝，忽然道："皇兄，我来之前，曾派人盯住了太子府。"

周英帝愣了一下，随即神情不由紧绷了起来。

"皇兄该当明白我的意思。"关隽臣牵着晏春熙的手，平静地道，"我并非从来不想称帝，来梅坞之前，我也做好了挟天子以令诸侯的万全之备。"

"只是见你亲手杀死夏白眉，"关隽臣叹了口气，"我才在心底下定了主意。皇兄，我不惧弑君之名，只怕十多年后，我会变成你……"

他说到这儿转过了身，眼里终于泛起了一丝苍凉，轻声道："如今想来，少年时咱们一同春猎、一同读书的光景仿佛就在眼前，皇兄，你当年待我真真有亲厚之时，我亦不曾想过有一天会如此。我们兄弟……只怕再也不会有相见之日了，你……你也要好生珍重。"

关隽臣说到这儿，语声哽住了片刻。他从晏春熙手中接过了夏白眉的尸身，然后头也不回地一步步向山下走去。

关隽臣带着晏春熙在山脚寻到了先前备下的马车与仆从，两人上了马车后，才长长地舒了一口气。

这一夜险象环生，直到这一刻，才算是有了善终。

马车徐徐前行，车轮压过白雪，发出"吱呀吱呀"的声响。

晏春熙靠着车壁，过了半晌才回过神来。他伸出手，轻轻将夏白眉睁开的双目闭上，随即转过头，看向关隽臣。两人四目相对，只觉得彼此眼里都含了太多的情绪，一时之间竟不知该如何开口。

"成哥哥……"晏春熙颤声道，"对不住，我、夏大人的事……我又任性了一回。"

关隽臣摇了摇头，正想要开口时，忽听外面传来一阵呼喝声。

"王爷、王爷——"

他撩开窗边锦帘，只见叶舒骑着一匹骏马追赶上来，一边追一边急急地道:"王爷怎可就此离去?请王爷想想虎骠营上下,请王爷为叶舒满门着想,此时后悔还来得及——可将皇上与周星卫一同包抄在梅坞之中,我们并非全盘皆输啊!"

关隽臣无奈道:"叶舒,我已向皇上请命,他万万不会伤及你的性命。但为保万全,你只怕要请辞归去,带着妻儿隐居。此事越快越好,若是拖过三个月,只怕我亦保不住你——我知道,是我对不住你。可篡位之事,还是休提罢。"

叶舒一勒缰绳,那骏马登时发出一声悲鸣:"王爷,天下之大,莫非王土,叶舒能躲到哪里去?请王爷三思,请王爷三思!"

"你先离开长安南下,到了金陵,本王会派武林之人接你去安顿。"

"王爷……"叶舒双目赤红,嘶声又道了一遍,"天下虽大,可叶舒无处可去啊。"

他没有再追,勒着马绝望地站在路边,看着关隽臣的车辇渐行渐远。

关隽臣不忍再看,本想撂下锦帘,可是就在这时,只听背后一声凄厉的长唤:"王爷——"

他猛地直起身子,探出头向后看去——只见叶舒的长剑横在颈间,身子歪歪斜斜倒在马鞍上,鲜血已流了一地,眼见是不活了。

关隽臣身子猛地巨震,他嘴唇发抖,却什么也说不出口,缓缓闭上了眼睛。晏春熙也瞧见了这一幕,看到关隽臣的模样,脸色变得惨白。

他颤声哄道:"成哥哥、成哥哥……这不是你的错,你莫要太难过,成哥哥……"

关隽臣第一次像孩童般泣不成声:"熙儿……我谁也护不住。"

他哀声道:"谭梦麟是如此,叶舒亦是如此……熙儿,这一切、这一切究竟是为了什么……"

晏春熙答不出,也没有哭,只是静静地瞧着马车另一侧夏白眉冰冷的身体,一下一下地轻拍着关隽臣的后背,喃喃道:"长安是伤心地,在这里死的人太多了,心碎的人也太多了——成哥哥,我们再也不回来了。"

临出长安地界之前,关隽臣与晏春熙见到了正在等消息的关山月。

关山月见他二人平安,却不见夏白眉的身影,神色已有了一丝不安,随即上车时才瞧见了夏白眉的尸身。他身子一抖,登时跪坐在了地上,神情却不是格外惊讶。兴许是夏白眉回来的那一日,他便有所预料了。

关山月伸手理着夏白眉的鬓角,他低头看到夏白眉身上的锦袍是明黄

335

色的,浅浅皱了皱眉,将那明黄色的袍子解下来丢出车辇,然后将自己身上的袍子盖在了夏白眉身上,盖住了那残破不堪的尸身。

他没落泪,只是抬头看向关隽臣,眼睛红红的,语气甚是冷静:"王爷,把夏大人交给我吧。"

关隽臣与晏春熙对视了一眼,缓缓点了点头:"你须得格外小心,皇上若知道夏白眉在你那儿,恐怕不会善罢甘休。"

关山月点了点头,并未多言,只是轻轻将夏白眉抱了起来。

夏白眉一生孤苦,关山月却大约是真正在乎他的。

临别之前,关山月深深地看着关隽臣,道:"你们要保重。"

关隽臣对王谨之说过保重,对皇上、叶舒亦说过保重,如今到了关山月对他说这两个字的时候了。

天子脚下,京城显贵。他们都曾以为自个儿是天潢贵胄,可原来他们都是可怜人。见得多了,便知道说什么都是无用的。唯有这"保重"二字,是他们这些可怜人说得出口的最有用的话了。

············

成德三年,关隽臣与晏春熙离开的那一夜,长安下了一整夜的雪。

那也是今冬最后一场絮雪。

立春了。

姑苏城往南一百里,有一座叫锦华的小城。

成德十二年的年节时分,王谨之携程亦轩前去锦华城做客。

他们此去,是为了与关隽臣和晏春熙见一见。

锦华城虽小,却有一个远近闻名的流芳斋。

流芳斋本是一家姑苏菜馆,后来名声渐起,便做起了住店的生意。

王谨之也是到了流芳斋,才得知流芳斋竟是晏春熙开起来的。

长安一别,一晃已近十年,王谨之从未想过还能有得关隽臣的消息的一天。

他们四人一碰面,不由都甚是唏嘘,当年那些纠葛早已化作了云烟,如今想来只觉得恍若隔世。

程亦轩虽不像以前那般惧怕关隽臣,但仍是与晏春熙更加亲近一些。

晏春熙如今已是二十多岁的青年,他的相貌竟比少年时更出众了。

远山般的眉,鼻梁高挺,一双杏眼比往时狭长了些,因此也有了一番沉稳的气度，在华灯之下更显俊俏夺目。

王谨之本以为流芳阁说是晏春熙开的，实则还是关隽臣操持，却没想到晏春熙招呼他们时极为大方干练，竟完全是一副大掌柜的派头。

倒是关隽臣鬓边的发因那年长安巨变仍是灰白斑驳的，这些年人也老了些，眉眼间皱纹更深了。他慵懒得很，说话也眯着眼，穿着锦袍倚靠在暖炉旁，倒是一副颐养天年的懒散模样。

多年不见，两个人的相处好似与之前不同了。

关隽臣要喝汤时，晏春熙第一个起身去厨房盛。

程亦轩看得有趣，吃着吃着睁大眼睛，小声道："晏公子，你和王爷……怎么好似、好似反过来了。"

他这些年果真是胆子比先前大了许多，竟敢当着关隽臣的面说笑了。

晏春熙本一副老练模样，此时却不由讪讪地低头道："成哥哥本过惯了好日子，后来是为了我才……我、我总得叫他过得舒坦，莫叫他后悔。"

"知道便好。"关隽臣浅浅一笑，他虽是四十多的人了，可只消这么一笑，仍叫人看了心中惊艳，他斜斜看了晏春熙一眼，慢悠悠地道，"我堂堂亲王，如今却跟着你过这清贫日子，你自然得心中珍惜。"

"我知道的。"晏春熙给关隽臣夹了块卤鸭，竟也不辩驳，似是一副被欺负惯了的样子。

程亦轩瞧他们好玩，不由在关隽臣脸上和晏春熙脸上扫了几个来回，随即笑出了声。

王谨之也微微笑了一下，伸手很是自然地为程亦轩把杯里的酒满上了。

这些年，他倒不似关隽臣和晏春熙这般安闲，而是带着程亦轩闯荡了一回江湖。

程亦轩极小便被卖进了艺馆，在王府的日子也过得可怜，因此性子才怯生生的，什么都怕。只有在这十年间，他才算好好见识了一回大周的壮丽山河。他陪着王谨之在江东劫富济贫，还去大漠见识过凶残悍匪。

要知道王谨之谨慎，他胆小，他们本以为这就是自己的性子。

直到脱离了大周的森严王府，这般纵着心意活了一回，他们才知晓，原来自己先前的性子是按模子长的，只有跳出那一方天地，才算真真正正活出了自各儿的味道。

而如今瞧着关隽臣与晏春熙，便知他们也是如此。

程亦轩心里替晏春熙高兴，而王谨之心中则更为关隽臣舒了一口气。

入夜之后，王谨之、程亦轩与晏春熙一同去放了一会儿鞭炮。

关隽臣对这没什么兴味，倚在二楼瞧他们在雪地里撒欢，看着看着有些困，便早早钻进了被窝中看书。

自离开长安之后，晏春熙陪着关隽臣游历大周山水，顺便拜访各地名医，始终未曾治愈关隽臣的怪病。关隽臣这腰杆虽好了些，却始终有佝偻之态，叫他这般在意姿容之人甚是烦心。

但历经诸多生死险途，能活着便是福分，两人本是不作他想了的，只是没想到到了锦华城安顿下来的第二年，关隽臣有一日竟忽然间又直起了腰杆，恢复了往日的俊朗风姿，叫晏春熙都好生不解。

后来关隽臣与他说，那日早上醒来，忽觉心下释然——长安那些伤心事，许是终于放下了。

放下了，便好了。

晏春熙想了想，世间许多事的确如此，岁月终会叫人伤痕痊愈，好多东西不必执着，只消一年一年好好地活下去即可。

两年前，关山月也悄然而去。

他在江南的一艘画舫上酒醉，竟失足跌入了滔滔江河之中，霎时间便被水流冲得没了影。

画舫上的歌姬说，世子爷坠江前，曾笑着举杯对着江月，喃喃地念着前朝大诗人的诗作——

伤心桥下春波绿，曾是惊鸿照影来。

曾是惊鸿照影来。

…………

成德十二年的立春时分，程王二人拜别了关隽臣与晏春熙，要去东海游历。

他们刚走没过几天，周英帝驾崩，大周国丧三个月。

周英帝身后只三子，不承想因争权闹出了天大的乱子，太子被毒杀，次子无诏继位，改年号为元德，然而幼子也在金陵自立为王。

大周从此礼崩乐坏，国运渐颓，再也不复麟庆成德年间的昌盛。

当年言太师最担忧的事终于还是来了。

大周战乱四起,再不复之前的安乐。

关隽臣也带着晏春熙离开了锦华城,从此再无音讯。

百年之后,大周朝亡。

后人偶然寻得一幅画作——

见上面一人着金甲、持长鞭,威风凛凛,一人为布衣少年,两人漫步在春风柳堤。这一幕半是肃杀、半是温柔,叫人不由啧啧称奇。

这幅画作后被收到皇宫之中,当朝皇帝觉得有趣,题了"春风渡关山"五个字,收入了库中,从此便流传了下来。

天地不朽,日月不衰。

神州大地之上——

多少侠骨柔情,多少恩恩怨怨,多少王朝更迭,尽付笑谈中。

番外

夏白眉入宫前叫夏三旺,他爹夏大壮是长安东市猪肉铺子的杀猪伙计。

他娘说,夏大壮来提亲时没拎别的,就拎着二十斤五花肉,一个大猪头,踩着黄昏进了丈人家的门。

这算不得什么了不起的彩礼,可娘家太穷,十天半月也吃不上半点油星,就这二十五斤五花肉,好像是金山银山一般,于是她便欢天喜地嫁了。

他娘还说,自打嫁给夏大壮后,她才算有了吃饱饭的日子,更别说隔三岔五有夏大壮从铺子里捡来的边边角角。本干干瘦瘦的娘嫁了个杀猪的,人长肉了,蜡黄的脸蛋也白净起来,倒显出几分风韵来,街坊邻居都管她叫杀猪家的西施嫂子。

夏大壮二十七八岁才得了夏三旺这个独子,生下来一看,小脸嫩生生的,眉骨处却有几根稀疏的白眉毛,瞅着有点瘆人。

夏大壮心里打鼓,杀猪是个低贱活,脏不说,还犯忌讳。人都说杀猪是造孽杀生,夏大壮总觉得这个儿子有点邪门,便怎么都亲近不起来。

夏三旺小的时候话便很少,家里没人管他,四五岁的时候他便自己出门到处野了。他也不走远,最喜欢做的事便是一大清早坐到猪肉铺子对面扎好的草稞子上,看夏大壮杀猪。

夏大壮杀猪的确是一把好手,身前围着脏兮兮的灰布兜子,站到猪仔前,尖刀一举,好生威风。

那猪仔四肢都被捆着,像是知晓了自己的命运,惨叫起来。

夏大壮一手握着猪嘴,另一手握着尖刀,狠狠地把刀尖插到猪脖子的喉管处，伴随着猪仔拔高的凄厉尖叫，刀一割，一抽，浓稠的一股猪血冒着热气喷洒向天空。夏三旺眼睛眨也不眨地看着这一幕，依稀能闻到风里飘过来的腥臭味。

夏大壮杀完猪，把刀擦净了，布兜子扯下来，便可以回家歇歇脚了。

他走出来看到夏三旺时往往没什么好脸色，踢一脚夏三旺的后背，嘴里低沉地咕哝着"狗崽子""滚"之类的脏词。

四五岁的小孩被踹得在地上滚了一圈，随即又站起来，脸上也没什么表情，就这么远远跟着他爹回家。

若没什么变数，夏三旺长大了也会是个杀猪仔，提着猪肉找个穷人家的姑娘，然后一遍遍地把尖刀送入猪仔的喉咙。

然而他注定做不了杀猪的夏三旺。

十三岁那年，夏大壮欠地下赌庄三十两银子，怎么都还不上。

赌庄的谢少爷带人堵到猪肉铺子来，把夏大壮拖到外面，像猪仔那样两手两脚分别用麻绳捆好。那群人去外面捡了磨盘大的石头，一个接一个地轮流砸夏大壮的腿，直到两条腿都被生生砸烂。

临了，他们还去夏大壮家里把夏三旺的娘也掳走了。

夏三旺那会儿正在城外砍猪草，赶回来时是黄昏时分。他一到猪肉铺子，见着的是他爹脖子歪在一边断了气，两条腿的碎肉烂在地上。

他双腿一软，跪在夏大壮的尸体面前一个劲地磕头。

十三岁的小孩竟然没哭，只是一双眼睛红通通的，衬着那对雪白的眉毛，磕头磕得额头上都是血。

人群中有一个瘦骨嶙峋的老太监慢吞吞地走了出来，众人看到他身上的宫人锦袍，立时作鸟兽状远远散开，有见识些的则小声议论着那袍服的规制，一看就是个显赫的大太监。

那老太监不以为意，有气无力地问夏三旺："小娃儿，想不想入宫？"

"入宫做什么？"

"做太监，伺候贵人。"

"我不想伺候人，"夏三旺咬牙道，"我只想杀人。"

老太监怪声怪气地笑了，说："入了宫，只要你有伺候人的本事，就能有杀人的本事。"

夏白眉仍记得那夜。

341

他躺在草席上,下身光着,屋外是猫头鹰刺耳的叫声。

净身师傅把刀刃烫红了,过来问他:"可想好了?我这一刀下去,你便再做不成男人。"

"想好了。"

他说完这三个字,师傅一个眼神示意,两个伙计登时掰开他的腿,摁着他的腰。师傅手起刀落,那刀刃闪过一道寒芒,直直往他腿间去了。

夏三旺霍地睁圆眼睛,他又想起了猪仔,一头头的猪仔。尖刀刺进猪仔的喉咙,喉管里发出"嘶嘶"的声响,腥臭的血"噗"地冲上天空。

还有猪仔的叫声,猪仔凄厉拔高的惨叫声。

夏三旺觉得奇怪,他怎会听到猪仔的叫声?紧接着才知晓,那惨叫声竟是他嘴里发出来的。

"啊——啊——"少年一声声的惨呼,在寥寂的秋夜里遥遥传了开来。

十三岁那年,夏三旺入宫了,领他入宫的万公公是东宫掌事。

他说,你以后就叫夏白眉。

夏白眉入宫前三年,做的是太子的暖脚太监。

这名头除了东宫,别的宫都没有,太子关锦宁体质虚寒,脚最是怕冷,因此东宫才有专门的暖脚太监。

从秋到冬,接连三年,夏白眉一夜夜地解开衣襟,跪在床边把东宫太子冰凉的脚板放在自己温热的胸口暖着。三年间,他从一个沉默的细弱少年,长成了东宫最为华美的一块明玉。

那样惊人的美貌安放在一个太监的身上,总让人觉得老天像是开了一个大大的玩笑。可夏白眉终究没辜负这份恩赐,更可怕的是,他谨慎聪慧地洞察了这位暴戾阴沉的东宫太子最需要的东西,以前所未有的耐心和温顺让太子殿下心底的隐疾有所好转。

关锦宁开始教他读书写字,他最先学会写的是"宁"字,多年以后,写得最漂亮工整的还是这个字。

也是那一年,夏白眉开始渐渐有了杀人的本事。

夏白眉十八岁时终于得偿所愿。

他回东宫和太子讲述报仇的经过时,一双凤眼亮得惊人。

他说,我把他双手双脚像猪仔那样捆着,他看着我,一个劲地求饶,眼里都是泪，尿了一裤子，他比一头猪还不如。

我拿一把尖刀，先剜他胸口的肉，然后是手臂和大腿，他晕过去，我便用盐水泼他。直到他快不行了时，我才把刀尖插到他喉咙里，他喉咙里的血"噗"地一下都喷了出来——

夏白眉说到这里忽然顿住了，他看着关锦宁。

他仿佛又听到了猪仔的惨叫声。

那个死寂的秋夜，他张开双腿看着刀刃劈下，发出一声声惨叫。

暗红的血洇湿了他身下的草席。

他的血，猪的血，谢少爷的血，他爹的血——

他脑中满是淋漓的鲜血，他大口大口地吸着气。

那双本来因为激动而发亮的凤眼里，忽然涌出了大滴大滴的泪水。

"像是杀猪那样……"他们像是杀猪那样阉了我。

夏白眉哽咽着又重复了一遍："宁哥……我像是杀猪那样杀了他。"

宁哥——我好疼。

关锦宁低声哄道："眉儿不哭，不哭，有我呢——不哭啊。"

那一夜，太子的寝宫外下着瀑布一般的大暴雨。

隆威五十八年，诸位皇子残酷的权力角逐正式拉开序幕，关锦宁东宫太子的位置摇摇欲坠。

又是一个雷雨交加的夜晚，关锦宁拉着夏白眉在深夜来到先帝上朝的乾清殿，指着一片黑暗中最上方那若隐若现的灿金色龙椅，双眼血红，道："眉儿，你等着，我一定要让你看到，我关锦宁总有一日要坐在那把椅子上，总有一日，总有一日！"

夏白眉跪在关锦宁的脚下，看着这个状若疯狂的男子。

他用尽全力追随太子，为了太子被毒坏嗓子，做下了无数歹毒阴狠的事，服用缩短寿命的禁药将虎鹤双形功练至大成。他心甘情愿，做一枚被关锦宁肆意摆弄的棋子，只为了让关锦宁成就帝业。

十年后，周英帝继位，年号成德。

关锦宁成了大周万万百姓跪拜敬仰的天子，他高高地坐在那把灿金色的椅子上，终于牢牢抓住了他想要的东西。

那一年，夏白眉已二十六了。他越来越沉默，看着周英帝的目光也越来越掩盖不住那一抹浅浅的悲哀。

他已等了整整十年，等来了至尊的天子，却怎么也等不来那年对他说

"不哭，有我呢"的宁哥。

他已没有第二个二十六年可活。

决定离开的那一夜，夏白眉出奇地平静。

他脱下乌黑的袍服，将袍服整整齐齐地叠好，置于龙床下的白玉台阶上，又将赤金皇极剑置于袍服之上。除此之外，再未留下只言片语。

离开前，他站在长安高高的城墙上，遥遥望向夜里依旧璀璨的皇宫……

他在那里生活了十多年，他看着一位大周皇帝驾崩，又看着一位新的大周皇帝登基。他在那里，从一个最卑贱的暖脚太监，一步步走到了大周乌衣巷指挥使的位置。

而如今，他对那座华美的宫殿，和那位住在宫殿中的人间帝王，都已无话可说。

人间大梦一场，不醉不归。

他不恨，不怨。